JN419086

최욱진
행정학개론

1차 | 기본서

박문각 행정사연구소 편_최욱진

머리말

나의 소중한 시간을 아껴주는 강의, 최욱진 행정학

안녕하세요. 행정사 행정학을 전하고 있는 최욱진입니다.

세상 모든 일에는 '목적'이 있습니다. 예를 들어, 인생의 목적은 행복이고, 행정의 목적은 공익이지요. 그렇다면 여러분의 목적은 무엇인가요? 단언컨대, 저는 단기합격(약 1년 내 합격)이라고 생각합니다. 세상에 어떤 수험생도 장기간에 걸친 수험생활은 원치 않을 겁니다.

그렇다면 '단기합격'을 위한 최선의 방법은 무엇일까요? 바로 '많은 회독(물론, 중요한 부분에 대한 인출을 병행해야 함)'입니다. 공부할 책도, 공부 방법도 다양하지만, 회독이 부족하면 합격할 수 없습니다. 결국 어떤 책이나 방법을 사용하더라도 회독을 많이 해야 합니다.

그럼 회독을 많이 하려면 어떻게 해야 할까요? 일반적인 기본서는 절대적인 분량이 많아서 회독에 많은 시간이 소요됩니다. 기출문제집은 내용의 흐름을 큰 틀에서 볼 수 없는 단점도 있고요. 요약집은 기본서에 비해 내용이나 설명이 부족해서 공부할 때 불안한 면이 있습니다.

본 교재는 위에서 언급한 기존 교재의 문제점을 보완하고 기본서와 요약집의 특징을 절충한 책입니다. 아래의 내용은 최욱진 행정학 이론서의 특징입니다.

1. 얇지만 무거운 교재

최욱진 행정학 이론서는 약 300페이지 정도의 분량이지만, 70~80점을 획득하는 데 필요한 모든 지식을 담고 있습니다.

2. 직관적인 그림과 표

낯설고 추상적인 행정학을 쉽게 이해하고 암기하며, 나아가 수월하게 회독할 수 있도록 직관적인 그림과 표를 수록했습니다. 교재에 실린 다양한 그림과 표를 해석하면서 배운 내용을 인출(배운 것을 떠올려보는 것)해보세요. 여러분의 소중한 시간을 아낄 수 있는 지름길이 될 겁니다.

출퇴근 길에 동영상 강의를 수강하면서 합격한 수험생, 퇴근 후 지친 몸을 이끌고 현장 수업을 수강해 합격한 수험생 등 올해도 많은 분께서 좋은 소식을 전해주셨습니다. 그리고 여러분의 응원과 격려가 교재를 만드는 데 큰 힘이 되었습니다.

힘든 수험생활이지만 최욱진 행정학과 함께 타박타박 한 걸음씩 나아간다면 방대하고 막연한 행정학이 손에 잡힐 거라 확신합니다. 아울러 본 교재는 시험장까지 가져갈 수 있는 실용적인 교재입니다. 얇지만 합격에 필요한 내용이 상세하게 담겨 있으니까요. 부디 최욱진 행정학 이론서가 시험장에서 여러분의 든든한 동료가 되기를, 방대하고 낯선 행정학을 극복할 수 있는 유용한 도구가 되기를 진심으로 소망합니다. 감사합니다.

편저자 최욱진

▌**소통방법**

(유튜브) **최욱진 행정학 TV**　　　(네이버 블로그) https://blog.naver.com/kevinw2

▌**최욱진 행정학 시작하기**

1. 일상생활과 행정

　1) 엘리베이터 안전 점검: 행정안전부는 승강기 안전관리법에 기초해서 엘리베이터 안전 점검 관련 정책을 집행함

　2) 운전면허증 발급: 경찰청은 도로교통법에 근거해서 운전면허증 발급 관련 기능을 수행함

　3) 감염병 관리: 질병관리청은 감염병 관리에 관한 법에 기초해서 전염병 관리역할을 수행함

2. 행정과 행정학

　1) 행정: 정부의 활동(일반적으로 행정부의 활동을 의미함) = 국가관리

　　① 정부

　　　㉠ 협의로서 정부: 행정부

　　　㉡ 광의로서 정부: 입법부, 행정부, 사법부

　2) 행정학: 정부활동에 대한 지식을 정리한 학문

3. 참고 사항: 삼권분립 체계

　1) 입법부: 법률 제정 → 정책결정을 통한 방향성 설정

　2) 행정부: 입법부의 결정을 집행

　3) 사법부: 법률 해석·적용·판단

행정사
개요

| 국가자격시험 "행정사" |

행정사 자격시험을 통과하면 국민 누구나 행정사 사무소 영업이 가능합니다.

행정사란?

행정사는 행정업무의 원활한 운영과 국민의 권리구제를 목적으로 행정기관에 제출하는 서류의 작성·번역 및 제출 대행, 행정 관계법령 및 행정에 대한 상담 및 자문, 법령으로 위탁받은 사무의 사실조사 및 확인의 업무를 하는 등 대국민행정서비스를 통한 국민의 편의를 도모하기 위한 자격사제도이다. 행정사 자격증은 지난 1961년에 도입되었고, 1995년도 '행정서사'에서 '행정사'로 명칭이 변경되었다. 과거 행정사 자격시험은 퇴직 공무원들이 독점해 왔으나 헌재의 위헌판결로 일반인도 행정사 자격시험을 통해서 행정사 자격증을 취득할 수 있게 되었다.

행정사가 하는 일

행정사는 다른 사람의 위임을 받아 다음 각 호의 업무를 수행한다. 다만, 다른 법률에 따라 제한된 업무는 할 수 없다. 행정사가 아닌 사람은 다른 법률에 따라 허용되는 경우를 제외하고는 다음의 업무를 업(業)으로 하지 못한다.

1. 행정기관에 제출하는 서류의 작성
   ① 진정·건의·질의·청원 및 이의신청에 관한 서류
   ② 출생·혼인·사망 등 가족관계의 발생 및 변동사항에 관한 신고 등의 각종 서류

2. 권리·의무나 사실증명에 관한 서류의 작성
   ① 각종 계약·협약·확약 및 청구 등 거래에 관한 서류
   ② 그 밖에 권리관계에 관한 각종 서류 또는 일정한 사실관계가 존재함을 증명하는 각종 서류

3. 행정기관의 업무에 관련된 서류의 번역

4. 제1호부터 제3호까지의 규정에 따라 작성된 서류의 제출 대행

5. 인가·허가 및 면허 등을 받기 위하여 행정기관에 하는 신청·청구 및 신고 등의 대리

6. 행정 관계 법령 및 행정에 대한 상담 또는 자문에 대한 응답

7. 법령에 따라 위탁받은 사무의 사실 조사 및 확인

행정사의 종류 및 소관업무

종류	의의	업무 영역
일반행정사	민원인의 부탁을 받고 행정기관에 제출하는 서류 작성, 또는 주민의 권리·의무 사실의 증명에 관한 서류 작성 및 대리 제출 등을 업무로 하는 전문자격사	• 행정기관에 제출하는 서류의 작성 및 제출 대행 • 권리·의무나 사실증명에 관한 서류의 작성 및 제출 대행 • 인가·허가 및 면허 등을 받기 위하여 행정기관에 하는 신청·청구 및 신고 등의 대리(代理) • 행정 관계 법령 및 행정에 대한 상담 또는 자문에 대한 응답 • 법령에 따라 위탁받은 사무의 사실 조사 및 확인
해사행정사	일반행정사의 업무뿐 아니라 해운 및 해양안전심판과 관련한 업무를 겸하는 전문자격사	• 일반행정사와 동일한 업무 • 해운 또는 해양안전심판에 관한 업무
외국어 번역행정사	행정기관의 업무에 관련된 서류의 번역 및 제출을 대행하는 전문자격사	• 행정기관의 업무에 관련된 서류의 번역 • 다른 사람의 위임에 따라 행정사가 작성하거나 번역한 서류를 위임자를 대행하여 행정기관에 제출하는 일 • 외국 서류의 번역과 관련된 인·허가 및 면허 등 행정기관에 제출하는 신고, 신청, 청구 등의 대리행위 • 외국의 행정 업무와 관련된 법령 및 행정에 대한 상담 또는 자문

행정사 시험 정보

1. 자격 분류: 국가 전문 자격증

2. 시험 기관 소관부처: 행정안전부

3. 실시 기관: 한국산업인력공단

4. 시험 일정: 매년 1차, 2차 실시

구분	원서 접수	시험 일정	합격자 발표
1차	2025년 4월 14일~4월 18일	2025년 5월 31일	2025년 7월 2일
2차	2025년 7월 28일~8월 1일	2025년 9월 27일	2025년 12월 10일

〈2025년 제13회 행정사 시험 기준〉

5. 응시자격

제한 없음. 다만, 행정사법 제5·6조의 결격사유가 있는 자와 행정사법 시행령 제19조에 따라 부정행위자로 처리되어, 그 처분이 있는 날부터 5년이 지나지 않은 자는 시험에 응시할 수 없다.

6. 시험 면제대상

- 1차 시험에 합격한 사람에 대하여는 다음 회의 시험에서만 1차 시험을 면제한다.
- 행정사 자격이 있는 사람으로서 다른 종류의 행정사 자격시험에 응시하는 사람은 1차 시험을 면제한다.
- 행정사법 제9조 및 동법 부칙 제3조에 따라, 공무원으로 재직하였거나 외국어 전공 학위를 받고 외국어 번역 업무에 종사한 경력이 있는 사람 등은 행정사 자격시험의 전부 또는 일부가 면제된다(1차 시험 면제, 1차 시험 전부와 2차 시험 일부 면제, 1·2차 시험 전부 면제).

7. 시험 과목 및 시간

◆ 1차 시험(공통)

교시	입실 시간	시험 시간	시험 과목	문항 수	시험 방법
1교시	09:00	09:30~10:45 (75분)	① 민법(총칙) ② 행정법 ③ 행정학개론(지방자치행정 포함)	과목당 25문항	5지택일

◆ **2차 시험**

교시	입실시간	시험 시간	시험 과목	문항 수	시험 방법
1교시	09:00	09:30~11:10 (100분)	**[공통]** ① 민법(계약) ② 행정절차론(행정절차법 포함)	과목당 4문항 (논술 1문제, 약술 3문제)	논술형 및 약술형 혼합
2교시	11:30	• 일반·해사행정사 11:40~13:20 (100분) • 외국어번역행정사 11:40~12:30 (50분)	**[공통]** ③ 사무관리론 (민원 처리에 관한 법률 및 행정업무의 운영 및 혁신에 관한 규정 포함) **[일반행정사]** ④ 행정사실무법 (행정심판사례, 비송사건절차법) **[해사행정사]** ④ 해사실무법 (선박안전법, 해운법, 해사안전기본법, 해상교통안전법, 해양사고의 조사 및 심판에 관한 법률) **[외국어번역행정사]** ④ 해당 외국어(외국어능력검정시험으로 대체하며 영어, 중국어, 일본어, 프랑스어, 독일어, 스페인어, 러시아어의 7개 언어에 한함)		

8. 합격 기준

• 과목당 100점을 만점으로 하여 모든 과목의 점수가 40점 이상이고, 전 과목의 평균 점수가 60점 이상인 사람(2차 시험의 해당 외국어시험 제외)

• 단, 2차 시험 합격자가 최소선발인원보다 적은 경우, 최소선발인원이 될 때까지 전 과목의 점수가 40점 이상인 사람 중에서 전 과목 평균 점수가 높은 순으로 합격자를 추가로 결정한다. 동점자로 인해 최소선발인원을 초과하는 경우 동점자 모두를 합격자로 한다.

9. 외국어능력검정시험 성적표 제출(외국어번역행정사)

외국어번역행정사 2차 시험의 '해당 외국어' 과목은 원서접수 마감일부터 거꾸로 계산하여 5년이 되는 날이 속하는 해의 1월 1일 이후에 실시된 외국어능력검정시험에서 취득한 성적으로 대체(행정사법 시행령 제9조 제3항, 별표 2)

◆ **외국어 과목을 대체하는 외국어능력검정시험 종류 및 기준점수**

시험명	기준점수	시험명	기준점수
TOEFL	쓰기 시험 부문 25점 이상	IELTS	쓰기 시험 부문 6.5점 이상
TOEIC	쓰기 시험 부문 150점 이상	신HSK	6급 또는 5급 쓰기 영역 60점 이상
		DELE	C1 또는 B2 작문 영역 15점 이상
TEPS	쓰기 시험 부문 71점 이상 ※ 청각장애인: 쓰기 시험 부문 64점 이상	DELF/ DALF	• C2 독해와 작문 영역 25점 이상 • C1 또는 B2 작문 영역 12.5점 이상
G–TELP	GWT 작문 시험 3등급 이상	괴테어학	• C2 또는 B2 쓰기 모듈 60점 이상 • C1 쓰기 영역 15점 이상
FLEX	쓰기 시험 부문 200점 이상	TORFL	4단계 또는 3단계 또는 2단계 또는 1단계 쓰기 영역 66% 이상

행정학개론
1차 시험 총평

1. 2025 행정사 행정학 난이도 등에 대하여

⑴ 난이도: 매우 어려움 → 합격자의 대다수가 40점 중반에서 60점 중반으로 예상
⑵ 어려웠던 이유: ① 공무원 주제 ② 올바른 선지 선택 ③ 말 바꿈
⑶ 대안: ① 폭넓은 주제 정리 ② 기출선지 정확한 암기 및 이해 ③ 기본이론
⑷ 공무원 행정학 교재로 공부하지 말 것

2. 일반행정사 최근 4개년 과목별 채점결과

(단위: 명, 점, %)

구분	응시인원	과 목	평균점수	과락률
2022년	3,469	민법총칙	58.04	25.45
		행정법	46.38	35.23
		행정학개론	59.31	15.34
2023년	4,570	민법총칙	55.10	26.26
		행정법	55.45	20.26
		행정학개론	51.12	23.44
2024년	5,535	민법총칙	59.64	20.69
		행정법	55.33	20.65
		행정학개론	53.19	16.98
2025년	6,078	민법총칙	59.23	22.73
		행정법	53.60	22.22
		행정학개론	46.63	28.29

3. 2025 행정사 행정학 출제경향

출제 영역	빈도	문제번호	낯선 문제	총평
총론	7	51, 52, 53, 54, 55, 56, 57번	56번	① 총론 다수 출제: 7문항 ② 낯선 주제: 8문항 ③ 조직론 빈도↓
정책학	4	69, 70, 71, 72번	-	
조직론	2	66, 68번	-	
인사행정	5	62, 63, 64, 65, 67번	62, 65, 57번	
재무행정	3	59, 60, 61번	59번	
지방자치론	3	73, 74, 75번	74, 75번	
행정환류	0	-	-	
기타 제도 및 법령	1	58번	58번	

4. 낯선 문제에 대하여: 총 8문항

어려운 문제	문항 주제	어려운 이유
56번	민간위탁 유형: 프랜차이즈	공무원 시험 유형: 최초 출제
62번	공무원 의무	
65번	감수성 훈련	
67번	공직봉사동기	
59번	국가재정법: 감사원장 견해	
74번	지방자치법: 자치사무 통제방식	
75번	지방자치법: 보조기관	
58번	이해충돌	

※ 70점 이상이면 우수점수

구성 및 활용법

1

합격을 부르는 교재 구성

학습 분량은 최소화하였으나 필요한 지식은 모두 담아 학습의 부담을 덜고자 하였다. 그리고 체계적인 암기를 위해 목차를 세분화하여 구성하였으며, 낯선 이론도 쉽게 이해할 수 있도록 이론마다 틀잡기를 구성하여 효율적인 학습이 가능하도록 하였다.

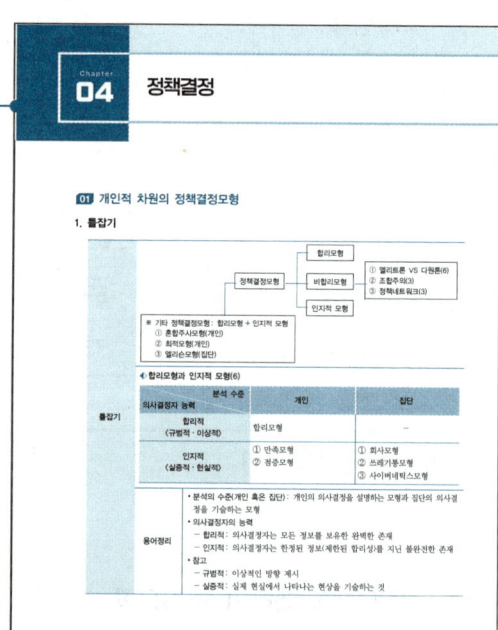

2

실력을 다질 수 있는 두문자, 참고, 예

풍부한 학습을 위한 여러 장치를 마련하였다. 우선 배운 내용을 쉽게 암기할 수 있도록 두문자를 활용하였다. 그리고 제시된 이론과 관련하여 알아 두어야 할 내용은 참고로 정리하였다. 마지막으로 예시가 필요한 부분은 예로 표시하여 이해하는 데 도움이 될 수 있도록 하였다.

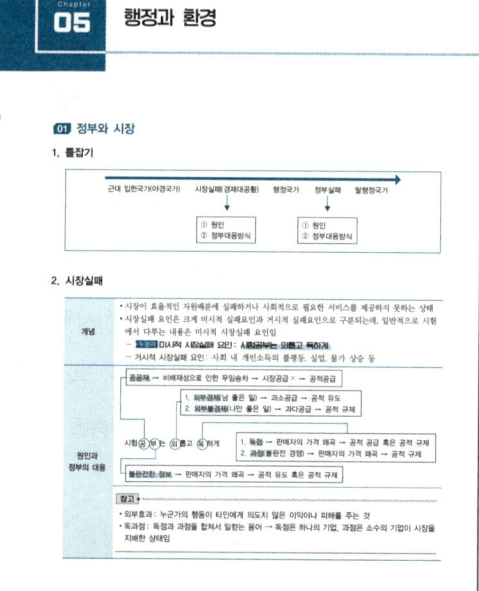

3

직관적인 그림과 표

낯설고 추상적인 행정학을 쉽게 이해할 수 있도록 하였
다. 전체적인 본문의 구성을 표로 제시하여 학습내용을
한눈에 파악할 수 있도록 하였으며, 다양한 그림을 통해
학습자의 직관적인 이해에 도움이 될 수 있도록 하였다.

4

관련 조문 및 법률용어 수록

이론과 관련되는 조문을 함께 수록하여 심
층적이고 풍부한 학습이 가능하도록 하였
다. 또한, 조문에 나오는 어려운 법률용어는
따로 정리하여 학습자가 이해하는 데 도움
이 될 수 있도록 하였다.

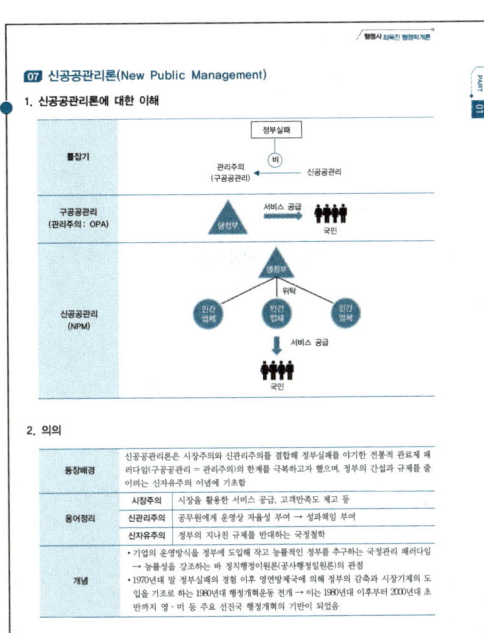

CONTENTS

차 례

차 례

★ CONTENTS

행정사
최욱진 행정학개론

행정학총론

행정과 행정학

01 행정과 행정학에 대한 이해

1. 행정과 행정학의 정의

(1) 행정이란?

구분	내용
협의로서 행정 (최협의로서 행정)	• 공익을 달성하기 위해 정부가 행하는 정책 및 관리활동(돈·조직·인사관리 등) • 정부활동은 행정환경의 변화에 따라 가변적임(개방체제적 관점)
광의로서 행정	• 두 사람 이상이 합리적으로 목적을 달성하기 위해 협업하는 것 [H. Simon] • 공사행정일원론 관점 : 행정과 경영은 모두 협동현상이 발생함 참고 ▸공행정은 행정을, 사행정은 경영을 의미함
최근 행정	거버넌스 : 정부·시장·시민사회 간 협력체계

참고 ◆

행정법학적 행정개념에 대한 학설
① 행정목적실현설(국가목적실현설) : 행정이란 법의 테두리 안에서 국가목적을 달성하는 활동
② 법함수설 : 법률의 변화에 따라 행정의 기능이 달라지는 현상을 설명
③ 삼권분립적 공제설 : 사법도 입법도 아닌 나머지 국가기능이 행정이라는 관점

(2) 행정학이란?

• 정부의 정책 및 관리활동에 대한 지식이나 이론을 정리한 학문 → 이론과 실제를 연계
• 아울러 사회문제를 해결하기 위해 인접학문을 활용하는 응용학문 → 간학문적·학제적 성격

2. 행정학의 성격 : 과학성과 기술성을 중심으로

구분	내용	해당 개념을 강조한 학자
과학성	현상에 대한 원인을 규명해 일반법칙을 발견하려는 특성	사이먼, 다알 등
기술성	문제를 해결하려는 특성	왈도, 이스턴 등

참고 ◆전문직업성 : 전문직업성은 기술성과 같은 내용임 → 왈도는 기술성을 'art' 혹은 'professional'로 표현

3. 행정의 역할: 정책 및 공공서비스 제공

(1) 공공서비스의 종류

① 사바스(Savas)의 분류

- Savas는 배제성과 경합성이라는 개념을 활용해서 4개의 공공서비스를 구분하고 있음
- **경합성(경쟁성)**: 특정한 개인의 소비로 인해 타인의 소비가 감소하는 특성
- **배제성**: 돈을 지불하지 않으면 재화를 사용하지 못하는(배제되는) 특성

구분	비경합성	경합성
비배제성	공공재(집합재·순수공공재): 무임승차 → 정부공급 가능	공유재: 공유지 비극 → 정부공급 가능
배제성	요금재(유료재): 자연독점 → 정부공급 가능	사유재(민간재·사적재): 가치재 → 정부공급 가능

② 각 서비스 공급에 정부가 개입하는 이유

공공재	• 치안, 국방 등과 같은 서비스를 뜻함 • 비배제성으로 인해 무임승차자(서비스를 공짜로 이용하는 사람) 발생 • 무임승차 문제로 인해 적절한 수요를 파악하기 힘들어 과다공급 혹은 과소공급이 생길 수 있음 • 따라서 시장에서 공급하지 않는 바 원칙적으로 공공부문에서 공급해야 함
요금재	• 배제성으로 인해 시장에서 공급할 수 있으나, 규모의 경제효과로 인해 자연독점이 발생할 수 있는 재화의 경우 정부에서 공급 가능 • 규모의 경제와 자연독점 　- 규모의 경제: 전기·가스·수도사업과 같은 산업은 그 생산 및 전달체계를 구축하는 데 막대한 초기 투자비용을 필요로 하지만, 정교한 생산 시스템을 구축한 후에는 생산비용을 절약할 수 있음 　- 해당 사업은 막대한 초기 비용이 들어간다는 점에서 시장 진입장벽이 높음. 따라서 서비스를 공급하는 기업은 자연스럽게 시장에서 독점적인 위치를 차지할 수 있음 → 이는 가격의 왜곡을 초래할 수 있는 바 정부가 개입하는 논거가 됨
사유재	우리가 일반적으로 시장에서 구입하는 재화로서 주로 시장에서 공급하는 게 원칙이지만, 가치재(예 의무교육 등)의 경우 형평성 측면에서 정부가 공급할 수 있음

	개념	주인 없는 천연자원, 들판, 공원 등을 의미함
공유재	특징	• 공짜이며, 경합성을 지니고 있으므로 공유지의 비극이 발생할 수 있음 → 공유지의 비극은 행위자들이 공멸로 인해 부담하는 비용보다 개인의 편익이 크다고 인식(비용의 분산과 편익의 집중)할 때 발생함 • 이에 따라 정부는 공유지의 비극을 막기 위해 공유재를 직접 공급할 수 있음
	공유지의 비극	• 개인적으로는 합리적인 선택이 사회 전체적으로는 비효율(과잉소비)을 초래하는 현상 • 공유지의 비극이 발생하는 이유 　ㅡ 합리적·이기적 개인 　ㅡ 비배제성: 무임승차 = 비용 회피 　ㅡ 경합성(경쟁성) • 1968년 ≪사이언스≫에 실렸던 생물학자 가렛 하딘의 논문에 나오는 개념
	공유지의 비극 해결방안	하딘 (전통적 방법)	정부가 개입해 정부 혹은 시장에 공유재에 대한 소유권을 부여하는 것
		오스트롬 (현대적 방법)	공유재를 이용하는 사람들이 재화 사용에 대한 규칙을 자발적으로 설정해서 문제를 해결할 수 있음. 예를 들어, 외부효과를 내부화(이기적인 개인을 규제하는 벌칙 부과 등)함으로써 어느 정도 해결할 수 있음

③ 서비스의 유형과 예시

유형	예
공공재	국방, 외교, 치안, 등대, 무료 TV 방송, 일기예보 등 순수공공재
공유재	주인 없는 천연자원, 공원, 녹지, 국립도서관·공원, 하천, 지하수, 해저광물, 강, 공공 낚시터, 출근길 시내도로 등
요금재	가스, 전기, 수도, 도로, 통신, 소유권이 지정된 넓은 공원, 케이블 TV 등
시장재	• 물건 구매, 냉장고, 자동차, 라면, 전문교육, 의료, 오물 청소, 음식점, 호텔, 택시 등 • 가치재(Merit Goods): 국민이라면 마땅히 누려야 할 기초적인 재화·서비스 　ㅡ 정부는 어떤 재화·서비스에 대해 그 이용을 개인의 자유로운 선택에 맡기는 것을 바람직하지 않다고 판단하고 이용을 조장하거나 강제하는 경우가 있음 　ㅡ 의무교육, 의료, 학교의 급식에 대한 보조, 염가주택의 공적인 공급, 문화행사 등을 들 수 있는데, 이러한 재화 혹은 서비스를 가치재라고 함 　ㅡ 가치재는 공공재가 아니며, 국가가 일부 공급하는 경우가 있지만, 원칙적으로 민간이 공급하는 민간재임

⑵ 공공서비스 공급방식의 유형(사바스)

틀잡기	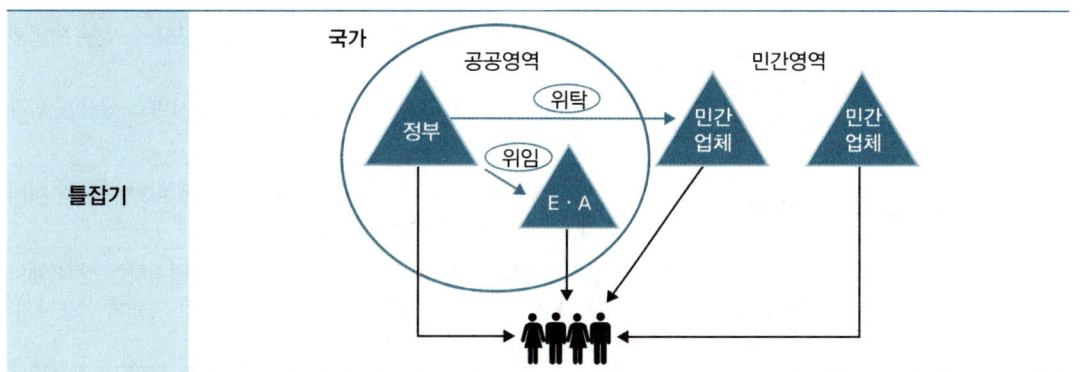
공공서비스 공급방식 (사바스)	◆ 공공서비스를 생산하는 주체와 생산수단에 따른 분류

◆ 공공서비스를 생산하는 주체와 생산수단에 따른 분류

구분		생산의 주체 : 누가 서비스를 생산하는가?	
		공공부문(정부)	민간부문(민간업체 등)
생산수단	권력 • 배제성 획일적 적용 × • 정부책임 ○	일반행정	민간위탁
	시장 배제성 적용	책임경영 (책임운영기관)	민영화

각 공급방식에 대한 설명	일반행정	공공부문에서 권력을 활용해 공공서비스를 배분하는 방식 예 국방·치안 서비스, 주민센터를 활용한 서비스 공급 등
	책임경영 (책임운영기관)	• 배제성으로 인해 시장에서 공급할 수 있으나, 공공성 때문에 정부가 생산하는 방식 • 단, 서비스 공급에 있어서 책임운영기관(중앙행정기관 소속 기관)을 활용함 예 국립현대미술관, 국립나주병원 → 근로자는 공무원임
	민간위탁	시장에서 공급하지만, 일반적으로 정부가 서비스 공급에 대한 책임을 지 니며, 가격 메커니즘을 획일적으로 적용하지 않음 예 군복 생산, 쓰레기 수거, 바우처, 자원봉사자 방식 등
	민영화	민간부문이 시장의 원리에 따라 공공서비스의 생산과 공급을 담당함 예 KT의 통신 서비스

(3) 기타

민간위탁 유형	면허 혹은 프랜차이즈 (Franchises)	• 민간부문에 대해 일정한 구역 내 공공서비스를 제공할 수 있는 영업권을 부여하는 방식 • 정부가 서비스 수준 및 요금체계를 통제하면서도 서비스 생산을 민간부문에 이양하는 형태
	바우처	특정 기준에 부합하는 소비자의 선택권을 보장하는 제도 → 하나의 서비스 제공기관에서 사용 ×
	아웃소싱	기업 간 경쟁입찰을 통해 서비스 생산주체를 정부가 결정하는 방식(계약방식) → 정부가 서비스 제공자에게 서비스 비용을 직접 지불해 이용자의 비용부담을 경감시키는 장점이 있음
	자조활동	공공서비스의 수혜자와 제공자가 같은 집단에 소속되어 서로 돕는 방식
공공서비스 측정지표	◆ 공공서비스 성과의 측정지표 예시	

◆ 공공서비스 성과의 측정지표 예시

구분	투입	업무	산출(생산량)	결과	영향
경찰 부서	• 활동에 투입한 경찰 • 경찰 차량	담당 사건의 수	범인 체포 건수	범죄율 감소	지역사회의 질서 유지

※ 영향지표로 갈수록 추상적이고 분석의 단위가 큼

02 행정학의 정체성: 행정과 경영, 그리고 정치

1. 행정과 경영의 유사점 및 차이점

(1) 유사점

능률적인 관리	• 행정과 경영은 모두 능률적인 관리를 추구함 • 즉, 능률성을 유지하는 수준에서 인적·물적 자원 및 관리기술을 활용
조직구조: 관료제	행정과 경영은 모두 관료제로 인한 순기능 및 역기능을 포함하고 있음
협동행위	양자 모두 목표달성을 위해 협력함

(2) 차이점

목적	경영은 사익 혹은 기업의 이윤을 추구하며, 행정은 공익을 추구함
추구하는 가치	경영은 효율성이 중요한 가치이며, 행정은 효율성을 포함한 다양한 가치를 추구함
영향력의 범위	경영에 비해 행정이 국민에게 미치는 영향력이 큼 → 정책을 생각해 볼 것
강제성	• 행정은 일단 법이 통과되면 강제성을 바탕으로 정책을 집행함 • 즉, 행정은 본질적으로 정치적인 공권력을 배경으로 정책을 수행하는 바 권력적 측면(권리 제한 및 의무부과 등)이 강함

정치적 성격	• 행정은 경영에 비해 정치권력의 개입이 많음 • 의회의 간섭, 국민의 요구 등
성과평가 기준	• 행정의 목적은 공익임 • 공익은 추상적인 개념이므로 공익을 달성하는 지표나 척도가 모호함
경쟁의 결여	행정은 민간에 비해 경쟁자가 없다고 볼 수 있음

2. 행정과 정치의 관계: 정치행정이원론·정치행정일원론을 중심으로

정치행정이원론과 정치행정일원론의 전제: 일반적으로 정치는 결정, 행정은 집행이라는 것

(1) 틀잡기

구분	행정부 역할(기능)	
	정치적 기능: 정책 결정 → 방향성 설정	행정적 기능: 효율적인 관리 및 집행
정치행정이원론	×	○
정치행정일원론	○ (어느 정도)	○

(2) 정치행정이원론: 정치와 행정의 분업

개념	능률적 관리를 위해 행정을 정치와 구별된 관리 또는 기술로 인식하는 관점	
틀잡기	비능률성 비 엽관주의(1829) ◄ 월슨: 〈행정의 연구〉(1887) → 정치행정이원론	
등장배경	엽관주의 폐해	• 엽관주의: 정당에 대한 충성도를 기준으로 공무원을 채용하는 인사행정제도 → 잭슨 대통령이 1829년에 공식적으로 도입 • 엽관주의는 전문적인 지식을 기준으로 공무원을 임용하지 않는 바 행정의 비능률성을 야기함
	우드로 월슨의 행정의 연구	우드로 월슨이 〈행정의 연구〉(1887)에서 주장한 내용이며, 정치행정이원론 이후 능률적인 행정을 실현하기 위한 미국 행정학이 발전
	기타	• 행정국가현상의 대두와 행정의 능률화 요청: 미국은 19세기 말 산업사회로 진입하면서 정부활동이 증대함 → 이에 따라 행정의 전문성이 긴요해짐 • 능률적인 관리를 위해 과학적 관리론 등 경영이론 참고
특징	• 공사행정일원론: 능률적인 관리를 강조하기 때문에 행정과 경영을 동일하게 여김 • 미국의 초기 행정학을 대표하며, 정치로부터 행정의 독자성 및 자율성을 강조 • 기계적 능률성, 즉 능률성 강조	

(3) 정치행정일원론

개념		• 행정이 법령이나 정책의 관리, 집행기능은 물론 어느 정도의 정책결정기능 또는 정치적 기능도 담당한다고 보는 관점 • 즉, 행정은 정치성(다양한 참여자의 간섭 등) 및 공공성(공익 추구)을 띠는 바 능률적인 관리가 전부는 아니라는 관점
등장배경 (국가위기)		• 세계대공황(경제대공황): 빈민과 실업자 증가 → 정부활동 증대 • 제2차 세계대전: 제2차 세계대전 이후 행정기능의 확대·강화 현상이 촉진됨 → 큰 전쟁을 치렀으니 정부가 할 일이 많아진 것 • 국가적 위기 상황에서 입법부의 대응력 부족
특징	통치기능설 (정치행정일원론)	• 1930년대 이후 신고전적 행정이론의 입장으로서 통치기능설(기능적 행정학)이라 불리기도 함 • 통치기능 = 정책결정기능 + 능률적인 집행기능 • 대표적인 학자: Dimock과 Appleby
	사회적 능률성	• 행정부의 결정으로 만들어진 정책을 통해 그 목적 가치인 인간과 사회의 만족에 기여하는 사회적 능률성을 추구 • 단기적인 생산성만 고려하는 기계적 능률성 비판
	공사행정이원론	행정이 정치적 기능도 일부 수행한다는 점에서 경영과의 차이점을 인정하는 바 공사행정이원론의 관점임

(4) 정치행정새이원론 · 정치행정새일원론

정치행정 새이원론			• 행정의 정치적인 기능을 어느 정도 인정 • 행정학의 연구대상을 가치(정치기능)와 사실(행정기능)로 구분하고, 가치에 대한 연구가 있다는 점은 인정하지만 사실에 대한 연구(검증 가능한 연구)에 초점을 두자고 주장 • 1940년대 H. A. Simon(사이먼)을 중심으로 등장
정치행정 새일원론	개념		• 행정우위론: 거의 모든 정책결정을 행정부가 주도 → 입법부는 형식적 존재 • 우리나라의 군사정권(박정희 정권)과 유사함
	특징	발전행정	• 행정부 주도하의 국가발전을 설명하는 바 발전행정이라 불림 • 발전행정론은 1960년대 후진국 발전론자들의 주장임
		효과성·기술성	어떤 방법을 동원해서라도 국가발전을 이룩하려는 효과성 및 기술성을 가장 중시함
		학자	E. W. Weidner(와이드너), M. J. Esman(이스먼) 등

행정이론

01 관리주의(관리과학 · 주류행정학) : 행정 = 효율적인 관리

관리주의는 능률적인 관리를 위해 공식적인 구조, 즉 시스템 설계에 관리의 초점을 둠

1. 관련 학자

윌슨	틀잡기	비능률적 행정 비 엽관주의 (1829) ← 실적주의 = 펜들턴법 (1883) 비능률적 행정 비 정치행정이원론 (1887) 지지
	내용	• <행정의 연구>(1887)에서 엽관주의를 비판하면서 정치행정이원론을 주장 • 윌슨은 시험을 통한 임용을 중시하는 실적주의를 지지함 • 행정학의 아버지: 미국 28대 대통령 　- 윌슨의 <행정의 연구>는 미국 행정학의 학문적 기원임 　- 행정학을 정치학으로부터 분리시켜 독자적인 학문 분야로 정착시켰음 　- 윌슨은 유럽국가의 행정(유럽의 관료제 등)을 참고 후 미국의 행정이론 개발을 주장
테일러	틀잡기	시간과 동작에 대한 연구 → 표준 과업량 설정 (유일 최선의 길) → 노동자 훈련 후 인센티브 구조 확립 • 일류 노동자 선택 • 작업을 부분 동작으로 분해 • 동작별 소요 시간 측정 등 • 최고의 과업설정: 표준화 • 성공자 우대 • 실패자 손실
	내용	• 1911년 과학적 관리론 발표 • 특히 생산성 제고를 위한 능률적인 시스템 정립 강조 • 관리자는 생산 증진을 통해서 노 · 사 모두를 이롭게 해야 함 • 과학적 관리론은 이론이라기보다 하나의 운동으로 출발했음

어윅 & 귤릭	원리주의자		어윅·귤릭은 능률적인 행정을 위해 어떠한 나라에서나 적용될 수 있는 보편적인 과학적 원리가 있다고 주장
	행정의 4대 원리	전문화의 원리	작업과정을 세분해서 한 사람이 특정 부문을 담당
		명령통일의 원리	명령을 내리고 보고를 받는 사람이 반드시 한 사람이어야 함 → 한 명의 상관에게 보고
		통솔범위의 원리	한 사람이 통솔 가능한 부하의 수(5~6명)를 거느려야 함
		부서편성의 원리 (부성화의 원리)	조직을 편성하는 기준(목적, 과정, 고객, 장소 등)에 따라 각 부서에 업무를 부여
	POSDCoRB (최고 관리자 기능)	Planning(계획)	조직의 목표를 정하고 이를 달성하기 위한 방법을 알아보는 것
		Organizing(조직화)	조직구성원에게 직무를 부여하고 이에 대한 책임을 지우는 것
		Staffing(인사)	사람을 충원하는 것
		Directing(지휘)	조직 전반을 이끌어가는 것
		Coordinating(조정)	부서와 부서 간의 업무가 유기적으로 연결되도록 노력하는 과정
		Reporting(보고체계)	부하와 상관의 보고방식을 정하는 것
		Budgeting(예산)	조직의 일에 대해 돈을 배정하는 과정

2. 관리주의 학자의 공통된 견해와 한계

공통점	공식적 구조 강조	생산성을 제고하기 위해 능률적인 시스템을 설계하고자 함
	인간 : 경제인	인간은 돈과 생리적인 욕구(기본적 욕구)를 중시하는 존재
	보편적 원리탐구	능률적으로 생산성을 제고하기 위한 원리를 발견하고자 했음 예 어윅 & 귤릭의 4대 원리 등
	공사행정일원론	행정을 효율적 관리로 간주하는 바 행정과 경영은 유사하다는 관점
	폐쇄체제 관점	조직을 관리할 때 조직 밖의 환경 요소를 고려하지 않음
	관료제 선호	• 조직유형 중 관료제를 선호 • 구성원을 거대한 기계장치 내 부품으로 간주
한계		• 조직 내 인간에 대한 관심 부족 • 원리를 도출하는 방법과 원리 간의 모순 → 실험을 통해 검증되지 않은 이론 • 행정환경을 고려하지 않음 : 즉, 조직을 폐쇄체제로 간주

02 인간주의

- 인간주의와 관리주의는 모두 조직의 생산성과 능률성 향상에 주목함
- 단, 인간주의는 조직구성원에 대한 관심을 통해 조직의 생산성을 높이려는 입장임
- 따라서 '인간'주의로 불림

1. 틀잡기

직관적 이해	• 전쟁터의 군인은 인센티브 체계가 아닌 동료 간 형성된 '전우애'의 영향을 받음 • 소방관이 화재 현장에 뛰어드는 이유를 '동료애'로 설명할 수 있음 • 학원 커리큘럼 vs 면학분위기·인출하려는 개인의 노력·선생님에 대한 호불호

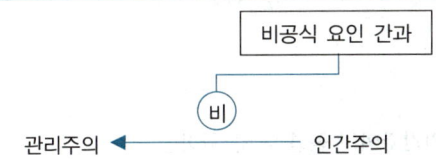

```
            ┌──────────────┐
            │ 비공식 요인 간과 │
            └──────────────┘
                   │
                  (비)
         ┌─────────┴─────────┐
    관리주의 ◄─────────── 인간주의
```

※ 비공식 요인 : 공식적인 규칙이나 시스템을 제외한 모든 요인 예 갈등, 동료애, 리더십 등

2. 인간주의에 대한 이해

(1) 의의

등장배경	인간주의는 관리주의 중에서도 특히 과학적 관리법에 대한 반작용으로 나타남
개념	인간주의는 공식적 구조가 아닌 비공식 요인에 초점을 두고 생산성 제고를 추구함

(2) 관련 학자

메이요 호손실험	• 미국 서부 전기회사의 호손공장에서 5년간(1927~1932) 실시 • 연구의 결론 : 비공식 요인 → 생산성↑ • 동료애·인정감·소속감 등이 조직의 생산성을 좌우함
아지리스 자아실현주의	• 조직생활에서 인간의 궁극의 목표는 자아실현이라는 전제하에, 조직은 각 개인이 자아실현을 할 수 있도록 개편되어야 함을 강조 • 즉, 조직의 목표와 개인의 목표를 일치시켜야 함 • 관료제 수정 방안 - 직무 확장 : 한 가지 일만 해서 권태에 빠지지 않도록 장려 - 조직의 평면성 강조 : 계층을 적게 해 상하계층 간 의사소통 활성화

(3) 인간주의의 특징과 한계

특징	비공식 요인 강조	사람과 관련된 요인 등을 연구 **예** 비공식집단, 집단규범, 리더십, 커뮤니케이션, 참여, 갈등, 동료애 등
	인간 : 사회심리적 존재	• 사회적 존재 : 인간은 일하는 과정에서 주변 사람의 영향을 받음 • 심리적 존재 : 인간은 자아실현(원하는 일 성취 등)을 통한 심리적 만족 감을 중시함
	조직의 평면화 강조	조직 계층의 수를 감소시켜야 구성원 간 소통을 증진할 수 있음
	궁극적 목표 : 조직의 생산성 제고	과학적 관리론과 마찬가지로 궁극적인 목표는 조직의 성과 제고임
한계	• 인간의 경제적인 욕구를 상대적으로 등한시함 • 환경과의 상호작용 경시 : 조직을 폐쇄체제로 간주	

(4) 기타

요점정리	**◆ 관리주의와 인간주의의 공통점 및 차이점**	
	공통점	**차이점**
	• 능률적인 생산성 제고에 관심 • 조직을 폐쇄체제로 간주	• **능률적 생산을 달성하기 위한 방법** : 관리주의는 공식적 구조, 인간주의는 비공식 요인에 초점 • **인간관** : 관리주의는 경제인, 인간주의는 사회심리적 존재
용어정리	• 규범 : 공식적인 강제성은 없으나 조직구성원들이 암묵적으로 지키는 것 **예** 신입사원의 조기 출근 • 규칙 : 조직구성원들이 강제적으로 준수해야 하는 공식적 절차 **예** 회사내규	

03 행태주의(Behaviorism)

사이먼의 행태주의: 인간행동의 원인을 탐구하려는 시도 → 이를 위해 논리실증주의를 활용함

1. 논리실증주의에 대한 직관적 이해

개념	• 검증된 이론으로부터 가설을 도출하고, 실험을 통해 이를 검증함으로써 새로운 지식을 형성하는 자연과학식 연구방법 → 기계적 과학관 • 비엔나 학파에서 시도한 사회현상의 과학적 연구방법론
예시	• 알고 싶은 것: 어떻게 하면 단기 합격할 수 있을까? • 검증된 이론(보편적 지식): 인출↑ → 학업성취도↑ 　- 보편적 지식: 모든 지역·집단·개인에게 적용되는 지식 • 가설도출: 백지복습이나 다양한 방식의 문제풀이를 하면 시험성적이 빨리 오를 수 있을까? • 실험 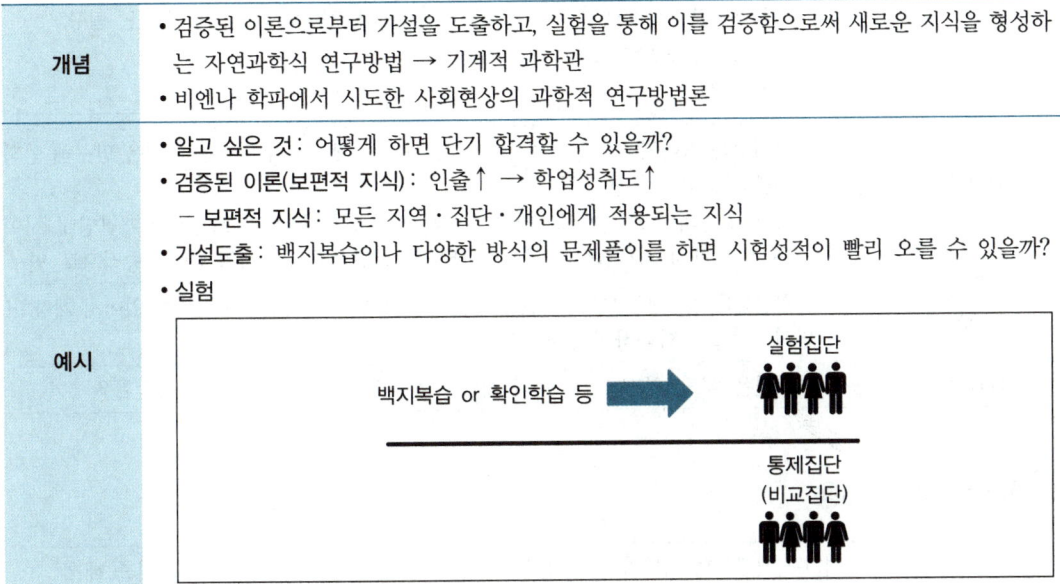

2. 틀잡기 및 등장배경

틀잡기	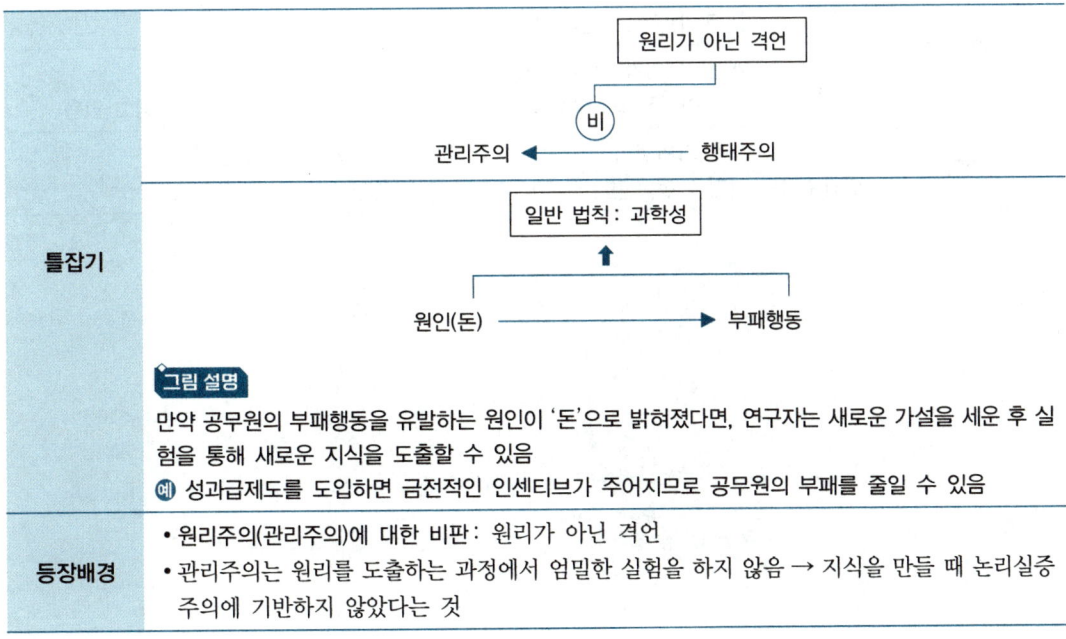 **그림 설명** 만약 공무원의 부패행동을 유발하는 원인이 '돈'으로 밝혀졌다면, 연구자는 새로운 가설을 세운 후 실험을 통해 새로운 지식을 도출할 수 있음 예 성과급제도를 도입하면 금전적인 인센티브가 주어지므로 공무원의 부패를 줄일 수 있음
등장배경	• 원리주의(관리주의)에 대한 비판: 원리가 아닌 격언 • 관리주의는 원리를 도출하는 과정에서 엄밀한 실험을 하지 않음 → 지식을 만들 때 논리실증주의에 기반하지 않았다는 것

3. 특징

	행정학의 연구 분야	
	가치	사실
사실연구 강조	• 연구 분야가 있다는 건 인정 • 그러나 주관적인 연구가 될 가능성이 크므로 연구에서 배제 　예 정의란 무엇인가? • 주로 정부의 방향성 관련 연구	• 검증이 가능한 객관적인 영역 • 사이먼은 사실연구를 강조하는 입장 　예 행동(의사결정 등)의 원인 탐구
보편적 법칙 발견 (과학성 추구)	• 사이먼은 행태연구를 사실의 분야로 간주하고, 행동을 유발하는 원인을 탐구해 인과관계를 도출함 • 다만, 인간의 행동은 태도·의견·개성 등을 포함하는 다소 포괄적인 개념인데, 사이먼은 이 중에서 의사결정을 중요한 행동으로 생각하고 의사결정을 집중적으로 연구	
계량적 연구	사회현상은 추상적인 개념이 많은 까닭에 행정학의 연구방법이나 설명에 있어서 계량화(개념의 조작화), 확률적 설명에 기초	
다양한 학문 활용	사이먼은 태도, 의견, 개성 등의 개념을 정의하기 위해 다양한 학문을 활용	

4. 한계와 기타 내용

한계	• 가치연구 배제: 행정은 가치의 영역을 포함할 수밖에 없음에도 불구하고 이를 배제 • 이는 행정의 방향성 상실, 나아가 사회문제 해결능력 저해로 이어질 수 있음 • 폐쇄체제 관점: 인간행동을 설명하는 데 있어서 제도적 요인·환경적 요인을 고려 ×	
행동유형	행태	개념: 조건반사적 행동 　예 절대권력 → 절대부패
	행위	개념: 의미가 담긴 행동 　예 장례식장에서 국화를 헌화하는 것 → 국화는 '감사'의 의미를 담고 있음
기타	• 행태주의 운동은 사이먼이 1945년 행정행태론을 발표한 후 크게 발전함 • 인간주의는 실험을 통한 결론을 만들어내 행태과학연구를 촉발했음	

04 후기행태주의(Post-Behaviorism)

1. 틀잡기

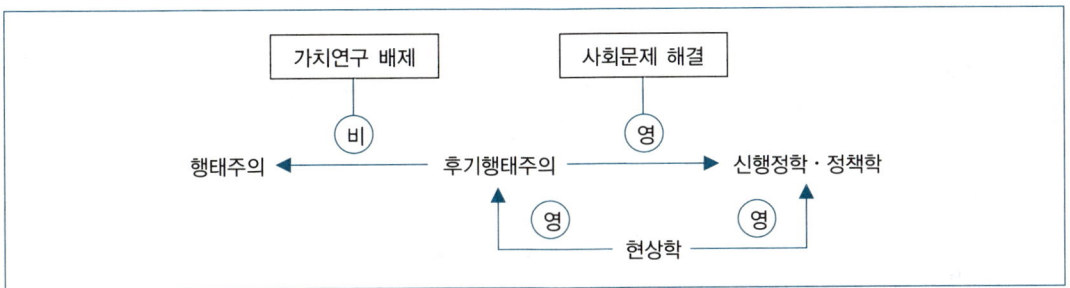

2. 의의

등장배경 : 행태주의 비판	• 행태주의의 가치연구 배제 → 행정의 방향성 제시 × • 이에 따라 행태주의는 미국행정의 '격동기'를 해결하지 못함 　예 흑인폭동 혹은 월남전 참전 반대운동 등 • 후기행태주의는 사회문제를 해결하기 위해 적실성 · 처방성 등을 강조하면서 등장
개념	• 행태주의에 대해 반발적인 1960년대 후반의 학문적 사조 • 사회문제 해결을 강조하는 후기행태주의는 신행정론이나 정책학의 발전에 기여
학자	• 데이비드 이스턴 : '정치학의 새로운 혁명'을 위해 후기행태주의를 선언함 • 이스턴은 '적실성의 신조'와 '실행'을 강조

3. 특징

기술성	현실적합성 있는 실천적 · 처방적 지식을 강조
가치연구 (가치평가적 연구)	• 사회문제 해결을 위해 정책과 규범적인 차원의 연구(가치연구)에 집중 • 단, 사실연구를 배제하는 건 아님 → 후기행태주의에 따르면 사회문제를 해결하기 위해서는 사실판단(fact)과 가치판단(value)을 종합한 연구가 필요한데, 후기행태주의는 이 중에서 특히 가치영역에 대한 연구를 강조
사회적 형평성 추구	• **사회문제 해결을 위한 방향성 제시** • 후기행태주의는 절약과 능률이라는 전통적 행정가치를 부정하지는 않음 → 다만, 이러한 전통적 가치를 보완하기 위해 빈곤과 불평등 및 불의에 대한 윤리적 관심 및 정책결정의 기준으로서 사회적 형평성 등을 강조
현상학 활용 (가치연구에 적용)	• 현상학이란 사회현상을 연구함에 있어서 외면적으로 표출된 객관적 현상이 아닌, 인간행동의 '내면의 의미'를 파악하려는 것으로서 반실증주의적 연구방식(행태주의 비판)을 의미함 • 맥락을 고려해 행동에 내재된 의미를 파악하면 인간을 이해하게 되고, 이는 정책의 방향성을 제시하는 데 도움이 된다는 것 • 현상학은 '가치'의 영역을 연구하는 데 적합한 이론이기 때문에, 후기행태주의와 후기행태주의를 받아들인 신행정론에서도 현상학을 연구방식으로 활용함

05 신행정학

틀잡기	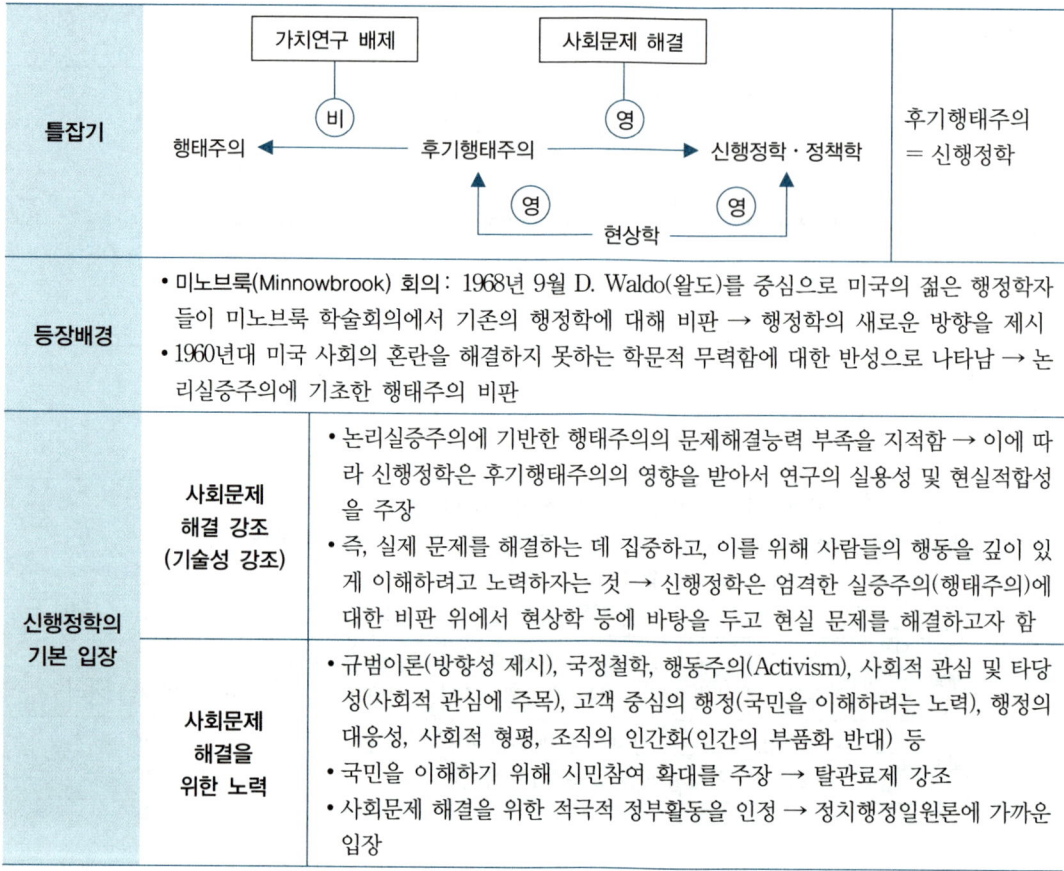	후기행태주의 = 신행정학
등장배경	• 미노브룩(Minnowbrook) 회의: 1968년 9월 D. Waldo(왈도)를 중심으로 미국의 젊은 행정학자들이 미노브룩 학술회의에서 기존의 행정학에 대해 비판 → 행정학의 새로운 방향을 제시 • 1960년대 미국 사회의 혼란을 해결하지 못하는 학문적 무력함에 대한 반성으로 나타남 → 논리실증주의에 기초한 행태주의 비판	

신행정학의 기본 입장	사회문제 해결 강조 (기술성 강조)	• 논리실증주의에 기반한 행태주의의 문제해결능력 부족을 지적함 → 이에 따라 신행정학은 후기행태주의의 영향을 받아서 연구의 실용성 및 현실적합성을 주장 • 즉, 실제 문제를 해결하는 데 집중하고, 이를 위해 사람들의 행동을 깊이 있게 이해하려고 노력하자는 것 → 신행정학은 엄격한 실증주의(행태주의)에 대한 비판 위에서 현상학 등에 바탕을 두고 현실 문제를 해결하고자 함
	사회문제 해결을 위한 노력	• 규범이론(방향성 제시), 국정철학, 행동주의(Activism), 사회적 관심 및 타당성(사회적 관심에 주목), 고객 중심의 행정(국민을 이해하려는 노력), 행정의 대응성, 사회적 형평, 조직의 인간화(인간의 부품화 반대) 등 • 국민을 이해하기 위해 시민참여 확대를 주장 → 탈관료제 강조 • 사회문제 해결을 위한 적극적 정부활동을 인정 → 정치행정일원론에 가까운 입장

06 공공선택론

1. 틀잡기

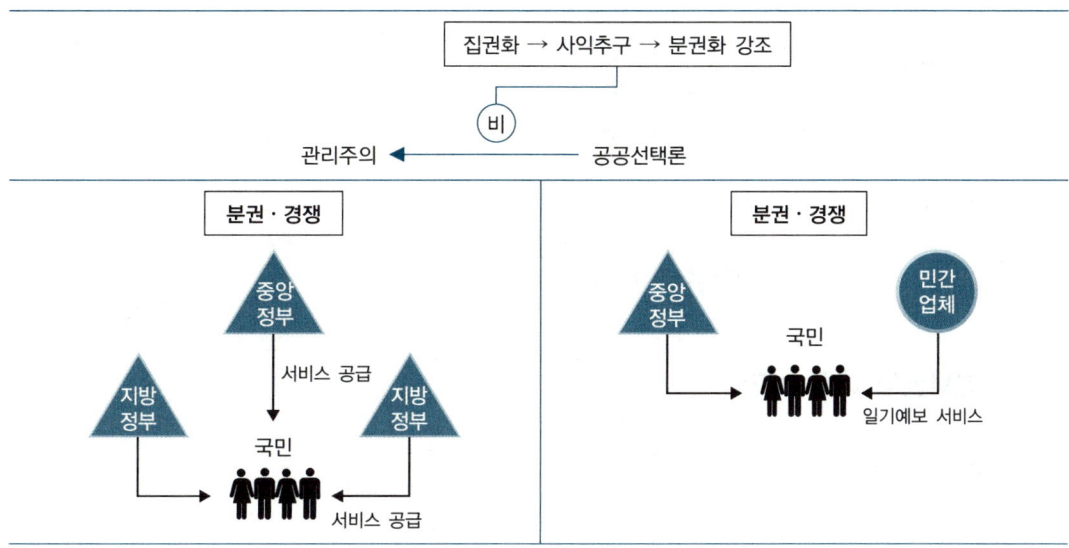

2. 의의와 목적

등장배경	경제학자 창시	본래 뷰캐넌·털럭·니스카넨 등의 경제학자들에 의해 만들어졌으며, 정부실패가 발생한 후 오스트롬이 ≪미국 행정학의 지적 위기≫(1973)를 출간하며 행정학의 정체성 위기를 지적하고 공공선택론의 관점을 행정학에 적용
	관리주의 비판	• 오스트롬은 윌슨·베버리안의 집권적 능률성 패러다임에 대항해 공공서비스 공급에서 관할권의 중첩(분권화)을 통한 경쟁 원리를 도입해 민주행정의 패러다임을 제시 • 정부는 공공재의 생산자, 시민들은 소비자라고 가정할 때, 집권적 의사결정 구조는 정부의 사익추구 수단으로 작용할 수 있는 바, 집권적 구조는 공공재 공급에 대한 소비자의 선호를 반영할 수 없음
정의		시장의 범주 밖(예 비시장영역 : 행정부, 국회, 시민사회 등)에서 일어나는 의사결정을 경제학적으로 접근하고 연구하는 이론
목적		공공서비스의 공급에 있어서 국민의 선호를 반영해 국민의 선택권을 확장하는 것

3. 국민의 선택권을 보장하기 위한 오스트롬 부부의 제안 : 분권화와 경쟁체제

오스트롬 부부의 주장	• 분권화와 경쟁을 통해 국민의 선택권을 반영(민주행정)한 공공서비스 공급 • 비시장영역(공공부문)도 일종의 시장경제화가 필요함 → 수익자부담주의, 바우처 제도 등

4. 공공선택론의 일반적인 특징

인간 : 이기적 존재 (경제학적 인간관)	• 모든 인간은 자신의 이익을 추구하며 이익을 극대화하기 위해 노력함 • 방법론적 개체주의·연역적 접근 : 인간은 이기적 존재 → 분권과 경쟁 강조
경제학적 접근	경제수학 활용 : 공공선택론을 처음으로 주장한 학자는 뷰캐넌과 털럭과 같은 경제학자이며, 이들은 경제수학을 활용해 현상을 설명함

분권적 제도 강조	• 집권적인 구조는 사익을 추구하기 쉬운 까닭에 분권적인 제도를 선호 → 공공선택론은 정책결정 규칙이나 결정구조가 어떻게 만들어졌느냐를 중시함
	• 합리적 선택이론에 제도의 역할을 접목해서 공공부문에 확대 적용
	  - 합리적 선택이론 : 제도를 고려하지 않고 이기적 개인 간 행동을 설명하는 이론
	    예 애덤스미스의 국부론

5. 공공선택론에 대한 비판

분권화로 인한 문제	• 행정 내에서 관리와 조정을 어렵게 함 • 분권화를 지향하는 바 수준 높은 시민을 전제로 함
인간에 대한 단순한 가정	인간에 대한 단순한 가정으로 인해 현실적합성이 낮음 → 인간은 경제적 이해관계로만 움직이지 않음
형평성 문제	• 공공선택론은 수익자 부담주의와 같은 시장기제 적용을 찬성하는 까닭에 경제력이 있는 집단을 위한 이론임 • 능률성을 중시하는 바 정부활동의 성과를 지나치게 시장적 가치로 환원

6. 공공선택론을 활용한 모형들

(1) 틀잡기

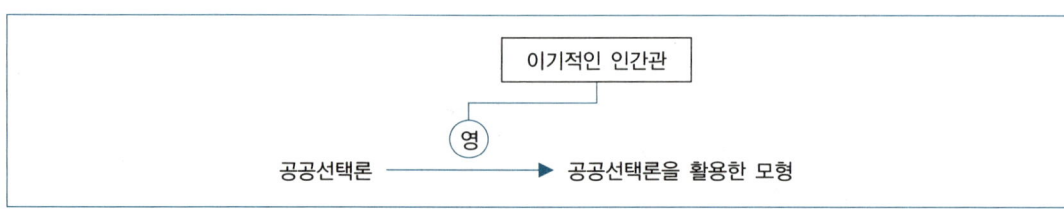

(2) **티부가설** : 실험을 통해 검증되지 않음

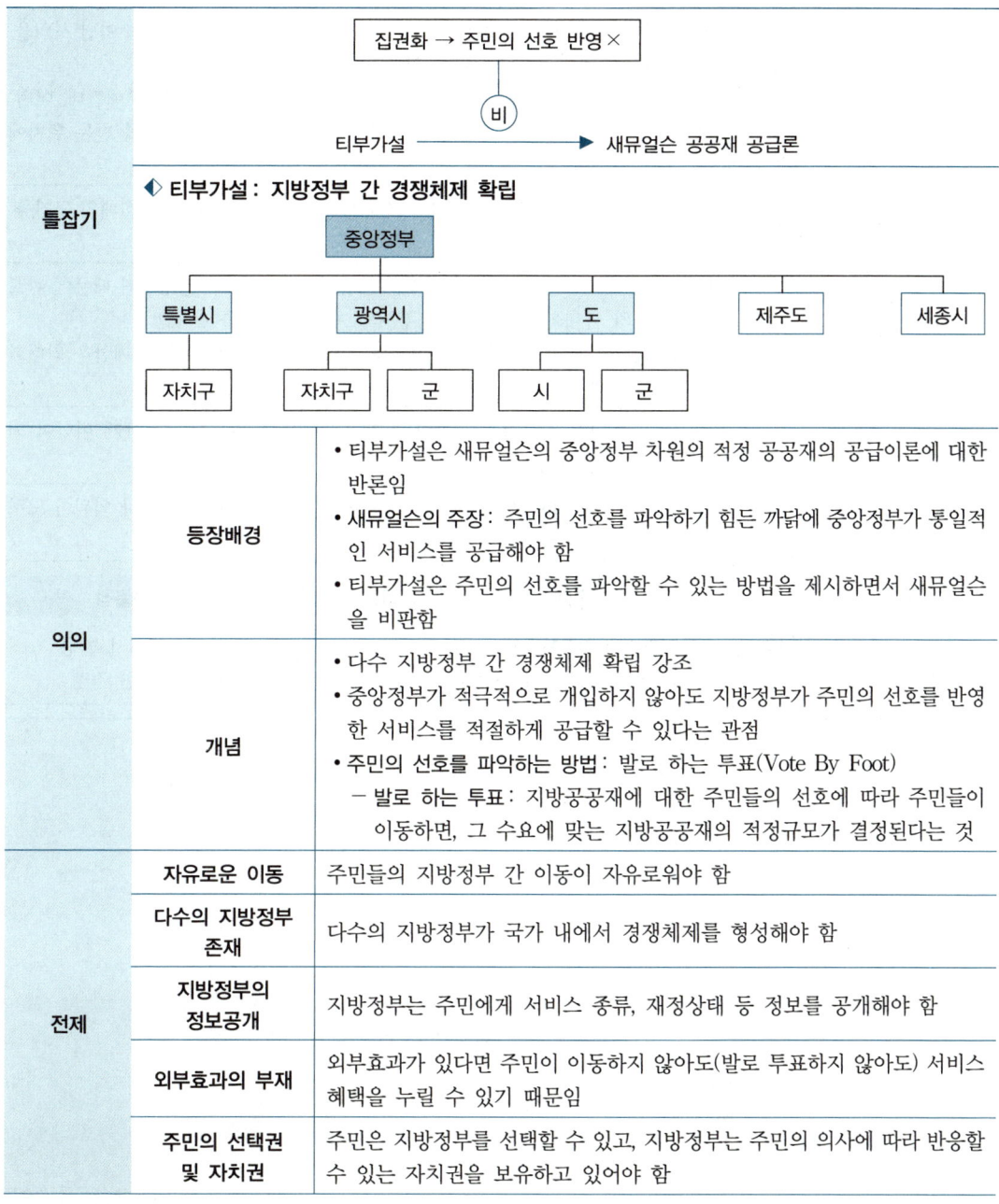

틀잡기		집권화 → 주민의 선호 반영 × (비) 티부가설 ⟶ 새뮤얼슨 공공재 공급론 ◆ **티부가설 : 지방정부 간 경쟁체제 확립** 중앙정부 ├ 특별시 ─ 자치구 ├ 광역시 ─ 자치구 / 군 ├ 도 ─ 시 / 군 ├ 제주도 └ 세종시
의의	**등장배경**	• 티부가설은 새뮤얼슨의 중앙정부 차원의 적정 공공재의 공급이론에 대한 반론임 • 새뮤얼슨의 주장 : 주민의 선호를 파악하기 힘든 까닭에 중앙정부가 통일적인 서비스를 공급해야 함 • 티부가설은 주민의 선호를 파악할 수 있는 방법을 제시하면서 새뮤얼슨을 비판함
	개념	• 다수 지방정부 간 경쟁체제 확립 강조 • 중앙정부가 적극적으로 개입하지 않아도 지방정부가 주민의 선호를 반영한 서비스를 적절하게 공급할 수 있다는 관점 • 주민의 선호를 파악하는 방법 : 발로 하는 투표(Vote By Foot) – 발로 하는 투표 : 지방공공재에 대한 주민들의 선호에 따라 주민들이 이동하면, 그 수요에 맞는 지방공공재의 적정규모가 결정된다는 것
전제	**자유로운 이동**	주민들의 지방정부 간 이동이 자유로워야 함
	다수의 지방정부 존재	다수의 지방정부가 국가 내에서 경쟁체제를 형성해야 함
	지방정부의 정보공개	지방정부는 주민에게 서비스 종류, 재정상태 등 정보를 공개해야 함
	외부효과의 부재	외부효과가 있다면 주민이 이동하지 않아도(발로 투표하지 않아도) 서비스 혜택을 누릴 수 있기 때문임
	주민의 선택권 및 자치권	주민은 지방정부를 선택할 수 있고, 지방정부는 주민의 의사에 따라 반응할 수 있는 자치권을 보유하고 있어야 함

(3) 기타 모형

지대추구론 (털럭)		• 지대추구(로비)에 의해 정부가 기업이나 이익집단의 포로가 되면 정부는 공익이 아닌 사익을 위해 정책이나 공공서비스를 공급함 → 이로 인해 정부실패가 발생할 수 있음 • 지대: 정부의 특정 정책을 통해 경제주체를 보호하는 경우 발생하는 혜택 → 예컨대, 어떤 규제정책을 통해 중소기업만 진입할 수 있는 시장을 만들면 중소기업은 특혜를 받는 위치에서 경영을 할 수 있음
예산극대화 가설 (니스카넨)	등장배경	니스카넨은 미국 국방성 관료들의 예산극대화 행동을 연구해 정부실패의 근거를 찾았음
	개념	• 니스카넨에 따르면 공무원의 권력은 예산의 규모에 따라 결정되기 때문에 관료들은 권력의 극대화를 위해 자기 부서의 예산 극대화를 추구함 • 관료들은 승진·소득·명성 등 자신의 이익을 극대화하기 위해 예산을 최대화하는 행동을 보임
로그롤링 · 포크배럴	개념	**로그롤링**: 의회에서 이권과 관련된 법안을 해당 의원들이 서로에게 이익이 되도록 협력해 통과시키는 현상 **포크배럴**: 보조금과 같은 편익을 더 많이 얻기 위해 이익집단이나 의원이 노력하는 현상
	차이점	(아래 표 참조)

구분	의원 간 협력	공통점
로그롤링(담합투표·표 거래)	○	• 분배정책에서 발생
포크배럴(돼지구유통 정치)	×	• 편익을 위한 경쟁

07 신공공관리론(New Public Management)

1. 신공공관리론에 대한 이해

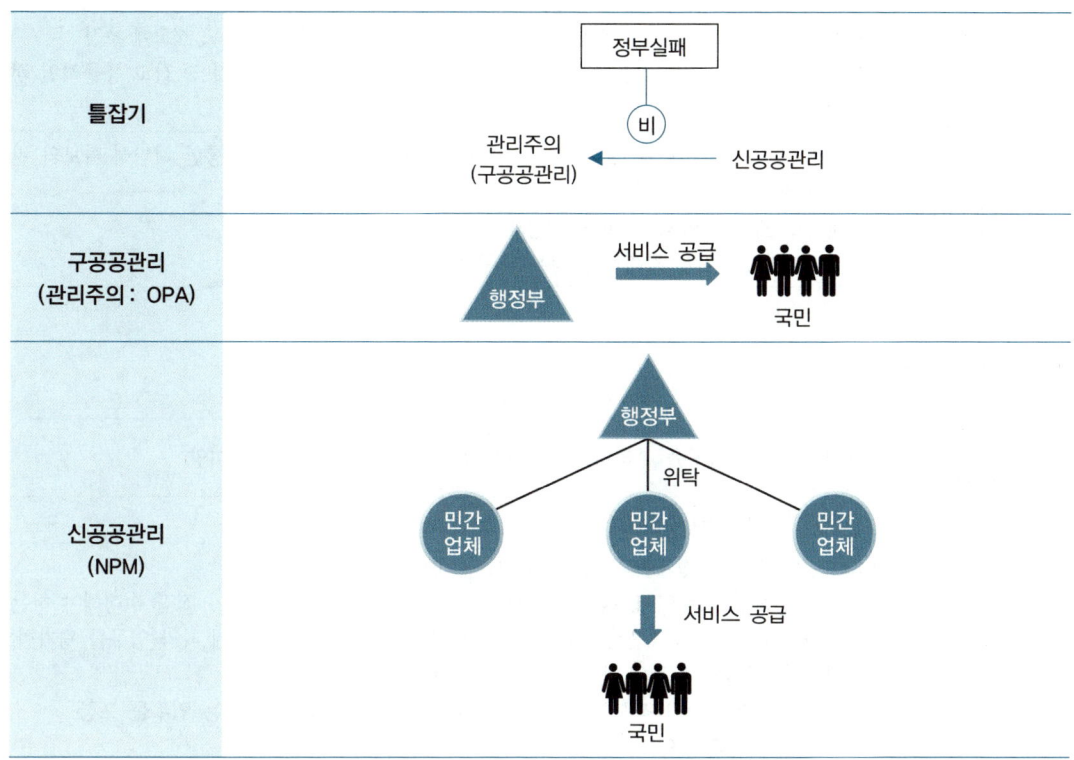

틀잡기	
구공공관리 (관리주의: OPA)	
신공공관리 (NPM)	

2. 의의

등장배경		신공공관리론은 시장주의와 신관리주의를 결합해 정부실패를 야기한 전통적 관료제 패러다임(구공공관리 ＝ 관리주의)의 한계를 극복하고자 했으며, 정부의 간섭과 규제를 줄이려는 신자유주의 이념에 기초함
용어정리	**시장주의**	시장을 활용한 서비스 공급, 고객만족도 제고 등
	신관리주의	공무원에게 운영상 자율성 부여 → 성과책임 부여
	신자유주의	정부의 지나친 규제를 반대하는 국정철학
개념		• 기업의 운영방식을 정부에 도입해 작고 능률적인 정부를 추구하는 국정관리 패러다임 → 능률성을 강조하는 바 정치행정이원론(공사행정일원론)의 관점 • 1970년대 말 정부실패의 경험 이후 영연방제국에 의해 정부의 감축과 시장기제의 도입을 기조로 하는 1980년대 행정개혁운동 전개 → 이는 1980년대 이후부터 2000년대 초반까지 영·미 등 주요 선진국 행정개혁의 기반이 되었음

3. 주요 내용

시장주의	• 민영화 및 민간위탁 활용 : 경쟁과 가격 메커니즘을 통한 공공서비스 제공과 이에 따른 정부역할 축소 • 고객주의 : 국민을 납세자가 아닌 정부의 고객으로 인식해 고객의 만족도 제고에 초점 • 수익자부담 원칙의 강화 : 돈을 지불한 사람에게 편익을 제공하자는 것 → 작고 능률적인 정부에 기여
신관리주의	• 성과관리 : 권한위임을 통해 관리자의 자율성을 향상시키고, 성과를 통한 책임성 확보와 관리효율성 제고를 강조 • 인센티브 제도 도입 예 성과급, 연봉제 • 기업가 정신 : 수익을 창출하는 정부 추구

4. 기타

네트워크 조직활용	정책결정과 정책집행을 분리하고, 집행업무는 가급적 일선기관으로 이양
공익	사적 이익(고객만족)의 총합으로 파악
시장성 테스트	• 1990년대 영국 행정개혁의 일환으로 시행(메이저 정권) • 반드시 필요한 업무인지, 정부가 책임을 맡아야 할 업무인지, 정부가 직접 수행해야 하는지, 정부가 수행할 경우 효율성 증대 방안은 무엇인지 등 일련의 기준에 따라 업무를 평가한 뒤 정부생산, 민간위탁 등의 대안 중에서 하나를 선택하는 방식 • 시장성 테스트에서의 적합한 공공업무는 급속한 시장변화 속에 있는 업무를 포함 예 고령화에 따른 노인복지관운영 등

5. 신공공관리론에 대한 비판

능률성에 치중한 행정	효율성을 지나치게 강조하는 과정에서 공공부문의 책임성, 공익성, 형평성 및 민주성을 상대적으로 경시할 수 있음
유인기제의 획일화	• 신공공관리는 기업의 운영방식을 선호하는 까닭에 화폐적 유인을 선호함 • 이로 인해 유인기제가 지나치게 경제적 보상으로 획일화되어 있다는 비판을 받음
성과평가에 대한 문제	• 성과평가에 대한 지나친 집착으로 공무원의 사기를 저하시킬 수 있음 • 행정의 목적은 경영에 비해 추상적이므로 객관적인 성과평가가 어려움
분권화로 인한 문제	• 정책기능과 집행기능 간 기능분담의 적절성 확보가 어려울 수 있음 • 행정의 책임성 문제(대리인의 도덕적 해이) 발생

PART
01

6. 신공공관리론의 이론적 배경

(1) 틀잡기

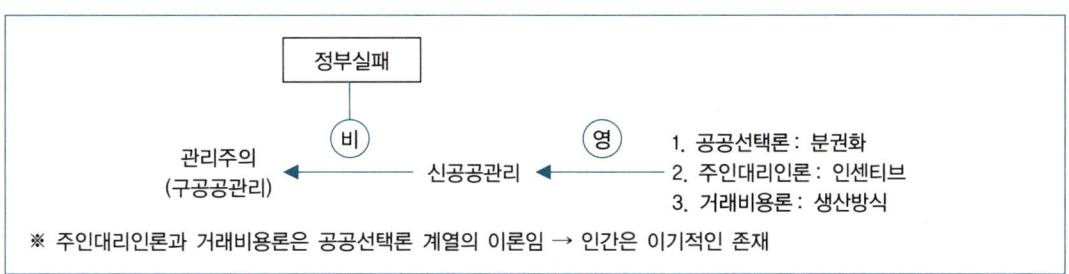

```
                      ┌──────────┐
                      │  정부실패  │
                      └──────────┘
                           │
              ┌────(비)────┘     └────(영)────┐
              ▼                              ▼
  관리주의         ◄──── 신공공관리 ◄────    1. 공공선택론 : 분권화
 (구공공관리)                               2. 주인대리인이론 : 인센티브
                                           3. 거래비용론 : 생산방식

 ※ 주인대리인이론과 거래비용론은 공공선택론 계열의 이론임 → 인간은 이기적인 존재
```

(2) 주인대리인이론

틀잡기	주인대리인관계 ──► 정보비대칭 ──► 대리손실 ┬ 역선택 （제도적 처방） └ 도덕적 해이 • 사회 내에는 주인대리인 관계가 편재 　（예） 국민과 행정부, 의회와 행정부, 행정부와 시장, 의사와 환자 등 • 주인과 대리인은 자신의 이익을 추구하는 합리적인 개인이며, 주인과 대리인 간에는 정보의 비대칭성이 존재 　－ 정보비대칭 : 주인과 대리인 간 정보 보유량 차이 • 주인에게 대리손실(Agency Loss) 발생 　－ 대리손실 : 대리인에게 일을 맡기는 과정에서, 혹은 맡긴 후 주인에게 발생할 수 있는 손해		
용어정리	**주인에게 발생하는 대리손실**	• 역선택 : 대리계약 체결 전의 어쩔 수 없는 불리한 선택 → 전문성이 부족한 대리인 선택 • 도덕적 해이 : 대리계약 체결 후의 대리인의 태만	
	대리손실에 대한 해결방안 (제도적 처방 강조)	• 역선택 방지 : 정보균형화 → 정보공개제도의 확대, 입법예고제도, 내부고발자 보호제도 등 활용 • 도덕적 해이 방지 : 효율적인 계약제도(성과 중심의 통제, 인센티브 제공), 경쟁체제 도입 등	

(3) 거래비용이론

틀잡기	제도적 처방 거래비용 ─┬─ 거래 전 비용 ──▶ ┬─ 거래비용↑ └─ 거래 후 비용 └─ 거래비용↓ ※ 아파트 엘리베이터 설치를 생각해 볼 것		
개념	• 인간이 대규모 계층제 조직을 만드는 이유를 거래비용으로 설명하는 이론 • 거래비용은 거래 시 소요되는 비용인데, 인간은 이러한 거래비용을 최소화하기 위해 일정한 조직구조를 갖는다는 것 • 거래비용이론은 이를 경제학적으로 설명하고 있음		
거래비용이란?	• 합의사항 작성비용, 협상이행 보장비용, 품질측정비용, 정보이용비용, 감시비용, 상대방의 기회주의적 행동에 대한 탐색비용 등 경제적 교환과 관련된 모든 비용을 의미 • 거래비용은 거래 전 비용과 거래 후 비용으로 나눌 수 있음		
	거래 전 비용	협상비용, 합의사항 작성비용, 정보이용비용 등	
	거래 후 비용	이행비용, 감시비용, 분쟁조정 관련비용, 계약이행 보증비용 등	
내부생산과 외부생산	**내부생산** (조직화 · 내부화)	거래비용이 클 때: 거래비용 > 조정비용(자체생산비용)	
	외부생산 (시장화 · 외부화)	거래비용이 작을 때: 거래비용 < 조정비용	

7. Osborne과 Gaebler의 '정부재창조론': 신공공관리론을 대변하는 정부개혁론

틀잡기	신공공관리 = 정부재창조론
등장배경	• 정부재창조론은 기업가적 접근에 입각한 열 가지의 개혁원칙을 제시하고, 이를 전통적 행정과 비교함 • '정부재창조론 = 신공공관리론'이라고 생각하고 문제를 풀어도 무방함 • 다만, 시민사회 참여를 인정한다는 점에서 광의의 신공공관리론이라고 보는 견해도 있음
내용	촉매작용적 정부: 방향잡기 → 정부의 독점적 공급을 지양함 • 시민공동체가 주도하는 정부 → 광의로서 신공공관리론 • 민간기관 및 비영리기구를 활용해 정책목표를 달성할 유인체계 창출 • 경쟁적 정부 • 결과를 중시하는 임무지향적 정부 • 성과지향적 정부 • 고객지향적 정부 • 기업가적 정부 • 미래에 대비하는 정부 • 분권적인 정부 • 시장지향적 정부

8. Osborne과 Plastrick의 5C 전략 : 신공공관리론을 대변하는 정부혁신전략

틀잡기	신공공관리 = 5C 전략	
등장배경	• 오스본과 플라스트릭은 《관료제의 추방》(1997)을 통해 미국행정에서 기업형 정부 구현을 위한 5C 전략 제시 • 5C 전략 = 신공공관리	
내용	핵심전략(Core Strategy) : 구체적인 목표설정	핵심전략을 달성하기 위해서는 목표의 명확화, 역할의 명확화, 방향의 명확화가 필요
	결과(성과)전략(Consequence Strategy) : 성과관리 강조	결과전략을 위해 기업식 관리, 경쟁관리, 성과관리 등
	고객전략(Customer Strategy) : 고객주의 강조	고객선택 접근법, 고객품질보증 등
	통제전략(Control Strategy) : 분권화 강조	실무조직 및 실무자에 대한 권한부여, 지역사회에 대한 권한부여 등 → 분권화
	문화전략(Culture Strategy) : 기업가 정신 강조	수익창출을 중시하는 문화 → 조직문화를 바꾸기 위해서는 조직구성원 사고의 틀을 먼저 바꿔야 함

9. 신공공관리론과 구공공관리론

기업가적 접근	관료제적 접근(전통적 행정·구공공관리·관리주의 등)
방향을 잡아주는 정부 : 방향잡기	노를 젓는 정부 : 정부의 직접 공급
권한을 부여해주는 정부	서비스를 직접 제공하는 정부
서비스 제공에 있어서 경쟁 중시	서비스 독점
임무지향적 정부	규칙을 중시하는 정부
성과와 연계한 예산 배분	투입 중심의 예산제도
고객지향적	관료지향적
수익 창출	지출 위주
예방적 정부	치료 중심적 정부
팀워크와 참여 중시	계층조직

10. 탈신공공관리론(Post-NPM) : 신공공관리 + 구공공관리

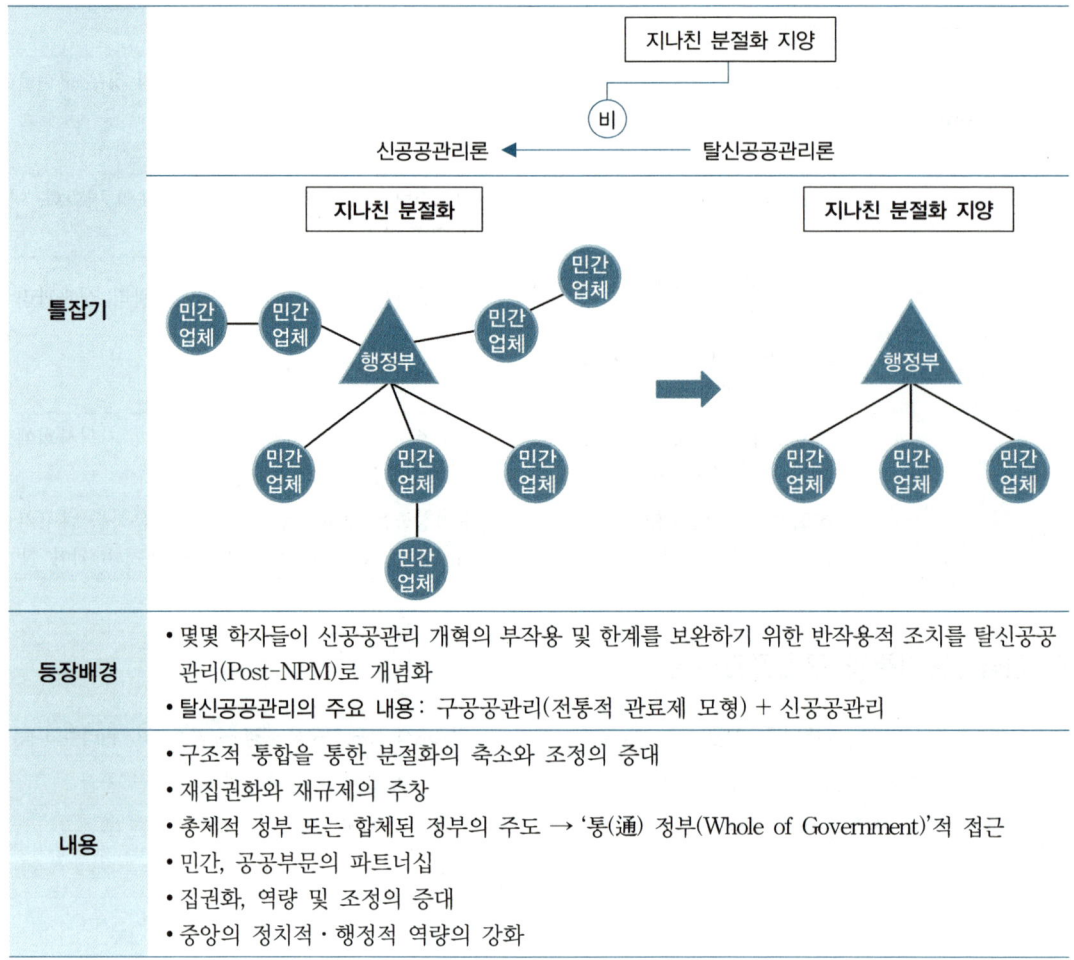

틀잡기	(지나친 분절화 지양) 신공공관리론 ← 비 ← 탈신공공관리론 / 지나친 분절화 → 지나친 분절화 지양 도식
등장배경	• 몇몇 학자들이 신공공관리 개혁의 부작용 및 한계를 보완하기 위한 반작용적 조치를 탈신공공관리(Post-NPM)로 개념화 • 탈신공공관리의 주요 내용 : 구공공관리(전통적 관료제 모형) + 신공공관리
내용	• 구조적 통합을 통한 분절화의 축소와 조정의 증대 • 재집권화와 재규제의 주창 • 총체적 정부 또는 합체된 정부의 주도 → '통(通) 정부(Whole of Government)'적 접근 • 민간, 공공부문의 파트너십 • 집권화, 역량 및 조정의 증대 • 중앙의 정치적·행정적 역량의 강화

08 거버넌스(Governance)

1. 거버넌스

(1) 틀잡기

(2) 의의

등장배경	• 전통적인 정부관료제에 대한 문제인식으로부터 출발 : 집권적이고 경직적인 정부관료제는 시민의 다양한 욕구를 충족하지 못하고 통제와 지시 위주의 행정을 반복함 • 시장지향적 정부개혁을 지향한 신공공관리의 한계를 극복하기 위한 대안 : 효율성 vs 민주성 · 투명성 · 신뢰성 등
개념	'정부, 시장, 시민사회 간 협치'로서 각 참여자 집단은 국정운영의 파트너 → 참여자 간 수평적 네트워크 형성(파트너십)

(3) 특징

협력적 네트워크 형성	• 네트워크는 국가로부터 자율성을 갖는 단체나 조직 간의 지속적인 유대와 상호작용을 의미함 • 이러한 상호작용이 가능하려면 참여자 간 신뢰가 담보되어야 하는 바, 성공적인 거버넌스 구축을 위해서는 사회자본이 축적되어야 함
신뢰 및 참여 강조	• 사회 내 신뢰가 높고, 시장 혹은 시민사회의 참여가 활발한 사회에서 성공적으로 작동함 • 즉, 이익단체 · 시장 · 시민사회 등의 활발한 참여가 가능한 사회에서 가능한 국가관리 방식임
불분명한 경계	• 거버넌스는 국가와 사회를 분리시키는 이분법적 사고에서 벗어나 양자가 상호작용하기 때문에 그 경계가 불분명함 • 예컨대, 거버넌스에서 정부와 시민은 서비스를 공동으로 생산함 → 단, 시민공동생산에서 시민과 지역주민은 정규생산자가 아니라 자원봉사자의 성격이 강함 예 화재경보기 작동, 범죄 신고, 거리에서 쓰레기 줍기, 지역방범단 활동 등

2. Peters(피터스)의 미래국정관리모형 : 전통적 정부에 관한 대안을 제시하는 4가지 모형

(1) 틀잡기

(2) 유형

구분	전통적 정부에 대한 문제인식	구조개혁	관리개혁	정책결정개혁	공익의 기준
시장모형	독점	분권화	민간부문의 관리기법 (성과급)	시장적인 동기	• 저렴한 공공 서비스 • 소비자의 선택권 보장
참여모형	계층제	• 수평적 조직구조 (평면조직): 계층 완화 • 다양한 참여자	TQM, MBO 및 팀제	참여 및 협의	참여 및 협의
신축모형	불변성 및 영속성	가상조직: 유기적 구조(임시조직)	신축적(임시적) 관리	실험	저비용과 조정
탈규제모형	내부규제	없음	자율적인 관리 방식	기업가적 정부	창의성 및 능동성 (활동주의)

09 신공공서비스론(New Public Service)

1. 틀잡기

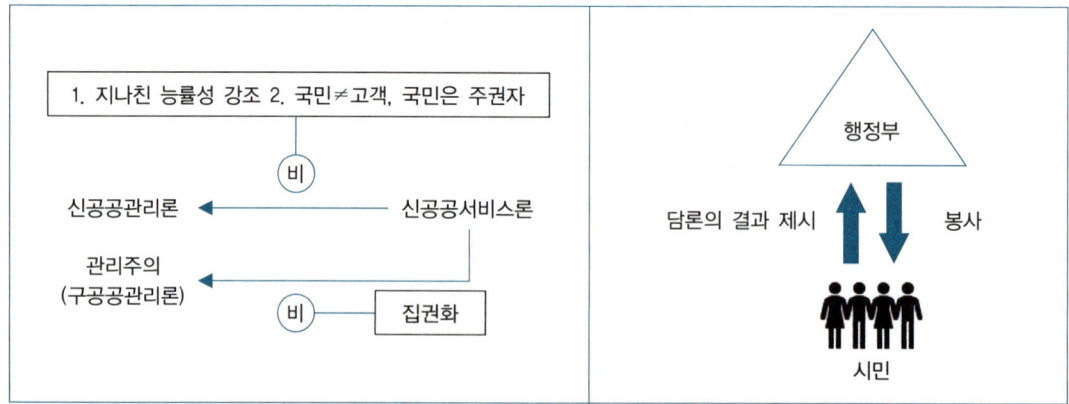

2. 의의

등장배경	• 신공공관리론에 대한 비판 : 능률성에 치우친 관리 → 시민을 고객으로, 조직구성원을 생산성의 수단으로 보는 제한적이고 합리적인 인간관, 성과만을 강조하는 편협성, 민주적인 정책과정의 경시 등에 대한 반발 • 구공공관리론에 대한 비판 : 집권적인 결정구조
개념	• 공공관료는 동료와 시민의 의견을 존중하고, 봉사의 역할에 중점을 두어야 함 • 시민은 관료에게 담론의 결과를 제시 → 관료는 중재 후 집행
학자	덴하르트 & 덴하르트(2000)에 따르면 관료는 시민참여를 반영한 민주적인 방식으로 행정을 운영해야 함

3. 이론적 배경

복합적인 토대 (공공선택론 제외)	민주적 시민의식이론 (시티즌십)	시민이 개인의 이익보다는 공익에 관심을 갖고 정부활동에 적극 참여
	공동체와 시민사회 모델	시민사회에 지대한 영향을 미치는 과정에 시민들의 적극적인 참여 요청
	조직적 인본주의	조직구성원을 생산성을 위한 수단으로 보는 견해에 대한 비판
	포스트모더니즘	• 다양한 가치의 중요성 강조 • 공공문제해결을 위해 다양한 참여자들의 대화를 유도

> **참고**
>
> 신공공서비스론은 민주적 시민이론, 지역공동체와 시민사회모형, 조직인본주의, 담론이론, 비판이론, 실증주의, 해석학, 포스트모더니즘 등에 인식론적 토대를 두고 있음(이론적 토대가 복합적임 → 단, 공공선택론 제외)

4. 신공공서비스론의 7가지 특징

방향잡기보다 봉사	• 봉사 : 공무원과 정부가 공론의 장을 형성하고 국민의 참여를 유도하는 것 • 이는 시민의 선호와 필요에 대해 정부의 대응성을 보장하기 위한 정부와 공무원의 역할임
공익의 추구	• 행정에서 공익은 수단이 아닌 목적임. 즉, 신공공서비스론에서 공익은 부산물이 아닌 궁극적인 목적에 해당함 • 공익은 시민 간 담론의 결과물이며, 관료는 이러한 공익을 드러내기 위해 협상과 중재 기능을 담당함
시민의식의 강조	시민의 적극적 참여 강조
전략적인 사고	공무원의 전략적인 사고(시민과의 협력 강조)와 시민의 민주적인 행동(능동적 참여) 강조

책임성의 다양성 (다면적 책임성)	• 관료들은 책임성과 관련해 헌법과 법령, 공동체 사회의 가치, 정치적 규범, 전문적인 기준, 시민의 이익 등 다양한 면을 고려해야 함 • 신공공서비스론에서 책임성은 전문적·법적·정치적·민주적 책임을 포함하는 광범위한 개념임
고객이 아닌 시민에게 봉사	• 고객(소비자)은 정부서비스에 대한 호불호를 표현하는 수동적인 존재임 • 국민을 고객이 아니라 국정운영에 직접 참여하는 주인(시민)으로 생각해야 함
인본주의	생산성보다 사람에게 더 큰 가치를 부여함 → 인간관계론 활용

10 전통적 행정(구공공관리) vs 신공공관리 vs 신공공서비스론

구분	구공공관리(OPA)	신공공관리(NPM)	신공공서비스론(NPS)
사회문제 해결방식	정부관료제	시장기제	공공부문, 국민(시민) 등의 협력
정부의 역할	노젓기	방향잡기	봉사
책임에 대한 관점	상관 혹은 정치인에 대한 책임	고객의 만족도	다면적 책임성
행정재량	관료에게 제한적인 재량 허용	성과달성을 위한 폭넓은 재량	재량이 필요하지만 제약과 책임 수반
조직구조	관료제를 통한 규제 및 통제	분권화된 조직구조	협동적인 조직
공무원 동기부여 방법	보수와 신분보장	기업가 정신	사회봉사 및 사회에 기여하려는 욕구 → 공직봉사동기
합리성	형식적 합리성: 법치행정	경제적 합리성(생산성)	• 전략적 합리성 • 정치적·경제적 합리성에 대한 다원적 검증
이론과 인식의 토대	초기 사회과학	신고전학파 경제이론	민주주의 이론, 포스트모더니즘, 비판이론 등 (단, 공공선택론 제외)
공익에 대한 입장	법률에 명시한 정치적 결정 ※ 의회의 결정 = 공익	사익의 총합 ※ 국민만족도의 합 = 공익	담론의 결과

참고 ◆

① 신공공서비스론은 전략적 합리성(국민과의 협업) 외에도 정치적 합리성(국민의 견해 수렴) 및 경제적 합리성(생산성) 등 다양한 가치를 중시함
② 전통적 행정 = Government = 구공공관리(Old Public Administration) = 관료제적 접근
　－ 전통적 행정: Max Weber의 관료제를 기반으로 한 원리주의자들의 관리방법
③ 신공공서비스론은 정부의 역할을 공유된 가치창출을 위한 봉사활동으로 보는 점에서 뉴거버넌스 이론과 유사함

11 NPM(신공공관리) vs (뉴)거버넌스

구분	신공공관리	(뉴)거버넌스
인식론적 기초	신자유주의	공동체주의
관리기구(공급주체)	시장	공동체에 의한 공동생산
관리가치	결과	과정(시민의 참여)
정부역할	방향잡기	방향잡기
관료역할	공공기업가	(중립적) 조정자
작동원리	경쟁(시장 메커니즘)	협력체제(신뢰)
서비스	민영화·민간위탁	공동공급(시민 및 기업 참여) ※ 공공서비스의 민간위탁과 민영화보다는 시민과 기업이 참여하는 공동공급을 중시
관리방식	고객지향	임무 중심
분석 수준	조직 내	조직 간
이데올로기	우파	좌파
혁신의 초점	정부재창조(미국)	시민재창조(영국)
정치성	탈정치화(정치행정이원론)	재정치화(정치행정일원론)

참고

신공공관리(NPM)와 (뉴)거버넌스의 공통점 및 참고사항
① 두 이론 모두 정부실패를 이념적 토대로 그 대응책을 마련하고자 하며, 투입(규칙준수)보다는 산출(임무달성)에 대한 통제를 강조
② NPM과 뉴거버넌스는 모두 방향잡기(Steering) 역할을 중시하지만, NPM에서는 정부를 방향잡기의 중심에 두는 반면, 뉴거버넌스에서는 정부가 중립적인 조정자로서 네트워크의 방향잡기를 담당함
③ 양자 모두 국가관리에 있어서 작은 정부를 지향: 신공공관리론은 정부와 시장 간 협력체계를, 거버넌스론은 정부·시장·시민사회 간 협력체계를 상정함

12 포스트모더니즘

틀잡기	인간사고 억압 모더니즘 ◀── 비 ──── 포스트모더니즘 (과학성)
등장배경	• 모더니즘은 인간의 이성이나 합리적 사고를 토대로 사회를 통일적으로 설명할 수 있는 보편적 원리발견을 강조 　- 보편적 원리, 거시이론, 메타이론, 메타설화는 모두 같은 표현임 • 포스트모더니즘은 모더니즘의 이러한 가정을 정면으로 부정함 → 즉, 이성을 토대로 정립된 보편적 법칙 혹은 만들어진 지식은 오히려 인간을 억압하고 가둔다는 것 • 포스트모더니즘은 이러한 상황을 벗어나기 위해 이성 중심의 과학적 사고에서 벗어나야 함을 주장 → 해방주의적 세계관
내용 (다양성 강조)	• 개별적인 가치·신념, 상대성, 다원성, 다양성, 개별적인 자아 등을 강조 • 즉, 보편적 진리보다는 시대와 상황에 따라 적용되는 진리가 다르다는 맥락의존적인 진리를 강조 • 다양성을 중시하기 때문에 현상을 설명하는 방법으로 '은유'를 선호 　- 은유: 'A = B' 형태의 문장구조를 통해 특정 개념을 설명하는 방법
파머의 포스트모더니즘	**상상** • 탈합리성: 목적과 최적의 수단을 고려하는 도구적 합리성에서 벗어나 새로운 생각과 판단을 하자는 것 • 부정적으로 보았을 때 규칙에 얽매이지 않는 행정의 운영이며, 긍정적으로 보았을 때 문제의 특수성을 인정하는 것 **해체** • 의문을 통해 기존의 메타설화를 재검토 → 고정관념 타파 • 예를 들어 "행정은 능률적이어야 한다." 또는 "행정학은 객관적으로 연구될 수 있다."라는 설화를 당연한 것으로 인정하지 않음 **영역해체** • 탈영역화 혹은 학문영역 간의 경계 파괴 → 즉, 고유영역이 해체되고 지식의 경계가 무너지는 것 • 공공부문에서 정부의 독점적인 권위를 해체하고 탈관료제적 처방을 주장하는 토대가 됨 **타자성** • 타인을 객체(인식적 타인)가 아닌 주체(도덕적 타인)로 인식하면서 타자에 대한 대상화를 반대함 • 포스트모더니즘은 타인을 규격화·정형화하는 상자주의(Boxism)에 반대하는 바, 행정조직에서 일하는 공무원에게 시민참여이론을 수용할 수 있게 함

13 생태론적 접근방법 · 비교행정론 · 발전행정론

1. 생태론

틀잡기	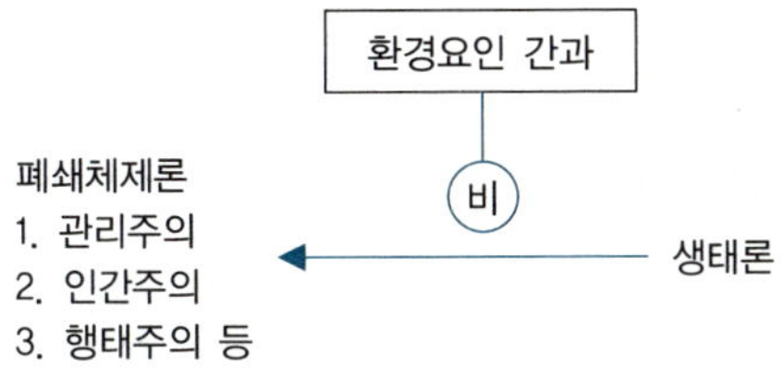 환경요인 간과 폐쇄체제론 1. 관리주의 2. 인간주의 3. 행태주의 등 ← 비 ← 생태론	
예시	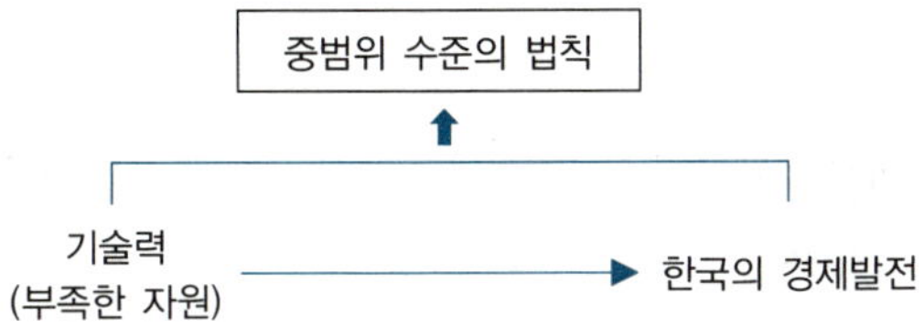 중범위 수준의 법칙 ↑ 기술력 (부족한 자원) → 한국의 경제발전	
의의	• 생태(환경적 요인) → 현상: 현상을 일으키는 환경적 요인을 규명하는 접근 • 생태론적 접근방법은 특정한 행정현상이 생태, 즉 자연적 · 사회적 · 문화적 환경의 영향을 받는다는 것을 강조하며, 기존의 폐쇄체제이론을 비판하면서 등장함	
특징	**중범위이론 탐구**	• 행정의 보편적 이론보다는 중범위이론(특수성 인정)의 구축에 자극을 주어 행정학의 과학화에 기여함 • 각국 행정의 정치적 · 사회적 조건을 규명하는 데 적극적인 입장
	거시적 분석	생태론적 접근은 행정체제의 개방성을 강조하며, 분석의 수준이 행위자 개인보다는 집합적 행위나 제도, 혹은 조직 및 집단에서 이루어지고 있음
	학자	• 가우스와 리그스 등이 정치학 및 문화인류학 등에서 유래한 생태론적 접근방법을 활용해 각국 행정현상의 특성을 설명함 • 가우스는 1947년에 생태론적 접근법을 행정학에 적용한 최초의 학자이며, 1960년대에 리그스가 하나의 일반모형으로 정립함

2. 비교행정론

(1) 비교행정론에 대한 이해

틀잡기	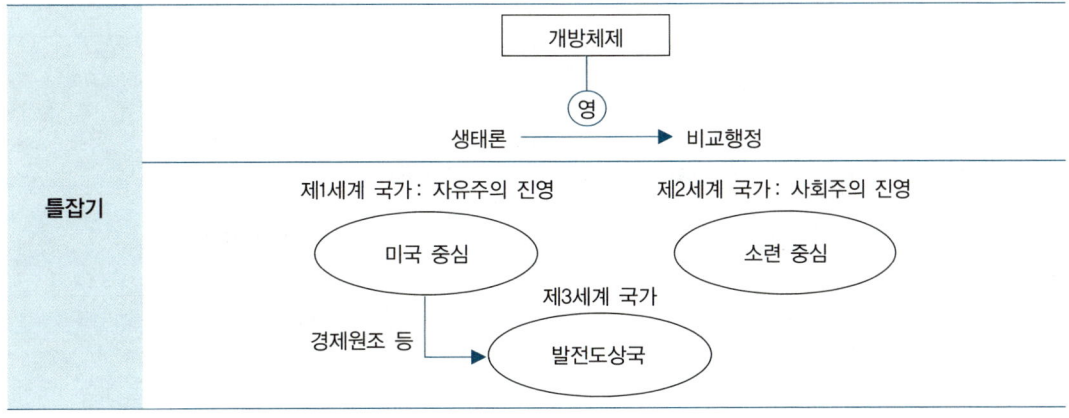

(2) 리그스의 사회삼원론

리그스의 연구질문	• 왜 선진국(미국)의 행정체제를 발전도상국 혹은 과도사회에 도입해도 경제발전이 이루어지지 않는가? • 리그스는 사회가 세 개의 과정을 거쳐서 발전한다는 것을 주장하면서, 이를 자연과학 도구인 프리즘을 활용해 설명함		

◆ Riggs의 프리즘적 사회와 발전도상국 및 선진국의 문화

	사회의 특징	융합적	프리즘적	분화적
프리즘 (사랑방) 모형	사회체제	농업사회	개발도상국	산업사회
	관료제	안방	Sala(사랑방) → 사교적 모임	관청
	기타	• 1차 집단 중심(혈연) • 공사구분 ×	공사구분 혼재	• 2차 집단 중심(사회) • 공사구분 철저
프리즘적 사회의 특징	형식주의	불필요한 절차가 많은 비효율적 상태 → Red-Tape		
	이질혼합성	전통적 사회와 현대적 사회의 특징이 혼재		
	정실주의	사사로운 정이나 관계 등에 의한 임용		

(3) 생태론 및 비교행정론의 한계

한계	• 행정환경에 대한 행정의 주체적인 역할 간과함: 지나치게 환경결정론적인 관점이기 때문에 환경과 행정의 교류적인 관계를 경시한 정태적인 접근임 • 행정의 방향과 목표를 제시하지 못함: 행정의 환경적인 요인이 행정현상에 어떤 영향을 미치는지는 설명할 수 있으나, 행정이 나가야 할 방향을 알려주지 못함

3. 발전행정론

틀잡기	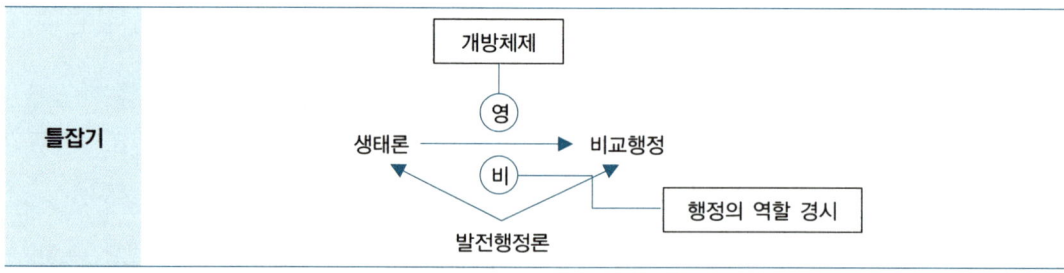

직관적 이해	발전(행정)론 : 행정우위론	행정부 → 입법부 (삼각형 도해)
특징	• 국가발전을 위한 광범위한 정부개입과 행정의 주도적 역할 강조 → 정치행정새일원론·행정우위론 　예 박정희 정권 • 행정을 독립변수로 간주 : 행정의 적극적인 기능을 강조한다는 측면에서 생태론적 접근방법 및 비교행정론과 다름 • 행정이념 : 효과성	
비판	• 처방성과 문제해결능력(기술성)을 강조해 행정의 비과학화를 초래한 면이 있음 • 불균형 성장 초래 : 발전행정론은 행정부 주도의 국가 전체의 경제성장에 치중하는 바, 정치·사회·경제의 불균형 성장을 야기한 면이 있음 • 행정관료의 정책형성에 대한 영향력 증가는 대의민주제의 정치적 책무성(Political Accountability)을 약화시킴	

14 신제도주의

1. 틀잡기 및 예시

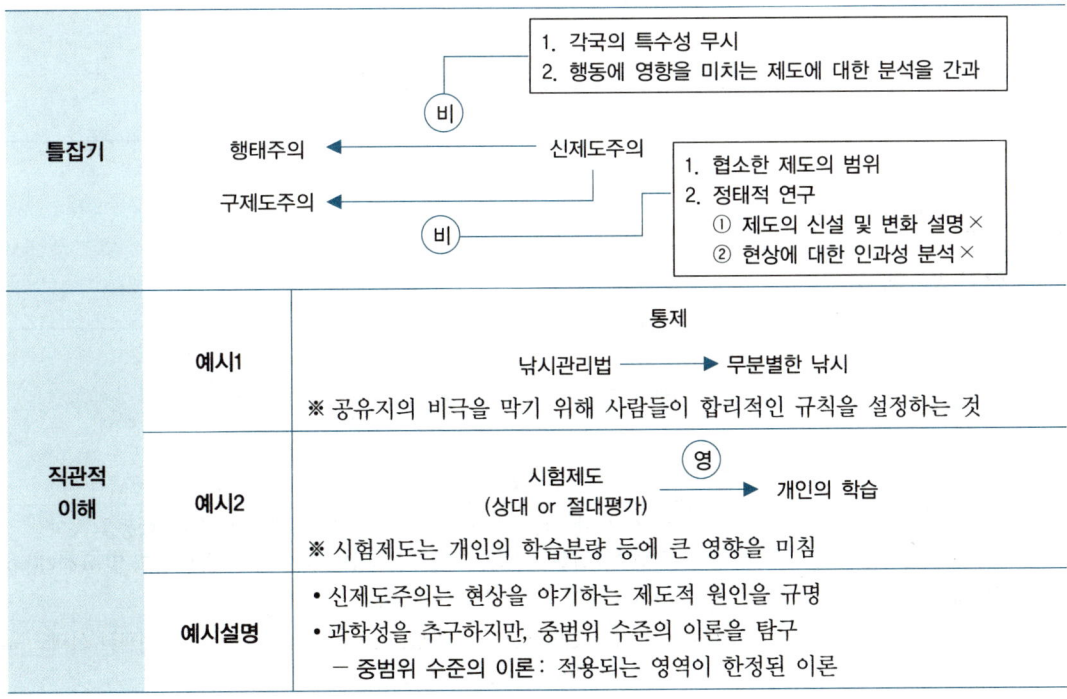

틀잡기	(도해 : 행태주의 ← 비 → 신제도주의 → 비 → 구제도주의) 비 : 1. 각국의 특수성 무시 / 2. 행동에 영향을 미치는 제도에 대한 분석을 간과 비 : 1. 협소한 제도의 범위 / 2. 정태적 연구 ① 제도의 신설 및 변화 설명× ② 현상에 대한 인과성 분석×	
직관적 이해	예시1	통제 낚시관리법 ──→ 무분별한 낚시 ※ 공유지의 비극을 막기 위해 사람들이 합리적인 규칙을 설정하는 것
	예시2	시험제도 ─영→ 개인의 학습 (상대 or 절대평가) ※ 시험제도는 개인의 학습분량 등에 큰 영향을 미침
	예시설명	• 신제도주의는 현상을 야기하는 제도적 원인을 규명 • 과학성을 추구하지만, 중범위 수준의 이론을 탐구 　- 중범위 수준의 이론 : 적용되는 영역이 한정된 이론

2. 특징

제도의 중요성 강조	• 제도를 중심개념으로 정책현상 등 다른 변수와의 관계 분석: 중범위 수준의 과학성 • 즉, 신제도주의는 제도라는 맥락 속에서 전개되는 개인의 행위에 초점을 둠
동태적 연구	• 제도의 변화에 따라 현상이 변할 수 있음을 인정: 제도 → 현상 • 제도의 신설 및 변화 등을 설명: 신제도주의에서 제도는 독립변수일 수도 있고, 종속변수일 수도 있음 📖 스터디그룹 구성원을 규율하는 규칙이 제대로 된 기능을 하지 못할 때 구성원끼리 합의해서 이를 바꾸는 것
넓은 제도의 범위 (공식적 · 비공식적 제도)	• 신제도주의는 규범(비공식적 제도)과 규칙(공식적 제도) 등도 제도에 포함시킴 • 즉, 공식적인 통치체제 · 법구조뿐만 아니라 비공식적인 제도 · 규범 · 관례 · 문화까지 제도로 간주
제도는 균형을 이루고 있음	• 제도가 형성되면 일정 기간 유지됨 • 단, 신제도주의는 행위 주체의 의도적이고 전략적인 행동이 제도에 영향을 미칠 수도 있다는 점을 인정하고, 제도의 안정성보다는 제도 설계와 변화 차원에 관심을 보임

3. 한계 및 기타내용

한계	• 행태주의에 비해 엄밀성 결여: 제도와 행위 사이의 정확한 인과관계를 설명하는 데 한계가 있음 • 즉, 제도 이외에 공공정책에 영향을 미치는 다른 변수를 경시
기타	• 구제도주의와 신제도주의의 공통점: 현상을 설명할 때 제도를 중시하면서, 국가 간 차이에 대한 설명을 시도함 • 신제도론은 정책 등을 제도로 인식하는 바 내생변수로 간주함 　－ 외생변수: 변하지 않는 변수 　－ 내생변수: 무언가의 영향을 받아서 변할 수 있는 변수

4. 신제도주의의 유형

(1) 틀잡기 및 예시

틀잡기	신제도주의 ──(영)──→ ┌ 합리선택적 신제도주의 　　　　　　　　　　　　├ 사회학적 신제도주의 　　　　　　　　　　　　└ 역사적 신제도주의
	※ 각 유형은 일반적으로 앞에서 언급한 신제도주의의 특징을 담고 있음
예시　합리선택적 신제도주의	이해당사자가 합리적으로 선택한 규칙 등이 이해당사자들의 행동을 제약 📖 합리적인 규칙을 설정해서 공유지 비극을 막는 것 → 낚시 관리 및 육성법(낚시 관리법)을 통해 무분별한 낚시행위를 제한하는 것 [참고] 행정학 시험에서는 공공선택론, 신제도주의 경제학, 합리선택적 신제도주의가 같은 의미로 사용되고 있음

사회학적 신제도주의	• 각 나라의 문화 등이 해당 국가 국민의 행동을 제약 • 문화 안에는 사회적 정당성을 인정받은 행동코드가 내재되어 있음 **예** 유교주의 문화의 영향으로 노약자석을 설치하는 것
역사적 신제도주의	각 나라의 역사적 맥락 속에서 형성된 정책이나 법이 해당 국가 국민의 행동을 제약 **예** 미국의 미시간주에서는 일요일에 자동차 매매를 하면 불법임 → 일요일에 교회에 가는 것을 중시하는 역사적 맥락 때문에 제정된 법임

(2) 각 유형에 대한 구체적인 내용

구분	합리선택적 신제도주의	사회학적 신제도주의	역사적 신제도주의
제도의 개념	개인 간 합리적 선택의 결과로 인해 만들어진 게임의 규칙 → 공식적인 규칙	비공식적 문화 • **구성주의 관점**: 사회 내 구성원이 형성 • 문화는 사회적 정당성에 기초	각 국가의 공식적인 정책 혹은 법 • 장기간의 역사적인 맥락에서 형성 • **경로의존성**: 장기간 유지되는 속성 • 제도의 비합리성과 권력의 비대칭(엘리티즘) 인정
학문적 기초	경제학	사회학	정치학·역사학
중점	• 인간의 합리적 선택 강조 • 개인의 자율성 인정	제도의 형성 및 변화과정에서 사회적 동형화 강조	제도의 지속성 및 제도 형성의 과정
제도의 변화원인	비용과 편익의 변화에 따른 합리적 선택	제도적 동형화	역사적 사건
개인의 선호	외생적 선호 → 개인의 선호는 선험적으로 규정된 것	내생적 선호 → 사회적 문화가 개인의 선호 제약 및 형성	내생적 선호 → 정치체제가 개인의 선호 제약 및 형성
개체주의·총체주의	**방법론적 개체주의**: 사람에 대한 분석으로부터 현상을 설명 → 이기적 개인	**방법론적 전체주의**: 문화 중심 연구	**방법론적 전체주의**: 역사적 흐름·맥락 속에서 형성된 제도에 초점
연역·귀납	**연역적 접근**: 인간의 이기적 특성을 바탕으로 합리적 제도의 필요성 설명	**귀납적 접근**: 여러 국가 및 조직문화에 대한 사례연구	**귀납적 접근**: 여러 국가정책 등에 대한 사례연구
기타	• 합리선택적 제도주의 계열에는 공공선택론, 거래비용론, 대리인론, 공유재 이론 등이 있음 • 즉, 공공선택론 계열의 이론을 합리선택적 신제도주의(신제도주의 경제학)라 부르기도 함 → 이기적 인간·제도의 중요성 강조	**횡단적 연구**: 일정 기간으로 시점을 고정하고 여러 국가 등의 문화를 관찰	**종단적 연구**: 시간의 흐름에 따른 특정 국가 내 제도변화 등을 관찰
제도의 범위	좁음	가장 넓음 **예** 유교주의 문화	넓음

15 기타 이론

1. 체제이론

틀잡기	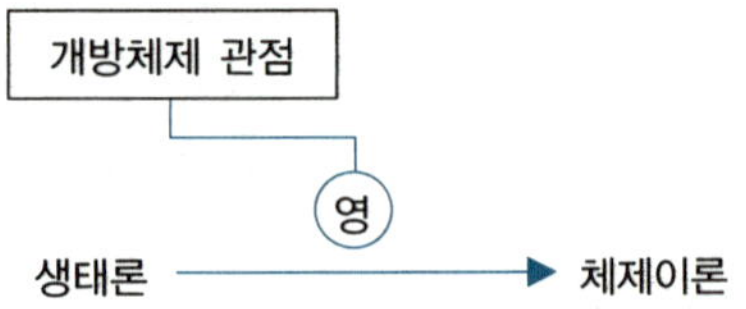 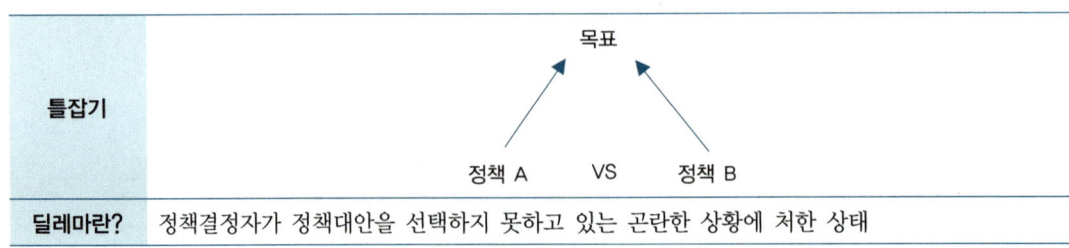 개방체제 관점 → 영 생태론 ⟶ 체제이론
예시	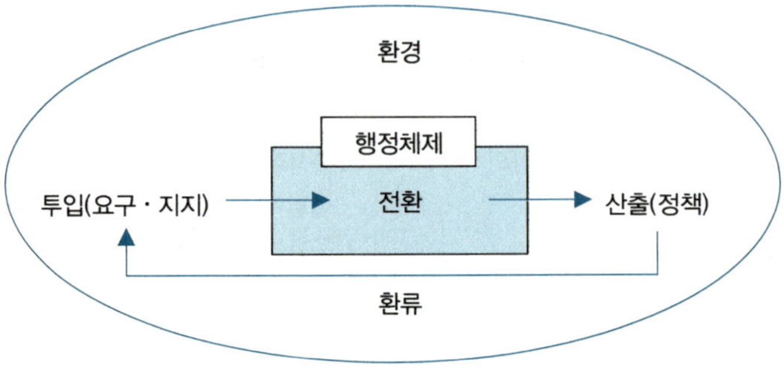 환경 / 행정체제 / 투입(요구·지지) → 전환 → 산출(정책) / 환류
개념	• 체제는 생명체, 유기체를 의미함 **예** 신체·행정체제(국가) • **거시적 관점에서 체제의 안정과 균형을 설명하는 접근 → 연구대상은 선진국** • 구조기능주의: 체제 내 하위체제는 체제의 안정과 균형을 위해 나름의 기능을 수행 • 투입·산출모형을 활용해 체제의 안정 및 동태적 균형(항상성)을 설명

특징	목적론적 관점	모든 체제는 안정 및 균형이라는 목적을 보유
	계서적 관점	체제는 하위체제로 구성되어 있음
	등종국성	체제는 생존이라는 목적을 달성하기 위해서 여러 가지 방법을 활용
	종단적 분석	시간의 흐름에 따른 체제의 변화를 분석함
	부의 엔트로피 증가	체제는 환경의 변화(엔트로피·혼란)에 적응하기 위해 하위 구성체제를 움직이면서 부의 엔트로피를 증가시킴
	동태적 안정	체제는 변화하는 환경에 맞게 하위체제를 변화시키면서 항상성을 추구

비판	**거시적 접근방법**이므로 체제의 전체적인 국면은 잘 다루고 있으나, **체제의 구체적인 운영이나 행태적인 측면은 잘 다루지 못함** → 즉, 정치 혹은 행정현상에서 **특수한 인물의 성격·개성·리더십 등이 큰 비중을 차지하는 경우 이를 과소평가**

2. 딜레마이론

틀잡기	목표 ↑ ↑ 정책 A VS 정책 B
딜레마란?	정책결정자가 정책대안을 선택하지 못하고 있는 곤란한 상황에 처한 상태

	명료성	정책대안들이 구체적이고 명료해야 함
	상충성	특정 대안을 선택할 때 비용부담자와 수혜자가 명확하게 구분됨
발생조건	분절성(단절성)	대안 간 절충도 불가능한 상황
	균등성	정책대안들이 초래할 결과가 비슷함
	선택 불가피성	반드시 하나의 대안을 선택해야 함

16 접근방법(Approach)

1. 접근방법의 유형

- **접근방법**: 특정 학문 분야의 연구에서 무엇을(what), 어떻게(how) 연구할 것인가에 관한 견해와 관점
- 접근방법은 '무엇을', '어떻게' 연구할 것인가에 관한 관점을 말한다는 점에서 인식론(認識論, Epistemology)과 밀접하게 관련되어 있음
- 본래 사회과학에서 접근방법과 이론은 다른 개념이지만, 공무원 시험에서는 같은 의미로 사용되고 있음

<table>
<tr>
<td rowspan="2">역사적
접근</td>
<td>개념</td>
<td colspan="3">• 각 나라의 어떤 사건·기관·제도·정책 등의 역사적 기원과 발전과정을 설명하는 연구방법
• 각종 행정제도의 성격과 그 형성에 있어서 특수성을 인식하는 수단을 제공</td>
</tr>
<tr>
<td>특징</td>
<td colspan="3">역사적 접근방법은 사례연구를 통해 정치·행정적 사건들의 발생(발생론적 설명) 및 전개과정을 자세하게 묘사함</td>
</tr>
<tr>
<td rowspan="3">개체주의·
총체주의</td>
<td rowspan="3">개념</td>
<td>구분</td>
<td>내용</td>
<td>발생 가능한 오류</td>
</tr>
<tr>
<td>방법론적
개체주의</td>
<td>• 현상을 구성하고 있는 일부분에 대한 분석을 바탕으로 현상을 설명하려는 접근
• 미시적 접근: 현상을 형성하는 개체를 통해 전체를 파악한다는 점에서 미시적 접근이라고 부르기도 함</td>
<td>환원주의의 오류 혹은 구성(합성)의 오류
예 철수는 예의가 없으니 철수가 속한 집단도 유사할 거라고 믿는 경우</td>
</tr>
<tr>
<td>방법론적
총체주의
(전체주의·
신비주의)</td>
<td>• 사회현상의 이해를 위해 전체를 분석의 대상으로 삼는 접근
• 거시적 접근: 개체가 구성하는 전체를 기준으로 현상을 파악하려고 한다는 점에서 거시적인 접근이라고 부르기도 함</td>
<td>생태론적 오류 혹은 분할의 오류
예 유교주의 문화권에서 살아가는 사람은 공손할 거라고 믿는 경우</td>
</tr>
</table>

		구분	내용	예시
연역적 · 귀납적	개념	연역적 접근	• 명제로부터 명제를 추론해 지식을 확장하는 방식 • 직접 경험하지 않아도 사실을 알 수 있다는 전제	사람은 죽는다. 그러므로 철수도 죽는다.
		귀납적 접근	• 직접적인 경험을 통해 지식을 형성하는 방식 • 시간과 비용이 많이 소요되며, 지식의 정확도가 부족함 • 블랙스완(Black Swan)은 귀납적 접근을 비판한 개념	철수, 영희 등은 모두 죽었다. 그러므로 사람은 결국 죽는다.

미시적 · 거시적 접근	틀잡기		거시적 연구 : 체제이론 · 생태론 등 조직 사람 · 기술 · 구조 미시적 연구 : 행태주의 · 현상학 등

		구분	내용	예시
	비교 개념	거시적 이론 (보편적 이론)	세상 전체를 설명할 수 있는 이론 → 거대이론 · 일반이론	• 불끄는 원리 • 살 빠지는 원리
		중범위 이론	사회현상의 한정된 측면에만 적용되는 이론	• 푸트넘의 사회자본론 • 생태론 · 신제도주의 등

17 행정이론 전체 틀잡기

1. 주요 행정이론 틀잡기

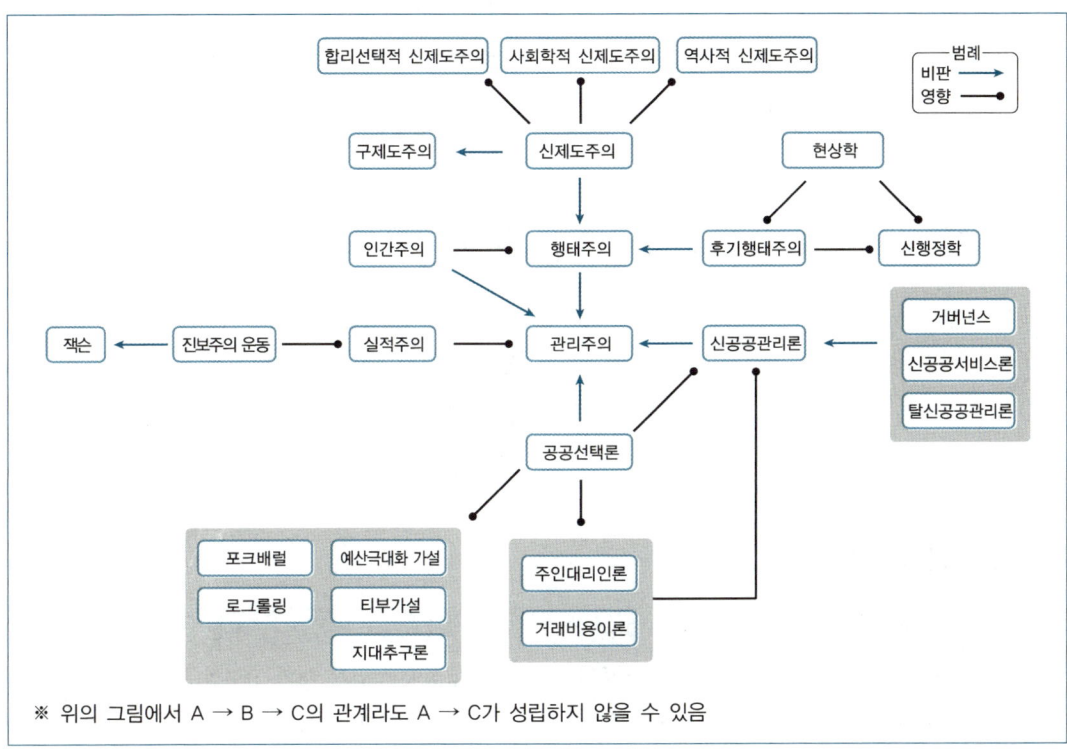

2. 국가관리 패러다임에 대한 행정이론

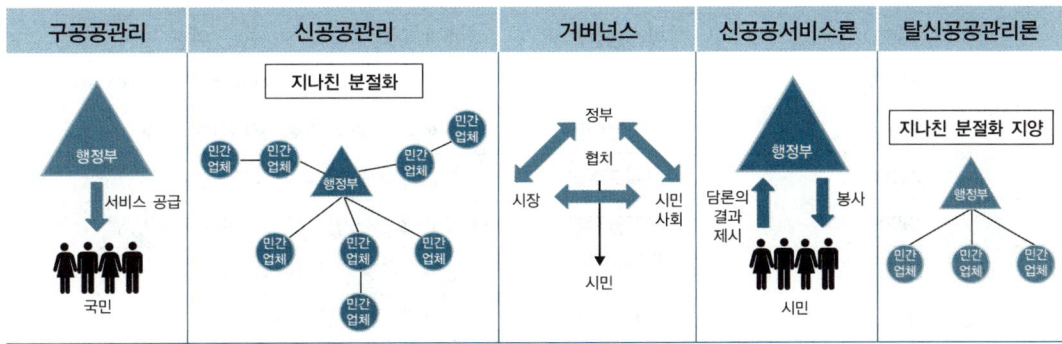

3. 폐쇄체제 · 개방체제 관련 행정이론

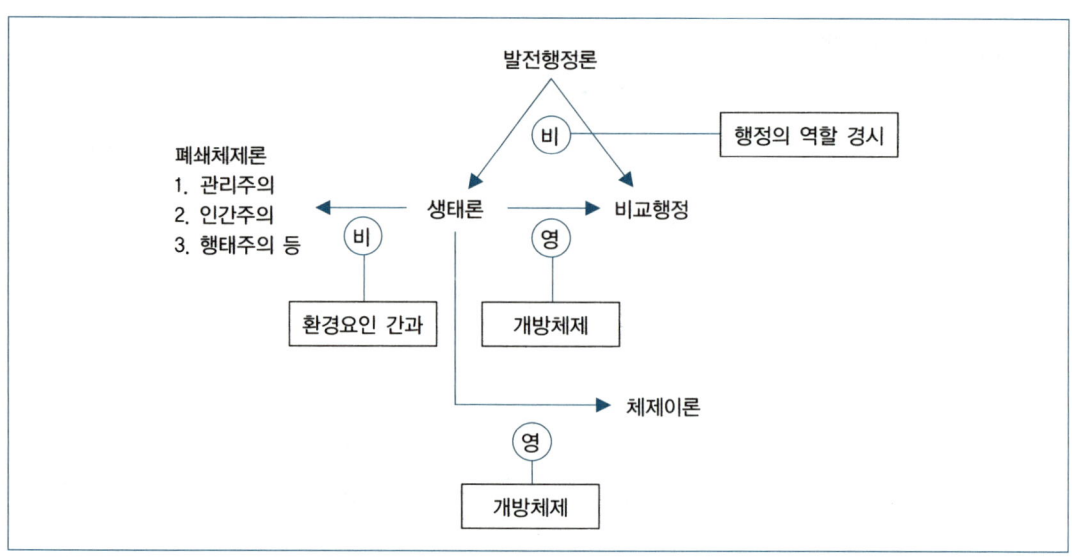

4. 행정이론의 연대표

시기(년대)	이론	특징
1880~1930 초	관리주의	행정학 성립기 때의 고전적 행정이론
1930 초	인간관계론	신고전적 행정이론
1930~1940	통치기능설	정치행정일원론
1945	행태주의	논리실증주의에 의한 과학적 연구
1950	생태 · 체제론	행정환경과의 관계를 연구한 거시이론
1960	발전행정론	개발도상국의 국가발전을 위한 이론
1960 말	신행정학	격동기 미국사회 문제해결을 위한 이론
1970 초	공공선택론	경제학적 관점으로 정부실패 연구
1980	신제도주의	개인의 행동에 대한 제도적 제약 연구
1980s	신공공관리	작고 효율적인 정부를 위한 관리방법
1990	거버넌스	정부 · 시장 · 시민사회와의 협치
2000	신공공서비스론	국민에 대한 봉사
2008	탈신공공관리론	재집권 및 재규제

행정의 목적

Chapter 03

01 행정의 궁극적(본질적) 가치

- **본질적 가치**: 행정이 달성하려는 궁극적인 목적·방향성
- 인생의 궁극적인 목적이 행복이듯, 행정에도 종국적인 목표가 있다는 것
- 행복이나 공익 등은 사람마다 다르게 정의할 수 있는 까닭에 가치에 대한 연구는 주관적인 성격을 띰

1. 틀잡기

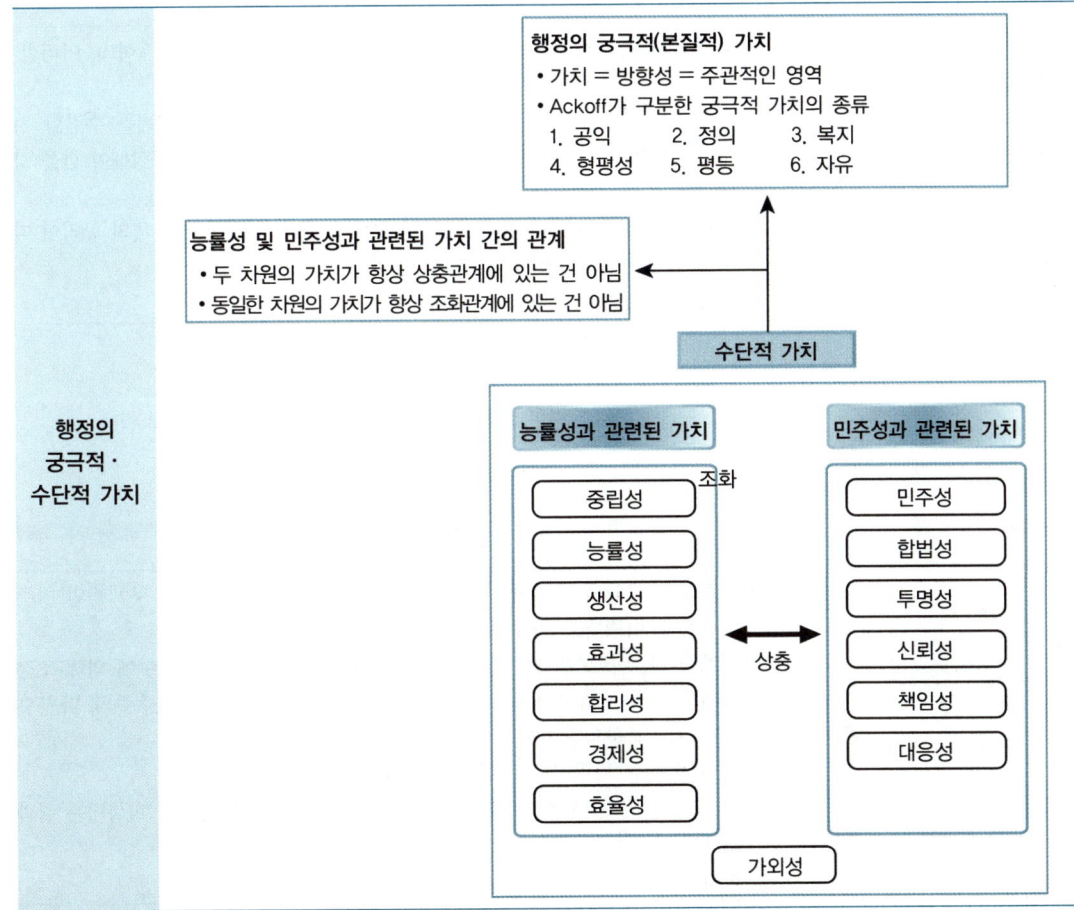

행정의 궁극적·수단적 가치

행정의 궁극적(본질적) 가치
- 가치 = 방향성 = 주관적인 영역
- Ackoff가 구분한 궁극적 가치의 종류
  1. 공익　　2. 정의　　3. 복지
  4. 형평성　　5. 평등　　6. 자유

능률성 및 민주성과 관련된 가치 간의 관계
- 두 차원의 가치가 항상 상충관계에 있는 건 아님
- 동일한 차원의 가치가 항상 조화관계에 있는 건 아님

수단적 가치

능률성과 관련된 가치 / 민주성과 관련된 가치

능률성과 관련된 가치	민주성과 관련된 가치
중립성	민주성
능률성	합법성
생산성	투명성
효과성	신뢰성
합리성	책임성
경제성	대응성
효율성	

조화

상충

가외성

그림설명	• **두문자** 궁극적 가치의 종류 : **공정복지형평자** • 수단적 가치는 궁극적 가치를 달성하기 위한 수단임 • 수단적 가치의 유형 – 능률성과 관련된 가치 : 능률적인 관리와 연관된 가치 – 민주성과 관련된 가치 : 국민의 견해를 수용하는 것과 연관된 가치 • 상충관계(조화관계의 반대) : 능률성을 중시하면 상대적으로 민주성이 저하되는 현상

2. 궁극적 가치의 종류

(1) 공익 : 실체설과 과정설을 중심으로

실체설	틀잡기	정부 혹은 관료 ——규정——▶ 공익 : 사회공동체를 위한 이익 공익의 예시 ① 전체 효용의 극대화 ② 보편적 가치 혹은 이익
	특징	• 국가 전체에 이로움을 줄 수 있는 명백한 기준이 실체로서 존재하며, 이러한 기준이 공익이 되어야 한다는 학설 • 사회공동체를 위한 이익을 정함에 있어서 사회 내 개인의 견해를 수렴할 경우 사익을 투영할 공산이 크기 때문에 정부 혹은 관료가 공익을 규정해야 함을 강조 → 엘리트론 · 개발도상국 • 공익과 사익의 구분 : 사익(각 개인의 견해)을 초월한 공동체 전체의 공익이 따로 있다고 보는 관점 → 집단주의적 공익관 • 학자 : 플라톤(철인정치), 루소(일반의지) 등
과정설	틀잡기	시민 시민 정부의 소극적 중재 ——▶ 견해의 총합 : 공익 ◀—— 사익이 포함된 견해 ※ 공익 = 국민 간 토론 · 합의의 결과물
	특징	• 과정설은 공익의 개념이 주관적이고 모호하기 때문에 행정의 구체적인 기준을 제공하기 어렵다고 간주함 • 이에 따라 과정설은 공익을 하나의 실체로 보는 게 아니라 다수에 의해 조정 · 타협되어 가는 과정이며 그 과정을 거쳐 얻은 결과로 봄 → 민주주의, 다원주의, 개인주의적 공익관, 선진국 • 공익은 다수 이익이나 사회적 약자의 이익을 포함하고 있음 • 단, 협상과 조정 과정에서 일부 세력의 영향력이 크다면 약자가 희생되는 결과를 초래할 수 있음 • 학자 : 슈버트 등

(2) 정의 : 롤즈의 견해를 중심으로

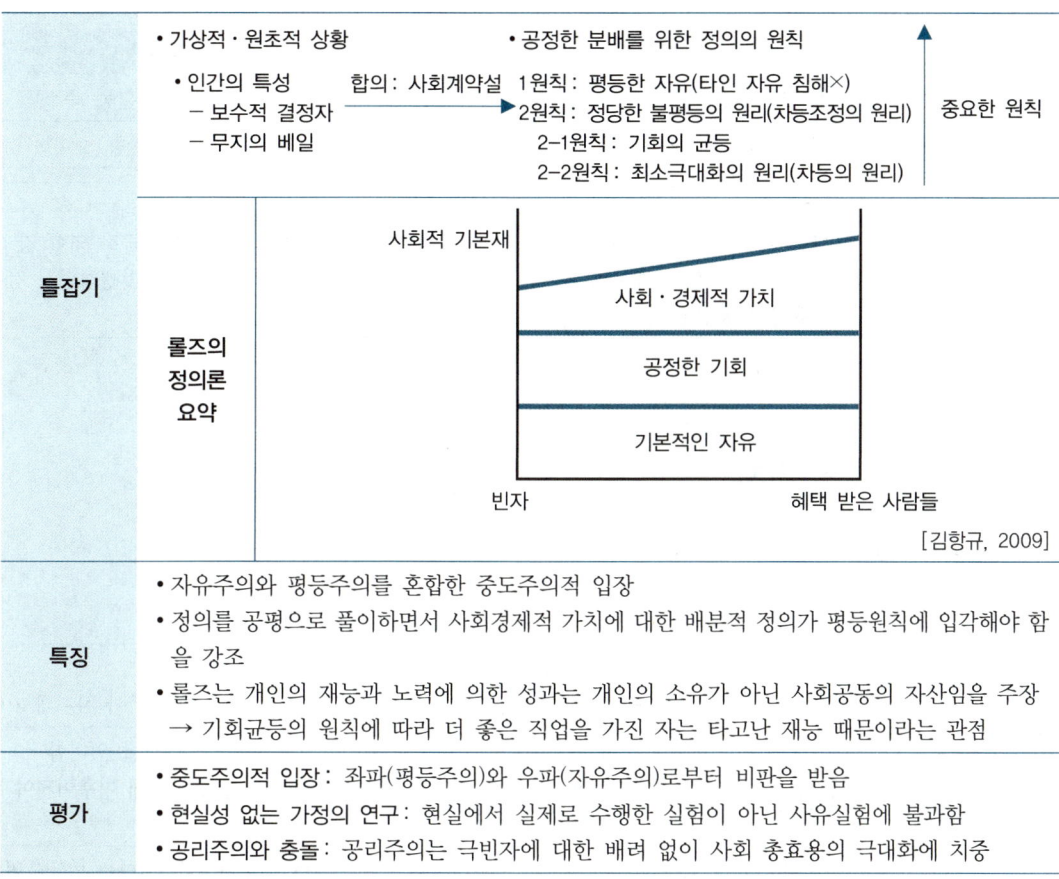

틀잡기		• 가상적·원초적 상황 　• 인간의 특성 　　- 보수적 결정자 　　- 무지의 베일　　합의: 사회계약설　　　• 공정한 분배를 위한 정의의 원칙 　　　　　1원칙: 평등한 자유(타인 자유 침해×) 　　　　　2원칙: 정당한 불평등의 원리(차등조정의 원리)　　중요한 원칙 　　　　　2-1원칙: 기회의 균등 　　　　　2-2원칙: 최소극대화의 원리(차등의 원리)
	롤즈의 정의론 요약	사회적 기본재 사회·경제적 가치 공정한 기회 기본적인 자유 빈자　　　　　　혜택 받은 사람들 [김항규, 2009]
특징		• 자유주의와 평등주의를 혼합한 중도주의적 입장 • 정의를 공평으로 풀이하면서 사회경제적 가치에 대한 배분적 정의가 평등원칙에 입각해야 함을 강조 • 롤즈는 개인의 재능과 노력에 의한 성과는 개인의 소유가 아닌 사회공동의 자산임을 주장 　→ 기회균등의 원칙에 따라 더 좋은 직업을 가진 자는 타고난 재능 때문이라는 관점
평가		• 중도주의적 입장: 좌파(평등주의)와 우파(자유주의)로부터 비판을 받음 • 현실성 없는 가정의 연구: 현실에서 실제로 수행한 실험이 아닌 사유실험에 불과함 • 공리주의와 충돌: 공리주의는 극빈자에 대한 배려 없이 사회 총효용의 극대화에 치중

(3) 형평(공정성·공평성)

유형	수평적 형평	• 동일한 것은 동일하게 대우 • 자유주의자들의 입장(개인주의)으로, 일반적으로 기회의 공평(개인의 능력 강조)을 강조하는 소극적·보수주의적 공평관
	수직적 형평	• 다른 것은 다르게 대우 • 사회주의자들의 입장(집단주의)으로, 빈자와 부자의 차이 및 현세대와 차세대의 구별을 인정하고 일반적으로 결과의 공평을 강조하는 적극적·진보주의적 형평관
	절충적 형평	• 사회적 형평으로 불리기도 하며, 수평적 형평과 수직적 형평을 혼합한 개념 • 기회의 균등에 따른 성과 차이를 인정하면서도 빈자에 대해 기본적인 요소는 보장하는 형평관 • 사회적 형평(절충적 공평)은 기회의 형평을 우선해 적용(수평적 공평)하되, 경제적 약자를 고려해 결과의 공평(수직적 공평)을 최종적으로 고려해야 함

(4) **자유**: 벌린(베를린)의 견해를 중심으로

유형	구분	정부의 간섭	정부관
	소극적 자유	반대	작은 정부(정부활동 축소)
	적극적 자유	찬성	큰 정부(정부활동 증대)

용어정리	• 소극적 자유: 정부의 제약과 간섭이 없는 상태 → 정부의 소극적 역할 강조 • 적극적 자유: 정부의 간섭에 의해 무언가를 할 수 있는 상태 → 정부의 적극적 역할 강조 • 19세기 야경국가는 소극적 자유관을 강조했으나, 1930년대에 경제대공황이 발생하면서 적극적 자유관이 등장

02 행정의 수단적 가치

1. 민주성과 관련된 수단적 가치

(1) **합법성**

개념	• 법치행정: 입법부에서 제정한 법률을 행정공무원들이 충실히 집행하는 것 • 모든 행정활동을 법에 근거해 수행하므로 정부 관료의 자의적인 행정활동을 막아주는 데 기여	
종류	**적극적 의미의 합법성**	모든 행정은 법률에 근거해야 한다는 것으로, 법률의 유보를 의미함 ※ 법률유보의 원칙: 일정한 행정권의 발동은 법률에 근거해 이루어져야 한다는 공법상 원칙
	소극적 의미의 합법성	모든 법규는 행정에 우선하고 행정은 법규를 위반하면 안 된다는 법률우위의 원리

(2) **책임성**

개념	행정관료가 도덕적·법률적 규범에 따라 행동해야 하는 의무		
종류	**제도적 책임 (Accountability)**	공무원이 공식적인 각종 제도적 통제로 인해 국민 요구에 부응하는 타율적·수동적 책임	
	자율적 책임 (Responsibility)	• 공무원이 전문가로서 직업윤리와 책임감에 기초해서 적극적이고 자발적인 재량을 발휘해 확보되는 행정책임 • 객관적으로 기준을 확정하기 곤란하므로, 내면의 가치와 기준을 따름	
기타	구분	절차	결과
	제도적 책임	○ (강조)	○
	자율적 책임	○	○ (강조)

(3) 민주성

개념	1930년대 정치행정일원론이 대두된 이후 새롭게 조명되기 시작 → 국가 위기상황에서 정부가 어느 정도의 정책결정권을 갖게 되면서 국민의 견해를 수렴(민주성)해야 하는 중요성이 커진 것

종류	구분	의견수렴 대상
	대외적 민주성	국민
	대내적 민주성	조직구성원

기타	참고 ◆ **소극적 의미의 민주성과 적극적 의미의 민주성** 의회의 결정에 대한 정부의 철저한 순응과 법치행정을 강조하는 것은 소극적(형식적) 의미의 민주성이며, 정부가 어느 정도의 결정을 내릴 수 있음을 강조하는 것은 적극적(실질적) 의미의 민주성임

(4) 기타

투명성	• 투명성(Transparency)은 정부의 정책결정과 집행과정 등 다양한 공적 활동이 정부기관 외부로 명확하게 드러나는 것을 의미함 → 공개 • 행정부패 방지와 시민참여를 위해 중요하며, 정보에 대한 접근권까지 포함하고 있음
대응성	반응성 혹은 대응성(Responsiveness)을 국민의 요구에 반응하는 것으로 정의할 경우, 대응성과 민주성은 같은 의미

2. 능률성과 관련된 수단적 가치

(1) 능률성

개념			투입(Input) 대비 산출(Output)의 비율 : 선택과 집중을 통해 산출의 극대화 추구
종류	기계적 능률		가성비 : 기계적 능률성은 효율을 수량적으로 명시할 수 있는 수치적·물리적·금전적·단기적 측면에서만 파악한 개념
	사회적 능률	등장배경	디목이 애플비와 함께 1930년대 중반 이후 정치행정일원론과 인간관계론을 배경으로 주장
		내용	합목적성	바람직한 가치(방향) 구현 → 장기적인 관점
			인간적 능률	인간 존중
			상대적 능률	조직의 상황에 맞는 경제성을 추구해야 한다는 것
		기타	사회적 능률성은 정책이 국민의 바람에 맞게 집행되었는지(합목적성), 조직 내 구성원의 견해를 수렴하는지(인간적 능률) 등을 포함하기 때문에 민주성의 개념으로 이해되는 경우도 있음

(2) 효과성

등장배경	1960년대에 발전행정이 행정학에 도입 : 행정목표의 달성도를 중시함으로써 효과성의 문제가 대두됨
개념	• 목표의 달성도를 중시하는 개념으로, 비용이나 투입에 대한 고려는 없음 • 즉, 산출의 목표달성도를 나타내는 개념이므로 과정보다 결과를 강조

(3) 생산성

등장배경	1970년대 오일쇼크 이후 신공공관리론에서 정부실패를 해결하고 작은 정부 구현을 위해 강조한 이념
개념	능률성 + 효과성

(4) 합리성

• **일반적인 합리성의 정의** : 목표에 대한 수단의 적합성
• 즉, 어떤 행위가 궁극적인 목표 달성을 위한 최적의 수단이 되느냐를 가리키는 개념
• 합리성에 대한 사이먼의 정의는 아래와 같음

내용적 합리성 : 실질적(Substantive) 합리성	목적을 달성하기 위해 최적의 수단을 찾는 합리성 → 즉, 행위자가 합리적인 선택을 할 수 있는 모든 지식과 능력을 소유하고 있다고 보는 객관적·결과적 합리성
절차적 합리성	목적을 달성할 때 그럴듯한 수단을 찾는 합리성 → 즉, 인간이 제한된 합리성(제한된 정보) 안에서 이성적·논리적 사유과정을 통해 결정을 내리는 현상을 설명함

3. 가외성

가외성 : 잉여장치 → 예측할 수 없는 불확실한 상황에 대비하기 위한 중복, 중첩, 여분	

등장배경	**불확실성** : 가외성은 불확실성의 개념이 인식된 1960년대에 불확실성에 대처하기 위한 정보과학, 컴퓨터 기술, 사이버네틱스 이론이 발전하면서 M. Landau(란다우)가 행정의 신뢰성 확보 차원에서 행정학에 도입한 가치임

예시	• 란다우는 권력분립을 위한 제도(지방분권적 연방주의, 계선과 참모, 양원제와 위원회 제도 등)를 가외성 현상으로 보았음
	   - 계선과 참모 : 계선은 사업을 책임지고 집행하며, 참모는 이를 지원함
	• 만장일치, 계층제, 집권화 등은 가외성 장치가 아님
	   - 만장일치 : 분권적인 제도이기는 하나 현실적으로 불가능에 가까움

유형	
장점	조직의 신뢰성 및 안정성, 창의성 증진, 상호의존성을 지니는 조직 간 타협과 협상 증진
단점	능률성과 충돌, 기능의 중복으로 인해 조직 간의 충돌(갈등) 가능성

03 행정이념 간 관계와 시대적인 변천

- 행정이념은 시대의 상황에 따라 우선순위가 변해 왔음
- 예를 들어, 신공공관리론은 생산성을, 거버넌스는 민주성과 투명성 등을 강조함

이념	개념	대두시기	행정이론	시대적인 배경
합법성	법률에 의한 행정	19C 초	관료제론 (전통행정론)	근대 입헌국가
기계적 능률성 + 합법성	최소투입·최대산출	19C 말	행정관리론	행정국가 초기
사회적 능률성 + 민주성	• 대외적: 국민 • 대내적: 공무원의 인간적 가치	1930년대	통치기능론	행정국가
합리성	목표에 대한 수단의 적합성	1950년대	행정행태론	
효과성	**목표달성도** → 비용 고려 ×	1960년대	발전행정론	
형평성·책임성	빈자를 위한 배려	1970년대	신행정론	
생산성	능률성 + 효과성	1980년대	신공공관리론	탈행정국가 (신행정국가)
신뢰성	**정부에 대한 믿음** → 사회자본의 기초가 됨	1990년대	뉴거버넌스	

참고 ▶ 입법부의 권력이 강한 입법국가에 비해 행정부의 권력이 상대적으로 강해진 현대행정(행정국가 혹은 탈행정국가)은 상황에 따라 신축성을 부여하는 법의 적합성을 강조

Wilson + Weberian 패러다임: 미국경영학(능률성) + 유럽식 중앙집권적 관료제론(합법성)

- 사회적 능률성 = 합목적성(장기적 관점) + 인간에 대한 가치 인정 + 상대적 능률성
- 인간관계론·통치기능설은 사회적 능률에 기초

행정의 구조 : 관료제

01 관료제의 정의와 특징

1. 의의

개념	• 목적을 합리적(능률적)으로 달성하기 위해 공식적인 법에 의해 운영되는 삼각형 모양의 계층제적 조직구조 • 공·사를 초월해 존재하는 합리적인 조직구조 → 현대사회의 보편적인 조직모형 • 베버는 서양사회가 동양사회보다 빨리 발전한 이유를 근대관료제에서 찾고 있음
기타	• 관료제(Bureaucracy)의 어원 : 관료가 책상에 앉아서 통치하는 현상을 설명 • 왕정이나 민주정(民主政)에 비해 관료가 국가정치와 행정의 중심역할을 수행한다는 의미를 내포하고 있음

2. 특징

베버의 이념형 관료제에 대한 이해
• "몇몇 사람을 제외하고, 거의 모든 사람은 관료제의 지배로부터 벗어나지 못할 것이다." [Max Weber]
• **이념형 관료제** : 현실에 존재하지 않는 이상적 특징을 지닌 관료제 → 이념형을 통해 현실의 조직이 이념형에 어느 정도 가까운지를 파악할 수 있음

(1) 틀잡기

① 관료제에 대한 직관적 이해1 : 삼각형 모양(피라미드)의 계층제적 조직구조

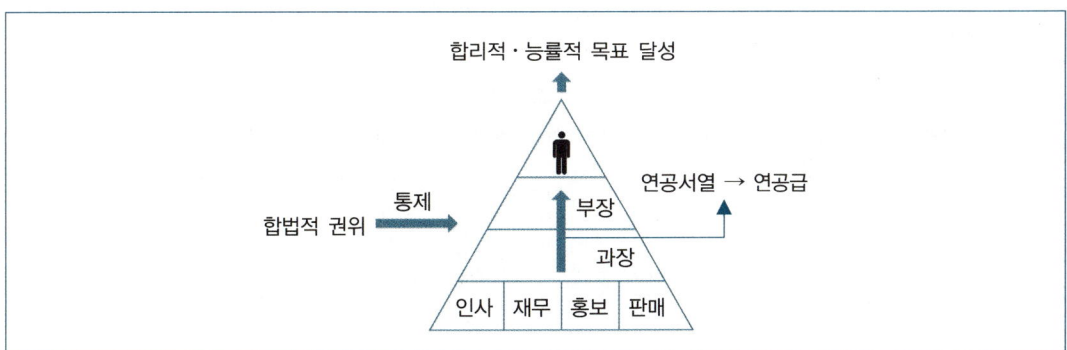

② 관료제에 대한 직관적 이해2

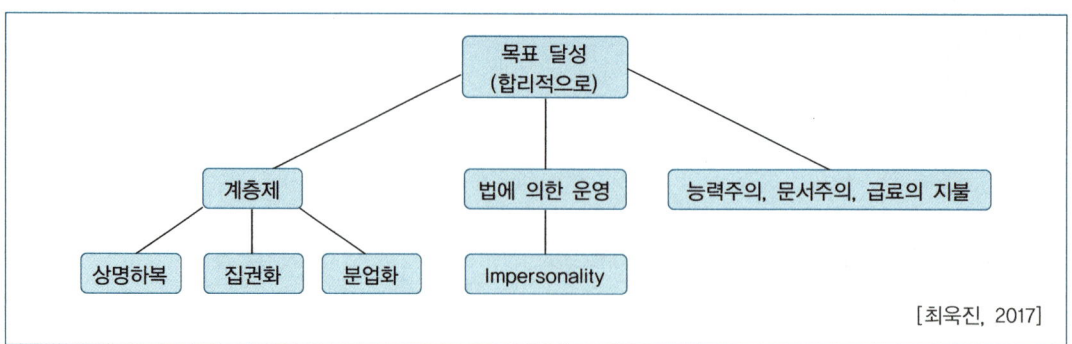

[최욱진, 2017]

(2) 관료제 특징에 대한 설명

구분	내용
상명하복	상층부에 있는 상관이 많은 의사결정권을 바탕으로 부하에게 명령하면, 부하는 이를 따르고 복종해야 함
집권화	관료제는 집권적인 의사결정구조(조직 상층부에 의사결정권이 집중되어 있는 상태)를 지님
분업화	• 수직적 분업화 : 조직의 상층에 있는 사람과 하층에 있는 사람의 역할을 다르게 규정함 • 수평적 분업화 : 같은 계층 내에서 각 부서의 업무를 다르게 배정함
법에 의한 운영	이념형 관료제는 조직 내 합리적인 규칙에 근거해서 조직을 운영함
Impersonality (비정의성·몰인정성 등)	개인적인 감정에 따라 업무를 처리하지 않는 것
능력주의	• 관료는 시험 또는 자격증 등에 의해 공개적으로 채용됨 → 실적주의적 성격 • 따라서 전문지식과 기술을 가진 관료가 직무를 담당하게 됨
문서주의	• 업무의 처리는 구두가 아니라 공식적 규칙이 명시된 문서로 하는 것 • 단, 문서주의가 지나치게 심화할 경우 불필요한 규칙이 많은 상태인 번문욕례가 나타날 수 있음
급료의 지불	관료제는 조직구성원이 수행한 노동의 대가로서 급료를 지불하며, 급여는 연공급(연공서열에 기초한 급여체계)의 성격을 지님
기타	관료의 채용기준은 전문적·기술적 능력(실적주의 성격)이며, 관료로서의 직업은 잠정적인 것이 아니라 일생 동안 종사하는 항구적인 생애의 직업임 → 공무원의 겸직을 허용하지 않음

02 관료제의 역기능(병리)

1. 틀잡기

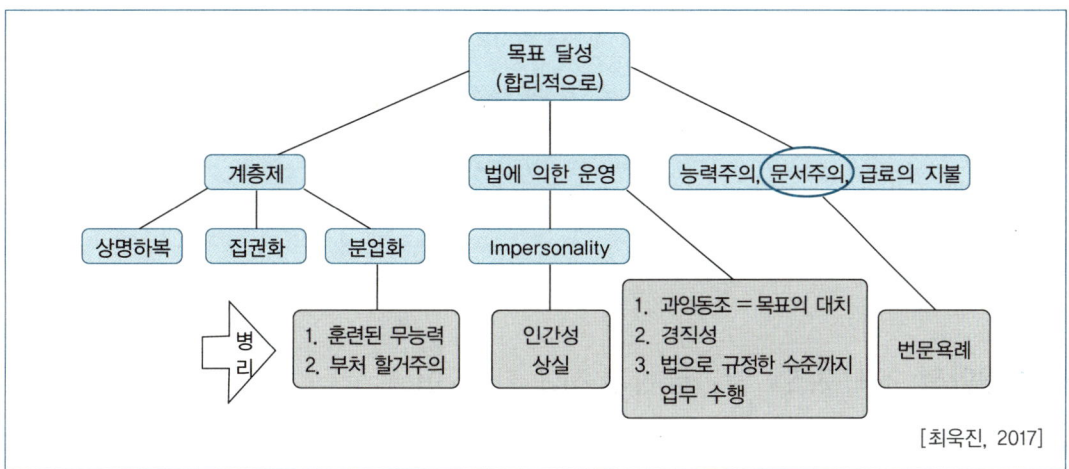

[최욱진, 2017]

2. 관료제의 역기능

훈련된 무능력	조직의 한정된 부분 속에서 정해진 일만 반복한 결과 발생한 무능력을 의미함 → 분업화로 인해 어느 정도의 전문성은 생기지만 그 외의 일은 문외한이 된다는 것
부처 할거주의	• 분업화로 인해 생긴 각각의 부서가 조직 전체의 이해관계를 고려하지 않고 자기 부서의 이익만을 추구하는 현상 • 한편, Selznick(셀즈닉)은 조직의 통제를 위한 권한위임과 전문화(분업화)가 할거주의를 초래한다고 주장 → Selznick 모형
인간성 상실	철저하게 조직의 법을 준수하는 건 이상적인 조직구성원의 모습임. 그러나 이로 인해 '정이 없는' 무정한 사람(부품화)으로 변할 수 있음
과잉동조 (목표의 대치)	• 법은 관료제를 운영하는 근간이므로 조직구성원은 법을 철저하게 준수함 • 그러나 조직을 규율하는 규칙에 과도하게 집착할 경우 조직의 목적을 망각하는 목적의 대치현상이 발생
조직의 경직성	• Merton(머튼)에 따르면, 조직의 통제를 위한 규정 혹은 법이 오히려 조직의 경직성을 야기함. 즉, 관료에 대한 최고관리자의 지나친 통제가 관료들의 경직성을 초래할 수 있다는 것 • 일반적으로 관료제는 기계적 구조임(딱딱하고 경직적인 조직). 즉, 관료제는 변화하는 환경에 대한 적절한 적응을 잘하지 못하는 조직구조이므로 주어진 임무를 안정적인 상황(예 선진국)에서 가장 효율적으로 달성할 수 있는 조직유형임
번문욕례 (형식주의)	지켜야 할 규칙이 너무 많아서 행정의 능률이 떨어지는 현상
무사안일주의	• 법으로 규정한 수준까지만 일을 하려는 태도 → 굴드너(Gouldner) 모형 • 상관 견해에 대한 무비판적인 수용 : 상관의 권위에 의존하는 경향으로서 특정 행동에 대한 원인을 상관의 명령으로 규정하는 것

3. 기타 역기능

피터(Peter)의 원리	피터의 원리란 관료적 위계서열조직인 계층제 안에서 모든 구성원들이 자신의 무능의 수준까지 승진하는 현상을 설명한 원칙임. 즉, 관료제는 경력을 중시해 직원을 승진시키기 때문에 무능한 자가 능력 이상의 자리를 맡게 되어 비효율성을 초래하게 된다는 원리
무리한 세력의 팽창 (관료제국주의)	관료제는 자기보존 및 세력확장을 위해 본질적인 업무량과 상관없이 기구와 인력을 증대 → 제국건설(Empire Building)을 추구. 파킨슨의 법칙과 유사함
인간에 대한 관심 결여	인간적 또는 비공식적 요인의 중요성을 간과함

03 대안적 조직구조 : 탈관료제 조직에 대한 이해

1. 등장배경 및 틀잡기

등장배경	• 1970년대 들어 전통적인 관료제가 변화하는 환경에 적응하지 못하자 이를 보완하기 위해 탈관료제모형(애드호크라시)이 등장함 → 애드호크라시는 전통적 관료제의 경직성을 보완할 수 있는 조직이지만, 전통적 관료제를 대체할 수 있는 건 아님 • 맥커디는 탈관료제의 특징을 제시한 학자임
틀잡기	**기계적 구조와 유기적 구조의 특징** 환경적응 × (비) 관료제 = 기능구조 = 기계적 구조 ◀ 탈관료제 = 애드호크라시 = 유기적 구조

기계적 구조와 유기적 구조의 특징

구분	기본변수	환경적응
기계적 구조(딱딱한 구조)	복공집↑	×
유기적 구조(유연한 구조)	복공집↓	○

탈관료제 유형

구분	핵심 내용	
학습조직	변화하는 환경에 적응하기 위한 학습 강조	

위원회 조직	구분	강제력 (결정권)	집행력 (직접 집행)
	행정위원회	○	○
	자문위원회	×	×
	의결위원회	○	×
	조정위원회	강제력이 있는 경우도 있고 없는 경우도 있음	
	독립규제위원회	행정위원회와 유사	

			> **참고** ◆◇◇ 팀제, 임시조직(테스크포스 및 프로젝트팀), 매트릭스 조직, 네트워크 조직, 혼돈조직 등도 탈관료제에 포함되나 해당 내용은 조직론에서 다루고 있음
용어정리	**복공집**	복잡성	• 개념 : 분화의 정도 • 유형 　－ 수직적 분화 : 계층의 수 　－ 수평적 분화 : 부서의 수
		공식화	조직 내 규칙의 수
		집권화	의사결정권이 조직의 상층부에 몰려 있는 정도
	복공집↓ (유기적 구조)	낮은 수준의 복잡성	• 수평적인 분화는 높거나 낮음 : 수평적인 분화가 높다면 전문성이 높은 다양한 전문가로 팀을 구성하는 바 업무의 이질성 ↑ • 수직적인 분화는 낮음 : 계층의 수가 적기 때문에 구성원이 고도의 자율성을 지니는 바, 지시 및 감독의 필요성 ↓ 혹은 조직 내 의사소통 ↑
		낮은 수준의 공식화	불확실한 상황에 대한 탄력적인 대응을 위해 지나치게 많은 법규 지양
		낮은 수준의 집권화	불확실한 상황에 신속한 대응을 담보하기 위해 전문성을 지닌 구성원에게 의사결정권을 부여

2. 탈관료제(애드호크라시 · 유기적 구조)의 유형과 내용

(1) 학습조직

> • 복잡한 환경 속에서 조직의 경쟁력을 제고하기 위해 조직구성원의 학습을 유도 → 학습을 통해 지속적인 조직의 변화를 추구
> • 학습조직은 시행착오나 실패를 통해 조직의 학습능력과 문제해결능력(환경적응)을 제고할 수 있다는 입장임

개념		• 환경변화에 적응하기 위해 조직구성원이 지식을 학습·창출하고, 이에 기초해 조직의 혁신을 이루는 조직 • 환경변화를 인지하는 개방체제와 능동적 학습(자극반응적 학습×)을 지향하는 자아실현적 인간관(능동적인 인간관)에 기초
특징	**유기적 구조**	• 낮은 공식화로 인해 부서 간 경계는 최소화 • 분권적인 의사결정 구조 → 구성원의 권한 강화 • 상명하복이 아닌 의사소통과 수평적 협력(관계지향성)을 통해 조직의 문제해결 역량을 향상시킴

사려 깊은 리더십	• 개별 구성원에 대한 배려 • 지식의 공유를 권장 • 리더는 구성원이 공유할 수 있는 미래에 대한 비전을 창조하고 학습을 장려해야 함
공동체 정신	• 궁극적으로 개인의 능력보다 조직의 능력 향상에 초점 → 부분보다 전체를 중시하고 의사소통을 원활하게 하는 공동체 문화 강조 • 지식의 공유 혹은 공동체 정신을 기초로 조직 내 기본단위는 팀(집합적 행동)으로 구성 → 보상체계도 팀·조직별 성과급 위주로 구성

(2) 위원회조직

개념		• 복수의 의사결정권자로 구성되는 합의제 행정기관으로서, 결정에 대한 책임의 공유와 분산이 주요 특징임 • 관련 분야의 전문지식이 있는 외부전문가들과 각 부처에서 지원받은 인력들로 구성
특징		• 다수의 동의를 바탕으로 집단결정을 하는 바 결정을 집행하는 과정에서 행정의 안정성과 지속성을 확보할 수 있음 • 다수가 의사결정에 참여하기 때문에 의견의 차이가 있을 때 합의가 어렵고, 의사결정과정에서의 비용이 증가(신속한 의사결정의 어려움)함 • 집단결정을 내리는 과정에서 조직의 각 부문 간 조정을 촉진할 수 있음
유형	자문위원회	자문을 지원하는 참모기관으로, 사안에 따라 조사·분석 등의 기능을 수행함 → 그 결정은 정책적 영향력을 가질 수는 있으나 법적 구속력을 갖지는 못함 예 각 부처에 설치된 각종 정책자문위원회
	행정위원회	어느 정도 중립성·독립성을 부여받고 설치되는 행정관청적 성격의 위원회로서 그 결정은 법적 구속력을 가짐 예 소청심사위원회, 방송통신위원회, 금융위원회, 국민권익위원회, 노동위원회, 공정거래위원회, 중앙선거관리위원회 등
	의결위원회	구속력은 있지만, 집행력은 없는 위원회조직 예 공직자 윤리위원회, 징계위원회 등은 의결위원회에 해당함
	조정위원회	• 각 기관의 상이한 의견을 통합·조정할 것을 목적으로 설치된 합의제 기관 • 결정의 강제력이 있는 경우도 있고 없는 경우도 있음 예 경제관계장관회의, 언론중재위원회, 환경분쟁조정위원회 등
	독립규제 위원회	행정부로부터 독립해 준입법권·준사법권을 가지고 특수한 업무를 수행 또는 규제하기 위해 설치된 합의제 기관 → 입법부, 사법부, 행정부와 더불어 제4부라 불리기도 함 예 공정거래위원회, 중앙선거관리위원회 등

Chapter 05 행정과 환경

01 정부와 시장

1. 틀잡기

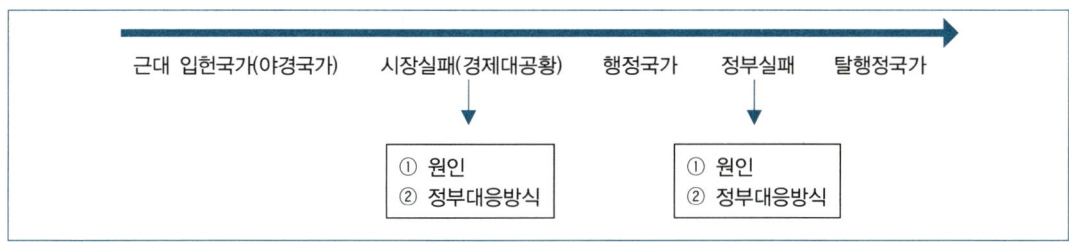

근대 입헌국가(야경국가) → 시장실패(경제대공황) → 행정국가 → 정부실패 → 탈행정국가

시장실패(경제대공황)
① 원인
② 정부대응방식

정부실패
① 원인
② 정부대응방식

2. 시장실패

개념	• 시장이 효율적인 자원배분에 실패하거나 사회적으로 필요한 서비스를 제공하지 못하는 상태 • 시장실패 요인은 크게 미시적 실패요인과 거시적 실패요인으로 구분되는데, 일반적으로 시험에서 다루는 내용은 미시적 시장실패 요인임 　－ **두문자** 미시적 시장실패 요인 : **시험공부는 외롭고 독하게** 　－ 거시적 시장실패 요인 : 사회 내 개인소득의 불평등, 실업, 물가 상승 등
원인과 정부의 대응	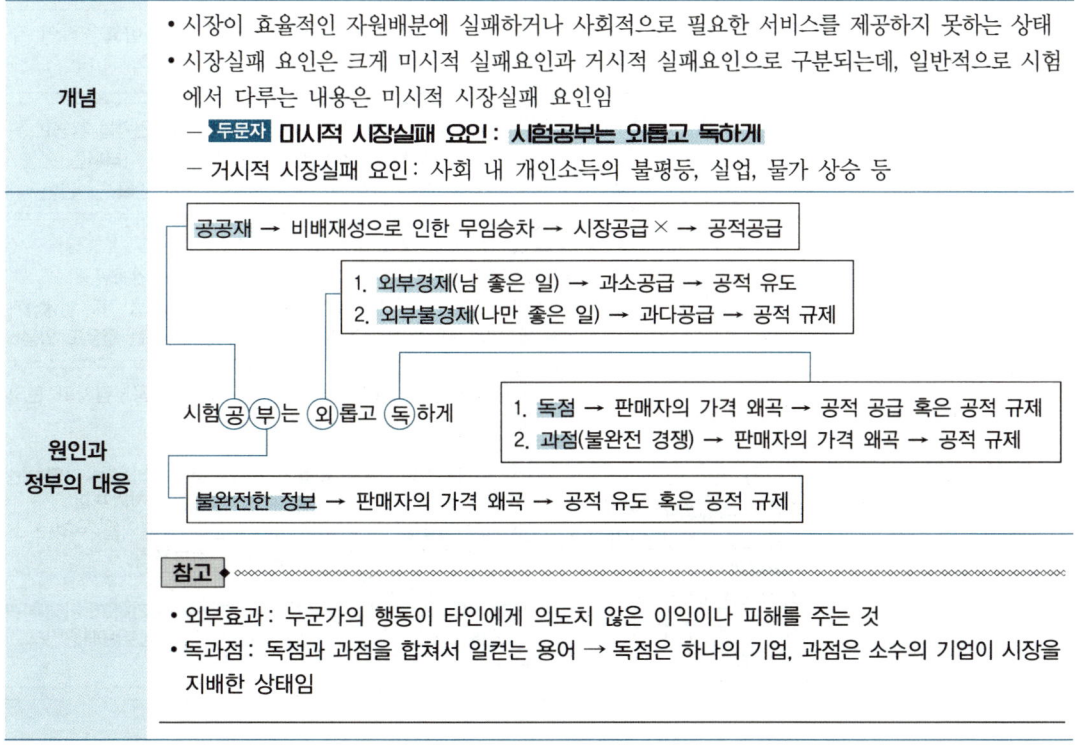

공공재 → 비배재성으로 인한 무임승차 → 시장공급 × → 공적공급

1. **외부경제**(남 좋은 일) → 과소공급 → 공적 유도
2. **외부불경제**(나만 좋은 일) → 과다공급 → 공적 규제

시험 (공)(부)는 (외)롭고 (독)하게

1. **독점** → 판매자의 가격 왜곡 → 공적 공급 혹은 공적 규제
2. **과점**(불완전 경쟁) → 판매자의 가격 왜곡 → 공적 규제

불완전한 정보 → 판매자의 가격 왜곡 → 공적 유도 혹은 공적 규제

> **참고**
> • 외부효과 : 누군가의 행동이 타인에게 의도치 않은 이익이나 피해를 주는 것
> • 독과점 : 독점과 과점을 합쳐서 일컫는 용어 → 독점은 하나의 기업, 과점은 소수의 기업이 시장을 지배한 상태임

원인과 정부의 대응 (요약)	원인/대응	공적 공급(직접 공급)	공적 유도(보조금)	정부 규제(공적 규제)
	공공재 공급	○		
	불완전한 정보		○	○
	외부경제		○	
	외부불경제			○
	독점	○		○
	과점			○

기타	• 외부효과의 사적 해결방안
	   – 코오즈의 정리 : 외부효과에 대한 구체적 소유권 + 낮은 거래비용 = 정부의 개입이 없는 자발적 협상에 의한 해결
	 • 외부불경제를 해결하기 위한 간접규제의 유형
	   – 배출부과금의 부과
	     예 교정적 조세(피구세 : Pigouvian Tax) : 사회 전체적인 최적의 생산 수준에서 발생하는 외부효과의 양에 해당하는 만큼의 조세를 모든 생산물에 대해 부과하는 방법 → 피구세를 부과함으로써 사회적 최적 수준의 오염물질 배출량 달성이 가능함

3. 정부실패

개념	시장의 비효율적인 자원배분을 보정하기 위해 정부가 개입했으나 정부 역시 비효율적인 자원배분을 초래하는 것

원인과 정부의 대응

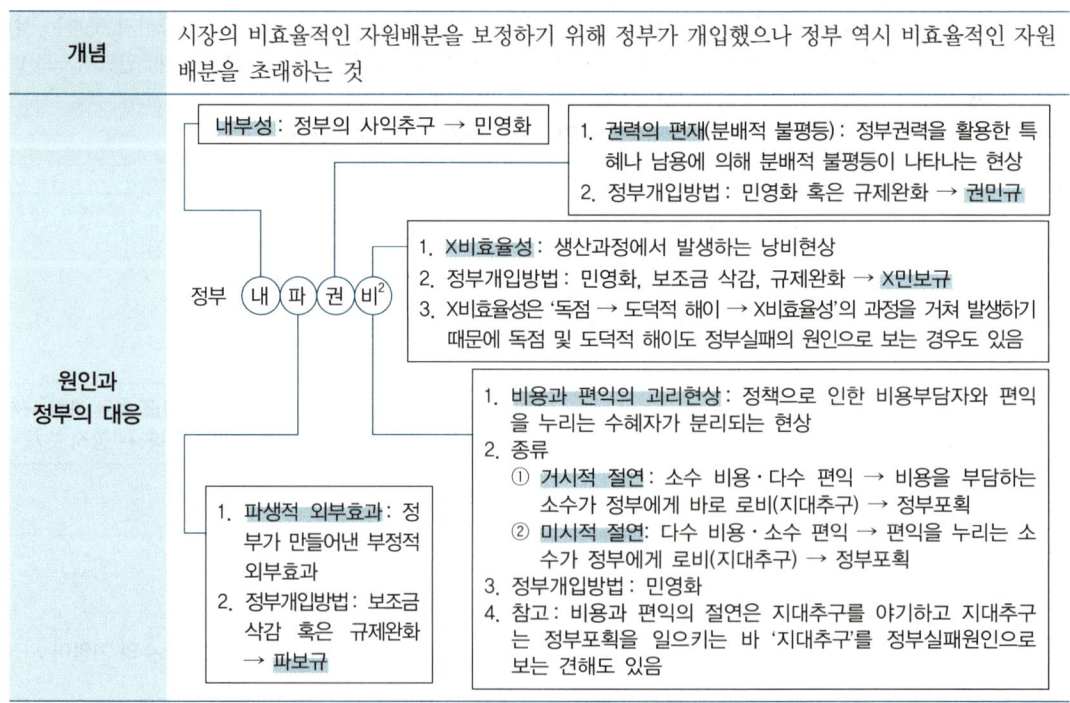

원인/대응	민영화	보조금 삭감 (예산삭감)	규제완화 (정부개입↓)
사적목표 설정	○		
비용과 편익의 절연	○		
X비효율성	○	○	○
파생적 외부효과		○	○
권력의 편재	○		○

위 표는 "원인과 정부의 대응 (요약)" 항목에 해당.

※ 권민규·파보규·X민보규는 두문자로 암기하고 나머지 정부실패원인에 대한 정부대응방식은 '민영화'로 공부할 것

기타	지대 및 지대추구	• 지대 : 정부의 정책에서 발생하는 이익 혹은 특혜 • 지대추구 : 각 경제주체가 지대를 얻기 위해 정부를 상대로 경쟁을 벌이는 행위 → 정부에게 로비하는 것 • 포획 : 정부가 특정인의 지대추구, 즉 로비에 포섭되어 특혜를 제공하는 현상
	참고	• 정부예산의 공유재적 성격 때문에 자원배분의 비효율성이 발생할 수 있음 • 선거에 민감한 정치인들의 정치적 보상기제로 인해 사회문제가 과장되거나 단기적 해결책에 그치는 경우가 있음

02 성공적인 거버넌스를 위한 조건 : 사회자본

1. 틀잡기

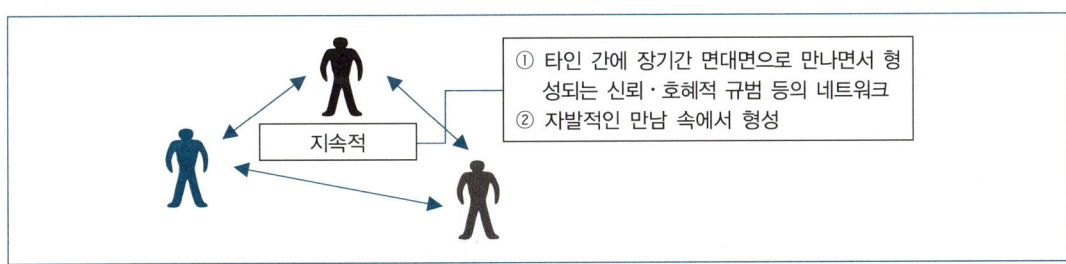

① 타인 간에 장기간 면대면으로 만나면서 형성되는 신뢰·호혜적 규범 등의 네트워크
② 자발적인 만남 속에서 형성

지속적

2. 정의 및 특징

정의	• 자발적 결사체를 전제로 하는 참여자 간 수평적인 관계로서 상호 간 신뢰, 호혜적·도덕적·윤리적 규범을 공유하는 네트워크 • 관련 학자 : 푸트넘, 후쿠야마, 부르디외 등	
특징	공공재의 속성	일반적으로 사회자본은 네트워크에 참여하는 사람들이 공동으로 소유하는 자산이므로 한 명이 독점적으로 소유권을 행사할 수 없음
	타협 및 조정을 통한 문제해결	상호 호혜적인 공동체주의를 토대로 협력·타협 및 조정을 통해 갈등을 해결

사용할수록 증가하고 사용하지 않으면 감소	상호 간의 신뢰는 지속적인 교환과정을 통해 유지·재생산하기 때문에 사용할수록 증가하고 사용하지 않으면 감소
계산적인 교환관계 지양	사회자본을 매개로 한 교환관계는 동등한 가치를 지닌 등가물의 교 환이 아니며, 시간적 동시성을 전제하지 않음 → 사회자본이 형성된 관계에서의 거래는 계산적인 교환이 아니라는 것
독재체제에서 형성되기 어려움	사회자본을 축적하기 위해 자발적인 결사체의 결성 및 활동이 촉진될 수 있는 사회적 여건이 중요함

03 정보화 시대, 그리고 행정 : 전자정부

- 정보화 시대(정보의 확산이 빠른 시대)에는 지식이나 정보가 범람하는 지식정보사회가 나타남
- **지식정보사회** : 정보통신기술의 비약적인 발전으로 모든 분야에서 정보화(정보의 확산 등)가 이루어진 사회이며,
현대사회의 행정에서 나타나는 현상임

1. 지식정보사회의 영향

틀잡기	지식정보사회 →(영) 1. 유기적 구조화 2. 전자정부 등장 3. 지식관리행정 등장	
지식관리 행정	개념	지식관리를 통해 가치를 창출하고 극대화하는 행정 → 지식행정
	특징	• 지식이 창출·활용되고 조직 전반적으로 집단적 학습이 이루어지는 학습조직을 추구함 • 인적자본의 강화 : 정보와 지식공유를 통해 구성원의 전문성 제고

2. 전자정부

개념	다양한 정보통신기술·정보시스템 등을 활용해 행정의 효율성과 민주성을 제고할 수 있도록 설 계된 정부 형태	
특징	민주성 증대	• 정보통신기술을 도입해 행정의 민주성을 증진 → 전자민주주의 구현 • 전자거버넌스(e-거버넌스) : 인터넷에서의 정부, 시장, 시민사회 간 상호작용 → 전자거버넌스의 확대는 직접민주주의에 대한 가능성을 높임 • 행정정보공개, 온라인 시민참여, 민원처리 공개, 원스톱 서비스 등을 통해 국민 의 요구 수렴 → 정부의 정책과정과 업무절차에 대한 투명성과 접근성 제고
	효율성 제고	전자정부에서는 문서 없는 정부(조직 내 효율성 제고)가 구현될 수 있음 예 전자결재시스템
용어정리	원스톱 서비스 : 행정기관의 기능을 행정전산망을 통해 횡적으로 연계함으로써 국민 개개인이 어 떤 행정기관을 통해서든 해당 공공서비스를 한 번에 일괄적으로 받을 수 있도록 하는 것	

3. 우리나라 전자정부

전자정부 3.0	틀잡기	전자정부 3.0의 최종 목적지 ——▶ 유비쿼터스 정부 ※ Ubiquitous : 언제, 어디서나 존재하는
	개념	• 개방, 공유, 참여, 소통, 협력의 핵심 가치들을 통해 국정과제를 해결하고 국민행복을 추구하는 것으로서 유비쿼터스 · 스마트 · 모바일 기술, 빅데이터 등을 활용해 지능화된 양방향 · 맞춤형 · 선제적(예측하는) 서비스 제공 • 박근혜 정권에서 정부 3.0을 본격적으로 추진
	특징	• 스마트 정부 : 기존 PC 기반에서 스마트폰, 태블릿, 스마트TV 등의 새로운 미디어를 활용한 전자정부의 모습 • 모바일 정부 : 휴대용 단말기를 통해 정부와 관련된 각종 업무 및 정보를 처리하는 정부 • 전자정부의 종착점 : 유비쿼터스 정부(스마트 정부 + 모바일 정부) – 유비쿼터스 정부는 유 · 무선 모바일 기기 통합으로 언제, 어디서나 쌍방향의 정보서비스를 제공함. 아울러 개인의 관심사 · 선호도 등에 따른 실시간 맞춤형 정보를 제공함으로써 시민의 참여를 촉진함
전자정부 범위	G2G : 정부기관 간	정부기관 간에 행정정보의 공유, 온나라 시스템, 전자결재 등을 통해 문서 없는 행정을 실현해 능률성을 추구 예 온나라 시스템(On-nara BPS)
	G2B : 정부와 기업 간	• 정부와 기업 간 전자거래 확대, 조달업무의 전자적인 처리(국가종합전자조달시스템; 나라장터), 전자통관시스템 등을 활용해 효율성 및 투명성 제고 • G2B(Government, Business)의 관계 변화로 정부의 정책수행을 위한 권고나 지침전달 등을 위한 정보교류비용 · 조달행정비용을 절감할 수 있음 예 나라장터, 전자통관시스템(UNI-PASS)
	G4C · G2C : 대국민 서비스	정부의 대민서비스로서 민원처리의 온라인화(민원24), 국민신문고, 주민등록 등 국가의 주요 민원정보 데이터베이스를 바탕으로 국민에게 편의를 제공함 예 민원24, 국민신문고 – 국민신문고 : 온라인 참여포털 국민신문고는 국민의 고충 민원과 제안을 원스톱으로 접수 및 처리하는 것을 목적으로 함

4. 전자정부법 : 2001년 김대중 정권에서 제정

> **제1조【목적】** 이 법은 행정업무의 전자적 처리를 위한 기본원칙, 절차 및 추진방법 등을 규정함으로써 **전자정부를 효율적으로 구현하고, 행정의 생산성, 투명성 및 민주성을 높여 국민의 삶의 질을 향상시키는 것**을 목적으로 한다.
>
> **제4조【전자정부의 원칙】** ① 행정기관등은 전자정부의 구현·운영 및 발전을 추진할 때 다음 각 호의 사항을 우선적으로 고려하고 이에 필요한 대책을 마련하여야 한다.
>
> 1. **대민서비스의 전자화 및 국민편익의 증진** → **정보행정은 정보기술을 활용해 수요자 중심으로 행정서비스를 개선함**
> 2. 행정업무의 혁신 및 생산성·효율성의 향상
> 3. 정보시스템의 안전성·신뢰성의 확보
> 4. 개인정보 및 사생활의 보호
> 5. 행정정보의 공개 및 공동이용의 확대 → 국민과의 소통과 협력을 확대하고, 24시간 행정서비스를 제공
> 6. 중복투자의 방지 및 상호운용성 증진 → 인터넷이나 DB기술 활용을 통해 부서 간 효율적인 정보교류가 가능한 정부 추구
>
> **제5조【전자정부기본계획의 수립】** ① 중앙사무관장기관의 장은 전자정부의 구현·운영 및 발전을 위하여 **5년마다** 제5조의2 제1항에 따른 행정기관등의 기관별 계획을 종합하여 전자정부기본계획을 수립하여야 한다.
>
> **제32조【전자적 업무수행 등】** ① 행정기관등의 장은 행정업무를 수행할 때 정보통신망을 이용한 온라인 영상회의 방식을 활용할 수 있다. 이 경우 행정기관등의 장은 원격지(遠隔地) 간 업무수행을 할 때에는 온라인 영상회의를 우선적으로 활용하도록 노력하여야 한다.
>
> ---
> **참고** ◆
>
> **전자정부법 제2조에 명시된 기타 용어**
>
> | | |
> |---|---|
> | 정보자원 | 행정기관등이 보유하고 있는 행정정보, 전자적 수단에 의해 행정정보의 수집·가공·검색을 하기 쉽게 구축한 정보시스템, 정보시스템의 구축에 적용되는 정보기술, 정보화예산 및 정보화인력 등 |
> | 정보통신망 | 전기통신설비를 활용하거나 전기통신설비와 컴퓨터 및 컴퓨터 이용기술을 활용해 정보를 수집·가공·저장·검색·송신 또는 수신하는 정보통신체제 |
> | 정보기술아키텍처 | 전자정부 추진을 위한 밑그림으로서 정보시스템 구축을 위한 설계도 |

Chapter 06 정부관 : 큰 정부와 작은 정부

01 시대 및 이념의 구분에 따른 정부관

1. 틀잡기

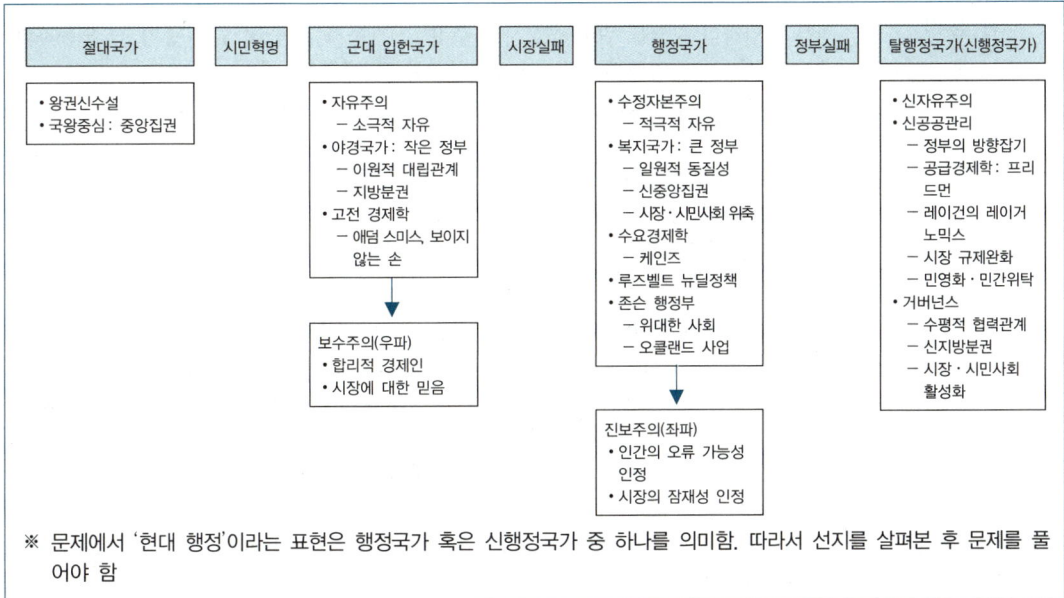

| 절대국가 | 시민혁명 | 근대 입헌국가 | 시장실패 | 행정국가 | 정부실패 | 탈행정국가(신행정국가) |

절대국가
• 왕권신수설
• 국왕중심 : 중앙집권

근대 입헌국가
• 자유주의
 − 소극적 자유
• 야경국가 : 작은 정부
 − 이원적 대립관계
 − 지방분권
• 고전 경제학
 − 애덤 스미스, 보이지
  않는 손

↓

보수주의(우파)
• 합리적 경제인
• 시장에 대한 믿음

행정국가
• 수정자본주의
 − 적극적 자유
• 복지국가 : 큰 정부
 − 일원적 동질성
 − 신중앙집권
 − 시장·시민사회 위축
• 수요경제학
 − 케인즈
• 루즈벨트 뉴딜정책
• 존슨 행정부
 − 위대한 사회
 − 오클랜드 사업

진보주의(좌파)
• 인간의 오류 가능성
 인정
• 시장의 잠재성 인정

탈행정국가(신행정국가)
• 신자유주의
• 신공공관리
 − 정부의 방향잡기
 − 공급경제학 : 프리
  드먼
 − 레이건의 레이거
  노믹스
 − 시장 규제완화
 − 민영화·민간위탁
• 거버넌스
 − 수평적 협력관계
 − 신지방분권
 − 시장·시민사회
  활성화

※ 문제에서 '현대 행정'이라는 표현은 행정국가 혹은 신행정국가 중 하나를 의미함. 따라서 선지를 살펴본 후 문제를 풀어야 함

2. 그림에 명시된 용어정리

절대국가	왕권신수설 : 왕권은 신이 부여한 권리라는 뜻으로, 국왕 중심 통치의 논거로 활용됨 → 중앙정부에 모든 권한이 집중됨
입헌국가 (작은 정부)	• 자유주의 : 정부는 시장이나 시민사회의 자유를 침해하면 안 된다는 정치철학 − 소극적 자유 : 정부의 소극적 역할을 강조하는 자유관 • 야경국가(작은 정부) : 국가는 외적의 방어, 국내치안의 유지, 개인의 자유와 사유재산에 대한 침해의 배제 등 필요한 최소한의 임무를 수행하여야 한다고 보는 자유방임주의에 근거한 국가 내지 국가관 → 최소의 정부가 최선의 정부 − 이원적 대립관계 : 정부는 시장·시민사회·지방과의 관계에 거의 개입하지 않음 − 지방분권 : 지방정부의 자치권을 인정하는 통치체계

	• 고전 경제학: 애덤 스미스, 보이지 않는 손 − 애덤 스미스는 정부개입이 없어도 합리적 개인 간 교환관계에 따라 시장 내 효율적 자원배분이 가능하다는 것을 주장함 − 보이지 않는 손: 합리적 개인 간 교환관계가 지속되면서 형성되는 자동가격조절장치
행정국가 (큰 정부)	• 수정자본주의: 효율적인 자원배분을 위해 정부의 시장개입을 인정하는 관점 − 적극적 자유: 정부의 적극적 역할을 강조하는 자유관 • 복지국가(큰 정부): 시장실패로 인한 문제를 해결하기 위해 많은 정부활동을 찬성하는 국가관 − 일원적 동질성: 중앙정부의 활동 증대로 인해 시장·지방정부·시민사회 위축 − 신중앙집권: 지방분권을 인정하되, 사회문제 해결을 위한 중앙정부의 주도적 역할을 강조하는 통치체계 • 케인즈 수요경제학 − 정부가 일자리 창출을 위해 공공사업 추진 → 노동자 고용 및 임금 증가 → 노동자의 지출·소비↑ → 기업의 투자↑ → 경제활성화 및 세수↑ • 루즈벨트 행정부의 뉴딜정책: 경제공황을 극복하기 위한 일자리 창출 정책 • 존슨 행정부 − 존슨의 위대한 사회: 복지정책을 통해 빈민이나 실업자를 지원하려는 국가의 슬로건 → 최대의 봉사를 최선의 정부로 인식 − 존슨의 오클랜드 사업: 경제공황을 극복하기 위한 일자리 창출 정책

탈행정국가
(작은 정부)
	• 신자유주의
	 − 시장실패의 해결사 역할을 해 오던 정부가 오히려 문제의 원인이라는 인식을 바탕으로, 다시 시장을 통한 사회문제 해결을 강조하며 '작은 정부'를 추구하는 정치철학
	 − 정부의 민간부문에 대한 간섭과 규제를 합리적으로 축소·조정해야 한다는 입장에서 규제완화, 민영화 등을 강조함
	• 신공공관리: 작고 능률적인 정부를 추구하는 국가관리 패러다임
	 − 공급경제학: 프리드먼
	  ⅰ) 수요에서 공급(생산성)을 중시하는 관점으로 정책을 전환하자는 것 → 레이건이 1980년 대통령 선거에서 처음 사용한 표현
	  ⅱ) 공급경제학의 내용: 개인 및 기업의 이윤과 투자수익에 대한 세율 인하 → 개인의 소득 및 자본의 축적↑ → 근로의욕 고취 및 생산성↑ → 경제 활성화 및 세수↑
	 − 레이건의 레이거노믹스: 프리드먼의 공급경제학에 기초해서 기업에 대한 세금감면을 강조하는 정책 기조
	• 거버넌스: 정부·시장·시민사회 간 협치체계 → 신공공관리를 비판하면서 등장함
	 − 수평적 협력관계: 국가관리에 있어서 정부·시장·시민사회 간 파트너십을 유지하는 것
	 − 신지방분권: 정부 간 협력 등을 강조하는 통치체계

3. 보수주의와 진보주의

비고	보수주의(우파)	진보주의(좌파)
인간관	합리적 · 이기적 경제인	인간의 오류 가능성 인정
가치관	• 소극적 자유 강조 • 교환에 기초한 정의: 기회의 평등 실현 • 경제적 자유 강조 • 결과의 평등 경시	• 적극적 자유 강조 • 배분적 정의 중시: 결과의 평등
정부와 시장에 대한 관점	• 자유시장에 대한 믿음 • 정부에 대한 불신	• 시장의 잠재성 인정 • 시장에 대한 맹신×: 시장실패에 대한 정부의 수정

선호하는 정책	• 빈자에 대한 지원 선호×
	• 경제적인 규제완화 · 시장 중심의 정책
	• 조세감면 혹은 완화
	• 보수주의는 작은 정부관을 찬성하며, 청교도 사상을 이어받아 교회의 믿음을 강조함
	→ 따라서 아래와 같은 정책에 대해 찬성함
	  − 공립학교에서의 종교교육 찬성
	  − 낙태금지를 위한 권력 사용 찬성
		• 소외집단을 위한 정책
		• 공익을 위한 정부의 규제 인정
		• 조세의 증대를 통한 소득의 재분배
		• 진보주의는 정부의 규제에 대해 긍정하면서도 종교 및 사생활 등에 대해서 존중하자는 입장을 취함 → 따라서 아래와 같은 정책에 대해 찬성함
		  − 공립학교에서의 종교교육 반대
		  − 낙태금지를 위한 권력사용 반대

기타	자유방임적인 자본주의	복지국가 · 수정자본주의

02 정부의 규모 변화를 설명하는 이론

1. 정부축소이론과 팽창이론

(1) 틀잡기

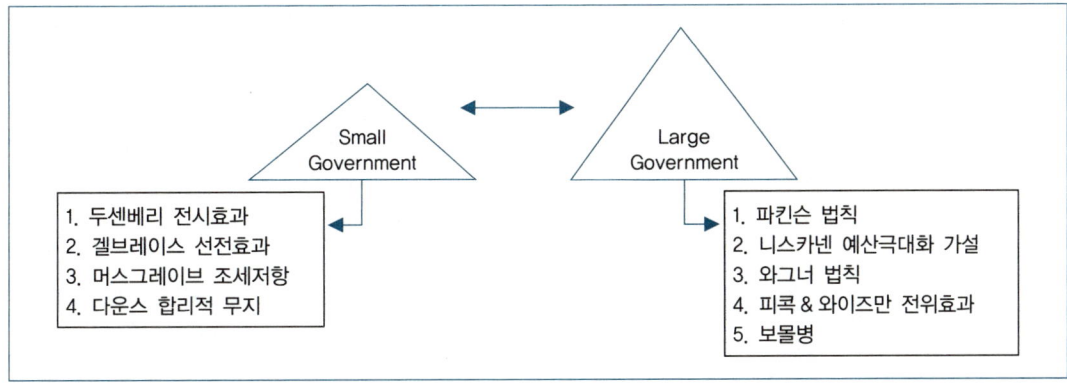

(2) 정부팽창이론

파킨슨 법칙	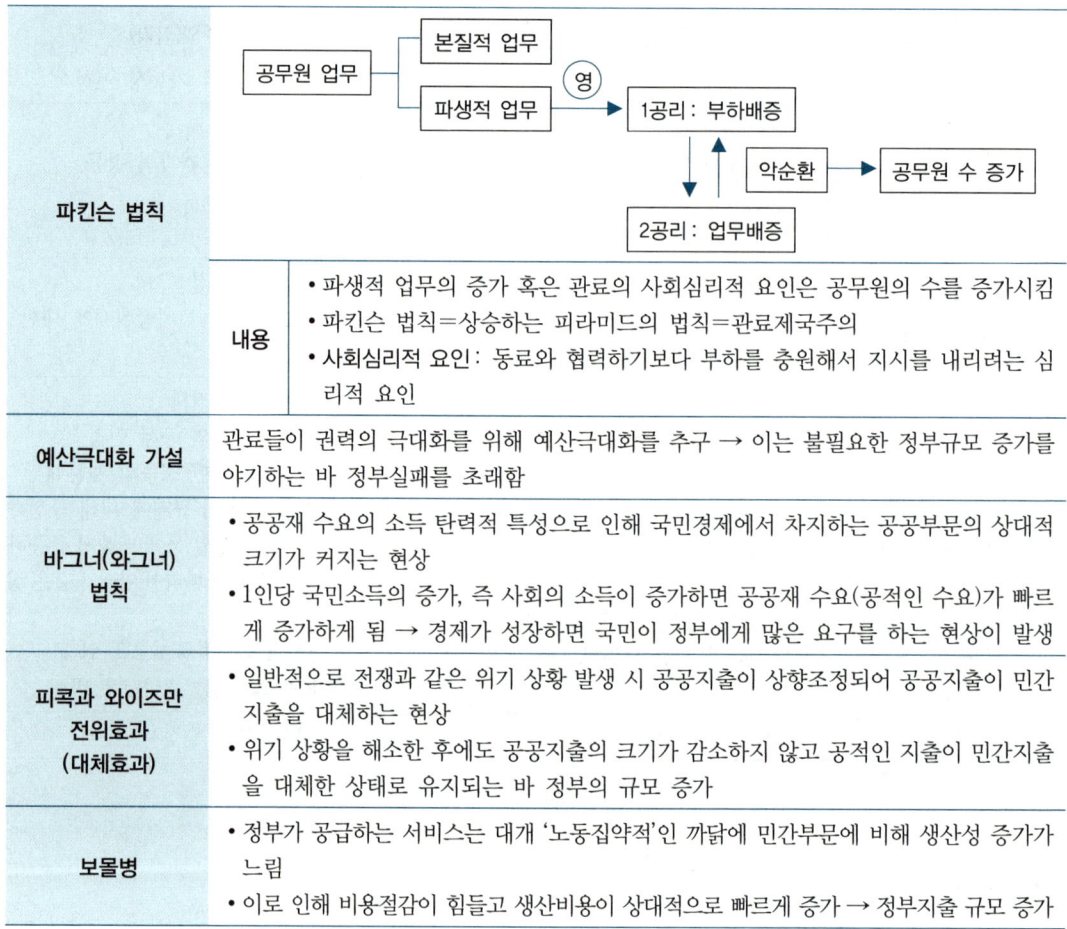	
	내용	• 파생적 업무의 증가 혹은 관료의 사회심리적 요인은 공무원의 수를 증가시킴 • 파킨슨 법칙＝상승하는 피라미드의 법칙＝관료제국주의 • 사회심리적 요인 : 동료와 협력하기보다 부하를 충원해서 지시를 내리려는 심리적 요인
예산극대화 가설	관료들이 권력의 극대화를 위해 예산극대화를 추구 → 이는 불필요한 정부규모 증가를 야기하는 바 정부실패를 초래함	
바그너(와그너) 법칙	• 공공재 수요의 소득 탄력적 특성으로 인해 국민경제에서 차지하는 공공부문의 상대적 크기가 커지는 현상 • 1인당 국민소득의 증가, 즉 사회의 소득이 증가하면 공공재 수요(공적인 수요)가 빠르게 증가하게 됨 → 경제가 성장하면 국민이 정부에게 많은 요구를 하는 현상이 발생	
피콕과 와이즈만 전위효과 (대체효과)	• 일반적으로 전쟁과 같은 위기 상황 발생 시 공공지출이 상향조정되어 공공지출이 민간지출을 대체하는 현상 • 위기 상황을 해소한 후에도 공공지출의 크기가 감소하지 않고 공적인 지출이 민간지출을 대체한 상태로 유지되는 바 정부의 규모 증가	
보몰병	• 정부가 공급하는 서비스는 대개 '노동집약적'인 까닭에 민간부문에 비해 생산성 증가가 느림 • 이로 인해 비용절감이 힘들고 생산비용이 상대적으로 빠르게 증가 → 정부지출 규모 증가	

행정사
최욱진 행정학개론

정책학

Chapter 01 정책학의 기초

01 정책의 의의와 유형

1. 정책학, 그리고 정책

(1) 정책학의 성립

정책학	정책을 연구하는 학문
등장배경	정책학은 라스웰이 <정책지향(Policy Orientation)>(1951)을 발표하면서 출발
기타	• 정책학 연구는 1940년대 미국의 정치학과 행정학에서 유행하던 행태주의 연구로 인해 처음에는 주목받지 못함 • 정책학 연구는 1960년대 후기행태주의의 영향으로 인해 다시 등장하게 됨

(2) 정책의 3대 구성요소

정책목표	정책을 통해 이룩하고자 하는 바람직한 상태
정책수단	정책목표 달성을 위한 수단
정책대상	정책의 영향을 받는 집단이나 사람들
기타	• 정책은 일반적으로 복잡하고 동태적인 과정을 거쳐서 형성됨 • 정책은 행동노선을 담고 있는 바 이와 관련된 개인행동을 위한 지침역할을 수행함 • 정책은 사회의 변동과 안정을 야기하기도 하며 사회의 이익을 조정·통합하기도 함

2. 정책의 유형

학자별 정책유형	로위 → 로재분규성	분배정책, 규제정책, 재분배정책, 구성정책
	리플리와 프랭클린	분배정책, 경쟁적 규제정책, 보호적 규제정책, 재분배정책
	알몬드와 포웰 → 알상추	분배정책, 규제정책, 추출정책, 상징정책
	솔리스버리(Salisbury) → 살자	분배정책, 규제정책, 재분배정책, 자율규제정책

3. 로위의 정책유형론(정책유형 → 현상) : 두문자 로재분규성

(1) 각 정책유형과 정책유형별 발생하는 현상

구분	정의	갈등 여부	현상
재분배정책	부의 이전	○ (부자와 빈자)	• 계급대립적 성격 • 제로섬게임(부자와 빈자) • 엘리트주의적 결정(미국)

분배정책	특정 지역·집단에 편익 배분	×
		(비용부담자와 수혜자)
			• 편익을 취하려는 행동 발생
			  – 로그롤링·포크배럴 등
			  – 편익을 얻기 위한 안정적인 연합 형성
			• 안정적인 집행 가능 → 집행을 둘러싼 이념적 논쟁의 정도가 낮음
			• 세부사업의 집합이 하나의 정책을 구성
			• 다른 정책에 비해 작은 정부에 대한 요구와 압력의 정도가 낮음

규제정책	특정 지역·집단의 자유 제한	○ (규제자와 피규제자)	• 강제력 ○ • 주로 법률의 형태를 띠며 규제자에게 자율성 ○ • 제로섬게임(수혜자와 피해자) → 환경오염규제 • 다원주의적 결정(미국)
구성정책	• 헌정수행에 필요한 정부(체제)의 구조·기능·운영 규칙의 변경에 대한 정책 • 체제정책·입헌정책	—	• 대외적 가치 배분에는 큰 영향이 없음 • 대내적으로는 조직 내 구성원 간 경쟁으로 인해 게임의 규칙 제정 – 게임의 규칙: 조직구성원 간 경쟁의 결과로 제정된 규칙 • 안정된 정치체제에서 유용성↓

(2) 각 정책에서 발생하는 현상에 대한 용어정리

구분		현상
재분배정책	계급대립적 성격	• 부의 이전을 도모하는 과정에서 손해를 보는 부자의 저항으로 인해 부자와 빈자 간 갈등이 발생 • 재분배정책은 전국에 있는 모든 부자에게 영향을 미치는 까닭에 정책유형 중 가장 큰 갈등이 발생함 • 따라서 국민적 공감대를 형성(재분배의 필요성 인지)할 때 정책을 마련할 수 있음
	제로섬게임(부자와 빈자)	부자가 손해를 보는 만큼 빈자는 이익을 얻음
	엘리트주의적 결정(미국) : 소수가 정책결정 주도	재분배정책은 정책과정에서 큰 저항을 야기하므로 정부 수뇌부의 설득과 판단·관심·국정철학(이데올로기) 등이 중요하게 작용함

분배정책	편익을 취하려는 행동 발생	로그롤링 (Log-Rolling)	의회에서 이권과 관련된 법안을 해당 의원들이 서로에게 이익이 되도록 협력해 통과시키거나, 특정 이익에 대한 수혜를 대가로 상대방이 원하는 정책에 동의해 주는 방식으로 이루어짐 → 표거래, 담합투표 등으로 번역할 수 있음
		포크배럴 (Pork-Barrel)	특정 배분정책에 관련된 사람들이(이익집단 혹은 의원 등) 그 혜택을 서로 나눠 가지려고 노력하는 현상 → 돼지구유통정치, 나눠먹기식 다툼 등으로 번역할 수 있음
		안정적 연합 형성	편익을 얻기 위한 협력적 네트워크 형성 예 로그롤링, 철의 삼각 등 – 철의 삼각모형은 '정책참여자와 참여자 간 관계'에서 다룸
	안정적 집행		비용을 부담하는 비용부담자가 분산(비용부담자의 집단행동 딜레마 발생)되어 있으므로 집행을 둘러싼 이념적 논쟁의 정도가 낮음
	세부사업의 집합이 하나의 정책을 구성		정책내용이 세부 단위로 구분되고 각 단위는 다른 단위와 별개로 처리될 수 있음
	작은 정부에 대한 압력↓		편익을 누리는 세력은 특정되어 있고, 비용부담자는 분산된 까닭에 정책에 대한 저항이 거의 없음
규제정책	강제력 ○		국민의 자유를 제한하는 성격을 지니므로 강제성을 띰
	주로 법률의 형태를 띠며 규제자에게 자율성 ○		• 국민의 자유를 제한하려면(의무를 부과하려면) 법률에 기초해야 함 • 아울러 정부는 정책을 집행하는 과정에서 환경의 복잡성으로 인해 어느 정도의 자율성을 지닐 수 있음 예 경찰의 음주운전 단속 등
	제로섬게임 (수혜자와 피해자) → 환경오염규제		피규제자가 손해를 보는 만큼 수혜자는 이익을 얻음
	다원주의적 결정(미국) : 다수가 정책결정 주도		특정 기업의 활동으로 인한 피해자가 많을 때 다수의 피해자가 정책 결정과정을 주도할 수 있음
구성정책	대외적 가치 배분에는 큰 영향이 없음		모든 국민을 대상으로 하면서 국가의 시스템 설계와 연관된 정책이므로 대외적인 가치 배분에는 큰 영향이 없음 → 따라서 정부는 권위적으로(일방적인) 결정을 내릴 수 있음
	대내적으로는 조직 내 구성원 간 경쟁으로 인해 게임의 규칙 제정		예를 들어, 부처 간 통합 등이 이루어질 때 자기 부처의 이해관계를 반영한 규칙이 제정될 수 있다는 것
	안정된 정치체제에서 유용성↓		국가의 체제가 안정된 상황에서는 국가질서에 대한 변동이 미약하므로 구성정책의 중요성이 크게 인식되지 않음

(3) 각 정책의 예시

재분배정책	계층 간 소득을 재분배해 소득격차를 해소하는 정책(누진세·세액공제나 감면·근로장려금), 노령연금제도 등 사회보장정책, 임대주택의 건설, 최저생계비, 연방은행의 신용통제(빈자에 대한 대출 혜택), 실업급여, 영세민 취로사업 등
분배정책	도로·다리·항만·공항 등 사회간접자본을 구축하는 정책, 국·공립학교를 통한 교육서비스의 제공, 주택자금의 대출, 국고보조금, 택지분양, 국립공원의 설정, 국유지 불하(매입)정책, FTA 협정에 따른 농민피해 지원(재분배정책으로 보는 견해도 있음), 중소기업을 위한 정책자금지원, 대덕 연구개발특구 지원, 코로나 사태에 따른 자영업자 금융지원 등
규제정책	환경오염과 관련된 규제(그린벨트 내 공장 건설을 금지하는 정책·탄소배출권 거래·오염물질 배출허가 기준), 독과점 규제, 공공요금 규제, 공공건물 금연, 기업활동 규제(부실기업 구조조정·최저임금제도), 기업의 대기오염 방지시설 의무화 등
구성정책	정부기관의 신설이나 변경, 선거구 조정, 공무원 모집, 공직자 보수 결정, 공무원연금제 개정, 군인연금에 관한 정책, 헌법상 운영규칙 수정 및 신설 등

4. 기타 정책유형

구분	정의	특징 혹은 예시
추출정책	정부체제를 유지하기 위해서 인적·물적 자원을 동원하는 정책	예 조세, 부담금, 병역, 물자 수용, 노력 동원, 공무원 모집 (채용) 등
상징정책	국민 전체의 자긍심을 높이거나 국민적 통합을 위해 상징물을 지정하는 정책	예 88올림픽·2002 월드컵 개최, 국가유산(남대문·광화문) 복원, 4대강 사업, 국경일(한글날) 제정, 국기 게양 등
자율규제 정책	• 민간집단(전문가집단 등)에 규제기준의 설정 권한을 주고 그 집행도 위임하는 정책 • 일반적으로 규제의 주체는 정부지만, 예외적으로 규제의 주체가 피규제 산업 혹은 업계가 되는 경우가 있음	**요점정리** ✏ ◆ 직접규제 및 자율규제와 공동규제의 차이 | 구분	정의	규제의 주체
직접규제	정부가 직접 규제	정부
자율규제	민간집단(전문가집단 등)에게 규제기준의 설정 권한을 주고 그 집행도 위임하는 정책	민간
공동규제	정부로부터 위임을 받은 민간집단과 정부에 의해 이뤄지는 규제로, 자율규제와 직접규제의 중간성격을 지님	정부 + 민간	
경쟁적 규제정책	다수의 경쟁자 중 특정 개인이나 집단에 서비스 제공권을 부여하고 이들의 활동을 규제하는 정책	경쟁적 규제정책은 경쟁력 있는 특정인에게 정책을 집행할 수 있는 편익을 준다는 점에서 배분정책의 성격을, 경쟁력이 없는 주체를 정책집행에서 배제(혹은 서비스를 공급하는 집단을 통제)한다는 점에서 규제정책의 성격을 동시에 지니고 있음 예 TV, 라디오 방송권의 부여, 항공노선 취항권의 부여 등

보호적 규제정책	민간활동이 허용되는 조건을 설정함으로써 소수를 규제하고 일반 대중을 보호하는 정책	• 규제정책의 대부분은 보호적 규제정책에 해당하며, 보호적 규제정책은 일반대중 혹은 약자를 보호한다는 점에서 재분배정책에 가까운 성격을 지님 • 소비자나 일반 대중을 보호하기 위해 특정 집단을 규제하므로 규제집행조직과 피규제집단 간 갈등의 가능성이 높음 📵 환경오염 방지를 위한 기업규제, 작업장 안전을 위한 기업규제, 국민건강보호를 위한 식품위생규제, 최저임금제, 장시간근로 제한 등

02 정책참여자와 참여자 간 관계

• 일반적으로 정책과정은 정책의제설정, 정책결정, 정책집행, 정책평가, 정책종결 등으로 볼 수 있음
• 정책참여자는 정책에 참여하는 사람들로서 정책과정에 전반적으로 영향을 미치는 주체임

1. 정책참여자의 종류

공식적 참여자		비공식적 참여자
중앙정부	**지방정부**	
입법부(의회), 대통령, 행정부처, 사법부, 헌법재판소, 부처장관, 사법부, 대통령 비서실장 등	지방자치단체장, 지방의회, 지방공무원 등	정당, 이익집단, 시민단체(NGO 등), 시민, 전문가집단, 언론, 정당 사무국장 • 정당은 권력을 추구하는 집단이며, 국회의원이 특정 정당에서 배출되지 않아도 정당은 존재할 수 있기 때문에 시험에서 비공식적 참여자로 간주함 • 정책전문가는 체제분석과 같은 비용편익분석 등을 통해 정책 대안을 제시할 수 있음

2. 정책참여자 간 관계 : 비합리모형을 중심으로

- 정책참여자 간의 관계는 정책결정(사회문제 해결을 위한 대안선택)에 영향을 미칠 수 있음
- 즉, 참여자의 권력 차이 혹은 참여자 간 거래(상호작용) 등이 정책을 결정할 수 있다는 것
- 정책학에서는 이를 '비합리모형'이라고 하며, 비합리모형은 정책결정모형의 종류 중 하나임

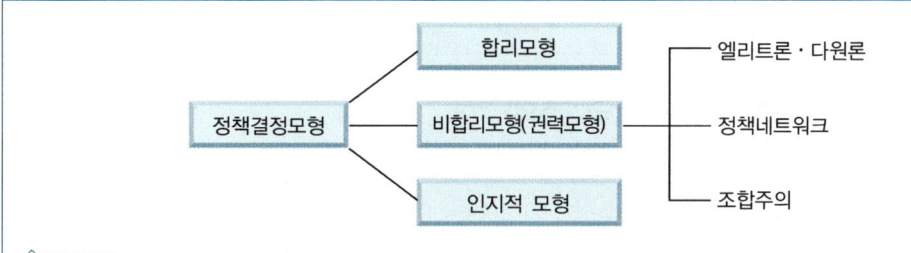

용어설명

① 정책결정모형 : 정책이 결정되는 현상을 설명하는 모형
② 합리적인 모형 : 권력적 요소 등을 배제하고 객관적인 분석을 통해 최선의 대안을 선택하는 모형
　→ 합리모형은 의사결정자가 결정에 필요한 모든 정보를 보유할 수 있다고 가정함
③ 비합리모형 : 참여자의 권력 차이 혹은 참여자 간 거래 등에 따라 정책이 결정될 수 있음을 설명하는 모형
④ 인지적 모형 : 인간의 인지능력 한계를 인정하고, 한정된 정보 내에서 정책을 결정하는 모델

(1) 다원론(이익집단론 · 집단과정이론 · 집단주의)과 엘리트론

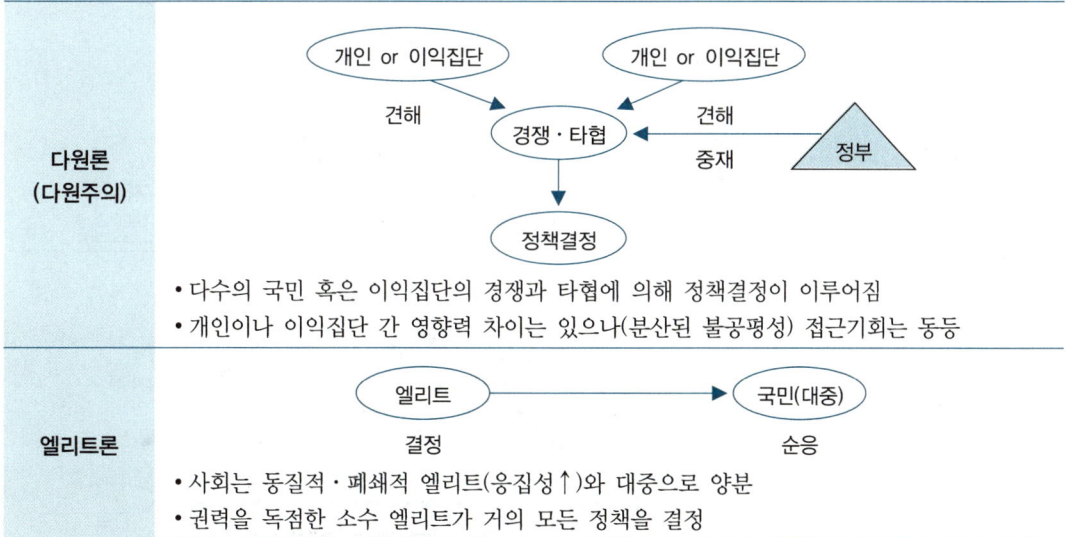

다원론 (다원주의)	• 다수의 국민 혹은 이익집단의 경쟁과 타협에 의해 정책결정이 이루어짐 • 개인이나 이익집단 간 영향력 차이는 있으나(분산된 불공평성) 접근기회는 동등
엘리트론	• 사회는 동질적 · 폐쇄적 엘리트(응집성↑)와 대중으로 양분 • 권력을 독점한 소수 엘리트가 거의 모든 정책을 결정

① 신엘리트론 : 무의사결정론(바흐라흐 & 바라츠)

무의사결정	의사결정자(엘리트)의 가치나 이익에 대한 비기득권자의 잠재적인 도전을 억압하거나 방해하는 결과를 초래하는 결정
권력의 두 얼굴	엘리트는 정책결정과정(밝은 얼굴)뿐만 아니라 의제설정과정(어두운 얼굴)에서도 무의사결정을 수행함

광의의 무의사결정	바흐라흐와 바라츠에 따르면 무의사결정은 모든 정책과정에서 발생할 수 있음
다알의 다원론 비판	• 바흐라흐와 바라츠는 권력의 두 얼굴이라는 개념을 제시하면서 다알의 견해를 비판 • 즉, 다알의 모형이 권력의 밝은 얼굴은 보았으나 어두운 얼굴을 보지 못했다는 것
무의사결정 수단	폭력이나 테러, 편견의 수정 및 강화 등

(2) **조합주의** : 국가의 주도적 역할 강조(국가주의)

틀잡기	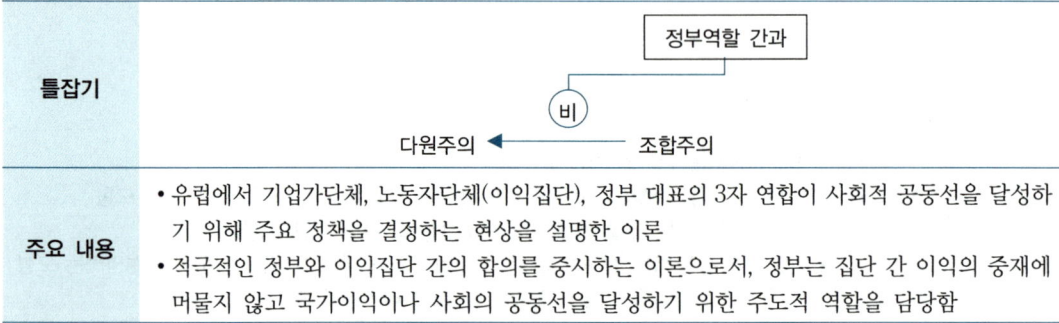
주요 내용	• 유럽에서 기업가단체, 노동자단체(이익집단), 정부 대표의 3자 연합이 사회적 공동선을 달성하기 위해 주요 정책을 결정하는 현상을 설명한 이론 • 적극적인 정부와 이익집단 간의 합의를 중시하는 이론으로서, 정부는 집단 간 이익의 중재에 머물지 않고 국가이익이나 사회의 공동선을 달성하기 위한 주도적 역할을 담당함

(3) **정책네트워크** : 정책참여자 간 상호작용(거래 등)이 이루어지는 망

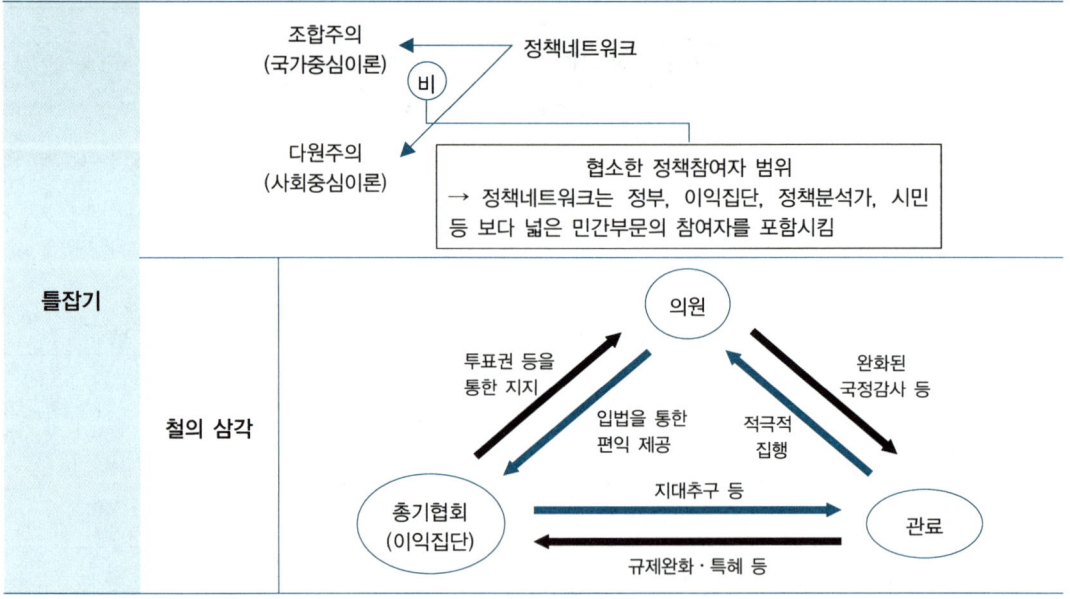

주요 내용	• 정책네트워크 : 특정 정책과정에 참여하는 개인이나 조직 등의 행동주체가 형성하는 상호의존적 연계의 망이며, 네트워크 안에서 행위자는 공식적 규칙(예 의회가 정한 법률) 안에서 보유한 자원을 교환하는 관계임 • 정책네트워크에서는 참여자 간 교호작용 속에서 형성되는 연계가 중요하고, 참여자와 비참여자를 구분하는 경계가 있음 • 정책네트워크 유형에는 하위정부, 정책공동체(영국에서 등장한 모델), 정책문제망(이슈네트워크)이 있으며 많은 학자들은 1960년대에 등장한 하위정부모형(미국)이나 1970년대에 등장한 이슈네트워크모형(미국)이 정책네트워크모형의 기원이라고 주장

	구분	철의 삼각 (하위정부모형)	정책공동체	이슈네트워크
종류	참여자	• 관료조직 + 이익집단 + 의회 상임위원회 • 가장 제한적인 참여	• 철의 삼각 참여자 + 전문가 • 비교적 제한적인 참여	광범위한 다수의 이해관계자
	폐쇄성	폐쇄적	폐쇄적	개방적(불분명한 경계)
	안정성(지속성)	안정적	안정적	불안정
	행위자 간 관계 (협력성 정도)	동맹관계 : 매우 협력적	• 의존적 · 협력적 관계 • 정합게임 · 원원게임	• 경쟁적 · 갈등적 관계 • 영합게임 · 제로섬 게임
	상호의존성	높음	비교적 높음	낮음
	목표의 공유도	높음	비교적 높음	낮음
	기타	• 주로 분배정책에서 발생 • 근본적인 관계가 교환관계이고 모든 참여자가 거래할 자원을 보유 • 행정수반의 관심이 적은 분배정책에서 형성되기 때문에 네트워크의 자율성이 큼	• 시장 및 시민사회 전문가의 참여 → 정책내용 합리성 제고 • 근본적인 관계가 교환관계이고 모든 참여자가 거래할 자원을 보유 • 로즈가 제시한 모델	• 참여자 간 불균등한 권력을 가정 • 이슈 : 사회문제 • 관련 학자 : 헤클로

Chapter

02 정책의제설정

01 정책의제설정과 오류의 유형

1. 정책의제설정

개념	정부가 사회문제를 공식적인 정책문제로 전환하는 행위
등장배경	정책의제설정에 관한 연구는 1960년대 대규모 흑인폭동 문제가 왜 정책문제화되지 못하는가에 대해 관심을 가지면서 대두되었음
필요성	• 정책목표설정 기능 • 적절한 정책수단 선택 • 해결할 사회문제의 우선순위 결정 • 단, 시간과 비용의 문제로 인해 모든 사회문제가 정책의제가 될 수는 없음
정책문제의 속성	• 공공성 : 개인적인 문제가 아닌 공적인 문제를 다룸 • 주관성 : 누구에게는 문제이고, 다른 누군가에게는 문제가 아님 • 역사성 : 정책문제는 역사적인 산물인 경우가 많음 • 동태성 : 정책문제는 시간의 흐름에 따라 변화함 • 정치성 : 정책수혜집단과 정책비용집단 간 차별적 이해성으로 인해 정책문제는 정치적인 투쟁, 협상, 타협 등을 야기함 • 인위적인 성격 : 정책문제는 사람들에 의해 형성 혹은 구성됨 • 일반적으로 정책문제를 정의하고 해석하는 과정은 다양한 결과에 이를 수 있는 애매하고 불투명한 과정으로 간주 • 상호의존성 혹은 복잡다양성 : 특정 문제의 발생원인이나 해결방안 등은 다른 문제들과 상호 연관성을 가짐

2. 콥과 엘더(Cobb & Elder)가 제시한 일반적인 정책의제설정의 단계 : 두문자 사이공정

순서	단계	내용
①	사회문제	• 개인의 문제가 다수로부터 공감을 얻게 되어 많은 사람들 사이에서 문제로 인식된 상태 → 사회의 많은 구성원들이 문제라고 인식하는 이슈 • 사회문제는 극적인 사건에 의해 사회적 이슈로 발전할 수 있음
②	사회적 이슈(쟁점) : 사회논제	일반대중에게 인기를 끌지만 문제해결에 대한 합의가 어려워 논쟁의 대상이 되는 문제
③	공중의제	• 정부가 개입해 문제를 해결할 정당성을 인정받은 문제 • 어떤 사회문제가 사회적으로 이슈화되어 정부의 정책적 고려의 대상이 되어야 할 단계에 이른 문제 • 일반 공중 사이에서 실제로 정책대응을 위한 구체적인 논의의 대상으로 표명하고 있는 사회문제
④	정부의제	• 정부가 공식적으로 검토하기로 결정한 문제 → 즉, 정부가 해결할 문제를 공식적으로 선택한 것 • 따라서 문제에 대한 정책대안이나 수단을 모색할 수 있음 → 수단을 확정하지는 않은 상태

참고

① 사회적 이슈 = 사회논제
② 공중의제(Public Agenda) = 체제의제 = 토의의제 = 환경의제 = 공공의제
③ 정부의제 = 제도의제 = 공식의제 = 행동의제 = 정책의제

02 의제설정과정모형

1. 틀잡기

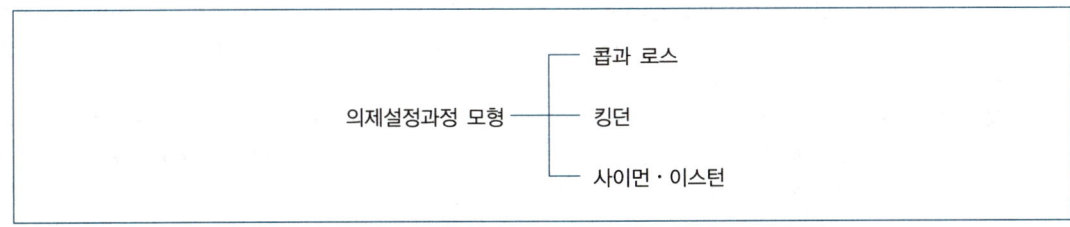

2. 콥과 로스의 모형

(1) 틀잡기

구분	의제설정 과정	주도 집단	국가	행정PR (정책홍보)	허쉬만	콥과 로스 등
외부주도형	사이공정	국민	선진국	–	강요된 정책문제	진입
동원형	사정공	최고 혹은 고위 관료	후진국	○	채택된 정책문제	주도
내부접근형 (음모형)	사정	동원형에 비해 낮은 직위의 관료 외부 이해관계자	• 국민을 무시하는 정부 • 권력집중형 국가 • 불평등 사회(부와 권력이 편중된 사회)	×	–	주도

(2) 각 모형에 대한 보충

외부주도형	• 외부주도형은 국민의 심볼 활용이나 매스미디어, 정당 등을 통해 쟁점이 확산되는 경향이 있음 • 정책결정자들이 이러한 정치과정을 활용(국민의 견해 반영)해 사회적 이슈를 공식적 정책의제로 채택하는 전략적 과정을 설명할 수 있음 → 단, 현상을 주도하는 실체는 국민이라는 점에서 다원론의 관점임 • 많은 국민이 참여하기 때문에 의사결정비용은 높지만, 집행에 대한 순응 확보를 위한 노력이 필요 없으므로 집행비용은 감소함 → 즉, 정부의제화는 어렵지만 집행은 용이 • 진흙탕 싸움(Muddling Through), 즉 외부집단 간 경쟁으로 인해 특정 집단의 요구에 편중되지 않고 여러 집단의 요구를 어느 정도 균형 있게 수용하는 현상이 발생함
동원형	• 올림픽이나 월드컵 유치 등 국민이 적극적인 관심을 보인 사례는 정부 내의 (최고)정책결정자들이 주도해 정책의제를 채택하는 동원형의 예시에 해당함 • 행정 PR을 하는 데 도움을 줄 수 있는 전문가의 영향력이 큼 • 선진국에서도 정치지도자가 특정한 사회문제의 해결을 주도하는 경우에 나타나기도 함 예 새마을 운동, 가족계획사업 등
내부접근형 (음모형)	• 내부접근형은 일반적으로 국민을 무시하는 정부에서 발생함. 그러나 선진국의 경우, 특수 이익집단이 비밀리에 정부의 혜택을 보려는 외교·국방정책 등(비밀 유지가 필요한 분야의 정책, 또는 강한 반대가 예상됨에도 불구하고 반드시 추진하려는 정책)에서 나타날 수 있음 • 내부접근형은 정책의 내용을 미리 정하고, 결정한 내용을 그대로 최소한의 수정만으로 집행하려고 시도하며, 특히 반대할 가능성이 있는 사람에게는 이를 숨기려 함 → 이러한 이유로 내부접근형을 음모형이라 부르기도 함

3. 킹던의 정책창모형

- **정책창**: 의제설정 기회
- **정책창모형**: 코헨·마치·올슨이 제시한 쓰레기통모형을 발전시킨 것(조직화된 무정부 상태에서의 합리성과 유사한 합리성 가정)으로서, 의제설정과정에 대한 이해를 시도한 연구

(1) 틀잡기

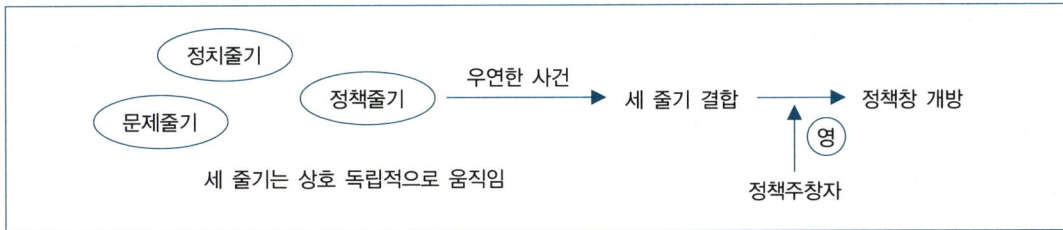

(2) 각 줄기(흐름)에 대한 설명

문제줄기	사회 내 다양한 주요 문제
정책줄기	• 정책분석가 등이 제시한 정책대안들 • 정책의 흐름은 문제를 검토해 해결방안을 제안하는 전문가·분석가들로 구성되며, 여기서 여러 가능성이 탐색되고 그 범위가 좁혀짐
정치줄기	국가적 분위기 전환, 선거에 따른 행정부나 의회의 인적 교체, 이익집단들의 로비활동과 압력 행사 등

(3) 정책창이 열리는 계기

세 줄기의 결합	정책의 창은 정책과정의 세 줄기, 즉 문제줄기(문제의 흐름)·정치줄기(정치의 흐름)·정책줄기(정책의 흐름)가 상호 독립적으로 떠돌다가 우연한 사건에 의해 결합되면 열림
정치줄기의 변화	킹던에 따르면 우연한 사건이 아닌 정치줄기의 변화에 따라 정책창이 열릴 수도 있는 바, 세 줄기 중에서 가장 중요한 줄기는 정치줄기임
규칙적인 사건	정책의 창은 국회의 예산주기, 정기회기 개회 등의 규칙적인 사건으로 인해 열릴 수도 있음

(4) 기타

정책창의 특성	• 정책 창문은 열려 있는 상태로 오래 지속되지 않으며, 창이 한 번 닫히면 우연한 사건이 다시 발생할 때까지 기다려야 하는 바 다시 열릴 때까지 많은 시간이 걸림 • 정책문제의 흐름, 정치의 흐름, 정책대안의 흐름이 각자 떠돌다가 우연한 사건이 발생하면 정책창(의제설정 기회)이 열림 → 이러한 현상에 따라 정책대안이 변동될 수 있음
정책창이 닫히는 이유	• 문제에 대한 구체적인 대안이 존재하지 않는 경우 • 정책의 창을 열게 했던 사건이 정책의 장에서 빠르게 사라지는 경우 • 정책문제가 의사결정이나 입법에 의해 충분히 다루어졌다고 느끼는 경우

4. 기타 모형

사이먼모형	• 사이먼은 정책결정자의 인지능력상 한계(주의집중력) 혹은 가용 자원의 한계로 인해 사회의 모든 문제가 정책의제로 채택되지 못한다고 보았음 • 이러한 주장은 단순히 주의 집중력에 치중해 왜 어떤 문제는 정책문제로 채택되고 다른 문제는 제외되는가에 대한 설명에 한계가 있음
이스턴모형	• 체제를 지키는 문지기(대통령, 고위 관료, 국회의원 등)가 진입을 허용(선호)하는 일부 사회문제만 정책의제로 채택함 • 문지기가 쟁점을 인지하는 범위를 조절함으로써 체제 전체의 업무 부하(Load)를 조절한다는 것

5. 참고 : 의제설정에 영향을 미치는 요인

국민 관심도	• 일반 대중의 큰 관심을 받거나(사회적 유의성이 높거나), 관련 집단에 의해 쟁점 사항으로 된 것일수록 의제화 가능성이 큼 • 극적인 사건이나 위기 등은 대중의 많은 관심을 받기 때문에 의제로 채택될 가능성이 큼 → 즉, 극적인 사건이나 위기·재난은 쟁점이 될 가능성이 크므로 특정 사회문제를 정부 의제화시키는 점화장치(Triggering Device)로 작용할 수 있음 • 문제를 인식하는 집단의 규모가 크면 의제화 가능성↑
문제해결 가능성	• 선례가 있는 사회문제 혹은 일상화된 정책문제가 해결책을 찾기 용이하므로 새로운 정책문제보다 의제화 가능성↑ • 상대적으로 단순한 문제가 의제화 가능성↑ • 정책문제에 대한 해결책이 있을 때 의제화 가능성↑
조직화 정도	정책의 이해관계자가 넓게 분포하고 조직화 정도가 낮은 경우에는 이해관계자의 요구가 표출되지 않는 바 정책의제화 가능성↓
기타	정책의제설정 과정에는 의제설정 주도집단, 정책체제(민주주의 혹은 독재 등), 환경(외부세력의 지지, 정책 타이밍 등) 등의 변수들이 복합적으로 작용함

Chapter 03 정책분석 : 합리모형

01 정책목표의 설정 및 변동

- 정책분석 챕터에서는 합리모형, 즉 최선의 대안을 선택하는 과정을 공부함
- **합리모형의 절차**: 구체적인 목표 설정 → 대안 탐색 → 대안 비교·평가 → 대안의 결과 예측 → 대안 선택

1. 정책목표의 의의

정책목표		• 미래에 도달하고자 하는 바람직한 상태 • 일반적으로 정책목표와 이를 달성하기 위한 정책수단 사이에는 인과관계가 있어야 함
정책목표 평가기준	소망성	• **적합성**: 그 사회의 이념과 가치를 제대로 반영하고 있는가? • **적절성**: 사회문제를 해결하는 데 정책목표의 수준이 적절한가?

2. 정책목표의 변동(조직목표의 변동)

목표의 비중 변동	조직 내에 복수의 목표들이 있고, 이에 대한 우선순위가 정해져 있었는데, 중간에 목표의 우선순위가 바뀌는 것
목표의 승계	• 본래의 목표를 이루거나 표방한 목표를 달성할 수 없을 때, 새로운 목표를 설정 후 조직이 존속하는 것. 혹은 본래 표방한 목표를 달성할 수 없거나 조직목표를 달성했을 때, 새로운 목표(같은 유형의 다른 목표)를 발견해 선택하는 것 • 목표의 승계는 조직의 항구성 형성에 기여함 → 즉, 정부조직은 목표의 승계를 통해 조직을 존속시키는 경향이 있다는 것 예 미국의 소아마비 재단이 20년간의 활동 끝에 소아마비 예방백신의 개발 목표가 달성되자, 관절염과 불구아 출생의 예방 및 치료라는 새로운 목표를 채택하는 경우 등
목표의 추가 (다원화)	기존의 목표 + 새로운 목표 → 동종목표 또는 이종목표의 수가 늘어나는 것 예 대학교가 교육목표 외에 사회봉사목표를 추가하는 것
목표의 확대	목표의 범주를 확대하거나 목표의 수준을 높이는 것 예 월드컵 16강 → 월드컵 8강
목표의 축소	동종목표 혹은 이종목표의 수나 범위가 줄어드는 현상

목표의 대치 (전환·왜곡·전도)	틀잡기	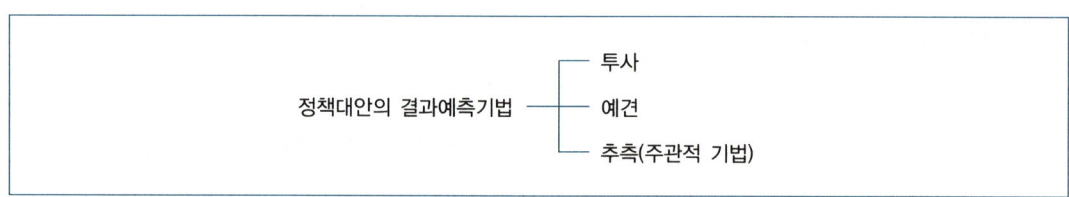
	개념	조직의 본래 목표를 망각하고 목표를 달성하기 위한 수단이 목표로 바뀌거나 본래 목표를 새로운 목표(예 사익추구)로 전환하는 현상
	연구학자	• 목표대치 현상을 처음으로 언급한 사람은 미헬스(과두제 철칙, 1949)임 • 1930년대 관료제 병리모형을 연구한 학자 중 머튼과 굴드너는 조직 내 규칙이 조직의 목표보다 중시되는 현상(동조과잉)을 지적함
	발생원인	• 규칙 및 절차에 대한 집착: 법규 혹은 절차에 집착함으로써 과잉동조, 형식주의, 법규만능주의 등을 초래 • 조직의 내부 문제 중시: 조직의 내부 문제를 중시해 조직 전체의 목표를 홀대하는 현상 → 부처 할거주의와 유사한 개념 • 목표의 추상성으로 인해 유형적인 목표만 추구: 성과달성에 치중한 나머지 측정할 수 있는 목표에만 집착 • 미헬스의 과두제의 철칙: 소수 엘리트의 권력을 기초로 조직을 운영하는 경우 사익추구 현상 발생 • 전시행정과 과시행정 등

02 정책대안의 결과예측기법

1. 틀잡기

정책대안의 결과예측기법 ─┬─ 투사
                      ├─ 예견
                      └─ 추측(주관적 기법)

2. 예견 : 모형이나 이론을 활용하는 방법

시뮬레이션 (모의실험)	• 실제 체제를 모방한 모형을 활용하는 정책대안의 미래예측기법 • 가상적인 상황의 한계로 인해 정확성이 떨어질 수 있음
상관분석	변수 간 상호관계의 방향과 정도를 분석하는 기법

3. 추측(Conjecture) : 통찰력 있는 판단(주관적 기법) → 질적 분석

- 대개 중장기적인 문제에 대한 예측기법으로 활용
- 예견 방법에 비해 상대적으로 객관성 결여
- 다수 참여자의 견해 및 지식을 수렴해 정책대안의 결과를 예측하는 방법 → 질적인 방법

(1) 델파이 기법(전통적 델파이)과 정책델파이 기법

델파이	틀잡기	
	의의	• 그리스 현인들이 미래를 예견하던 아폴로 신전이 위치한 도시의 이름을 딴 것으로, 1948년 미국 랜드연구소의 연구진에 의해 개발되어 공공부문이나 민간부문의 예측 활동에 활용되고 있음 • 익명성이 보장된 상태에서 토론 없이 동일 영역 전문가들의 판단을 종합·정리하는 기법 • 설문을 반복해 특정 주제에 대한 합의(의견일치 유도)를 도출
	특징	• 구조화된 조사지를 구성 후, 우편 혹은 이메일 등을 통해 누가 조사에 참여하는지 알려주지 않고 각 참여자의 견해를 조사 → 철저한 익명성 • 철저한 익명성을 전제로 하는 바 구성원 간의 성격마찰, 감정대립, 지배적 성향을 지닌 사람의 독주, 다수 의견의 횡포, 집단사고 등을 피할 수 있음
정책델파이	의의	• 정책에 대한 전문가 혹은 이해관계자가 초기에는 익명성을 보장하는 델파이 방법을 사용하다가 2차로 공개적인 토론을 하는 기법(선택적 익명성) • 공개토론 과정에서 의견 차이가 드러나도록 유도함
	특징	2차로 공개적인 토론을 하는 과정에서 정책에 대한 전문가 및 이해관계자가 참여하는 바, 개인의 이해관계나 가치판단이 개입될 수 있음

(2) 델파이 기법과 정책델파이 기법 비교

구분	델파이 기법(전통적 델파이)	정책델파이 기법
개념	• 일반문제에 대한 예측 • 정책문제에 대한 예측도 가능함	정책문제에 대한 예측
응답자	동일 영역의 일반전문가	• 정책전문가 및 이해관계자 등 • 이해관계자가 개입할 경우 가치판단의 개입 가능
익명성	철저한 익명성 (절대적 익명성)	선택적 익명성 • 초기에는 익명성 보장 → 추후 공개토론 실시 • 컴퓨터를 통한 회의 및 대면토론 가능
합의	• 견해의 합의 도출(의견일치 유도) • 일반적인 통계처리 → 의견의 대푯값·평균치(중위값) 중시	구조화된 갈등(유도된 의견대립) → 의견차이를 부각시키는 양극화된 통계처리
기타	응답자 분포 1990 2000 2010 2020 2030 2040 2050 2060 2070	최종 응답자료 의견A 의견B 의견C 의견D 의견E 의견F 의견G 의견H
공통점	양자 모두 주관적인 미래예측기법이고 다수의 응답자를 대상으로 하며, 반복적인 설문조사(결과의 환류 포함) 실시 후 통계처리과정을 거침	

(3) 브레인스토밍

의의	• 일반적으로 내부인력을 중심으로 시행하는 아이디어 회의이며, 경우에 따라 내부인력·전문가·이해관계자 등이 모여서 모두 동등한 조건하에 형식 없이 자유롭게 토의하는 방식 • 브레인스토밍 집단은 조사되고 있는 문제상황의 본질에 따라 구성될 수 있음 • 일단 구성원이 제시한 모든 의견을 수렴한 후(지나치게 이상적이거나 급진적인 아이디어도 허용) 실현 가능성이 없는 대안을 제거 → 가능성 있는 대안을 제시
특징	• 좋은 아이디어보다 많은 아이디어를 선호 • 다른 아이디어를 결합해서 새로운 아이디어를 만드는 편승기법(벤치마킹) 활용

정책결정

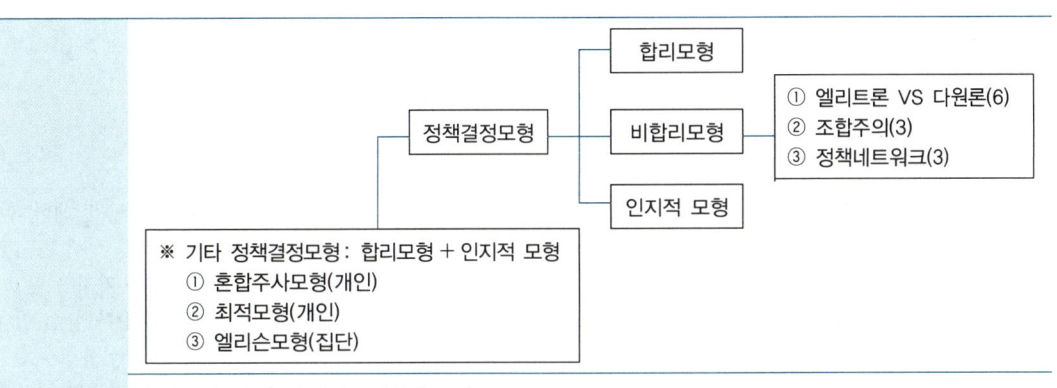

◆ 합리모형과 인지적 모형(6)

분석 수준 의사결정자 능력	개인	집단
합리적 (규범적·이상적)	합리모형	—
인지적 (실증적·현실적)	① 만족모형 ② 점증모형	① 회사모형 ② 쓰레기통모형 ③ 사이버네틱스모형

<table>
<tr><td>용어정리</td><td>

• 분석 수준(개인 혹은 집단): 개인의 의사결정을 설명하는 모형과 집단의 의사결정을 설명하는 모형
• 의사결정자의 능력
  − 합리적: 의사결정자는 모든 정보를 보유한 완벽한 존재
  − 인지적: 의사결정자는 한정된 정보(제한된 합리성)를 지닌 불완전한 존재
• 참고
  − 규범적: 이상적인 방향 제시
  − 실증적: 실제 현실에서 나타나는 현상을 기술

</td></tr>
</table>

01 개인적 차원의 정책결정모형

1. 합리모형 : 최선의 대안 선택

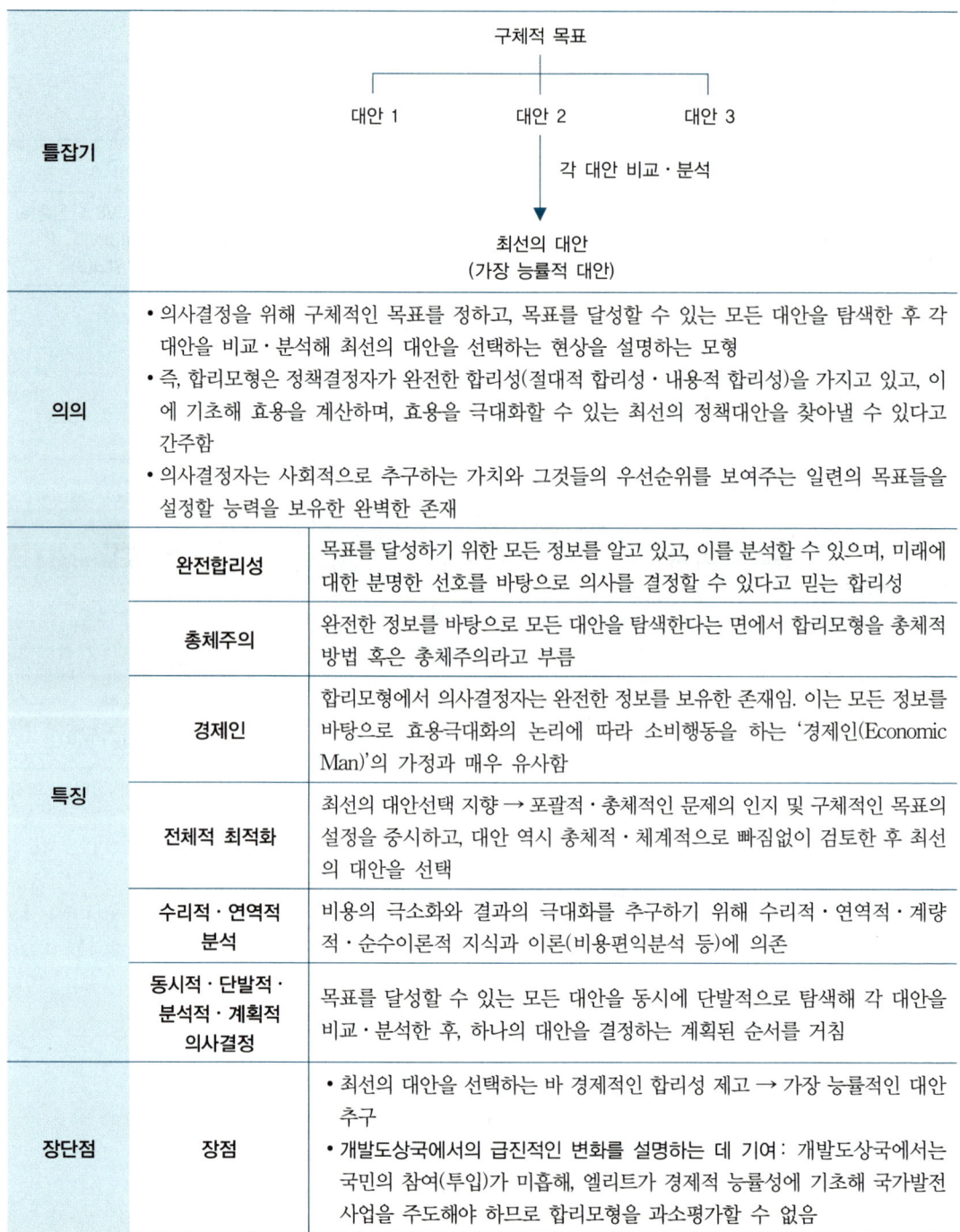

틀잡기		구체적 목표 → 대안 1 · 대안 2 · 대안 3 → 각 대안 비교·분석 → 최선의 대안 (가장 능률적 대안)
의의		• 의사결정을 위해 구체적인 목표를 정하고, 목표를 달성할 수 있는 모든 대안을 탐색한 후 각 대안을 비교·분석해 최선의 대안을 선택하는 현상을 설명하는 모형 • 즉, 합리모형은 정책결정자가 완전한 합리성(절대적 합리성·내용적 합리성)을 가지고 있고, 이에 기초해 효용을 계산하며, 효용을 극대화할 수 있는 최선의 정책대안을 찾아낼 수 있다고 간주함 • 의사결정자는 사회적으로 추구하는 가치와 그것들의 우선순위를 보여주는 일련의 목표들을 설정할 능력을 보유한 완벽한 존재
특징	완전합리성	목표를 달성하기 위한 모든 정보를 알고 있고, 이를 분석할 수 있으며, 미래에 대한 분명한 선호를 바탕으로 의사를 결정할 수 있다고 믿는 합리성
	총체주의	완전한 정보를 바탕으로 모든 대안을 탐색한다는 면에서 합리모형을 총체적 방법 혹은 총체주의라고 부름
	경제인	합리모형에서 의사결정자는 완전한 정보를 보유한 존재임. 이는 모든 정보를 바탕으로 효용극대화의 논리에 따라 소비행동을 하는 '경제인(Economic Man)'의 가정과 매우 유사함
	전체적 최적화	최선의 대안선택 지향 → 포괄적·총체적인 문제의 인지 및 구체적인 목표의 설정을 중시하고, 대안 역시 총체적·체계적으로 빠짐없이 검토한 후 최선의 대안을 선택
	수리적·연역적 분석	비용의 극소화와 결과의 극대화를 추구하기 위해 수리적·연역적·계량적·순수이론적 지식과 이론(비용편익분석 등)에 의존
	동시적·단발적·분석적·계획적 의사결정	목표를 달성할 수 있는 모든 대안을 동시에 단발적으로 탐색해 각 대안을 비교·분석한 후, 하나의 대안을 결정하는 계획된 순서를 거침
장단점	장점	• 최선의 대안을 선택하는 바 경제적인 합리성 제고 → 가장 능률적인 대안 추구 • 개발도상국에서의 급진적인 변화를 설명하는 데 기여 : 개발도상국에서는 국민의 참여(투입)가 미흡해, 엘리트가 경제적 능률성에 기초해 국가발전 사업을 주도해야 하므로 합리모형을 과소평가할 수 없음

단점	• 정교한 분석으로 인해서 많은 시간·비용 투입 • 합리모형은 단지 이상적인 모형(규범적)으로서 현실에서 활용하는 데 한계가 있음 • 정책문제 해결에 있어서 분석을 강조하는 까닭에 외적인 요인(외부의 지지)에 대한 고려가 없으며, 정책결정자의 의사결정을 미시적으로 강조 (폐쇄적인 분석과정) • 매몰비용(기존의 결정)이나 현실을 무시하고 최선의 대안이라는 이상을 추구함

2. 만족모형 : 만족할 만한 수준의 정책결정

틀잡기	완전합리성 　│ 　(비) 합리모형 ◀──── 만족모형
의의	• 사이먼은 현실적 제약 조건(완전합리성 비판)을 고려해 '제한된 합리성(한정된 정보)'에 기초한 정책결정모형을 제시 • 이는 실증적·인지적 모형으로서 합리모형의 절대적 합리성에 대한 심각한 도전이자, 인간의 인지능력 한계라는 요소에서 출발함 • 인간은 현실적으로 만족할 수 있는 수준에서 대안을 선택: 제한된 합리성 → 절차적 합리성
특징 행정인	만족모형에서는 인간을 제한된 합리성을 가지고 만족할 만한 수준에서 결정하는 존재인 '행정인(Administrative Man)'으로 가정
폐쇄체제 관점	정책결정의 환경이나 정부의 구조 등 정책결정에 영향을 미치는 환경적 요인을 고려하지 못하고, 단순하게 정책결정자의 의사결정만을 미시적으로 강조
무작위적·순차적 대안 탐색	모든 대안을 탐색하지 않고 무작위적이고 순차적(직렬적)으로 몇 개의 대안을 탐색하며, 복잡한 상황을 단순화해 대안의 중요한 결과만을 예측
장·단점 장점	• 현실적인 모형으로서 가치를 인정받을 수 있음 → 현실에서는 대다수의 의사결정이 제한된 합리성에 기초함 • 합리모형에 비해 상대적으로 결정에 있어서 시간과 비용이 적게 소요되는 현상을 설명할 수 있음
단점	• 만족할 만한 대안이란 주관적인 것이어서 대안 선택의 객관적 기준을 제시하기 어려움 • 보수적이거나 현상유지적인 결정에 치우칠 가능성이 큼 • 개인적인 차원의 연구에 집중하는 바 조직적 차원의 의사결정을 설명하기 어려움

3. 점증모형 : 점진적으로 소폭의 가감 추구

틀잡기	제한된 합리성 만족모형 ──(영)──▶ 점증모형	기존 정책 ± @ ① 소폭의 가감 시 국민 간 합의·토론(선진국) ② 기존 정책을 고려하는 바 매몰비용 인정, 보수적 결정, 경직성 등 ③ 제한된 합리성·정치적 합리성
의의	• 린드블룸과 윌다브스키가 제시한 점증모형은 사이먼이 주장한 제한된 합리성에 기초 • 현재의 정책에서 소폭의 변화만을 대안으로 고려해 정책 결정(가분적 결정) • 시간의 흐름에 따라 주어진 정보를 분석해 잘못된 점이 있으면 수정 혹은 보완하는 식으로 연속적인 정책결정을 하는 게 인간이라고 주장하는 모형 • 기존 정책에서 가감을 진행할 때 다양한 이해관계자들의 합의·타협과 조정을 반영	
특징	• 점증적 변동은 수확체감의 법칙이 작용하는 영역에서 작동함 ※ 수확체감 : 근육량 증감처럼 점진적인 변화가 나타나는 현상 • 부정적(소극적)인 환류 : 환류의 종류에는 긍정적인 환류와 부정적인 환류가 있는데, 전자는 급진적인 변화를, 후자는 안정과 유지를 뜻함 → 점증모형은 소폭의 변화를 추구하기 때문에 부정적인 환류의 영역에서 작동 • 목표와 수단 사이의 상호조절 인정 : 정책의 목표와 수단이 뚜렷이 구분되지 않으므로 목표와 수단 사이의 관계분석은 한계가 있음	
장점	• 모든 대안을 탐색하지 않는 바 의사결정 시간과 비용을 절약할 수 있음 • 정치적 갈등 완화 : 점진적 개선을 위해 사람들의 견해를 수용함 → 정치적 합리성 추구 • 안정된 사회 혹은 민주적인 사회에서 실효성이 큼 : 큰 변화를 요구하지 않는 사회, 즉 선진국에서 적합한 모형 • 현실적인 모형 : 합리모형처럼 이상적인 결정을 추구하지 않음	
단점	• 타협과 조정의 과정에서 집단이기주의가 발생할 수 있음 • 얼만큼의 변화를 소폭의 변화로 볼 것인지 명확하지 않음	

02 집단적 차원의 의사결정모형

1. 회사모형 : 민간회사도 완벽한 결정을 지양

틀잡기	• 민간회사 = 인지적 존재(불완전한 존재) • 권력의 중심 : **하위부서** → 회사를 결정자에 의해 일사분란하게 움직이는 조직체로 보지 않고, 여러 가지 개성과 목표를 가진 독립적이고 다양한 **하위부서(혹은 개인)의 느슨한 연합체**로 인식
의의	• 사이먼과 마치가 고안한 조직모형을 민간회사에 적용 • **민간기업은** 최선의 대안을 선택하려는 합리적 행위자가 아니라 **인지적 한계가 있는 불완전한 존재** → 장기적 목표보다 **단기적 목표를 추구** • 회사 내 **하위부서들은 부서이기주의를 추구** → 즉, 조직의 전체목표인 이윤극대화와 더불어 다른 목표도 추구하는 복잡한 존재

특징	갈등의 준해결 (잠정적 해결)	조직 내 갈등의 완전한 해결은 불가능하며 타협적 준해결에 그침
	불확실성의 회피	단기적인 전략 추구, 타협을 통해 예측이 가능한 결정 선호
	문제 중심의 탐색	회사는 정책결정능력의 한계로 인해 관심이 가는 문제(당면한 문제)를 중심으로 대안을 탐색함
	표준운영절차 수립	의사결정자의 경험 축적을 통해 효율적인 결정절차(SOP)를 마련함 → 느슨하게 연결된 하위 조직체들은 표준운영절차를 통해 적응적인 의사결정을 추구
	조직의 학습	조직의 학습은 반복적인 의사결정의 경험이 전수되는 과정이므로 시간의 흐름에 따라 결정 수준이 개선되고 목표달성도가 높아지게 됨
기타		• 회사는 다양한 이해관계를 지닌 하부조직의 느슨한 연합체임 → 따라서 연합모형 또는 조직모형이라 불리기도 함 • 방법론적 개체주의 적용 → 개인의 의사결정원리(만족모형)를 집단 차원에 그대로 유추·적용해 조직의 의사결정을 설명

2. 쓰레기통모형 : 혼란스러운 상황에서 발생하는 비합리적인 결정을 설명

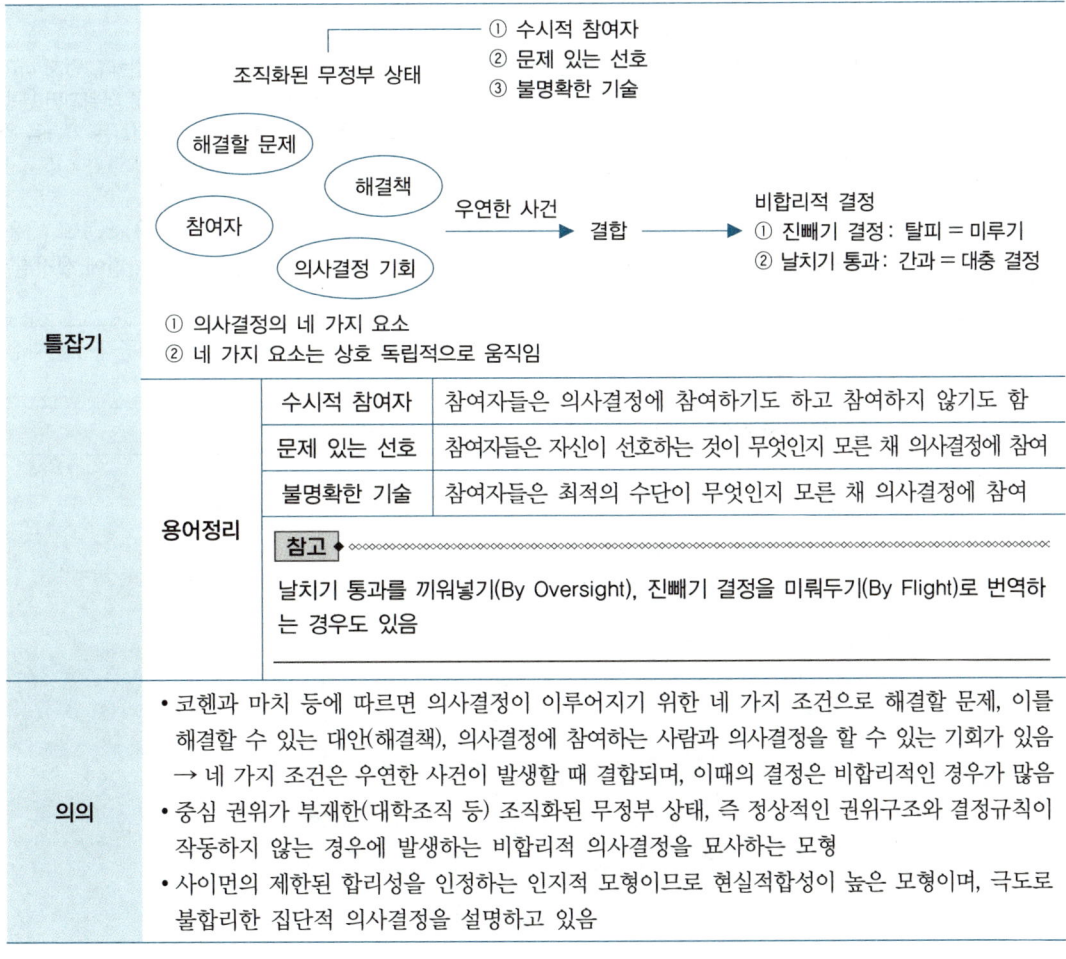

틀잡기		
용어정리	수시적 참여자	참여자들은 의사결정에 참여하기도 하고 참여하지 않기도 함
	문제 있는 선호	참여자들은 자신이 선호하는 것이 무엇인지 모른 채 의사결정에 참여
	불명확한 기술	참여자들은 최적의 수단이 무엇인지 모른 채 의사결정에 참여
	참고 ◆	날치기 통과를 끼워넣기(By Oversight), 진빼기 결정을 미뤄두기(By Flight)로 번역하는 경우도 있음
의의		• 코헨과 마치 등에 따르면 의사결정이 이루어지기 위한 네 가지 조건으로 해결할 문제, 이를 해결할 수 있는 대안(해결책), 의사결정에 참여하는 사람과 의사결정을 할 수 있는 기회가 있음 → 네 가지 조건은 우연한 사건이 발생할 때 결합되며, 이때의 결정은 비합리적인 경우가 많음 • 중심 권위가 부재한(대학조직 등) 조직화된 무정부 상태, 즉 정상적인 권위구조와 결정규칙이 작동하지 않는 경우에 발생하는 비합리적 의사결정을 묘사하는 모형 • 사이먼의 제한된 합리성을 인정하는 인지적 모형이므로 현실적합성이 높은 모형이며, 극도로 불합리한 집단적 의사결정을 설명하고 있음

3. 사이버네틱스모형 : 인공지능의 결정 메커니즘을 활용한 모델

틀잡기	
등장배경	스타인부르너가 시스템 공학의 사이버네틱스 개념(인공지능)을 응용해 관료제에서 이루어지는 정책결정을 묘사한 이론
개념	• 일단 정해진 프로그램대로 결정하고 결정의 결과가 좋지 않으면 수정·보완하는 양태를 설명한 모형으로서, 복잡하고 폭넓은 정보탐색을 거치지 않고(변수의 단순화) SOP 혹은 공식적인 규칙에 따라 결정하는 모형 • 주요 변수(설정된 목표)의 유지 및 소폭의 변화를 위한 적응적·관습적 의사결정(SOP 수정 및 유지)을 설명하는 모형
예시	※ 자동온도조절장치 "자동온도조절기가 제대로 작동하는 데에는 복잡한 계산이나 절차를 필요로 하지 않는다. 먼저 바라는 범위의 온도(즉, 목표상태)만 지정해주고 너무 추워지면 난방기구를, 반대로 너무 더워지면 냉방기구를 작동시키라는 단순한 원칙만 정해주면 자동적으로 항상 일정한 온도를 유지하는 기능을 완수한다는 것이다." –『정책학의 주요 이론』中

특징	적응적 의사결정	기존의 결정을 그대로 유지 혹은 소폭의 변화를 통해 대응. SOP로 대응이 가능하지 않다면 SOP 조정 → 따라서 의사결정의 질은 사전에 설정된 표준운영절차가 얼마나 정교한지에 의해 결정됨
	불확실성에 대한 대응	결정에 필요한 모든 변수를 고려× → 일부의 요인에만 집중해서 불확실성을 통제
	집단적 의사결정	집단의 의사결정을 설명하는 모델

03 기타 모형 : 혼합주사모형 · 엘리슨모형 · 최적모형

1. 혼합주사모형(개인의 의사결정 설명) : 합리모형과 점증모형을 절충한 모형

툴잡기	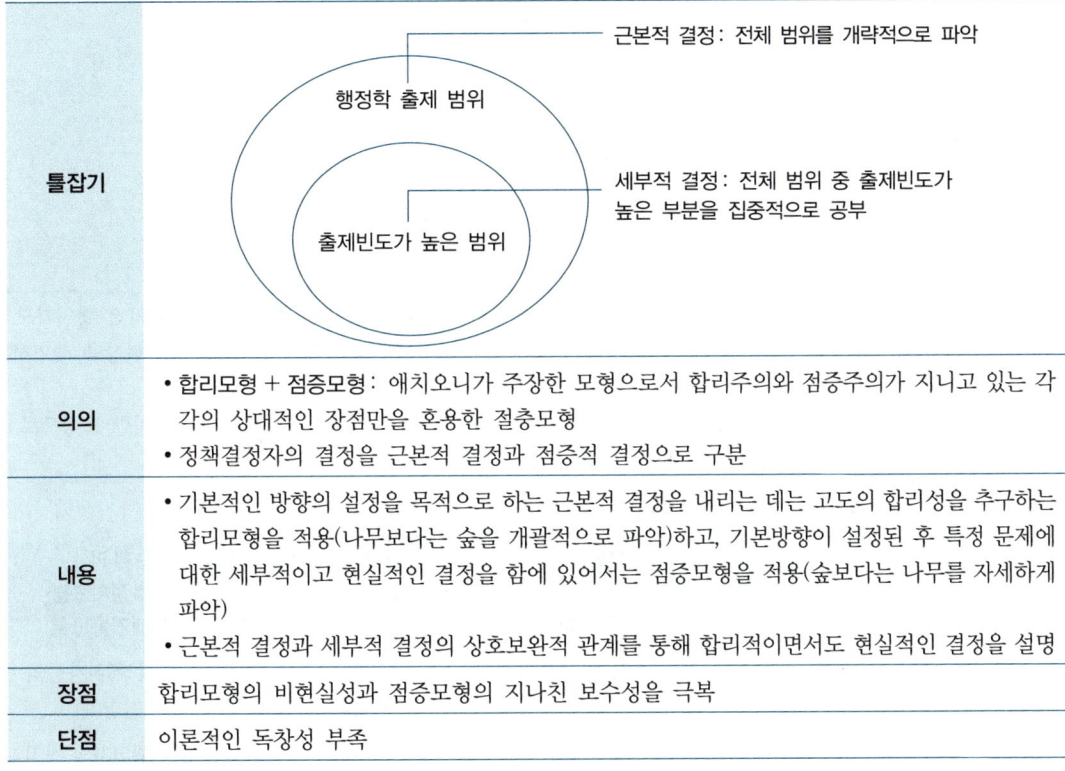
의의	• 합리모형 + 점증모형 : 애치오니가 주장한 모형으로서 합리주의와 점증주의가 지니고 있는 각각의 상대적인 장점만을 혼용한 절충모형 • 정책결정자의 결정을 근본적 결정과 점증적 결정으로 구분
내용	• 기본적인 방향의 설정을 목적으로 하는 근본적 결정을 내리는 데는 고도의 합리성을 추구하는 합리모형을 적용(나무보다는 숲을 개괄적으로 파악)하고, 기본방향이 설정된 후 특정 문제에 대한 세부적이고 현실적인 결정을 함에 있어서는 점증모형을 적용(숲보다는 나무를 자세하게 파악) • 근본적 결정과 세부적 결정의 상호보완적 관계를 통해 합리적이면서도 현실적인 결정을 설명
장점	합리모형의 비현실성과 점증모형의 지나친 보수성을 극복
단점	이론적인 독창성 부족

2. 엘리슨모형(집단의 의사결정 설명) : 합리모형·회사모형·쓰레기통모형의 일부 특징을 혼합

틀잡기	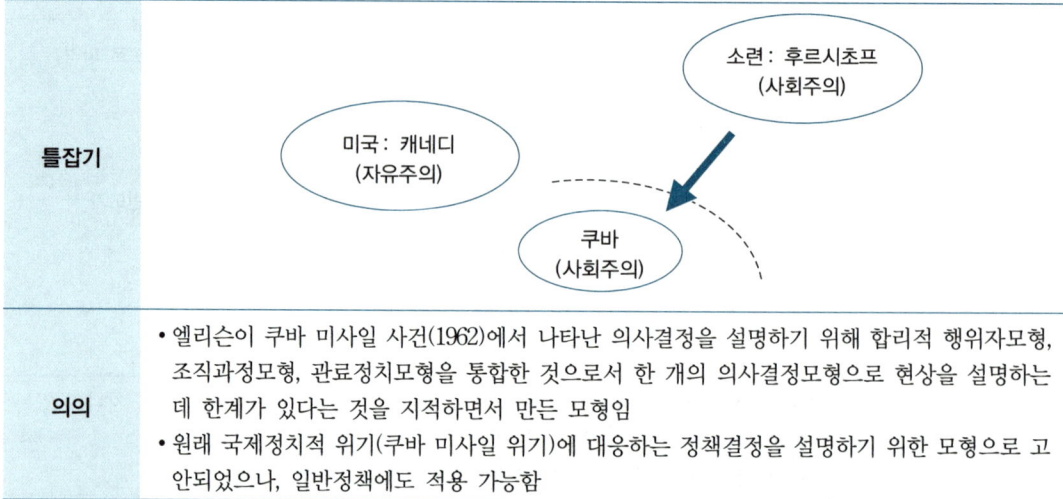
의의	• 엘리슨이 쿠바 미사일 사건(1962)에서 나타난 의사결정을 설명하기 위해 합리적 행위자모형, 조직과정모형, 관료정치모형을 통합한 것으로서 한 개의 의사결정모형으로 현상을 설명하는 데 한계가 있다는 것을 지적하면서 만든 모형임 • 원래 국제정치적 위기(쿠바 미사일 위기)에 대응하는 정책결정을 설명하기 위한 모형으로 고안되었으나, 일반정책에도 적용 가능함

◆ Allison 모형 : 관료정치모형으로 갈수록 사익추구 현상↑

구분	모델 I : 합리적 행위자모형 (합리모형)	모델 II : 조직과정모형 (회사모형)	모델 III : 관료정치모형 (쓰레기통모형)
조직관	조정과 통제가 용이한 유기체	느슨하게 연결된 하위조직들의 연합체	독립적 행위자들의 집합체
권력의 소재	최고 지도자	하위조직	개별적 행위자의 정치적 자원
목표의 공유도	강함	약함	매우 약함
정책결정의 양태	최고 지도자 결정	SOP에 의한 결정	정치적 게임의 규칙 (타협·흥정)
정책결정의 일관성	매우 강함	약함	매우 약함
적용 계층	조직 전반	하위 계층	상위 계층
예시	쿠바 미사일 기지 설치	공군정찰기 정찰활동	해안봉쇄령

(내용)

3. 최적모형(개인의 의사결정 설명) : 합리모형 + 의사결정자의 직관 ⇨ 최적의(Optimal) 의사결정

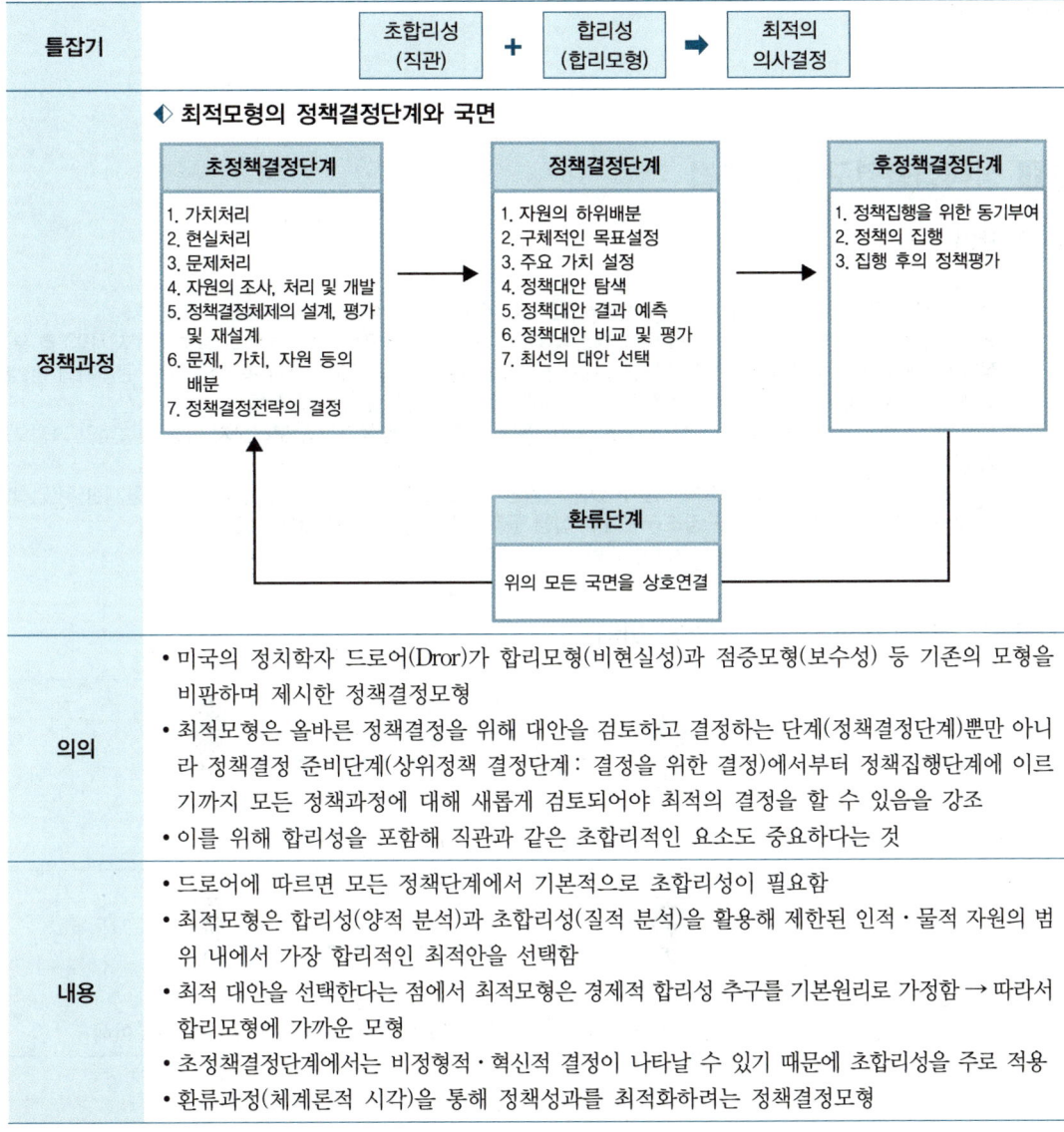

틀잡기	초합리성 (직관) **+** 합리성 (합리모형) **➡** 최적의 의사결정
정책과정	◆ **최적모형의 정책결정단계와 국면** **초정책결정단계** 1. 가치처리 2. 현실처리 3. 문제처리 4. 자원의 조사, 처리 및 개발 5. 정책결정체제의 설계, 평가 및 재설계 6. 문제, 가치, 자원 등의 배분 7. 정책결정전략의 결정 **정책결정단계** 1. 자원의 하위배분 2. 구체적인 목표설정 3. 주요 가치 설정 4. 정책대안 탐색 5. 정책대안 결과 예측 6. 정책대안 비교 및 평가 7. 최선의 대안 선택 **후정책결정단계** 1. 정책집행을 위한 동기부여 2. 정책의 집행 3. 집행 후의 정책평가 **환류단계** 위의 모든 국면을 상호연결
의의	• 미국의 정치학자 드로어(Dror)가 합리모형(비현실성)과 점증모형(보수성) 등 기존의 모형을 비판하며 제시한 정책결정모형 • 최적모형은 올바른 정책결정을 위해 대안을 검토하고 결정하는 단계(정책결정단계)뿐만 아니라 정책결정 준비단계(상위정책 결정단계 : 결정을 위한 결정)에서부터 정책집행단계에 이르기까지 모든 정책과정에 대해 새롭게 검토되어야 최적의 결정을 할 수 있음을 강조 • 이를 위해 합리성을 포함해 직관과 같은 초합리적인 요소도 중요하다는 것
내용	• 드로어에 따르면 모든 정책단계에서 기본적으로 초합리성이 필요함 • 최적모형은 합리성(양적 분석)과 초합리성(질적 분석)을 활용해 제한된 인적·물적 자원의 범위 내에서 가장 합리적인 최적안을 선택함 • 최적 대안을 선택한다는 점에서 최적모형은 경제적 합리성 추구를 기본원리로 가정함 → 따라서 합리모형에 가까운 모형 • 초정책결정단계에서는 비정형적·혁신적 결정이 나타날 수 있기 때문에 초합리성을 주로 적용 • 환류과정(체계론적 시각)을 통해 정책성과를 최적화하려는 정책결정모형

정책집행

01 정책집행연구의 접근법

1. 틀잡기

- **정책집행연구의 시작** : 1973년 Pressman(프레스만)과 Wildavsky(윌다브스키)의 저서 ≪집행론≫
- 프레스만과 윌다브스키는 존슨 행정부의 실패한 정책, 'The Oakland Project(오클랜드 실업자 구제사업)'를 분석
- **집행과정에서 실패를 유발하는 요인 발견** : 많은 참여자와 이들의 반대(공동행위의 복잡성), 주요 관리자의 빈번한 교체, 잘못된 집행기관 선정, 정책내용 자체의 문제(정책의 복잡성 및 부적절성 등)
- 프레스만과 윌다브스키는 정책집행연구의 초기 학자들로서 집행을 정책결정과 분리하지 않고 연속적인 과정으로 정의함
- 즉, 정책집행과정에서 정책실패를 초래할 수 있는 다양한 요인을 연역적으로 도출(문헌 등 참고)·통제한 뒤 명확한 정책목표와 대안을 선택할 것을 강조 → 이후 집행 공무원은 해당 정책을 그대로 집행하면 됨
- 위의 내용은 집행모형 중 하향식 관점에 대한 설명임

(1) 하향식과 상향식에 대한 직관적 이해

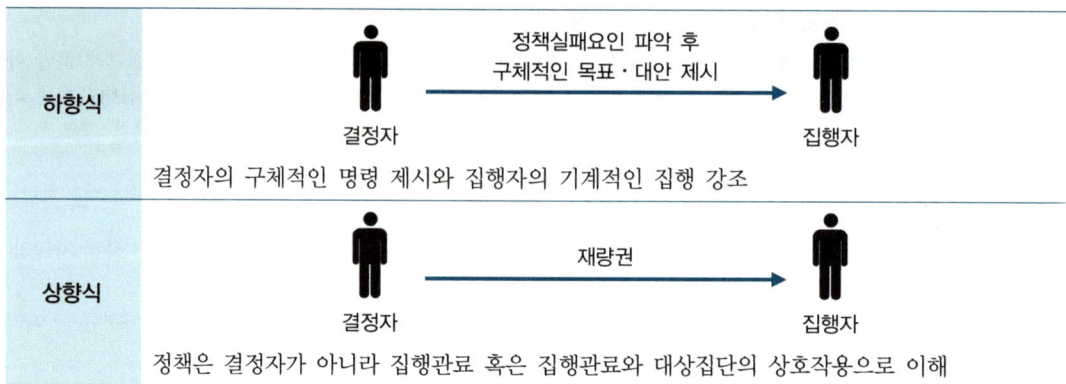

(2) 하향식 · 상향식 · 통합모형

구분	하향식 : 결정자 관점	상향식 : 집행자 관점	통합
개념	• 집행과정에서 정책실패를 초래할 수 있는 모든 요인 파악 ○ • 명확한 목표 · 대안 설정 • 집행 공무원의 기계적 순응	• 집행과정에서 정책실패를 초래할 수 있는 모든 요인 파악 × • 개략적인 목표 · 대안 설정 • 집행 공무원에게 재량권 부여	하향식 + 상향식 → 상향식 강조 예 강의계획
일선관료 재량권	×	○	—
학자	• 프레스만 & 윌다브스키 • 사바티어 & 매즈매니언	립스키 : 일선관료 딜레마	사바티어 : 지지연합모형
기타	• 합리모형 반영 • 거시적 · 연역적 접근 • 정치행정이원론 (집행 공무원 재량×)	• 점증모형 반영 • 미시적 · 귀납적 접근 • 정치행정일원론 (집행 공무원 재량 ○) • 정책의 의도하지 않은 효과 분석 • 대리인 문제 ○ • 집행지상주의 : 실현 가능한 정책 선호	—

2. 하향식 모형

(1) 사바티어 & 매즈매니언 : 성공적인 정책집행을 위한 5가지 조건

타당한 인과이론	정책결정의 내용은 타당한 인과이론에 기초해야 함 → 정책결정의 기술적인 타당성 확보
명확한 법령에 기초한 집행	명확한 법령 → 대상집단의 순응을 극대화
유능하고 헌신적인 관료	유능하고 헌신적인(능력 있고 몰입도가 높은) 관료가 정책집행을 담당
이해관계자의 지속적인 지지	정책에 대해 이해관계자로부터 지속적인 지지를 얻어야 함
안정적인 정책목표와 목표의 우선순위	정책목표와 그 우선순위는 변하지 않고 안정적이어야 함

(2) **일반적 견해**: 효과적인 정책집행을 위한 조건

명확하고 일관성 있는 목표 및 대안	집행과정에서 변하지 않는(일관성 있는) 구체적인 목표와 그 우선순위 및 대안
최고 관리자의 리더십	집행과정에서 이해관계자의 저항이나 간섭을 배제할 수 있는 리더십
집행을 위한 자원의 확보	최선의 대안을 집행하기 위한 충분한 자원의 확보
지배기관들의 지원	정부기관이나 이해관계자의 지지
단순하고 일사불란한 조직구조	하향론자는 대개 구체적이고, 명확한 상황 속에서 정책집행이 성공한다는 것을 강조

3. 상향식 모형 : 립스키의 견해를 중심으로

일선관료의 개념	• 집행 현장에서 국민과 직접 접촉하는 과정 중 상당한 재량권을 행사하는 하위직 관료 📌 지구대 경찰관 등 • 일선관료제 : 대다수 구성원이 일선관료로 구성된 행정기관	
일선관료의 업무환경 (불확실성↑)	재량권 보유	• 일선관료는 복잡한 집행 현장에 있기 때문에 집행과정에서 상당한 재량권을 보유함 • 단, 모든 하위직 공무원이 재량권을 지니는 건 아님
	권위에 대한 위협 및 도전	집행 현장에서 관료에 대한 집행대상의 위협 및 도전이 있음
	불충분한 자원과 과중한 업무부담	일선관료는 집행에 필요한 자원(시간 등)이 부족하기 때문에 과중한 업무에 시달림
	모호하고 대립되는 기대	• 일선관료는 측정 가능한 업무와 그렇지 않은 업무를 동시에 수행함 • 즉, 일선관료는 업무를 수행하는 기관에 대한 고객의 모호하고 대립적인 기대들이 존재하는 업무환경 때문에 가시적·비가시적 정책목표를 완벽하게 달성할 수 없는 경우가 많음
	객관적인 성과평가의 어려움	일선관료는 측정 가능한 업무와 그렇지 않은 업무를 동시에 수행하는 바 객관적인 성과평가를 받기가 어려움
일선관료의 대응	집행업무의 단순화 및 정형화 : 집행 현장에 대한 정보가 부족하므로 정책 현장이나 대상을 단순화·정형화함 📌 부분적·간헐적 집행 : 불확실한 업무환경으로 인해 일선관료가 모든 업무를 완벽하게 해결할 수는 없음	

4. 통합모형

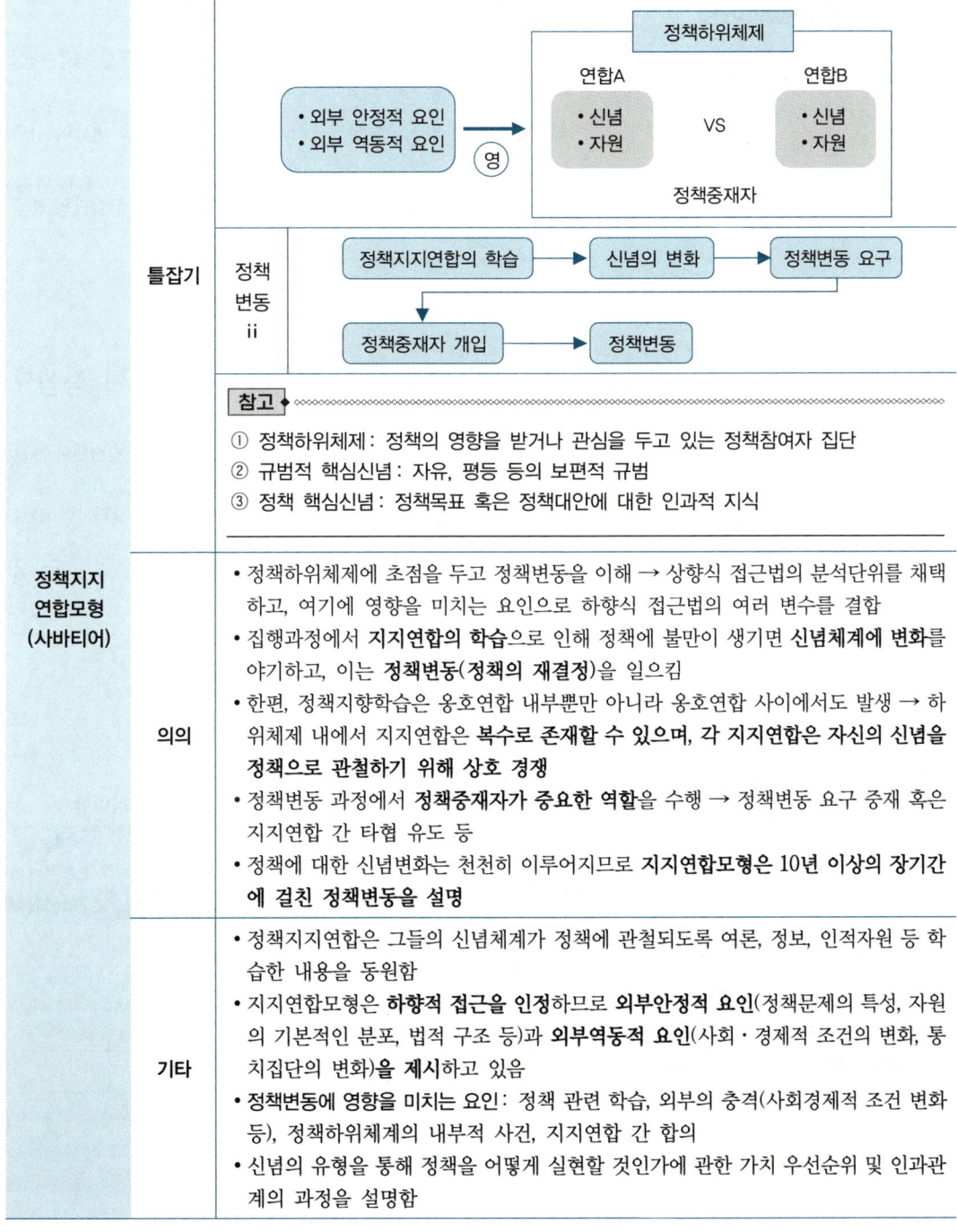

정책지지 연합모형 (사바티어)	**틀잡기**	 **참고** ① 정책하위체제 : 정책의 영향을 받거나 관심을 두고 있는 정책참여자 집단 ② 규범적 핵심신념 : 자유, 평등 등의 보편적 규범 ③ 정책 핵심신념 : 정책목표 혹은 정책대안에 대한 인과적 지식
	의의	• 정책하위체제에 초점을 두고 정책변동을 이해 → 상향식 접근법의 분석단위를 채택하고, 여기에 영향을 미치는 요인으로 하향식 접근법의 여러 변수를 결합 • 집행과정에서 **지지연합의 학습**으로 인해 정책에 불만이 생기면 **신념체계**에 **변화**를 야기하고, 이는 **정책변동(정책의 재결정)**을 일으킴 • 한편, 정책지향학습은 옹호연합 내부뿐만 아니라 옹호연합 사이에서도 발생 → 하위체제 내에서 지지연합은 **복수로 존재할 수 있으며, 각 지지연합은 자신의 신념을 정책으로 관철하기 위해 상호 경쟁** • 정책변동 과정에서 **정책중재자가 중요한 역할**을 수행 → 정책변동 요구 중재 혹은 지지연합 간 타협 유도 등 • 정책에 대한 신념변화는 천천히 이루어지므로 **지지연합모형은 10년 이상의 장기간에 걸친 정책변동을 설명**
	기타	• 정책지지연합은 그들의 신념체계가 정책에 관철되도록 여론, 정보, 인적자원 등 학습한 내용을 동원함 • 지지연합모형은 **하향적 접근을 인정**하므로 **외부안정적 요인**(정책문제의 특성, 자원의 기본적인 분포, 법적 구조 등)과 **외부역동적 요인**(사회·경제적 조건의 변화, 통치집단의 변화)을 **제시**하고 있음 • **정책변동에 영향을 미치는 요인** : 정책 관련 학습, 외부의 충격(사회경제적 조건 변화 등), 정책하위체계의 내부적 사건, 지지연합 간 합의 • 신념의 유형을 통해 정책을 어떻게 실현할 것인가에 관한 가치 우선순위 및 인과관계의 과정을 설명함

5. 기타 : 정책집행에서 정책대상집단 불응을 야기하는 요인

불명확한 의사전달	추상적인 의사전달은 집행과정에서 혼란을 초래할 수 있음
자원의 부족	부족한 자원으로 인해 본래 계획했던 정책을 추진하지 못할 경우 대상집단의 저항을 야기할 수 있음
정책에 대한 불신	목표달성을 위한 정책을 대상집단이 불신하게 되면 불응 현상이 나타날 수 있음
정부의 권위·정통성에 대한 부정	충분한 지지를 얻지 못한 정권이 정책을 집행할 경우 대상집단의 저항이 발생할 수 있음

02 정책집행가 유형 : 나카무라(Nakamura)와 스몰우드(Smallwood)를 중심으로

- 나카무라와 스몰우드는 정책결정자와 정책집행자의 관계(권한 보유 여부)에 따라 정책결정 및 정책집행이 다르게 나타난다고 주장함
- 나카무라와 스몰우드는 정책집행가 유형을 고전적 기술가형, 지시적 위임가형, 협상가형, 재량적 실험가형, 관료적 기업가형으로 구분함
- 고전적 기술가형에서 관료적 기업가형으로 나아갈수록 정책결정자의 통제는 약해지고 정책집행자의 재량은 커짐

1. 틀잡기

구분		고전적 기술가형	지시적 위임가형	협상가형	재량적 실험가형	관료적 기업가형 (혁신가형)
정치인 권한 (목표설정)	추상적 목표			목표와 수단에 대해 상호 협상		○
	구체적 목표				○	○
행정인 권한 (수단설정)	행정적 권한		○		○	○
	기술적 권한	○	○		○	○

- 관료적 기업가형으로 갈수록 행정인(공무원)의 권한↑
- **두문자** 고지협재관
- 표에서 '○'표시는 행정인(공무원·집행가)의 권한을 의미함

2. 각 집행가 유형에 대한 설명

고전적 기술가형	• 정책결정자가 구체적인 목표를 설정하면, 정책집행자는 그 목표를 지지하고 목표달성을 위한 기술적인 수단을 강구하는 역할을 담당함 • 정책결정자가 세부적인 정책내용까지 결정하며, 정책집행자들은 상세한 부분에 대해 아주 제한된 부분의 재량권만 인정받고 정책목표 달성을 위해 노력함
지시적 위임가형	정책결정자는 정책목표를 정하고, 집행자는 결정자가 수립한 목표달성에 사용할 수단을 결정함
협상가형	결정자가 목표를 제시하지만, 목표와 수단에 대해 정책결정자와 집행자가 협상함
재량적 실험가형	• 정책결정자가 추상적인 목표를 설정하면, 정책집행자는 정책결정자를 위해 목표와 수단을 명확하게 하는 역할을 담당함 • 정부가 암이나 심장질환과 같은 특정한 질병의 해결(예 코로나 백신 개발)을 위한 연구를 국립보건기구(전문적 보건의료기관)나 의과대학에 의뢰하는 경우 등을 예로 들 수 있음
관료적 기업가형	• 정책집행자는 정책결정자로 하여금 자신이 결정한 정책목표를 받아들이도록 설득 또는 강제할 수 있음 • 정책집행자는 목표를 달성하기 위한 수단을 획득하기 위해 우월한 위치에서 정책결정자와 협상함 • 미국 FBI의 국장직을 수행했던 후버(Hoover) 국장이 대표적인 예시에 해당함

PART

02

Chapter 06 정책평가

01 정책평가의 유형

- **정책평가** : 정책이 정책목표를 달성했는가, 혹은 계획대로 집행되고 있는가 등을 평가하는 것
- 정책평가의 유형은 정책평가의 시기에 따라 형성적 평가와 총괄적 평가로 나눌 수 있음

1. 틀잡기

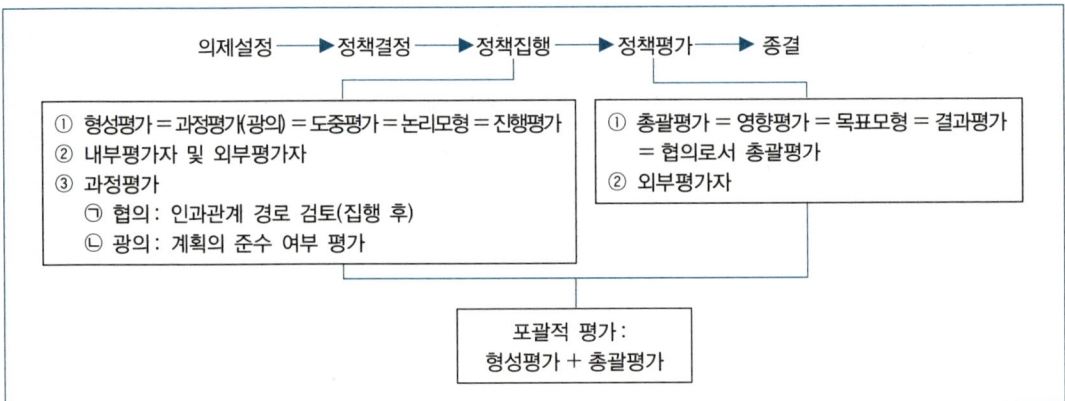

2. 과정평가

구분	종류	내용
사전 (집행 중)	평가성 검토(사정) : 평가 가능성 검토	• 정책에 대한 전면적 평가를 시작하기 전에 평가의 실행 가능성, 유용성 등을 조사하는 일종의 예비평가 → 평가의 범주를 확인하는 것 • 공식평가의 결함을 극복하기 위해 W. Dunn이 제시함
	광의의 과정평가	계획의 준수 여부 평가(사업감시) → 정책이 계획한 대로 집행되고 있는지 확인하는 것
사후 (집행 후)	협의의 과정평가	집행 후 정책집행과정상의 인과관계 경로 검토 예 정부미 방출 → 쌀 공급 증가 → 쌀 가격 안정으로 이어지는 인과관계 검증

3. 총괄평가

구분	종류	내용
사전 (집행 중)	착수직전분석 (사전분석, 평가직전분석, 맥락분석, 실행가능성분석)	• 정책평가에 들어가기 직전에 수행하는 평가 • 새로운 프로그램의 평가를 기획하기 위함 → '기획'에 방점
사후 (집행 후)	협의의 총괄평가 (영향평가, 결과평가, 총괄평가, 목표모형)	정책으로 인한 사회적인 변화가 평가의 대상임 → 정책으로 인해 발생한 직접적 혹은 간접적 영향을 평가
	메타평가 (상위평가, 메타분석)	• 정책평가 결과를 제3자 혹은 상위기관이 다시 평가하는 것 → 평가에 대한 평가 • 평가 자체를 대상으로 하는 '평가에 대한 평가'로서 평가기 획, 진행 중인 평가, 완료된 평가를 평가해서 정책평가의 질 을 높이고 결과활용을 증진하기 위한 목적으로 활용 • 통계적인 연구결과를 다시 통계적으로 검증하는 것으로서 새로운 이론개발과는 무관한 평가임

참고 ◆

① 총괄평가는 효과성 및 능률성 · 공평성 등을 고르게 평가함
② 광의의 총괄평가 : 메타평가 + 착수직전분석
③ 총괄평가는 정책의 영향을 평가하므로 정책의 영향을 받은 자, 즉 외부인이 평가를 진행함 → 외부평가

4. 기타

일반적인 정책평가 절차	• 정책목표의 확인 • 정책평가 대상 및 평가기준의 선정 : 정책평가 대상 및 평가기준은 정책의 목표를 바탕으로 구성됨 • 인과모형의 설정 : 목표를 달성하기 위한 대안을 설정하는 단계 • 자료의 수집 및 분석 : 대안을 추진하는 과정에서 발생하는 여러 정보를 수집하고 분석하 는 단계 • 평가 결과의 환류 및 활용
정책평가의 목적	• 정책목표가 얼마나 잘 충족되었는지 파악할 수 있음 • 정책 성공과 실패의 원인을 구체적으로 제시할 수 있음 → 이를 통해 정책 성공을 위한 원칙을 발견하고 향상된 연구를 위한 토대를 마련할 수 있음 • 목표달성을 위해 사용된 수단과 하위목표들을 재확인할 수 있음

02 정책평가 기준 및 설계

- 정책은 실험을 통해 형성되는 바, 올바른 실험설계에 대한 검증은 정책을 평가하는 기준이 될 수 있음
- **실험의 종류**: 진실험 설계, 준실험 설계, 비실험 설계

1. 틀잡기

구분	진실험(완벽한 실험)	준실험	비실험 (예 자가 다이어트)
무작위 배정 = '운'에 의한 배정 (표본의 동질성 확보)	○	× (짝짓기 배정)	×
실험집단 · 비교집단(통제집단) 유무	○	○	× (실험집단만 존재)
내적타당성↑ : 정확한 인과관계		◀—————————	
외적타당성↑ : 일반화 가능성		—————————▶	
실험의 실행 가능성↑		—————————▶	

2. 진실험 : 순수실험 설계

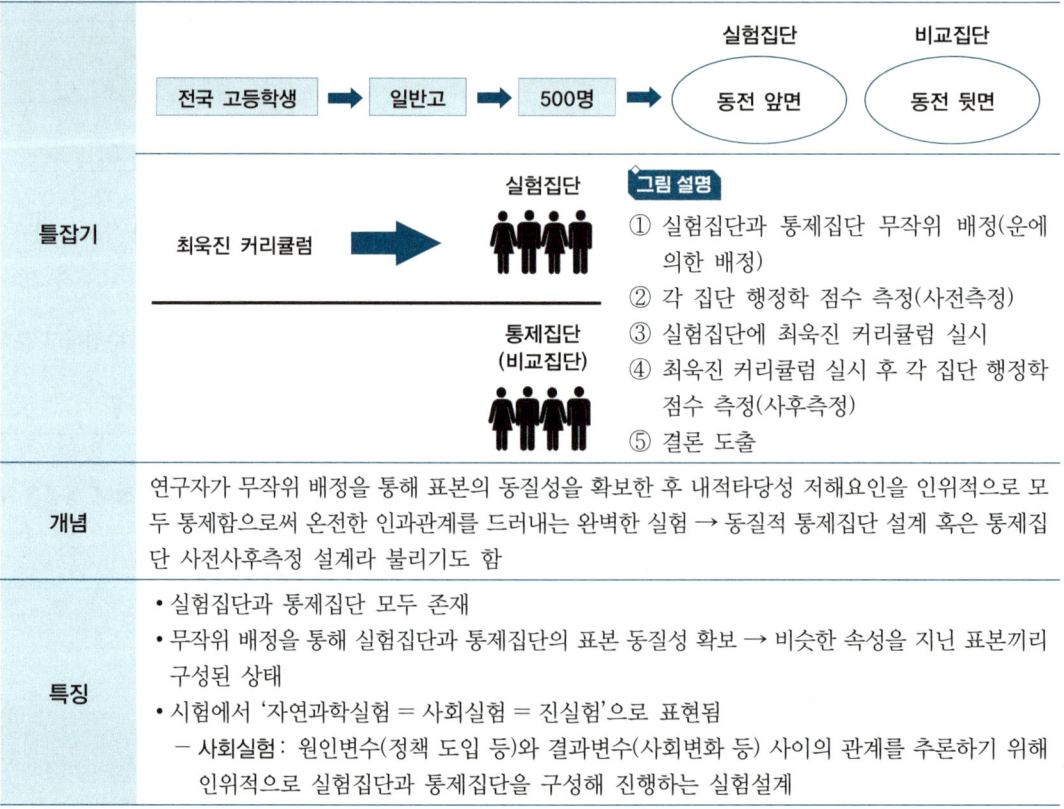

틀잡기	전국 고등학생 ➡ 일반고 ➡ 500명 ➡ 실험집단 동전 앞면 / 비교집단 동전 뒷면 최욱진 커리큘럼 ➡ 실험집단 / 통제집단(비교집단) **그림 설명** ① 실험집단과 통제집단 무작위 배정(운에 의한 배정) ② 각 집단 행정학 점수 측정(사전측정) ③ 실험집단에 최욱진 커리큘럼 실시 ④ 최욱진 커리큘럼 실시 후 각 집단 행정학 점수 측정(사후측정) ⑤ 결론 도출
개념	연구자가 무작위 배정을 통해 표본의 동질성을 확보한 후 내적타당성 저해요인을 인위적으로 모두 통제함으로써 온전한 인과관계를 드러내는 완벽한 실험 → 동질적 통제집단 설계 혹은 통제집단 사전사후측정 설계라 불리기도 함
특징	• 실험집단과 통제집단 모두 존재 • 무작위 배정을 통해 실험집단과 통제집단의 표본 동질성 확보 → 비슷한 속성을 지닌 표본끼리 구성된 상태 • 시험에서 '자연과학실험 = 사회실험 = 진실험'으로 표현됨 　－ 사회실험 : 원인변수(정책 도입 등)와 결과변수(사회변화 등) 사이의 관계를 추론하기 위해 인위적으로 실험집단과 통제집단을 구성해 진행하는 실험설계

3. 준실험 : 유사실험 설계

개념	실험집단과 통제집단을 사전에 선정하되, 두 집단의 동질성을 확보하지 않고 진행하는 실험
특징	• 표본의 동질성을 확보하지 못해 실험자의 판단하에 표본을 배정하거나, 실험의 모든 과정을 관찰하지 못하는 불연속 구간이 있음 • 일반적으로 실험집단과 통제집단 존재
예시	 **그림 설명** 고등학교 반 배정과 학교 프로그램 • 1등과 200등을 묶어서(짝을 지어서) 1반으로, 2등과 199등을 묶어서 2반으로 배정 • 위의 방법을 지속적으로 진행해서 모든 구성원의 반 배정을 완성 • 이후 실험집단과 비교집단을 지정해서 학교에서 추진하는 교육 프로그램의 효과성 실험

4. 비실험

개념	일반적으로 통제집단 없이 실험집단을 대상으로만 진행하는 실험
예시	단일집단 사전·사후측정 설계 : 동일한 정책대상집단에 대한 사전측정과 사후측정을 통해 정책효과를 추정하는 방식

03 정책평가 설계 시 고려할 변수 : 제3의 변수를 중심으로

1. 제3의 변수, 그리고 인과관계

- 정책평가를 할 때 인과관계에 영향을 미치는 다른 변수가 있는지 살펴봐야 함
- 인과관계에 영향을 미치는 변수를 제3의 변수라고 하며, 이에 대한 분석을 잘했을 때 엄밀한 인과관계의 규명 가능성이 커짐

(1) 제3의 변수의 종류와 내용

제3의 변수	내용
허위변수	• 실제로는 독립변수와 종속변수 간에 관계가 없으나, 마치 관계가 있는 것처럼 보이게 만드는 변수. 정책평가 시 가장 주의해야 함 • 즉, 독립변수인 정책수단의 효과가 전혀 없을 때 숨어서 정책효과를 가져오는 변수로, 정책수단과 정책효과 사이의 인과관계를 완전히 왜곡하는 요인 • 독립변수와 종속변수 모두에게 영향을 미치며 이들 사이의 공동변화를 설명하는 제3의 변수
혼란변수	• 독립변수가 종속변수에 미치는 강도에 영향(두 변수 간의 관계를 과소 혹은 과대평가)을 미치는 변수 • 독립변수와 종속변수 모두에게 영향을 미치며 이들 사이의 공동변화를 설명하는 제3의 변수 • 독립변수와 종속변수 간에 상관관계가 있는 상태에서 두 변수 간 관계를 과대 또는 과소 평가하게 만드는 변수
선행변수	• 독립변수보다 선행해 독립변수에 영향을 행사하는 변수 • 독립변수에만 영향을 미침. 따라서 선행변수를 통제해도 독립변수와 종속변수의 관계는 그대로 유지
매개변수	• 독립변수와 종속변수 사이에 개입해 두 변수 사이의 관계를 맺어주는 변수 → 독립변수의 결과인 동시에 종속변수의 원인이 되는 제3의 변수 • 매개변수를 통제할 경우, 독립변수와 종속변수 간의 원래 관계가 변할 수 있음

참고 ◆

① 독립변수 : 종속변수에 독립적으로 영향을 미치는 원인변수
② 종속변수 : 독립변수에 종속되어 변화하는 결과변수

(2) 인과관계의 성립 조건

시간적 선행성	• 독립변수는 종속변수보다 시간적으로 선행해야 함 • 정책수단의 집행이 정책목표의 실현에 선행해서 존재해야 함
공동변화	• 독립변수가 변하면 종속변수도 일정한 패턴으로 변화 • 정책수단의 변화 정도에 따라 정책목표의 달성 정도도 변해야 함
제3의 변수 통제	• 인과관계를 규명하는 데 방해되는 변수를 찾은 후에 통제 • 특정 정책수단 실현과 정책목표 달성 간 관계를 설명하는 다른 요인이 배제되어야 함

참고▶ 시간적 선행성과 공동변화는 충족하되, 제3의 변수를 통제하지 못했을 때 이를 상관관계라고 함

04 인과관계에 대한 검토 : 타당도와 신뢰도를 중심으로

• 정책평가를 하려면 실험을 통해 도출한 인과관계를 검토해야 함
• 인과관계 검토와 연관된 개념으로 '타당도'와 '신뢰도'가 있음

1. 타당도의 유형

의의		측정의 정확성
유형 (쿡 & 캠벨)	내적타당도	• 인과관계 추론의 적합성(정확성) • 연구에서 우선적으로 확보해야 하는 타당도
	외적타당도	특정 상황, 시기 및 집단에서 얻은 연구결과의 일반화 범위
	통계적 결론의 타당도	• 정책수단과 이로 인한 변화 사이에 관련이 있는지에 대한 통계적인 의사결정의 타당성 • 통계학에서 말하는 제1종 오류와 제2종 오류를 범할 경우 통계적 결론의 타당성은 낮아지는 바, 정책효과의 측정을 위해 충분히 정밀한 연구 설계가 이루어진 정도를 의미함
	구성타당도	• 추상적인 개념을 잘 측정했는가(조작화)를 나타내는 개념 • 연구에서 이용된 이론적 개념과 이를 측정하는 측정 수단 간의 일치 정도

2. 타당도의 저해요인

(1) 틀잡기: 내적타당성을 중심으로

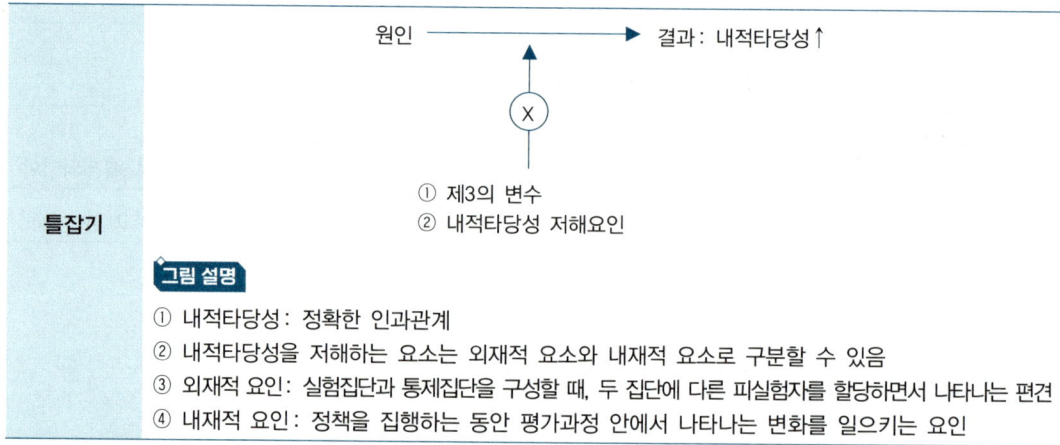

틀잡기	

원인 ──────────► 결과: 내적타당성↑

X

① 제3의 변수
② 내적타당성 저해요인

그림 설명

① 내적타당성: 정확한 인과관계
② 내적타당성을 저해하는 요소는 외재적 요소와 내재적 요소로 구분할 수 있음
③ 외재적 요인: 실험집단과 통제집단을 구성할 때, 두 집단에 다른 피실험자를 할당하면서 나타나는 편견
④ 내재적 요인: 정책을 집행하는 동안 평가과정 안에서 나타나는 변화를 일으키는 요인

(2) 내적타당도 저해요인

외재적 요인	선발요소 (선발요인·선정요인)	실험집단과 통제집단을 구성할 때 두 집단에 서로 다른 성질의 구성원들을 선발해 실험의 결과를 왜곡하는 현상
내재적 요인	역사요인(사건효과)	실험과정 중 우연한 사건이 발생함으로 인해 실험결과에 영향을 미치는 현상
	성숙요인	시간의 경과에 따라 조사집단의 속성이 변화해서 실험결과에 악영향을 주는 현상
	상실요인	실험 기간에 조사집단 일부 또는 전부의 변동으로 인해 실험결과에 영향을 끼치는 현상
	측정수단요인 (도구요인)	측정수단 및 기준 등의 변화로 인해 나타나는 오류 → 사전·사후측정 시 사용도구 및 기준 등이 다른 경우에 발생함
	시험효과 (측정요인·검사요인· 실험효과)	• 유사실험의 반복 → 조사집단의 실험에 대한 친숙도↑ → 결과 왜곡 • 실험 대상자들이 사전측정의 내용에 대해 친숙(유사실험의 반복)하게 되어 사후 측정값이 달라지는 것 • '눈에 띄지 않는 관찰' 방법 등으로 통제할 수 있음 → 눈에 띄지 않는 관찰이란 피실험자의 실험 친숙도 혹은 실험에 대한 학습의 정도를 피실험자가 눈치채지 못하도록 실험자가 파악하는 것임
	회귀인공요소 (통계적 회귀· 회귀효과)	• 연구대상에 대한 측정과정에서 극단치가 나왔을 때, 결국 평균값으로 회귀하는 현상 • 따라서 연구과정에서 표본에 대한 극단적인 데이터가 나왔을 때 이를 연구결과에 반영할 경우 정확한 인과관계 추정에 악영향을 줄 수 있음
	오염효과 (확산효과·누출효과· 모방효과)	정책의 실험과정에서 통제집단의 구성원이 실험집단 구성원과 접촉해 행동을 모방하고 이를 확산시키는 효과

⑶ 외적타당도 저해요인

외적타당도 저해요인 : 실험의 결과를 다른 집단·지역 등에 적용할 때 오류가 생기도록 만드는 요인	
호손효과 (실험조작의 반응효과)	실험집단 구성원이 본인이 실험대상임을 인식하고 인위적인 행동의 변화를 보임으로써 실험결과를 왜곡하는 현상
크리밍효과 (상이한 실험집단· 통제집단의 선택과 실험조작의 상호작용)	• 효과가 크게 나타날 사람만 의도적으로 실험집단에 배정한 경우 나타나는 오류로, 내적타당성과 외적타당성을 모두 저해할 수 있는 요인에 해당함 • 즉, 동등화가 이루어지지 않은 실험집단과 통제집단에 실험적 변수를 작시켜, 거기서 일어나는 상호작용 때문에 예상하지 않았던 효과가 발생할 수 있음
표본의 대표성 문제 (대표효과)	실험집단으로 선정된 표본이 일반화하고자 하는 모집단을 대표할 수 없을 때 실험의 결과를 일반화할 수 없음 → 즉, 실험집단과 통제집단 간 동질성이 있더라도 두 집단에 사회적 대표성이 없으면 일반화가 곤란함

3. 신뢰도 : 측정의 일관성

신뢰도와 타당도의 관계	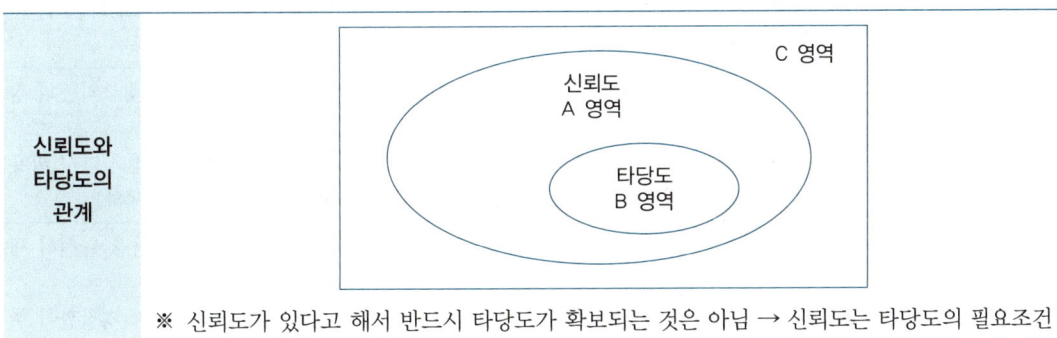
	※ 신뢰도가 있다고 해서 반드시 타당도가 확보되는 것은 아님 → 신뢰도는 타당도의 필요조건

05 정책변동의 유형

> • **정책변동**: 당초의 정책이 바뀌는 것 → 즉, 정책목표·수단·대상·집단 등 정책의 내용 혹은 정책집행의 방법 등이 바뀌는 것
> • 정책은 다양한 이유로 변할 수 있는데, 이를 설명한 모형은 아래와 같음

1. 호그우드와 피터스의 정책변동 유형

정책혁신			• 기존에 없던 새로운 정책을 결정하는 것 → 기존에 없던 정책을 새롭게 형성해 새로운 목표를 달성하는 것 • 기존에 없던 정책을 형성하는 과정에서 기존의 조직과 예산을 활용하지 않음
정책유지	개념		• 본래의 정책목표를 달성하기 위해 기본적인 골자는 유지하지만, 실질적인 정책내용은 변하지 않음 • 즉, 정책의 기본적 성격이나 정책목표·수단 등이 큰 폭의 변화 없이 모두 그대로 유지되지만, 정책의 구체적 내용에 있어서 부분적 대체나 완만한 변동은 있을 수 있음
	사례		• 저소득층 자녀에 대한 교육비 보조를 그 바로 상위계층의 자녀에게로 확대하는 것 • 정부미 방출정책은 유지하면서 추곡수매 예산액을 축소하는 경우 등
정책승계	개념		• 정책의 기본적인 골자를 변화시키는 것(실제 정책과정에서 가장 많이 발생): 기존의 정책 → 새로운 정책 • 즉, 정책변동의 유형 중 정책평가로부터 얻은 정보가 정책채택 단계에서 다시 활용되는 경우로, **정책목표는 유지하면서 정책수단을 새로운 수단으로 대체**하는 것
	유형	선형적 승계 (일반적인 승계)	• 정책목표를 변경시키지 않는 범위 내에서 정책내용을 완전히 새로운 것으로 바꾸는 것 • 과속차량 단속이라는 목표를 변경하지 않고 기존에 경찰관이 현장에서 직접 단속하던 것을 무인 감시카메라 설치를 통한 단속으로 대체하는 것
		정책분할	하나의 정책이 둘 이상으로 분할되는 것
		정책통합	유사한 둘 이상의 정책이 하나로 통합되는 것
		부분종결	일부 정책은 유지되고 일부의 정책은 폐지되는 것 → 정책 축소
		부수적·파생적 승계(우발적 승계)	타 분야의 정책변동에 연계해 우발적인 변화가 나타나는 형태의 정책 승계 → 새로운 정책의 채택으로 기존 정책의 승계가 일어나는 것
		비선형적 승계	유지, 대체, 종결 또는 추가 등이 복합적으로 나타나는 것
정책종결			정책목표를 달성하기 위한 전반적인 정책수단을 소멸(기존의 정책 소멸)시키고 이를 대체할 다른 정책을 마련하지 않는 것

2. 기타 정책변동모형

단절균형모형	• 제도가 어떤 계기에 의해 급격히 변화하는 이유를 설명하는 바, 정책이 급격히 변동하는 상황을 설명하는 데 유용한 모델 • 이는 역사적 신제도주의를 적용한 모델로서, 점진적 변동에 따르는 안정과 급격한 변동에 따른 단절을 포괄적으로 다룬다는 점에서 점증주의 시각의 한계를 보완·발전시킨 이론임
정책패러다임 변동모형(Hall)	정책목표, 정책수단, 정책환경의 3가지 변수 중 정책목표와 정책수단의 급격한 변화로 인해 발생하는 정책변동을 설명하는 모형

행정사
최욱진 행정학개론

조직론

조직구조론

01 조직구조의 변수

1. 틀잡기

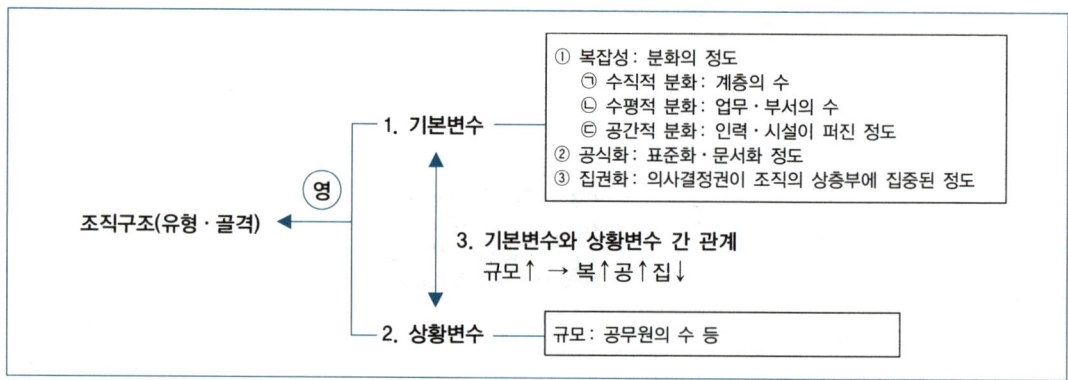

2. 기본변수 : 집권화 · 복잡성 · 공식화

(1) 집권화

개념	의사결정권한이 조직 계층의 상층부에 집중된 정도
장점	• 집권화는 큰 의사결정권을 토대로 조직 내 통일성을 촉진할 수 있음 • 의사결정을 내리는 사람의 수가 적어 신속한 업무 처리로 경비를 절약할 수 있으며, (의사결정권을 가진 리더가 똑똑하다면) 위기에 빠르게 대처할 수 있음 • 집권화는 상명하복을 기초로 조직의 통합 및 조정을 수행하는 바 행정기능의 중복과 혼란을 피하고 분열을 억제할 수 있음
단점	• 획일주의로 변질되어 조직의 탄력성을 잃게 하기 쉬움 • 모든 결정권이 최고 관리자에게 집중된 까닭에, 부하의 창의성 · 자주성 · 자발적 혁신성을 기대하기 어렵게 만들 수 있음

집권화의 촉진요인	분권화의 촉진요인
<p>• 분업의 심화로 인해 행정조정이 곤란할 때 (부서 간 횡적 조정이 어려운 경우)</p><p>• 소규모 신설조직: 역사가 짧은 신설조직은 선례가 없기 때문에 설립자의 지시에 많이 의존하게 되어 집권화 경향이 높아짐</p><p>• 조직의 규모가 작으면 관리자가 모든 문제를 소상히 알고 부하를 적절히 관리할 수 있어 집권화가 보다 능률적임</p><p>• 교통·통신기술의 발전: 교통이나 통신이 발전하면 통일성 있는 행정에 유리함</p><p>• 하급자나 하급기관의 역량이 부족할 때</p><p>• 구성원이 규칙과 절차의 합리성·효율성에 대해 신뢰하고 있을 때</p>	<p>• 환경이 불확실(급변)해 신속한 업무수행이나 대응이 필요할 때</p><p>• 원활한 지식의 공유로 인한 기술 수준의 고도화와 인적 전문화 및 능력 향상</p><p>• 조직 내 관리자 육성 및 동기부여</p><p>• 개인의 참여 확대·창의성 발휘가 요구될 때</p><p>• 조직 내 민주화가 촉진되고 있을 때</p>

(2) 복잡성

개념		조직의 분화 정도
유형	수평적 분화	조직이 수행하는 업무의 세분화 → '업무의 수'
	수직적 분화	조직구조의 깊이를 가리키는 용어, 최상층부터 최하층에 이르는 계층의 수를 의미 → '계층의 수'
	공간적(장소적) 분화	조직의 물리적 시설(사무실, 공장, 창고 등)과 구성원이 지역적으로 분산된 정도
기타		조직구조의 지나친 복잡성 증대가 조직의 효과성을 저해할 수도 있다는 사실에 주목해야 함 → 즉, 조직구조의 복잡성이 높아질수록(분화의 정도가 높으면) 관리자는 의사전달, 조정, 통제 등의 문제를 다루는 데 주의를 기울여야 함

(3) 공식화

개념	행동을 표준화하는 문서화·규정화 정도
장점	<p>• 행동 표준화에 따른 손쉬운 통제 가능</p><p>• 공식화의 정도가 높을수록 조직 내에 어떤 행동이 있을 수 있고, 그 결과에 대한 예측 가능성이 높아짐</p>
단점	<p>• 조직구성원의 자율성 축소: 규칙을 통해 행동양식을 정형화하게 되면 조직구성원의 창의성을 저하시키고, 변화를 기피하게 만듦</p><p>• 공무원의 경우 규칙과 규정에 의존해서 업무를 수행한다는 사실 자체는 문제가 없으나, 지나친 문서주의는 자칫 번문욕례를 초래할 수 있음</p><p>• 일반적으로 공식화의 정도가 높을수록 조직은 경직성을 띠므로 조직적응력(환경적응)은 떨어짐</p>

조직유형론

01 조직의 유형

1. 틀잡기

조직유형 ────────────▶ 생산성

※ 조직유형론에서 중요한 학자
① 번즈 & 스토커 : 기계적 구조와 유기적 구조
② 데프트 : 대기²업이 매수했네유
③ 파슨스 : 파질 → AGIL 기능에 따른 조직유형

2. 번즈(Burns) & 스토커(Stalker) : 기계적 구조와 유기적 구조

번즈와 스토커는 조직을 둘러싼 환경의 성격 및 특성이 조직구조와 어떻게 관련되는지를 설명하고 있음

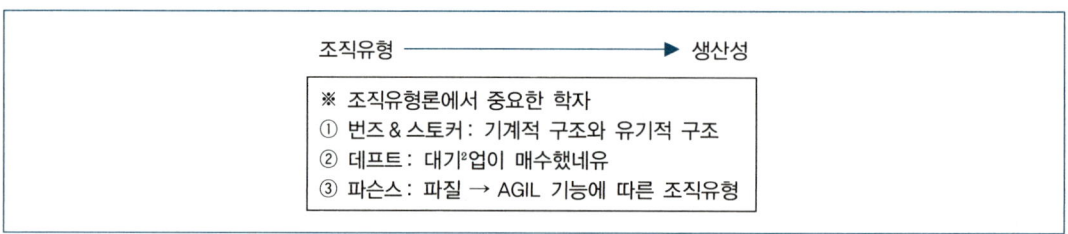

	틀잡기	
복잡성 : 높음	기계적 구조	복잡성 : 낮음 · 공식화 : 낮음 · 집권화 : 낮음 · 의사소통 : 개방적 → 비교적 자유로움 / 유기적 구조

틀잡기

복잡성 : 높음 / 공식화 : 높음 / 집권화 : 높음 / 의사소통 : 제한적 → 주로 하향식 → **기계적 구조**

복잡성 : 낮음 / 공식화 : 낮음 / 집권화 : 낮음 / 의사소통 : 개방적 → 비교적 자유로움 → **유기적 구조**

기계적 구조 : 딱딱한 구조 → 환경적응력↓ | 유기적 구조 : 유연한 구조 → 환경적응력↑

구분	기계적 구조	유기적 구조
장점	예측 가능성	적응성
특징 / 조직 특성	• 좁은 직무 범위(분업화된 체계) • 표준운영절차 • 분명한 책임관계 • 계층제 → 집권화 • 공식적·몰인간적 대면관계(제한적 의사소통)	• 넓은 직무 범위 • 적은 규칙·절차 • 모호한 책임관계 • 분화된 채널(다원화된 의사소통채널) → 분권화 • 비공식적·인간적 대면관계

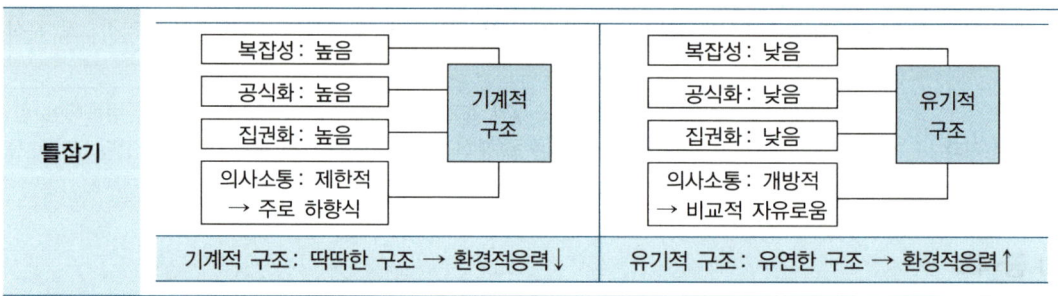

| 상황
조건 | • 명확한 조직목표와 과제(안정적인 환경에 적합)
• 분업적 과제
• 단순한 과제
• 성과측정 용이
• 금전적 동기부여
• 권위의 정당성 확보(집권적 구조) | • 모호한 조직목표와 과제
• 분업이 어려운 과제
• 복합적 과제
• 성과측정 어려움
• 복합적 동기부여
• 도전받는 권위 |

참고 → 기계적 구조와 유기적 구조는 반대되는 개념이므로 한 가지만 잘 공부할 것

3. 데프트 : 두문자 대기²업이 매수했네유

(1) 틀잡기

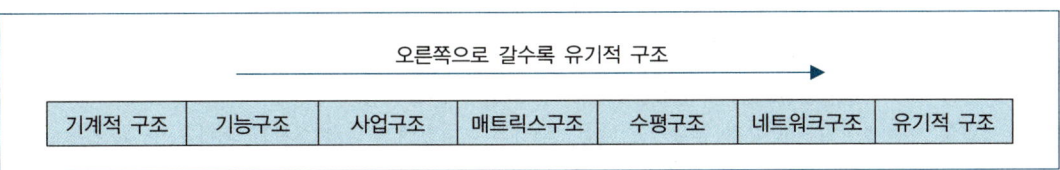

| 기계적 구조 | 기능구조 | 사업구조 | 매트릭스구조 | 수평구조 | 네트워크구조 | 유기적 구조 |

오른쪽으로 갈수록 유기적 구조

(2) 기능구조 : 기계적 구조 · 관료제

틀잡기	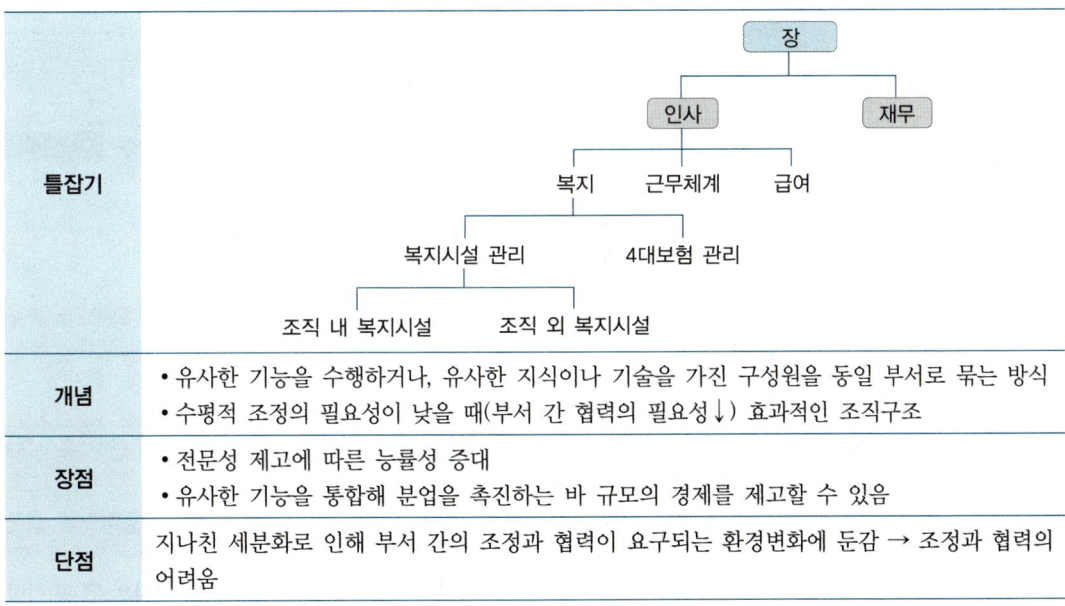
개념	• 유사한 기능을 수행하거나, 유사한 지식이나 기술을 가진 구성원을 동일 부서로 묶는 방식 • 수평적 조정의 필요성이 낮을 때(부서 간 협력의 필요성↓) 효과적인 조직구조
장점	• 전문성 제고에 따른 능률성 증대 • 유사한 기능을 통합해 분업을 촉진하는 바 규모의 경제를 제고할 수 있음
단점	지나친 세분화로 인해 부서 간의 조정과 협력이 요구되는 환경변화에 둔감 → 조정과 협력의 어려움

(3) 사업구조 : 사업 단위 조직구조 ⇨ 자기완결적 단위

틀잡기	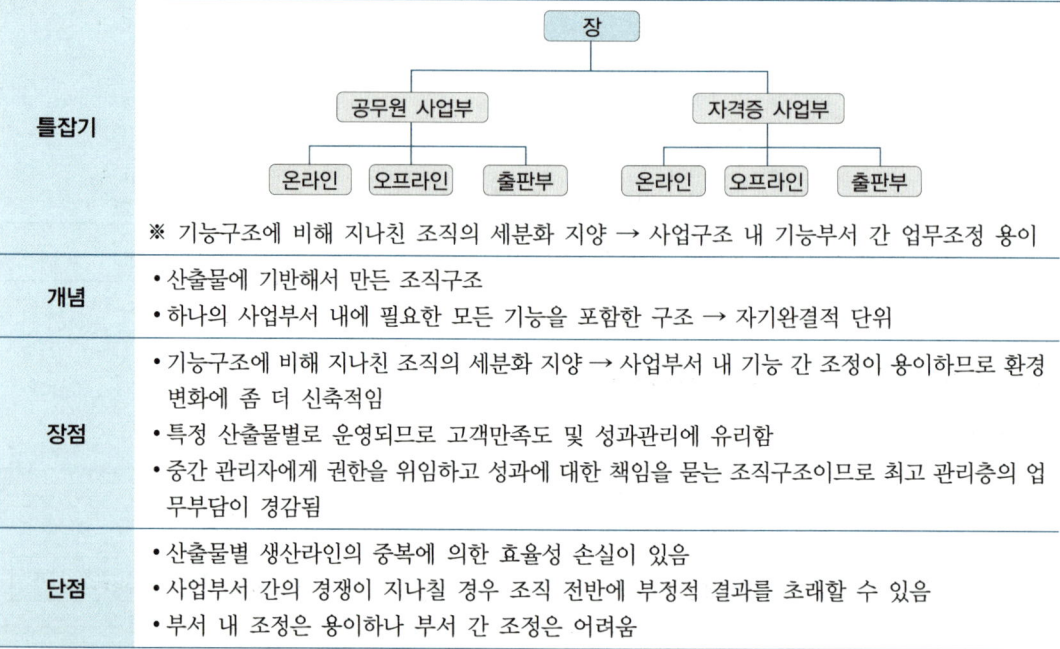 ※ 기능구조에 비해 지나친 조직의 세분화 지양 → 사업구조 내 기능부서 간 업무조정 용이
개념	• 산출물에 기반해서 만든 조직구조 • 하나의 사업부서 내에 필요한 모든 기능을 포함한 구조 → 자기완결적 단위
장점	• 기능구조에 비해 지나친 조직의 세분화 지양 → 사업부서 내 기능 간 조정이 용이하므로 환경변화에 좀 더 신축적임 • 특정 산출물별로 운영되므로 고객만족도 및 성과관리에 유리함 • 중간 관리자에게 권한을 위임하고 성과에 대한 책임을 묻는 조직구조이므로 최고 관리층의 업무부담이 경감됨
단점	• 산출물별 생산라인의 중복에 의한 효율성 손실이 있음 • 사업부서 간의 경쟁이 지나칠 경우 조직 전반에 부정적 결과를 초래할 수 있음 • 부서 내 조정은 용이하나 부서 간 조정은 어려움

(4) 매트릭스구조(행렬조직) : 기능구조 + 사업구조

틀잡기	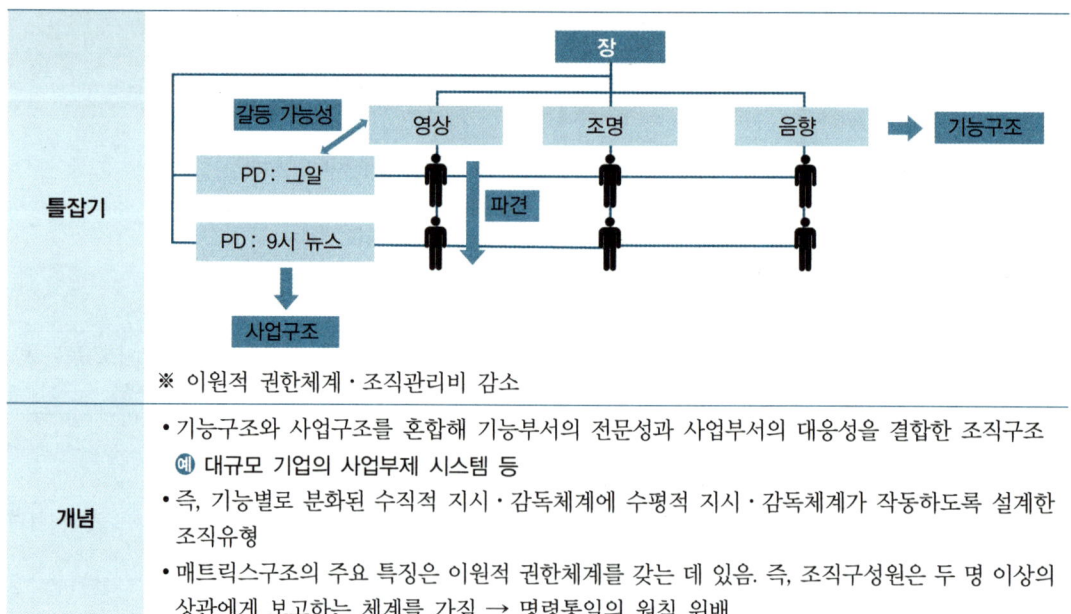 ※ 이원적 권한체계·조직관리비 감소
개념	• 기능구조와 사업구조를 혼합해 기능부서의 전문성과 사업부서의 대응성을 결합한 조직구조 📖 대규모 기업의 사업부제 시스템 등 • 즉, 기능별로 분화된 수직적 지시·감독체계에 수평적 지시·감독체계가 작동하도록 설계한 조직유형 • 매트릭스구조의 주요 특징은 이원적 권한체계를 갖는 데 있음. 즉, 조직구성원은 두 명 이상의 상관에게 보고하는 체계를 가짐 → 명령통일의 원칙 위배

장점	• 신축성과 적응성이 요구되는 불안정하고 급변하는 조직환경에 효과적인 유기적 구조임 • 사업구조와 달리 조직구성원들을 부서 간에 공유함으로써 자원 활용의 효율성을 제고할 수 있음 • 기능부서와 사업구조 간 정보의 흐름이 활성화됨 • 조직 내 구성원은 다양한 경험(사업구조와 기능구조의 경험)을 통해 전문기술의 개발과 더불어 더 넓은 시야와 목표관을 가질 수 있음 • 각 분야의 전문가들(파견된 기능부서의 구성원) 간 수평적 의사소통을 통해 다양한 아이디어가 제시됨
단점	• 이중 권한체계가 개인에게 미치는 혼란과 갈등이 있음 • 이중 권한체계 혹은 부처 할거주의로 인한 기능부서와 사업부서 간의 갈등 유발 가능성이 큼 • 따라서 갈등 해결에 요구되는 시간과 노력의 낭비가 발생할 수 있기 때문에 스피드의 경제(신속한 의사결정)를 저해할 수 있음

(5) 팀구조 : 수평구조

틀잡기	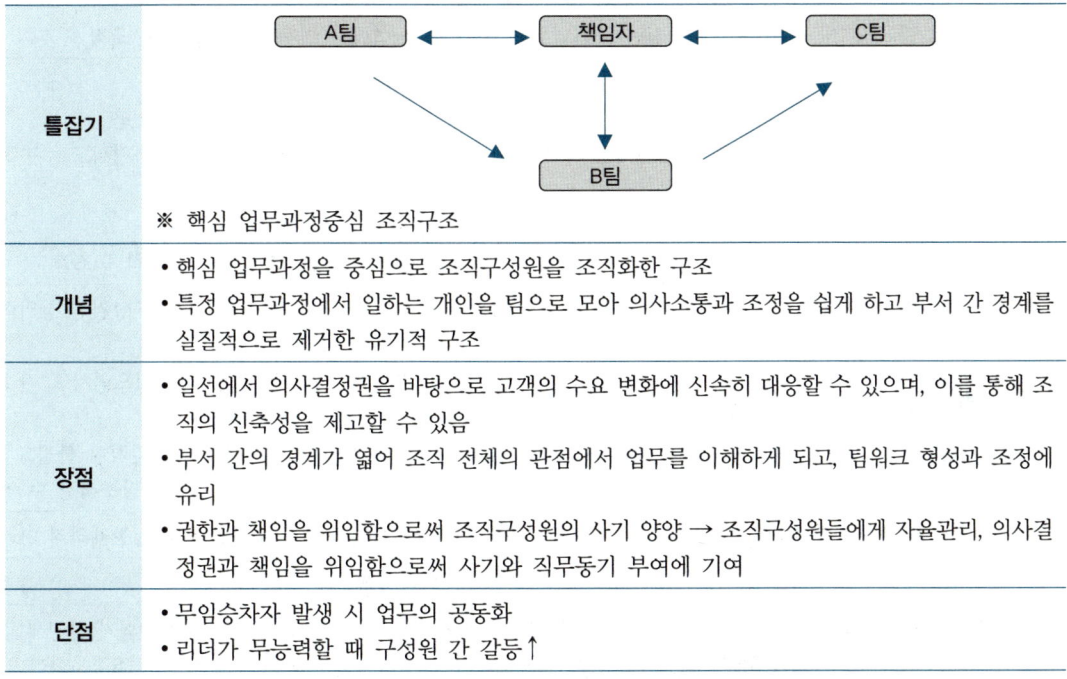 ※ 핵심 업무과정중심 조직구조
개념	• 핵심 업무과정을 중심으로 조직구성원을 조직화한 구조 • 특정 업무과정에서 일하는 개인을 팀으로 모아 의사소통과 조정을 쉽게 하고 부서 간 경계를 실질적으로 제거한 유기적 구조
장점	• 일선에서 의사결정권을 바탕으로 고객의 수요 변화에 신속히 대응할 수 있으며, 이를 통해 조직의 신축성을 제고할 수 있음 • 부서 간의 경계가 엷어 조직 전체의 관점에서 업무를 이해하게 되고, 팀워크 형성과 조정에 유리 • 권한과 책임을 위임함으로써 조직구성원의 사기 양양 → 조직구성원들에게 자율관리, 의사결정권과 책임을 위임함으로써 사기와 직무동기 부여에 기여
단점	• 무임승차자 발생 시 업무의 공동화 • 리더가 무능력할 때 구성원 간 갈등↑

(6) 네트워크구조 : NPM 조직구조

틀잡기	 • 정부는 핵심업무(기획 및 조정 : 방향잡기) 수행 • 정보통신기술 활용 → 조정 및 통합 유도	
개념	• 조직의 자체 기능은 핵심역량 위주(기획 및 조정)로 편성하고, 여타 기능은 외부기관들과 계약관계를 통해 수행하는 조직구조 • 즉, 핵심기능(기획 및 조정)을 제외한 기능을 외부기관과의 계약관계를 통해 수행하는 조직구조 • 각기 높은 독자성을 지닌 조직단위나 조직 간에 협력적 연계장치로 구성된 조직	
특징	• 중심조직과 외부조직 간 수평적·공개적 의사전달 강조 • 네트워크는 조직 간에 형성될 수 있고 조직 내의 집단 간에도 형성될 수 있음 • 분권적이며, 동시에 집권적인 의사결정체계 → 핵심조직은 외부기관을 조정하면서도 수평적인 관계에서 협력을 지향 • 네트워크 기관과 구성원(외부기관) 간의 교류를 통한 신뢰 형성이 중요함 • 수직적·수평적 통합 : 네트워크 조직은 관료제에 비해서 복잡성이 낮은 유기적 구조임	
장점	• 환경변화에 대한 신축적이고 신속한 대응이 가능하며, 자율성을 바탕으로 구성원의 창의력을 발휘할 수 있음 • 위탁을 통해 특정 기능별로 최고의 품질과 최저 비용의 자원들을 활용할 수 있으면서도, 간소화된 조직구조를 유지할 수 있음 • 정보통신망에 의해 조정되므로 직접 감독에서 요구되는 많은 지원과 관리인력이 불필요함 • 네트워크화를 통해 다양한 업무를 소화하므로 환경변화에 따른 불확실성을 감소시킬 수 있음	
단점	조정과 감시비용 증가	분절화가 심해지면 계약관계에 있는 외부기관을 직접 통제하기 어려움
	대리인 문제	대리인의 사익추구 현상 발생
	응집성 저해	다양한 독립적 조직에 기능을 위탁하는 과정에서 분절화가 발생해 조직의 정체성을 약화시키며, 이러한 현상은 응집력 있는 조직문화를 만드는 데 저해요인으로 작용함

4. 파슨스: AGIL 기능에 따른 조직유형

	기능(AGIL)	조직유형	예시
틀잡기	자원조달 및 환경적응(Adaptation)	경제조직	민간기업
	방향성 제시: 목표달성(Goal Attainment)	정치조직	정당, 의회, 행정부 등
	일탈방지 및 갈등조정: 통합(Integration)	통합조직	경찰서, 법원 등
	이데올로기 유지 (Latent Pattern Maintenance)	체제유지 (현상유지·형상유지) 조직	교육기관, 종교기관 등
각 기능에 대한 용어정리	자원조달 및 환경적응	목표달성을 위해 필요한 자원·정보들을 수집해 환경의 변동에 대응하는 것	
	방향성 제시: 목표달성	환경으로부터 조달된 자원을 잘 체계화해 조직의 목표를 구체화하고 달성하는 작용	
	일탈방지 및 갈등조정: 통합	체제의 각 구성요소, 즉 하위체제의 활동을 원활하게 조직화하고 여러 활동 간의 상호조정을 통해 일탈된 행동을 통제하는 작용	
	이데올로기 유지	체제가 지닌 가치체계를 보존하고 제도화된 체제를 유지하는 기능	

Chapter 03 조직관리기법

01 조직관리기법 : 관료제에 대한 보정

1. 틀잡기

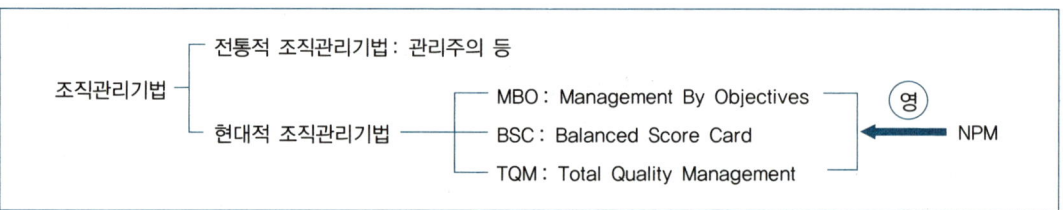

2. MBO(목표에 의한 관리) : Management By Objectives

틀잡기	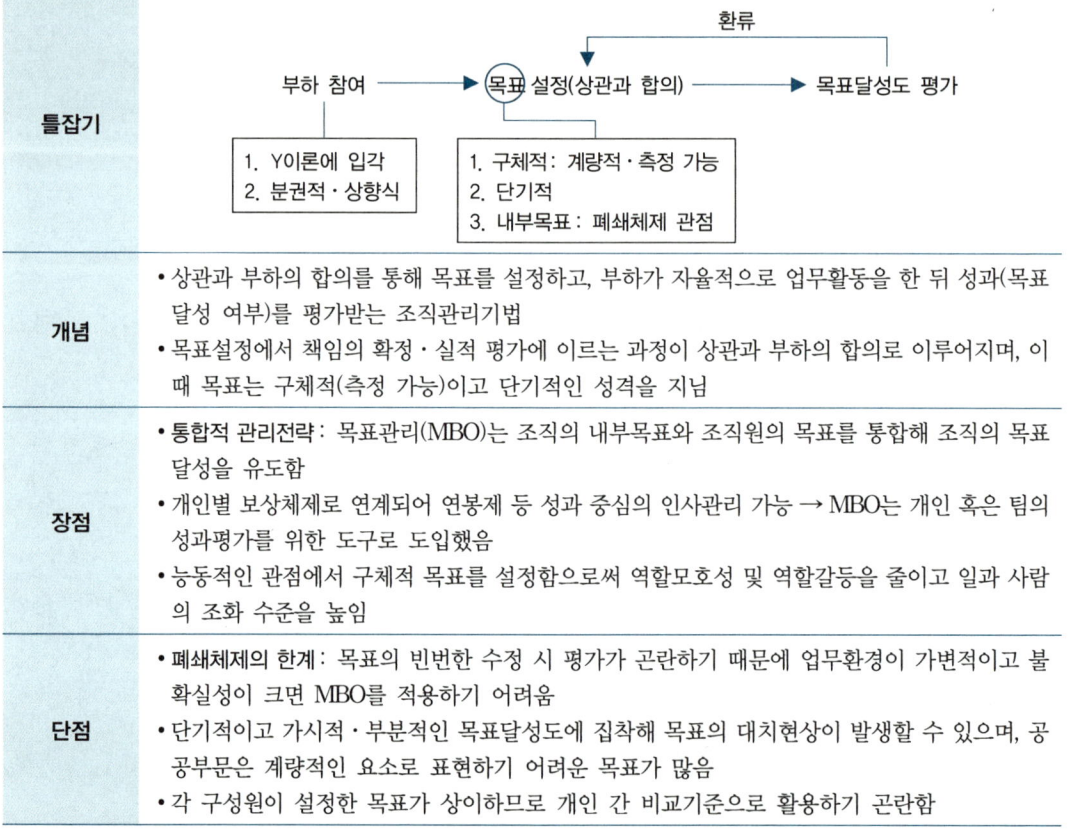
개념	• 상관과 부하의 합의를 통해 목표를 설정하고, 부하가 자율적으로 업무활동을 한 뒤 성과(목표달성 여부)를 평가받는 조직관리기법 • 목표설정에서 책임의 확정·실적 평가에 이르는 과정이 상관과 부하의 합의로 이루어지며, 이때 목표는 구체적(측정 가능)이고 단기적인 성격을 지님
장점	• **통합적 관리전략** : 목표관리(MBO)는 조직의 내부목표와 조직원의 목표를 통합해 조직의 목표 달성을 유도함 • 개인별 보상체제로 연계되어 연봉제 등 성과 중심의 인사관리 가능 → MBO는 개인 혹은 팀의 성과평가를 위한 도구로 도입했음 • 능동적인 관점에서 구체적 목표를 설정함으로써 역할모호성 및 역할갈등을 줄이고 일과 사람의 조화 수준을 높임
단점	• **폐쇄체제의 한계** : 목표의 빈번한 수정 시 평가가 곤란하기 때문에 업무환경이 가변적이고 불확실성이 크면 MBO를 적용하기 어려움 • 단기적이고 가시적·부분적인 목표달성도에 집착해 목표의 대치현상이 발생할 수 있으며, 공공부문은 계량적인 요소로 표현하기 어려운 목표가 많음 • 각 구성원이 설정한 목표가 상이하므로 개인 간 비교기준으로 활용하기 곤란함

3. BSC(균형성과표) : Balanced Score Card

틀잡기	업무처리 관점: 일처리 방식·의사결정 참여 등 학습·성장 관점: 장기적·선행지표·가장 하부구조 재무적 관점: 단기적·후행지표 고객 관점: 정부에 적용할 때 가장 중요한 관점	비전·미션 ↓ 성과지표: 4대 관점
의의	• 측정이 용이한 성과만 측정하는 MBO에 대한 보완책으로 등장 • 하버드 대학교의 카플란과 노턴이 재무적 수단에 의존하는 전통적 평가방법의 한계를 극복하기 위해 주장 • 균형성과표에서 성과지표는 조직의 비전과 장기적인 목표 및 전략에 근거해 도출하는 바, 거시적이고 추상적인 조직목표와 실천적 행동지표(성과지표) 간 인과관계를 확보함으로써 조직의 전략과 기획을 실행에 옮길 수 있게 하는 조직관리기법임	

4대 관점	재무적 관점	• 민간부문에서 특히 중시하는 것으로, 전통적인 후행지표임 • 성과지표 : 매출, 자본 수익률, 예산 대비 차이, 공기업 재정 운영의 효율성을 제고하기 위한 직원 보수조정 등
	고객 관점	성과지표 : 고객만족도, 정책순응도, 민원인의 불만율, 신규 고객의 증감 등
	업무처리 관점	성과지표 : 의사결정 과정에 대한 시민참여, 적법절차, 공개, 커뮤니케이션 구조 등
	학습·성장 관점	• 다른 세 관점이 추구하는 성과목표를 달성하는 데 기본 토대를 형성함 • 성과지표 : 직무만족도, 학습동아리의 수, 공무원의 능력향상을 위해 전문적 직무교육 강화, 내부 제안 건수 등

BSC 기능	성과측정 시스템	BSC의 기본적인 틀은 조직의 성과관리체계라는 점에서 이전의 관리방식인 TQM이나 MBO와 크게 다르지 않지만, 성과관리에 있어서 다양한 관점을 고려하기 때문에 TQM이나 MBO보다 진화된 종합모형이라 평가받고 있음
	전략관리 시스템	조직의 비전을 달성하기 위한 조직 전체(장기적·추상적)의 목표에서 부서별(단기적·구체적) 목표로 조직의 목표를 구체화
	의사소통 도구	조직의 목표를 달성하기 위해 조직구성원에게 전하고 싶은 메시지가 성과지표의 형태로 전달됨

4. TQM(총체적 품질관리) : Total Quality Management

틀잡기		NPM ──────영──────▶ 총체적 품질관리	
내용	Total	• 모든 조직구성원이 서비스 품질개선을 위해 조직관리에 참여 • 연대적 책임(집단적 · 총체적 관점), 분권적, Y이론
	Quality	서비스 품질제고 → 고객만족도↑(개방체제 관점)
	Management	지속적 · 장기적 · 투입 및 과정중심(유기적 · 능률적인 업무처리) 관리
	기타	• 총체적 품질관리는 산출물의 일관성을 위해 과정통제 계획과 같은 계량적인 수단을 활용함 − 과정통제 계획: 산출물의 생산과정에 있어서 일정한 시간 및 작업량을 산정하는 것 • 품질관리는 과정의 모든 단계에서 이루어짐 → 총체적 적용

5. 기타 조직관리기법

업무처리 재설계 (BPR)	틀잡기	NPM ──────영──────▶ 리엔지니어링 = BPR
	내용	• IT 기술을 활용해 조직 내 부서별 고도 분업화에 따른 폐단을 극복하기 위해 업무의 과정 및 절차를 근본적으로 재설계 • 근본적이고 극적인 변화를 추구해 고객만족 및 성과향상 유도 • 조직 및 인력감축은 선택사항임 • 업무, 조직, 구조, 조직문화까지 개혁의 대상으로 함 → 특정 변수 중심의 개혁 ×

Chapter 04 조직구조 안정화 메커니즘

01 리더십

1. 틀잡기

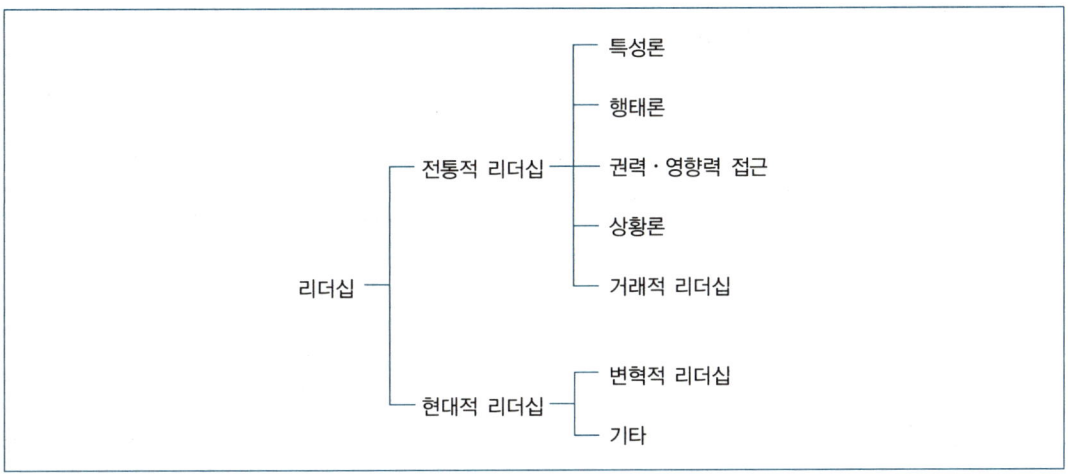

리더십 ─┬─ 전통적 리더십 ─┬─ 특성론
        │   ├─ 행태론
        │   ├─ 권력 · 영향력 접근
        │   ├─ 상황론
        │   └─ 거래적 리더십
        │
        └─ 현대적 리더십 ─┬─ 변혁적 리더십
                         └─ 기타

2. 전통적 리더십

(1) 특성론

내용	• 리더십론은 자질론에서 출발했으며, 자질론은 성공적인 리더의 타고난 개인적 특성 및 자질에 연구의 초점을 둠 • '리더의 속성 → 조직의 성과'라는 논리로서 리더의 자질을 가진 사람은 어떤 상황에서든 지도자가 될 수 있다는 관점 • 초기 리더십 연구에서 가장 많이 연구한 리더의 특성들은 신체적 특성(예 키 · 용모), 성격의 특성(예 자존심 · 지배성 · 정서적인 안정), 능력(예 일반 지능 · 언어의 유창함 · 사회적 통찰력) 등이 있었음
한계	생산성에 효과적인 지도자의 자질이 집단의 특성 · 조직목표 상황에 따라 완전히 달라질 수 있고, 사람마다 동일한 자질을 갖는 것은 아니며(얼굴의 생김새나 신체의 특징 등은 개인의 특수성이 강함), 다수 연구의 결과로 반드시 갖춰야 할 보편적인 자질은 없다는 것이 밝혀짐

(2) 행태론

- '리더의 행태 → 조직의 성과'
- 모든 상황에 효과적인 리더의 행동유형이 존재한다는 것을 전제로, 리더의 행동과 효과성의 관계에 관심을 가짐
- 즉, 상이한 지도유형이 구성원의 과업성과에 어떤 영향을 미치는가를 분석하며(리더와 부하집단의 관계에 초점), 후천적인 교육을 통해 효과적인 리더 행동을 만들어낼 수 있다고 전제함

미시간 대학연구 (리커트)		• 리더의 행동을 직무 중심적(생산 중심) 행동과 부하 중심적(직원 중심) 행동으로 분류 • 직무 중심형보다 부하 중심형일 때 조직의 생산성이 높음
	용어설명	
	직무 중심 행동	생산의 방법 혹은 절차 등을 중시하고 리더에게 주어진 공식적 권한에 의존해 부하들을 철저히 관리하는 행동유형 → 시스템 설계와 연관된 행동
	부하 중심 행동	부하와의 관계를 중시하고 부하의 욕구 충족과 만족 등에 관심을 갖는 행동유형 → 부하에 대한 관심을 바탕으로 소통하는 행동

오하이오 대학연구	의의	• 오하이오 대학교의 리더십 연구는 미시간 대학교의 연구와 비슷한 시기인 1940년대 후반과 1950년대 초반에 수행 • 오하이오 대학교의 연구목적은 리더의 행동유형과 이에 따른 조직성과 간의 관계를 분석하는 것 • 구조 주도 행동 = 직무 중심 행동, 배려 = 부하 중심 행동
	유형	 [이창원 외, 2005] ※ 연구 결과: 구조 주도와 배려가 모두 높을 때 조직의 생산성이 가장 큼

관리그리드 모형 (블레이크 & 모튼)	의의	• 리더의 행동을 생산에 대한 관심을 보이는 행동과 인간에 대한 관심을 보이는 행동으로 분류 • 생산에 대한 관심을 보이는 행동 = 직무 중심 행동, 인간에 대한 관심을 보이는 행동 = 부하 중심 행동 • 두 가지 차원의 행동을 결합해 리더십을 다섯 가지로 분류

유형	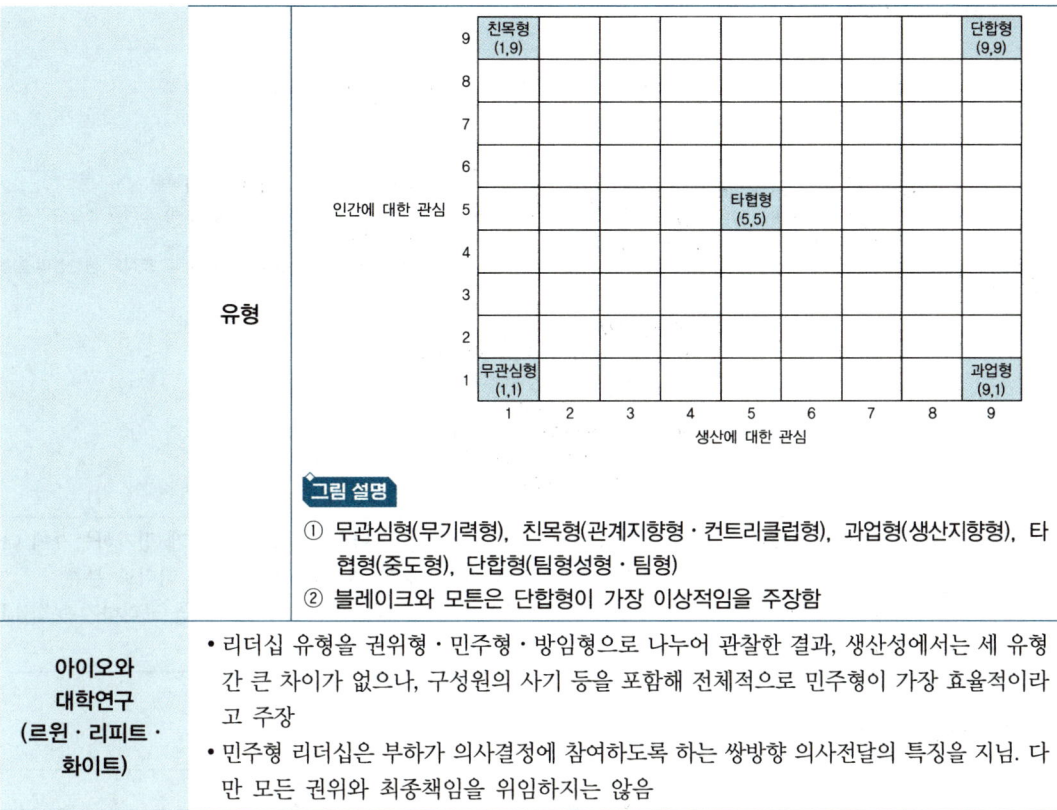
	그림 설명 ① 무관심형(무기력형), 친목형(관계지향형·컨트리클럽형), 과업형(생산지향형), 타협형(중도형), 단합형(팀형성형·팀형) ② 블레이크와 모튼은 단합형이 가장 이상적임을 주장함
아이오와 대학연구 (르윈·리피트· 화이트)	• 리더십 유형을 권위형·민주형·방임형으로 나누어 관찰한 결과, 생산성에서는 세 유형 간 큰 차이가 없으나, 구성원의 사기 등을 포함해 전체적으로 민주형이 가장 효율적이라고 주장 • 민주형 리더십은 부하가 의사결정에 참여하도록 하는 쌍방향 의사전달의 특징을 지님. 다만 모든 권위와 최종책임을 위임하지는 않음

(3) 권력·영향력 접근

리더가 보유한 권력의 크기와 유형, 그리고 권력이 행사되는 방법을 통해 리더십 효과성을 설명

(4) 상황론

• 상황에 맞는 행동 → 생산성
• 상황론적 리더십을 연구한 학자들은 리더의 행동에 영향을 미치는 상황변수를 찾는 데 초점

① 상황론적 리더십에 대한 이해

틀잡기	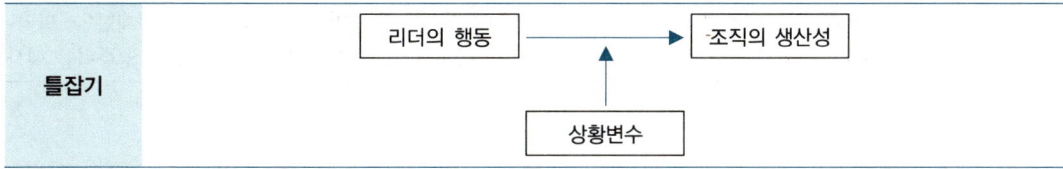

② 피들러의 상황론적 리더십

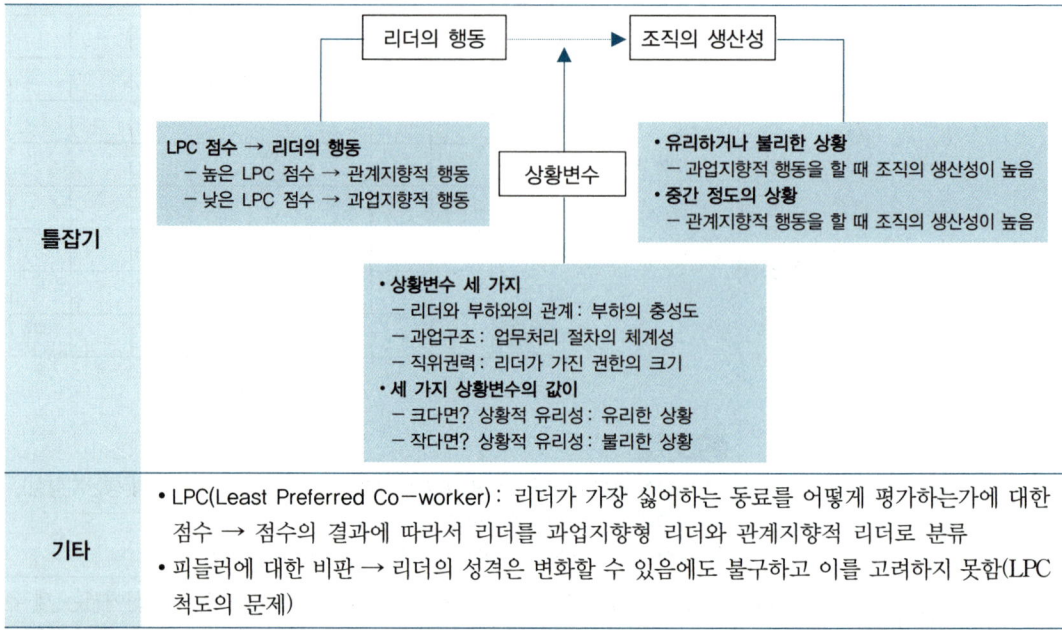

| 틀잡기 | **LPC(Least Preferred Co-worker)**: 리더가 가장 싫어하는 동료를 어떻게 평가하는가에 대한 점수 → 점수의 결과에 따라서 리더를 과업지향형 리더와 관계지향적 리더로 분류 |
| 기타 | • LPC(Least Preferred Co-worker): 리더가 가장 싫어하는 동료를 어떻게 평가하는가에 대한 점수 → 점수의 결과에 따라서 리더를 과업지향형 리더와 관계지향적 리더로 분류
• 피들러에 대한 비판 → 리더의 성격은 변화할 수 있음에도 불구하고 이를 고려하지 못함(LPC 척도의 문제) |

(5) 거래적 리더십

틀잡기	지시 및 보상 → 중간관리자 ← 업무처리 부하직원
의의	• 부하의 성과와 부하가 가치가 있다고 생각하는 조직의 보상을 합리적으로 상호교환하는 리더십 • 성과에 대한 적절한 보상의 약속과 이행이 핵심 → 리더와 부하 간의 사회적 교환관계 강조(합리적 과정이나 교환과정 중시)
특징	• 리더의 요구에 부하가 순응하는 결과를 가져오는 '교환과정'을 포함하고 있으나, 부하의 능동적 열의 혹은 몰입을 발생시키지 못함 • 기계적 구조와 정합하는 리더십 유형인 까닭에 변혁적 리더십에 비해 의사소통이 하향적·수직적임 • 기계적 구조에 적합한 리더십이기 때문에 보수적·현상유지적이라는 평가를 받기도 함 • 예외관리에 초점: 정해둔 일정 업무기준에 미치지 못하면 처벌을 가하면서 통제함 → 만약 일정 기준대로 진행되면 아무런 지시가 없으며, 기준을 상회할 때는 보상을 통해 영향력을 행사함

3. 현대적 리더십 : 신속성론

(1) 번즈 & 바스의 변혁적 리더십

틀잡기	변화유도 / 최고관리자 ↔ 부하직원 / 능동적 업무처리	
의의	• 번즈가 '변혁적 리더십'이라는 용어를 처음 사용했고, 바스는 개념의 조작화를 시도하면서 연구를 본격화했음 • 조직의 안정보다 조직을 변화시키려고 노력하는 최고관리층의 변화지향적·개혁적 리더십 • 변화지향적이라는 면에서 유기적 구조와 어울리는 리더십이며, 리더가 변화를 강제하지 않고 '유도'하는 바 부하의 능동적 참여를 인정함 • 변혁적 리더십은 리더가 인본주의(인간존중), 평화 등 도덕적 가치와 이상을 호소하는 방식으로 부하들의 의식 수준을 높이면서 조직의 변화를 유도함	

특징	카리스마적 (위광적) 리더십	• 리더가 난관을 극복하고 현재 상황에 대한 각성을 확고하게 표명함으로써 부하에게 자긍심과 신념을 심어줌 • 즉, 리더가 특출한 성격과 능력으로 추종자들의 강한 헌신과 리더와의 일체화를 이끌어내는 리더십 → 솔선수범을 통해 존경과 신뢰를 얻음 • 변혁적 리더십은 카리스마적 리더십을 기반으로 하는 바 카리스마적 리더십과 중첩되는 면이 있음
	영감적 리더십	• 비전 제시 및 공유 • 즉, 리더가 부하로 하여금 도전적인 목표와 임무, 그리고 미래에 대한 비전을 열정적으로 받아들이고 추구하도록 격려
	개별적 배려	• 리더가 부하에게 특별한 관심을 보이고 각 부하의 특정한 요구를 이해해줌으로써 부하에 대한 개인적인 존중을 표현(자긍심과 신념을 심어줌)하는 것 • 즉, 리더는 구성원 개개인의 니즈에 관심을 가지면서 잠재력 개발을 도움 → 부하의 자아실현과 존중감 등 높은 수준의 욕구 실현에 관심을 둠 • 리더는 조직의 혁신을 위해 부하의 변화에 초점을 두고 재량권을 부여하면서 부하를 리더로 키움
	지적 자극 : 촉매적 리더십	리더가 부하로 하여금 형식적 관례(Conventional Practice)와 사고(Thinking)를 다시 생각하게 함으로써 새로운 관념을 형성하는 것

	◈ 거래적 리더십과 변혁적 리더십 비교		
	구분	**거래적 리더십**	**변혁적 리더십**
기타	**변화관**	안정지향, 폐쇄적	변화지향, 개방체제적
	초점	일반 관리자	최고관리층
	관리전략	리더와 부하 간의 합리적 교환관계, 통제	영감과 비전 제시에 의한 동기유발
	관련 조직	고전적 관료제; 기계적 구조	탈관료제; 유기적 구조 ※ 임시체제 혹은 단순구조 등에 적합

Chapter 05

사람, 그리고 일에 대하여

01 사람, 동기부여 및 학습을 중심으로

1. 조직이란?

- **조직**: 일반적으로 목표와 사람, 사람이 수행하는 일이 있을 때 조직으로 볼 수 있음
- 조직은 특정한 목표를 달성하기 위해 존재하는 바 조직목표는 조직이 존재하는 정당성의 근거가 될 수 있음

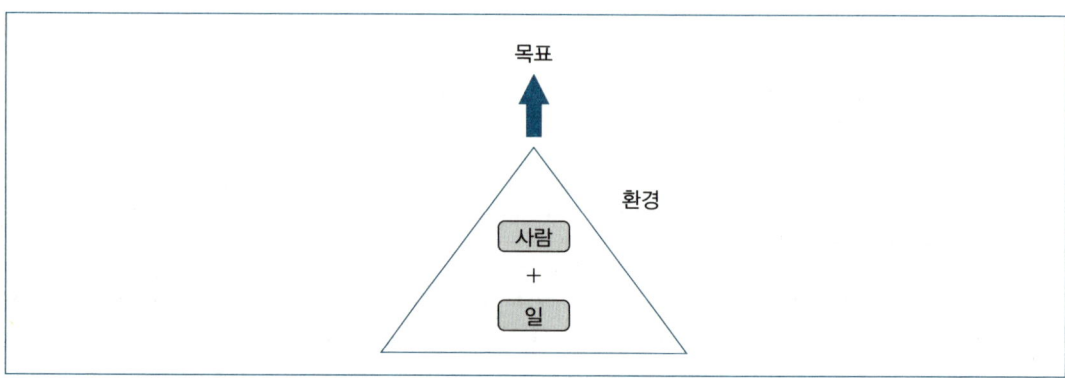

2. 인간관의 유형 : 쉐인의 분류

구분	내용	행정이론

합리적·경제적 인간관	인간을 합리적·이성적·경제적인 존재로 간주
	  – 인간은 자신의 이익을 극대화하기 위해 행동하는 존재
	  – 합리적·경제적 인간은 돈과 같은 자신의 이익을 위해 행동함
	  – 즉, 조직이 제공하는 인센티브 등에 의해 동기부여되는 수동적인 존재임
		관리주의

사회적 인간관	• 인간을 사회적인 존재로 간주 • 인간은 주변 사람의 영향을 받는 존재	인간주의
자아실현적 인간관 (성장인)	• 인간은 자신의 능력을 최대치까지 발휘하려는 욕구를 가진 존재 • 도전적 혹은 자기 발전이 가능한 업무에 기초해 동기가 부여됨	인간주의
복잡인	• 개인을 규정할 수 있는 유일 최선의 방법은 없음 • 따라서 구성원에 대한 관리방식도 개인차를 고려해야 함	–

3. 동기부여이론 틀잡기 : 인간관의 유형에 기초한 분류

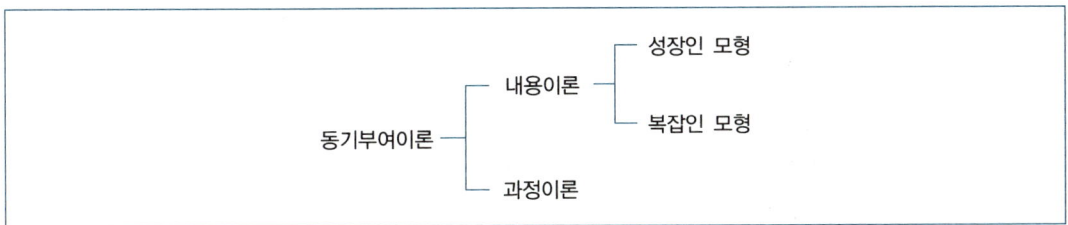

4. 내용이론

- 동기를 유발하는 욕구의 내용 규명에 중점을 두는 이론 → 즉, '사람을 움직이는 것은 무엇인가'를 알고자 하는 이론
- 내용이론은 인간을 자아실현적 존재로 보는 모형과 복잡인으로 보는 모형으로 나눌 수 있음 → 전자를 '성장인 모형', 후자를 '복잡인 모형'이라고 부르기도 함

참고
합리적 또는 경제적 인간모형(동기요인 : 돈), 사회적 인간모형(동기요인 : 동료애 등)을 내용이론으로 보는 견해도 있음

(1) 성장인 모형 : 모든 인간은 유사하다는 전제

- 인간은 일정한 단계를 따라 성장하고 해당 단계에 적합한 욕구가 충족되어야 함
- 성장인 모형은 모든 인간이 비슷한 단계를 따라 성장한다고 가정하고 있음 → 즉, 개인 간 성장단계의 차이를 고려하지 못함

① 머슬로우의 욕구계층이론

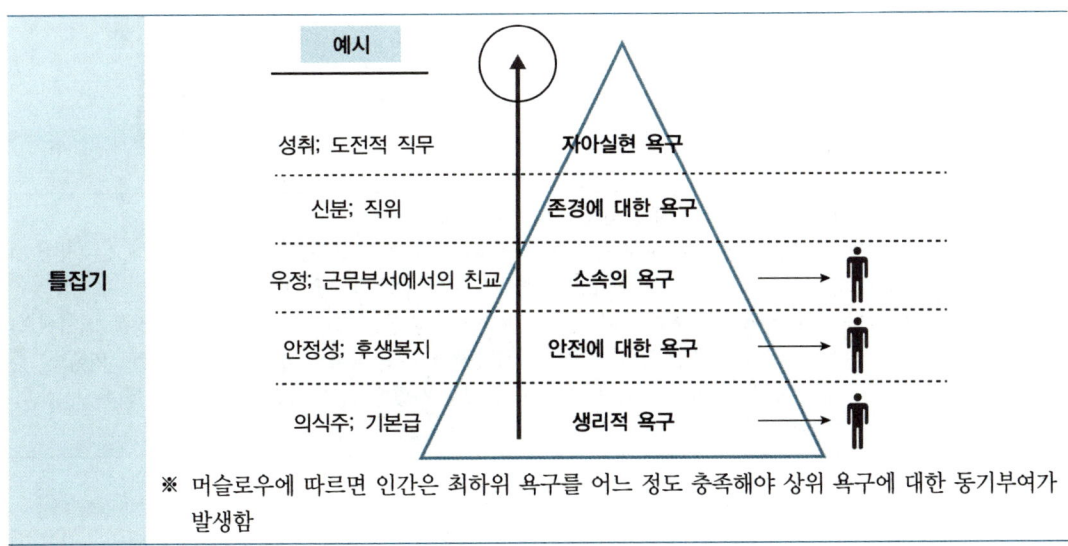

욕구에 대한 설명	생리적 욕구	욕구의 강도가 가장 높고 기본적이며 가장 선행되어야 할 욕구(ⓔ 의식주ㆍ수면ㆍ보수 등). 이 욕구가 충족되기 전에는 어떤 욕구도 일어나지 않음
	안전에 대한 욕구	신분 보장, 경제적 안정, 연금, 위험ㆍ위협으로부터의 해방, 질서 등에 대한 욕구 등
	소속의 욕구 (사회적 욕구)	다수의 집단 속에서 동료들과 서로 주고받는 동료관계를 유지하고 싶은 욕구 ⓔ 애정ㆍ소속감 등
	존경에 대한 욕구	타인으로부터 인정받고 싶은 욕구
	자아실현 욕구	자기의 잠재적 역량을 최대한으로 실현하려는 욕구
한계		• 각 욕구 단계를 명확하게 구분하기 어려움 ⓔ 생리적 욕구와 안전에 대한 욕구 • 실증적으로 검증되지 않은 모델 • 동기유발 요인으로서의 욕구는 복합적으로 작용할 수 있음

② 앨더퍼의 ERG이론

틀잡기	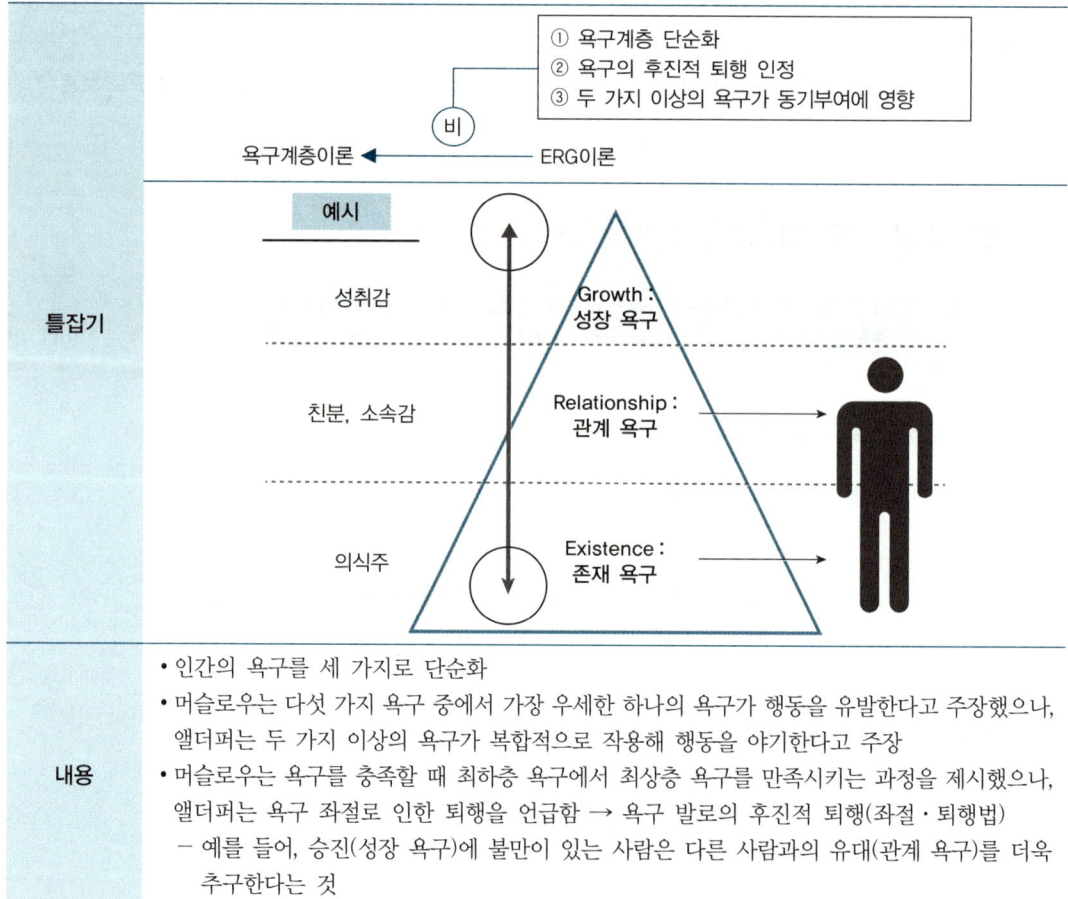
내용	• 인간의 욕구를 세 가지로 단순화 • 머슬로우는 다섯 가지 욕구 중에서 가장 우세한 하나의 욕구가 행동을 유발한다고 주장했으나, 앨더퍼는 두 가지 이상의 욕구가 복합적으로 작용해 행동을 야기한다고 주장 • 머슬로우는 욕구를 충족할 때 최하층 욕구에서 최상층 욕구를 만족시키는 과정을 제시했으나, 앨더퍼는 욕구 좌절로 인한 퇴행을 언급함 → 욕구 발로의 후진적 퇴행(좌절ㆍ퇴행법) 　- 예를 들어, 승진(성장 욕구)에 불만이 있는 사람은 다른 사람과의 유대(관계 욕구)를 더욱 추구한다는 것

③ 허즈버그의 욕구충족요인이원론

틀잡기	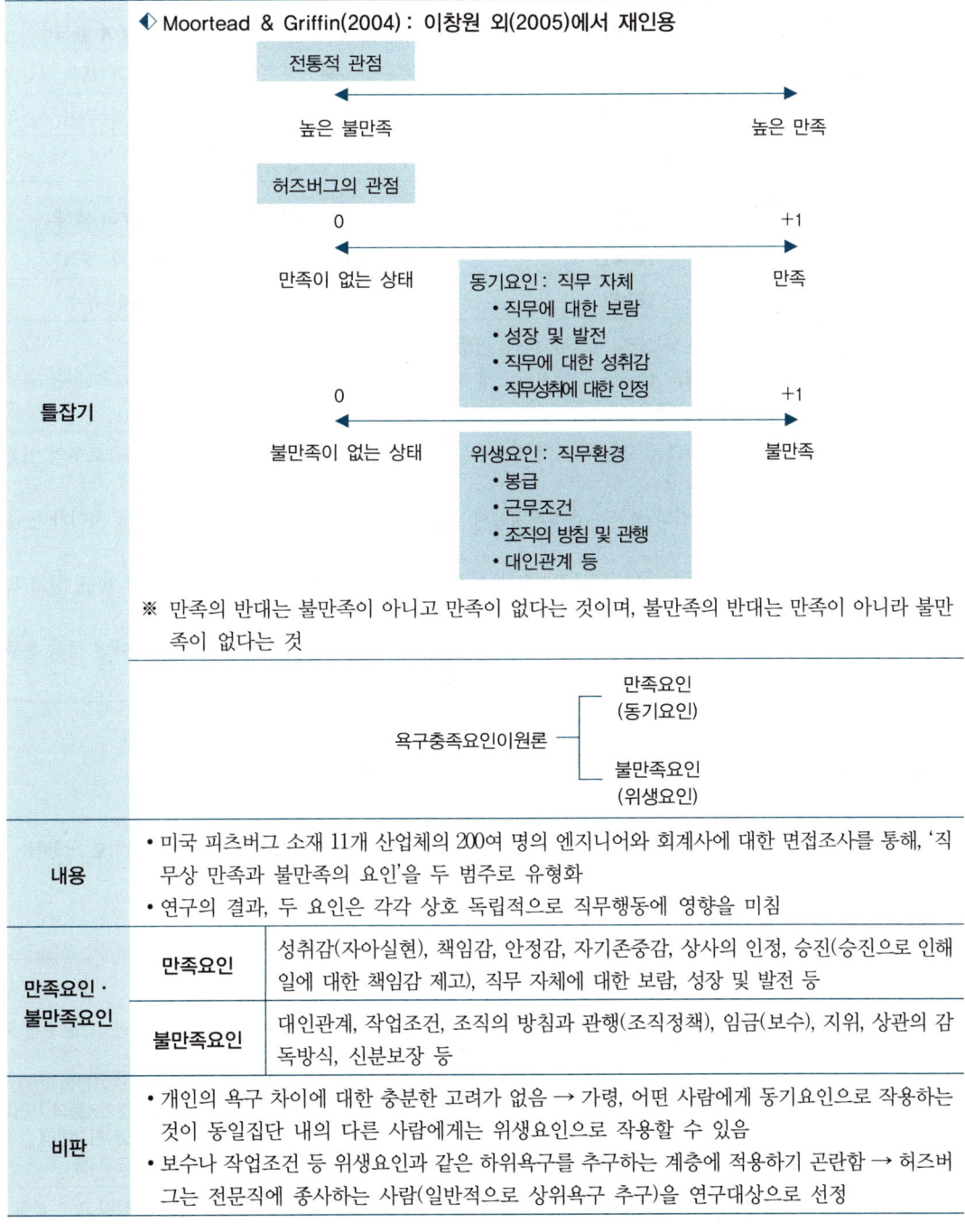
	※ 만족의 반대는 불만족이 아니고 만족이 없다는 것이며, 불만족의 반대는 만족이 아니라 불만족이 없다는 것
내용	• 미국 피츠버그 소재 11개 산업체의 200여 명의 엔지니어와 회계사에 대한 면접조사를 통해, '직무상 만족과 불만족의 요인'을 두 범주로 유형화 • 연구의 결과, 두 요인은 각각 상호 독립적으로 직무행동에 영향을 미침

만족요인 · 불만족요인	만족요인	성취감(자아실현), 책임감, 안정감, 자기존중감, 상사의 인정, 승진(승진으로 인해 일에 대한 책임감 제고), 직무 자체에 대한 보람, 성장 및 발전 등
	불만족요인	대인관계, 작업조건, 조직의 방침과 관행(조직정책), 임금(보수), 지위, 상관의 감독방식, 신분보장 등

비판	• 개인의 욕구 차이에 대한 충분한 고려가 없음 → 가령, 어떤 사람에게 동기요인으로 작용하는 것이 동일집단 내의 다른 사람에게는 위생요인으로 작용할 수 있음 • 보수나 작업조건 등 위생요인과 같은 하위욕구를 추구하는 계층에 적용하기 곤란함 → 허즈버그는 전문직에 종사하는 사람(일반적으로 상위욕구 추구)을 연구대상으로 선정

④ 기타

맥그리거 X·Y이론	구분	내용	동기부여 방식
	X형 인간	수동적 존재	당근과 채찍
	Y형 인간	능동적 존재	자율성 부여

※ 연구의 결론 : X형 인간은 하위욕구, Y형 인간은 상위욕구를 추구함

아지리스 미성숙·성숙론	구분	내용	동기부여 방식
	미성숙인	X형 인간	당근과 채찍
	성숙인	Y형 인간	자율성 부여

• 인간은 시간의 흐름에 따라 미성숙 상태에서 성숙 상태로 변화함
• 그럼에도 불구하고 아지리스에 따르면 오늘날 공식적 조직은 X이론에 기초한 관리를 널리 적용하고 있음

맥클랜드 성취동기이론	• 맥클랜드는 모든 사람이 비슷한 욕구의 계층을 가지고 있다고 주장한 머슬로우의 이론을 비판함 • 즉, 개인의 욕구는 성장과정에서 학습하는 것이며, 개인마다 그 욕구계층에 차이가 있음을 주장 • 다만, 개인이 사회문화적으로 학습한 욕구를 일반적으로 성취 욕구, 권력 욕구, 친교 욕구로 볼 수 있다는 점에서 다른 성장인 모형과 유사점을 지님 • 나아가 맥클랜드는 성공적인 기업가가 되기 위한 요인이 물질적인 것이 아닌 성취 욕구라는 점을 입증하고자 했음 → 성취 욕구 강조

5. 과정이론

동기를 형성하는 과정, 즉 인간 행동의 동기가 어떻게 유발되는지에 초점 → 인간의 동기부여 과정을 구조화

(1) 애덤스의 공정성이론

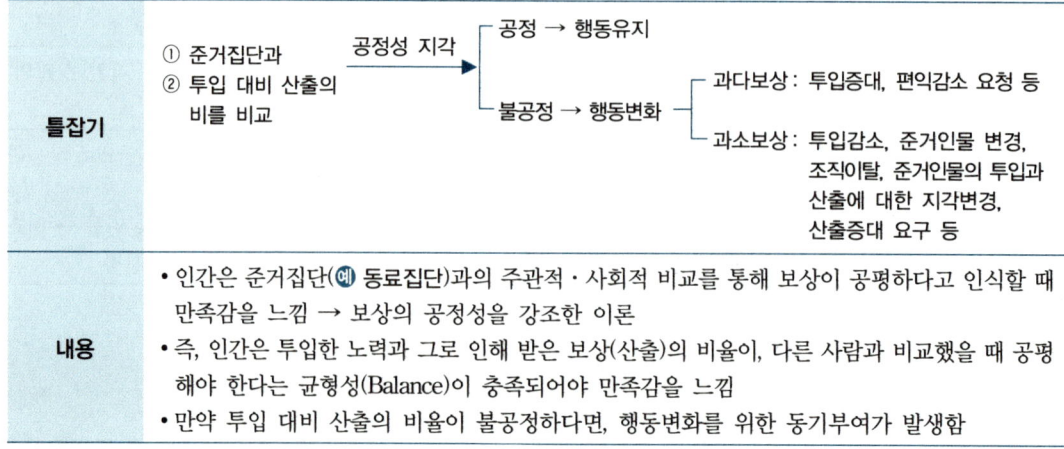

틀잡기	
내용	• 인간은 준거집단(⑩ 동료집단)과의 주관적·사회적 비교를 통해 보상이 공평하다고 인식할 때 만족감을 느낌 → 보상의 공정성을 강조한 이론 • 즉, 인간은 투입한 노력과 그로 인해 받은 보상(산출)의 비율이, 다른 사람과 비교했을 때 공평해야 한다는 균형성(Balance)이 충족되어야 만족감을 느낌 • 만약 투입 대비 산출의 비율이 불공정하다면, 행동변화를 위한 동기부여가 발생함

(2) 브룸의 기대이론

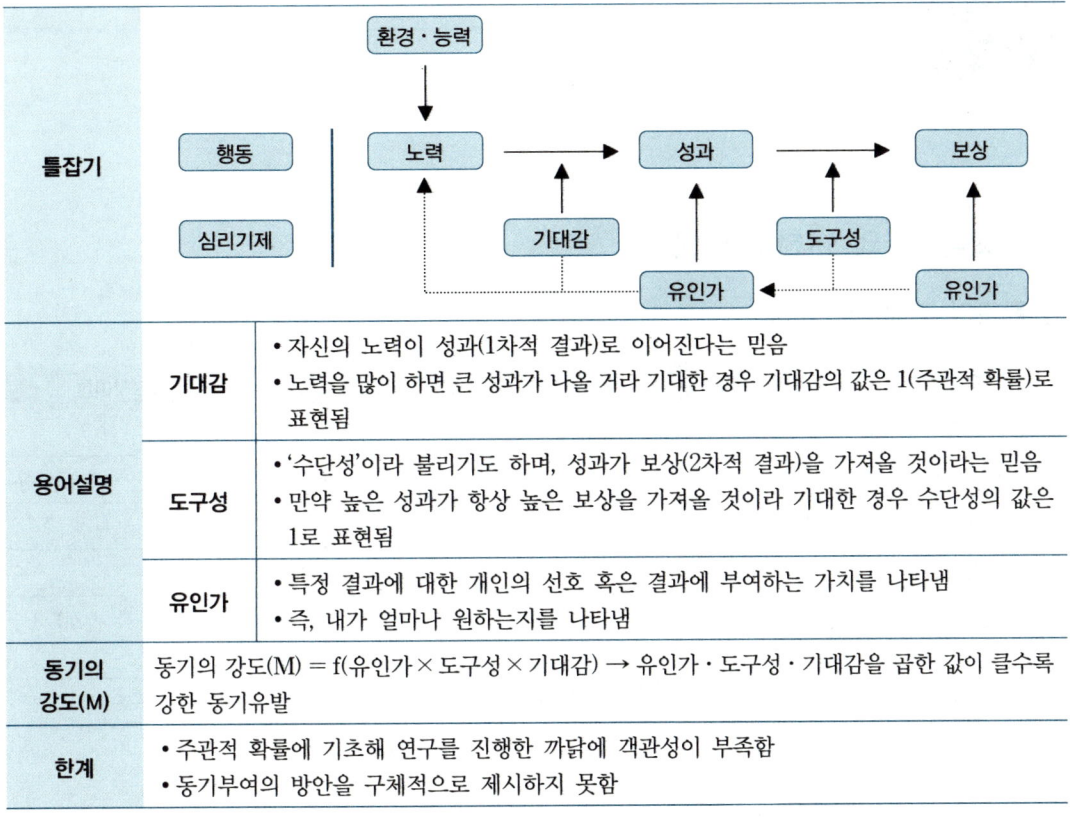

틀잡기		
용어설명	**기대감**	• 자신의 노력이 성과(1차적 결과)로 이어진다는 믿음 • 노력을 많이 하면 큰 성과가 나올 거라 기대한 경우 기대감의 값은 1(주관적 확률)로 표현됨
	도구성	• '수단성'이라 불리기도 하며, 성과가 보상(2차적 결과)을 가져올 것이라는 믿음 • 만약 높은 성과가 항상 높은 보상을 가져올 것이라 기대한 경우 수단성의 값은 1로 표현됨
	유인가	• 특정 결과에 대한 개인의 선호 혹은 결과에 부여하는 가치를 나타냄 • 즉, 내가 얼마나 원하는지를 나타냄
동기의 강도(M)		동기의 강도(M) = f(유인가 × 도구성 × 기대감) → 유인가 · 도구성 · 기대감을 곱한 값이 클수록 강한 동기유발
한계		• 주관적 확률에 기초해 연구를 진행한 까닭에 객관성이 부족함 • 동기부여의 방안을 구체적으로 제시하지 못함

조직이론 : 조직이론의 전개를 중심으로

01 조직이론의 변천과 발달

1. 왈도의 조직이론 분류

구분	고전적 조직이론	신고전적 조직이론	현대적 조직이론
초점	조직구조	인간	환경
행정이론	관리주의	인간관계론	생태론·비교행정론·체제론 등
조직관	폐쇄체제	폐쇄체제	개방체제
행정이념	기계적 능률성	사회적 능률성	가치의 다원화
인간관	경제적·합리적 인간	사회·심리적 인간	• 자아실현인(심리적 존재) • 복잡인
조직구조	공식적·합리적 구조	비공식적 구조	동태적·유기적 구조

ME
MO

행정사
최욱진 행정학개론

인사행정

Chapter 01 인사행정의 기초

01 인사행정제도

1. 엽관주의(Spoils System)

틀잡기	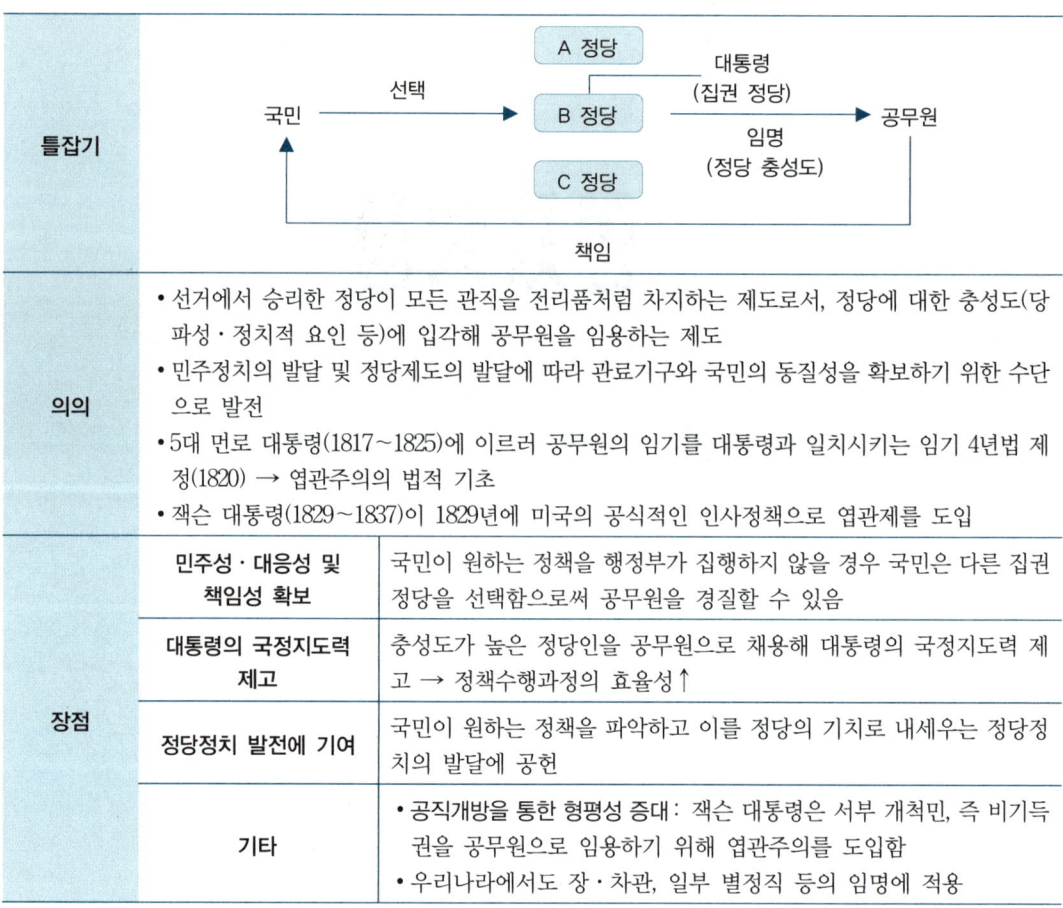
의의	• 선거에서 승리한 정당이 모든 관직을 전리품처럼 차지하는 제도로서, 정당에 대한 충성도(당파성·정치적 요인 등)에 입각해 공무원을 임용하는 제도 • 민주정치의 발달 및 정당제도의 발달에 따라 관료기구와 국민의 동질성을 확보하기 위한 수단으로 발전 • 5대 먼로 대통령(1817~1825)에 이르러 공무원의 임기를 대통령과 일치시키는 임기 4년법 제정(1820) → 엽관주의의 법적 기초 • 잭슨 대통령(1829~1837)이 1829년에 미국의 공식적인 인사정책으로 엽관제를 도입
장점	

장점		
	민주성·대응성 및 책임성 확보	국민이 원하는 정책을 행정부가 집행하지 않을 경우 국민은 다른 집권정당을 선택함으로써 공무원을 경질할 수 있음
	대통령의 국정지도력 제고	충성도가 높은 정당인을 공무원으로 채용해 대통령의 국정지도력 제고 → 정책수행과정의 효율성↑
	정당정치 발전에 기여	국민이 원하는 정책을 파악하고 이를 정당의 기치로 내세우는 정당정치의 발달에 공헌
	기타	• 공직개방을 통한 형평성 증대 : 잭슨 대통령은 서부 개척민, 즉 비기득권을 공무원으로 임용하기 위해 엽관주의를 도입함 • 우리나라에서도 장·차관, 일부 별정직 등의 임명에 적용

단점	**행정의 비능률**	이해관계에 따라 전문성이 부족한 사람들을 임용하는 바 행정의 효율성이 부족함
	행정의 안정성 및 일관성↓	대통령 선거마다 공무원이 많이 바뀌면 정책의 일관성 및 행정의 안정성이 떨어짐 → 공무원에 대한 신분보장×
	공무원의 부패	공무원들이 짧은 재직기간 동안 공직을 발판으로 많은 것을 얻어내려고 하는 경향 발생
	정치적 중립성 손상	공무원들이 집권 정당에서 임명되는 바 정치적 중립을 지키면서 공평무사하게 일할 수 있는 여건 손상 → 국민에 대한 책임 아닌 정당에 대한 책임으로 변질
	공직의 상품화	정당에 대한 충성도를 기준으로 공무원을 채용하기 때문에 공무원 임명에 있어서 자의성이 있을 수 있음 → 아울러 주관적인 채용기준으로 인해 공직의 상품화를 가져올 수 있음

2. 실적주의(實績主義, Merit System)

틀잡기	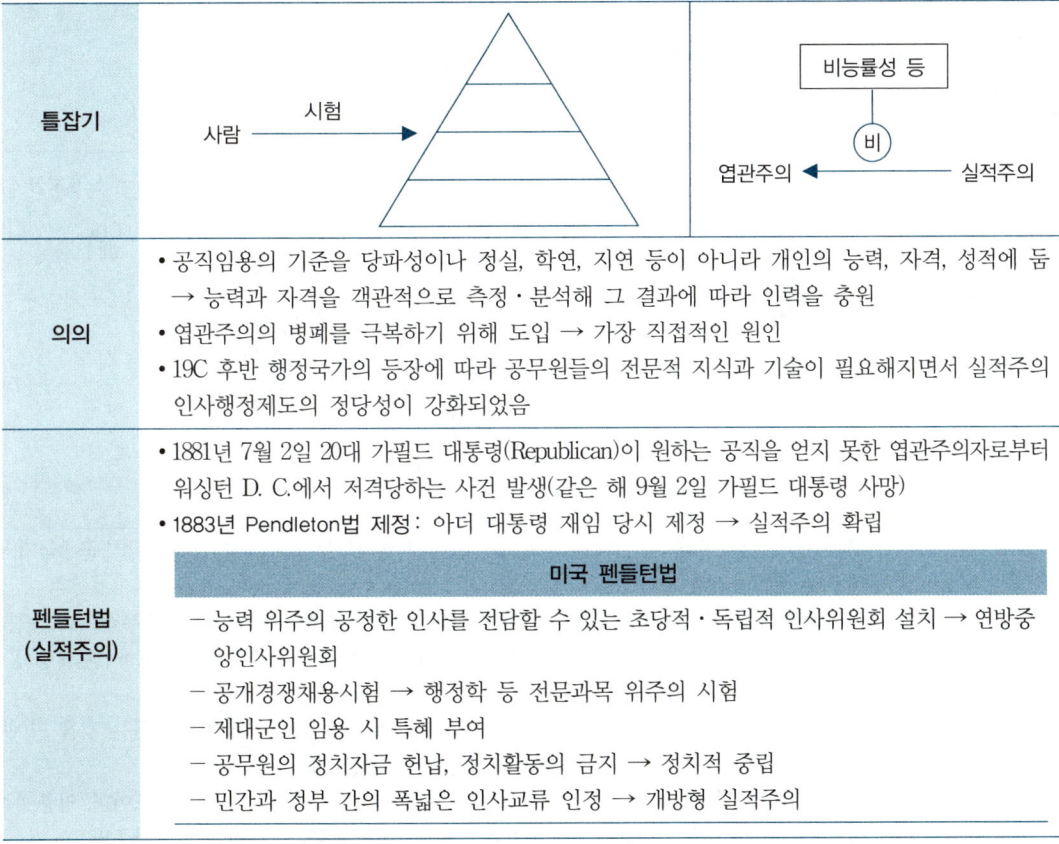
의의	• 공직임용의 기준을 당파성이나 정실, 학연, 지연 등이 아니라 개인의 능력, 자격, 성적에 둠 → 능력과 자격을 객관적으로 측정·분석해 그 결과에 따라 인력을 충원 • 엽관주의의 병폐를 극복하기 위해 도입 → 가장 직접적인 원인 • 19C 후반 행정국가의 등장에 따라 공무원들의 전문적 지식과 기술이 필요해지면서 실적주의 인사행정제도의 정당성이 강화되었음
펜들턴법 (실적주의)	• 1881년 7월 2일 20대 가필드 대통령(Republican)이 원하는 공직을 얻지 못한 엽관주의자로부터 워싱턴 D. C.에서 저격당하는 사건 발생(같은 해 9월 2일 가필드 대통령 사망) • 1883년 Pendleton법 제정 : 아더 대통령 재임 당시 제정 → 실적주의 확립<table><tr><td>**미국 펜들턴법**</td></tr><tr><td>- 능력 위주의 공정한 인사를 전담할 수 있는 초당적·독립적 인사위원회 설치 → 연방중앙인사위원회 - 공개경쟁채용시험 → 행정학 등 전문과목 위주의 시험 - 제대군인 임용 시 특혜 부여 - 공무원의 정치자금 헌납, 정치활동의 금지 → 정치적 중립 - 민간과 정부 간의 폭넓은 인사교류 인정 → 개방형 실적주의</td></tr></table>

주요 내용		• 능력, 자격, 성적에 의한 임용 • 공무원 임용상의 기회균등 • 정치적 중립 • 공무원의 신분보장(자의적인 해고×) • 초당적인 행정기관을 통한 인사행정의 집권화
장점	엽관주의 단점 보완	• 실적주의의 기본원칙인 공개경쟁채용시험은 공직 취임의 기회균등(수평적 형평성 제고)이라는 민주적인 요청을 충족(보편적인 채용기준) → 시험에 합격하면 누구나 공무원이 될 수 있음 • 실적을 기본으로 하므로, 행정능률성의 향상에 기여 • 공무원의 정치적 중립을 요구하므로, 행정의 공정성을 보장 　－ 정치적인 해고, 자기 의사에 반하는 부당한 해고에서 신분보장 　－ 행정의 계속성과 전문성 및 공무원의 직업안정성 확보 → 직업공무원제 확립에 기여 • 공직의 상품화를 봉쇄(시험에 의한 임용)해 정치·행정적 부패를 줄일 수 있음
단점	소극적 인사행정	• 신분보장 → 공무원 특권집단화·무사안일 초래 • 구체적 채용기준 법제화 → 유연한 채용 저해(경직성)

3. 직업공무원제

(1) 틀잡기 및 의의

틀잡기	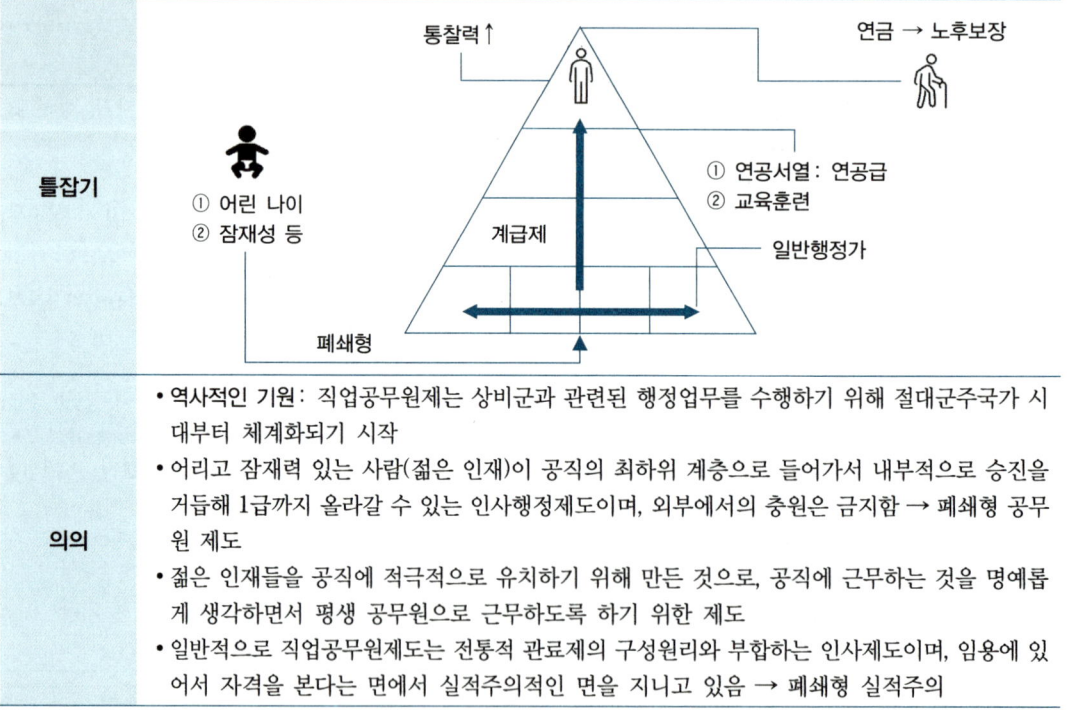
의의	• **역사적인 기원**: 직업공무원제는 상비군과 관련된 행정업무를 수행하기 위해 절대군주국가 시대부터 체계화되기 시작 • 어리고 잠재력 있는 사람(젊은 인재)이 공직의 최하위 계층으로 들어가서 내부적으로 승진을 거듭해 1급까지 올라갈 수 있는 인사행정제도이며, 외부에서의 충원은 금지함 → 폐쇄형 공무원 제도 • 젊은 인재들을 공직에 적극적으로 유치하기 위해 만든 것으로, 공직에 근무하는 것을 명예롭게 생각하면서 평생 공무원으로 근무하도록 하기 위한 제도 • 일반적으로 직업공무원제도는 전통적 관료제의 구성원리와 부합하는 인사제도이며, 임용에 있어서 자격을 본다는 면에서 실적주의적인 면을 지니고 있음 → 폐쇄형 실적주의

(2) 장점과 단점

장점	일반행정가로 인한 장점	• 여러 분야의 업무를 익히고 인적 네트워크를 형성하는 데 유리 • 공무원의 능력발전 및 고급공무원의 양성에 유리
	정년보장 · 폐쇄형 체제로 인한 장점	• 장기근무로 인한 공무원 간 유대감 형성 → 공직에 대한 자부심과 일체감이 강함 • 공무원의 장기근무, 행정의 계속성 · 안정성 · 일관성 유지에 유리 → 연공주의에 기초 • 평생직업으로 공직에서 근무하기 때문에 공직을 하나의 전문직업 분야로 확립
단점	일반행정가로 인한 단점	• 일반행정가 양성에 유리하나 전문행정가 양성에 불리 • 즉, 직업공무원제도는 공직을 전문직업 분야(공무원 = 평생직업)로 확립시키기도 하지만, 행정의 전문성 약화(일반행정가 지향)를 가져오기도 함
	정년보장 · 폐쇄형 체제로 인한 단점	• 공무원의 특권 집단화 • 폐쇄적 임용으로 인해 전문성을 갖춘 외부 인력 활용에 대한 유연성이 떨어질 수 있음 • 보수적 성격(외부 인력과의 경쟁 결여), 환경에 대한 부적응 및 경직성(관료주의화 경향) 등 • 연공서열을 중시하는 문화로 인해 공무원의 전반적인 질적 수준 저하
기타	직업공무원제 수립요건	• 높은 사회적 평가 • 장기적인 인력수급 및 우수인력 공급계획과 퇴직인력 관리

4. 대표관료제(Representative Bureaucracy)

(1) 틀잡기 및 등장배경

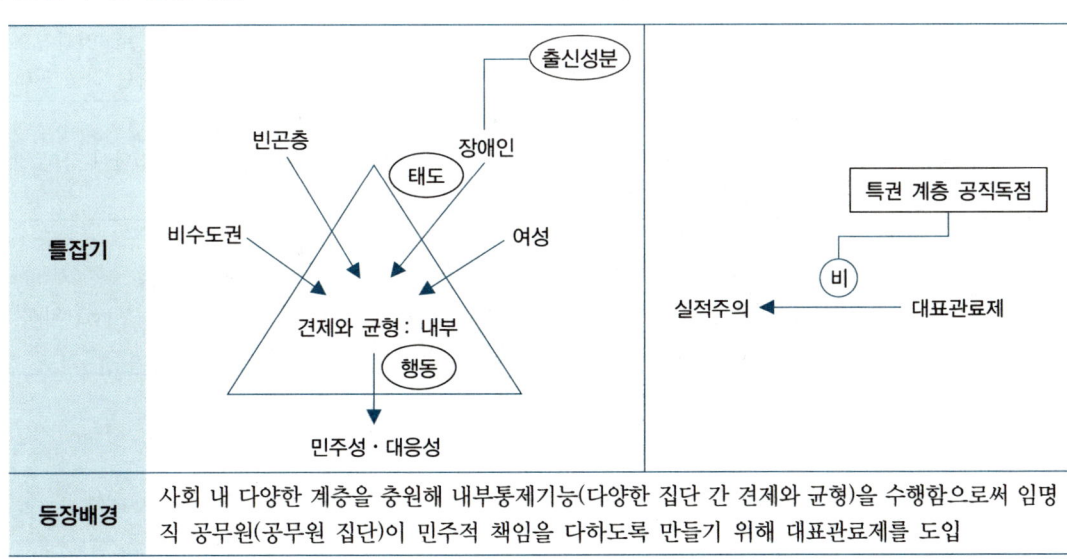

틀잡기	(도표)
등장배경	사회 내 다양한 계층을 충원해 내부통제기능(다양한 집단 간 견제와 균형)을 수행함으로써 임명직 공무원(공무원 집단)이 민주적 책임을 다하도록 만들기 위해 대표관료제를 도입

(2) 학자별 정의

킹슬리	사회 내 여러 세력(다양한 계층)을 고르게 반영하는 관료제 → 대표관료제라는 용어를 처음으로 사용
크란츠	• 대표관료제의 개념을 비례대표로 확대: 관료제 내의 직무 분야와 계급의 구성비율까지 총인구 비율에 상응하도록 분포해야 한다고 주장 • 모든 사회계층의 사람들에게 공무원이 될 수 있는 실질적인 기회균등원칙을 보장함으로써 사회적 형평성을 제고하는 제도 • 대표관료제는 소외계층 임용을 강제하기 때문에 수직적 형평성과 관련됨
기타	• 우리나라에서의 대표관료제 실천 노력: 국공립대 여성 교수 채용목표제, 여성관리자 임용 확대 5개년 계획, 장애인 고용촉진 및 직업재활법, 인재 지역할당제(지방인재 채용), 저소득층 채용, 이공계 전공자, 양성평등 채용목표제 등 • 사회적 소외집단을 배려하는 우리나라의 균형인사정책(대표관료제)은 미국의 적극적 조치의 관점에서 이해될 수 있음 　－ 적극적 조치: 소수민족이나 소외계층에 대한 고용상 우대정책

(3) 대표관료제의 전제와 장·단점

대표관료제의 전제	직관적 이해	소극적 대표 ⟶ 적극적 대표 ※ 소극적 대표는 적극적 대표를 보장함
	소극적 대표	• 다수설: 출신성분이 태도를 결정한다는 관점으로서 관료들의 사회경제적 배경이 그 사회 전체의 것(태도)를 반영하는 정도를 나타냄 • 소수설(구성론적 대표): 정부관료제의 인적 구성이 정부관료제의 봉사대상인 사회의 다양한 인구학적 집단 혹은 인적 구성의 특성을 반영하는 것을 의미함. 즉, 소외집단을 보호하기 위한 임용할당제를 의미
	적극적 대표	• 다수설: 태도가 행동을 결정한다는 관점 • 소수설(역할론적 대표): 관료들이 자신들의 출신 집단이나 계층을 적극적으로 대변하고 정책을 결정하며 책임을 지는 적극적인 행위까지 하는 것을 의미함
장점		• 민주성 및 대응성: 사회 내 다양한 계층의 입장을 대변할 수 있음 • 내부통제 기능: 대표관료제는 다양한 집단 간의 견제와 균형을 통해 특정 집단이 강한 권력을 갖지 못하도록 내부통제를 강화하는 기능을 가지고 있음
단점		• 소극적 대표가 반드시 적극적 대표로 이어진다는 보장이 없음 • 형평성을 강조하는 과정에서 실적주의 훼손 혹은 역차별의 문제를 야기함 • 관료들이 출신 집단의 이익을 위해 적극적으로 행동하는 적극적 대표는 일부 집단의 견해를 반영하는 과정에서 민주주의에 위협 요소로 작용할 수 있음

02 우리나라의 중앙인사기관 : 인사혁신처

1. 중앙인사기관

(1) 개념 및 중요성

개념	• 중앙인사기관은 인사행정을 총괄하는 중앙정부의 인사행정기관으로서 정부규모의 확대에 따른 행정의 전문성 제고를 위해 19세기 중반 이후 설치되기 시작함 • 우리나라 행정부의 중앙인사기관은 국무총리 소속의 인사혁신처
중요성	• 행정의 전문성 제고 : 정부규모의 확대로 전략적 인적자원관리가 강조되어 중앙인사기관의 설치 및 기능이 중요함 • 인사행정의 공정성 및 중립성 확보 : 독립적인 인사행정기관을 설치할 경우 정실주의 혹은 엽관주의적 인사행정의 폐단을 어느 정도 막을 수 있음 • 공무원 관리에 있어서 전체적인 통일성을 담보할 수 있음 → 인사행정에서 부처 간 할거주의 타파

(2) 중앙인사기관의 유형

구분	합의적	단독적
독립성	독립형 합의제(위원회형)	독립형 단독제(절충형)
비독립성	비독립형 합의제(절충형)	비독립형 단독제(부처형)

일반적으로 인사기관의 유형은 '독립성'과 '합의성'을 기준으로 다음과 같이 구분할 수 있음
• 합의성 : 중앙인사기관의 결정을 다수 위원의 합의로 결정하는가? → 결정방식과 관련된 개념
• 독립성 : 중앙인사기관이 정치적 영향으로부터 어느 정도 자유로운가? → 행정수반으로부터 자유로운 정도로서 중앙인사기관이 행정부 소속이면 비독립형, 분리되어 있으면 독립형

(3) 각 유형별 예시

독립 합의형	1883년 펜들턴(Pendleton)법에 의해 창설한 미국의 연방인사위원회
비독립 단독형	미국의 인사관리처(OPM), 일본의 총무청 인사국(총무성), 영국의 내각 사무처, 공무원 장관실, 한국의 인사혁신처 등
비독립 합의형	• 과거 우리나라의 중앙인사위원회, 소청심사위원회, 미국의 연방 노동관계청(FLRA) • 우리나라의 중앙인사위원회(김대중 정권)는 합의제 중앙인사기관으로 1999년부터 2008년까지 존속
독립 단독형	—

참고 ◆
① 독립형 단독제와 비독립형 합의제는 절충형이라고 불리는데, 이는 일반적이지 않은 형태임
② 절충형은 독립 합의형과 비독립 단독형의 장점을 취하기 위한 조직형태임

2. 우리나라 행정부의 중앙인사기관 : 인사혁신처

비독립형 단독제(부처형) : 행정부 내부에 설치(국무총리 소속)되어 있으며, 인사혁신처장에게 의사결정권이 집중되어 있음

(I) 관련 법령

정부조직법	제22조의3【인사혁신처】① 공무원의 인사·윤리·복무 및 연금에 관한 사무를 관장하기 위하여 국무총리 소속으로 인사혁신처를 둔다.
국가공무원법	제6조【중앙인사관장기관】① 인사행정에 관한 기본 정책의 수립과 이 법의 시행·운영에 관한 사무는 다음 각 호의 구분에 따라 관장(管掌)한다. 　1. 국회는 국회사무총장 　2. 법원은 법원행정처장 　3. 헌법재판소는 헌법재판소사무처장 　4. 선거관리위원회는 중앙선거관리위원회사무총장 　**5. 행정부는 인사혁신처장**

Chapter 02

공직구조의 형성

01 공직구조의 유형 : 공무원을 일정한 기준에 따라 분류

1. 계급제

틀잡기	① 사람의 일반적 특성: 성실성 등 ② 인간 중심적인 제도	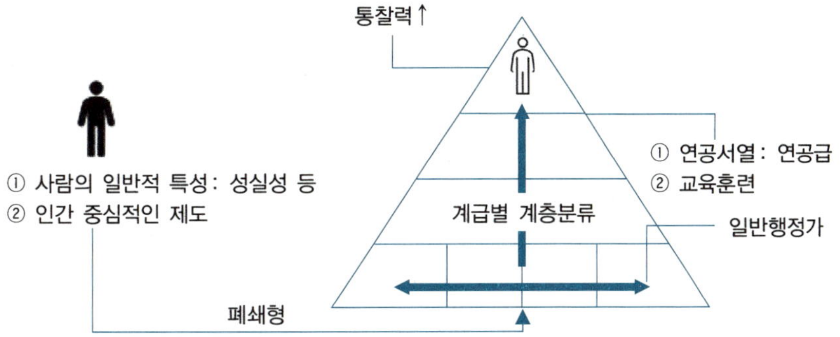 통찰력↑ 연공서열 : 연공급 교육훈련 계급별 계층분류 일반행정가 폐쇄형 ※ 문제를 풀 때 '계급제 = 직업공무원제'로 생각해도 됨
특징	계급 간의 차별 인정	상·하위직 간에 계급의식이나 위화감이 클 수 있음
	일반행정가 지향	• 폭넓은 이해력과 조정능력을 갖추고 업무의 통합능력이 뛰어난 일반 행정가 선호 • 일반행정가를 지향하는 바 조직 내 수평적 인사이동이 탄력적으로 이루어짐
	폐쇄형 임용	공무원을 신규채용 시 가장 하위계층으로 임용
	고위직의 엘리트화	조직 내 모든 업무에 정통한 고위공직자 양성
	신분보장과 연공급 중심의 보수체계	공무원의 신분보장과 직업공무원제 확립에 유리하며, 개인의 능력·자 격(근무연한)에 따라 보수를 결정
장점		• 순환보직을 활용한 수평적 인사배치의 신축성 제고(인사관리 용이성): 조직 내 직무의 변화 등에 대해 신속한 대응 • 신분보장과 직업공무원제 확립: 행정의 안정성↑ • 직업적 연대의식 제고: 공무원 간의 유대의식이 높아 협력을 통한 능률성 제고 • 인사관리자의 높은 리더십 구현에 기여: 일반행정가를 지향하는 계급제에서 인사관리자는 조정 및 통합을 유연하게 할 수 있음 → 재량권과 융통성↑ • 공무원의 단체정신과 조직에 대한 충성심 확보에 유리 → 폐쇄형의 장점

단점	• 행정의 전문성 약화 • 직무급 체계확립의 어려움: 보수와 업무부담의 형평성 결여 • 비체계적 분업화: 인적자원 관리에 있어 편의적 기준 개입 • 관료의 특권의식과 집단이익의 옹호: 국민에 대한 행정의 책임성과 대응성 저하
기타	계급제에서는 인적자원 활용의 수평적 융통성은 높으나 수직적 융통성은 낮음

2. 직위분류제

(1) 직위분류제에 대한 이해

틀잡기	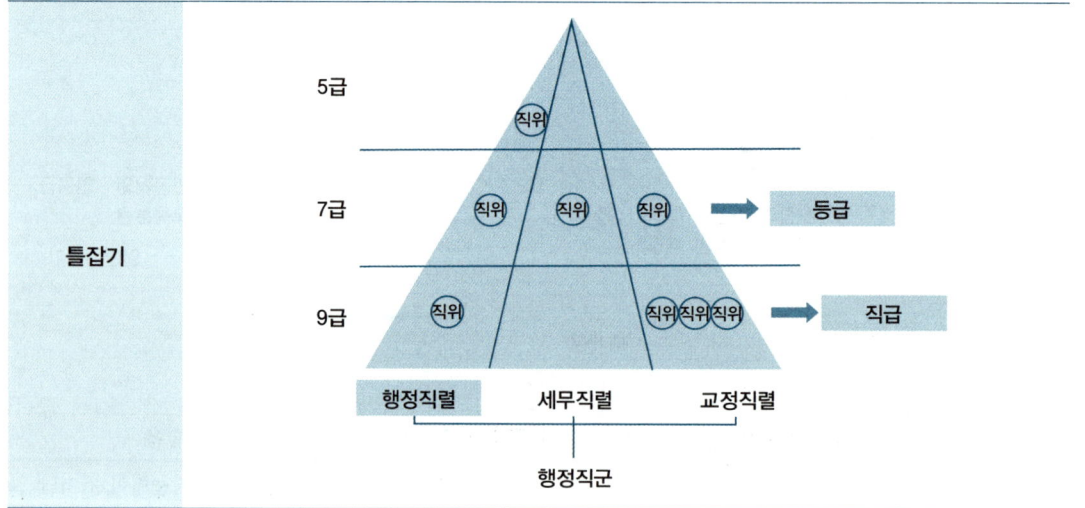

개념	• 사람이 수행할 직무의 특성을 기준으로 공직을 분류하는 제도 → 직무지향적 제도
	• 직무의 특성
	  – 직무의 종류: 종적(세로) 특성
	  – 직무의 난이도(곤란도)와 책임의 경중도: 횡적(가로) 특성
	• 사회적 출신배경에 관계없이 담당 직무의 수행능력과 지식·기술을 중시함

직위분류제 구성개념 (국가공무원법)	구분	일의 종류	난이도· 책임도	직위		직무가 부여된 자리
	직렬	유사	상이	(직렬 →)	직류	직렬의 세분화
	직급	유사	유사		직군	유사한 직렬의 묶음
	등급	상이	유사			

계급 및 직급	3급	부이사관						
	4급	서기관					감사관	
	5급	행정사무관				사회복지사무관	부감사관	
	6급	행정주사		세무주사	관세주사	사회복지주사	감사주사	
	7급	행정주사보		세무주사보	관세주사보	사회복지주사보	감사주사보	
	8급	행정서기		세무서기	관세서기	사회복지서기	감사서기	
	9급	행정서기보		세무서기보	관세서기보	사회복지서기보	감사서기보	
	직류	일반행정	인사조직	재경	국제통상	세무	관세	사회복지	감사
	직렬	행정				세무	관세	사회복지	감사
	직군	행정							

예시
(공직의 분류
참고표)

참고 ◆

① 9·8·7·6·5와 같은 숫자 위계를 '계급', 서기보·서기·주사보·주사·사무관 등의 계급을 나타내는 호칭을 '직급', 과장·국장 등 직무 책임에 따른 보직을 '직위'라고 함
② 직책: 직위에 부여된 직무와 책임 → 일반적으로 직위분류제에서 쓰이는 표현임
③ 보직: 특정한 직위에 배치되는 것 → 시험에서 일반적으로 직위와 같은 의미로 사용됨
④ 공무원임용령 개정으로 기술직렬이 과학기술직렬로, 기술직군이 과학기술직군으로 변경됨

(2) 직위분류제의 특징 및 장·단점

특징	보상의 공정성	동일한 직무는 동일한 보수를 지급함 → 직무급
	체계적인 분업화	명확한 권한과 책임의 한계 규정 → 시험이나 임용, 보수, 기타 인사관리의 합리화를 위한 수단으로 활용
	개방형 체제	개방형 임용은 일반적으로 임기제임 → 따라서 직위분류제는 직업공무원제를 확립하는 데 용이하지 않음
	기타	직위분류제는 실적제 요소(예 자격 검토: 해당 직무에 대한 전문성)와 개방형 인사의 엽관제 요소를 모두 가지고 있음 참고 ▶ 엽관주의는 정당에 대한 충성도만 있으면 계급에 관계없이 임용할 수 있으므로 개방형 제도의 특징을 지님
장점	직무 중심 인사행정	• 근무성적평정을 객관적으로 할 수 있는 기준을 확립하고, 교육훈련 수요 파악에 기여 • 구성원을 동등하게 대우할 수 있음 → 똑같은 직무에 똑같은 월급 • 직위 간의 권한과 책임의 한계를 명확히 해 효율적인 정원관리 및 행정의 전문화에 기여
	기타	• 직위분류제는 개방형 실적주의와 관련있는 바 정치적 중립 확보를 통해 행정의 전문성을 제고 → 개방형 실적주의는 직위분류제 확립에 기여 • 동일 직렬에서 장기간 근무하기 때문에 전문가 양성에 유리함 • 외부에서 최신 기술과 전문성을 갖춘 인재를 임용할 수 있기 때문에 외부 환경의 변화에 대한 대응력이 강함

단점	• 직위분류제는 개방형 제도이고, 개방형은 일반적으로 공무원의 임기가 정해져 있으므로 신분 보장이 곤란해 직업공무원제의 확립을 어렵게 만듦
	• 고도의 전문화로 인한 단점
	  - 고도의 분업화된 체계로 인해 인사배치의 탄력성 제약
	  - 직책에 따른 전문화로 인해 의사소통이나 협조, 조정이 어려움

(3) 직위분류제 수립절차

순서	각 단계의 명칭	내용
①	직무조사	직무에 대한 데이터 수집·직무기술서 작성 등
②	직무분석	일의 종류 파악 → 직렬·직류 등
③	직무평가	일의 난이도 파악 → 등급·직급 등
④	직급명세서 작성	각 직위의 직급별 특성을 설명한 것으로 직급명, 직책의 개요, 최저자격 요건, 채용 방법, 보수액 등이 명시됨
⑤	정급	해당 직위에 배정

(4) 기타 : 직위분류제 관련 법령

국가공무원법	제5조 【정의】이 법에서 사용하는 용어의 뜻은 다음과 같다.
	  1. "직위(職位)"란 1명의 공무원에게 부여할 수 있는 직무와 책임을 말한다.
	  2. "직급(職級)"이란 직무의 종류·곤란성과 책임도가 상당히 유사한 직위의 군을 말한다.
	  7. "직군(職群)"이란 직무의 성질이 유사한 직렬의 군을 말한다.
	  8. "직렬(職列)"이란 직무의 종류가 유사하고 그 책임과 곤란성의 정도가 서로 다른 직급의 군을 말한다.
	  9. "직류(職類)"란 같은 직렬 내에서 담당 분야가 같은 직무의 군을 말한다.
	  10. "직무등급"이란 직무의 곤란성과 책임도가 상당히 유사한 직위의 군을 말한다.

3. 직위분류제와 계급제 비교

구분	직위분류제	계급제
적용사회	산업사회	농업사회
전문성 유무	전문행정가	일반행정가
어울리는 조직규모	대규모 조직	소규모 조직
환경적응	용이	어려움
보수체계	직무급	연공급
신분보장	신분보장이 어려움	신분보장이 용이함
훈련수요	수요 파악 쉬움	수요 파악 어려움
인사배치의 신축성	신축성 저하	신축적인 인사배치

개방형 유무	개방형 공무원제	폐쇄형 공무원제
직업공무원제 정착 유무	정착이 어려움	정착이 쉬움
계획	단기계획	장기계획
임용시험	직무와 관련	직무와의 관련성이 상대적으로 부족함
적용 계층	하위계층	상위계층(통찰력 있는 고위공무원 양성에 유리)

참고 ◆
① 계급제와 직위분류제는 현실에서 상호보완적임 → 계급제를 채택한 국가에서는 점차 직위분류제적 요소를 더 많이 가미하고 있으며, 반대로 직위분류제를 채택한 미국 등의 국가에서는 계급제적 요소를 도입하고 있음
② 우리나라는 계급제를 기본으로 하면서 직위분류제적 요소를 가미해 운영하고 있음

4. 개방형과 폐쇄형

(1) 틀잡기

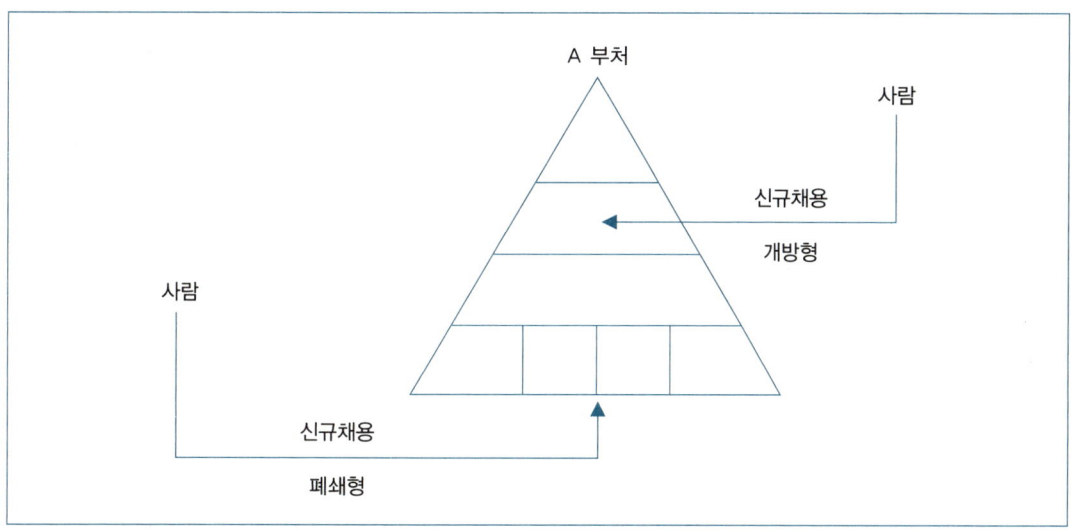

(2) 개방형과 폐쇄형의 장·단점 및 비교

폐쇄형 (일반행정가)	장점	• 폐쇄형 인사제도는 내부승진 및 경력발전을 위한 교육훈련 기회를 개방형보다 더 많이 제공하는 까닭에 공무원의 사기 상승에 도움이 되는 제도임 • 폐쇄형은 강한 신분보장을 특징으로 하는 바 공무원의 소속감과 사기를 높이고 행정의 일관성과 안전성을 가져옴
	단점	• 무사안일에 안주함으로써 공직에 침체를 가져올 수 있음 • 관료들이 국민의 요구에 민감하게 대응하지 못하는 특권집단화 우려

개방형 **(전문행정가)**	**장점**	• 신진대사가 원활해 공직침체를 막음 → 관료주의화 방지 • 다양한 사람이 공직에 임용될 수 있기에 행정에 대한 민주통제 가능 • 국민이 원하는 서비스를 제공할 수 있는 경력자를 채용하는 까닭에 대응성과 민주성을 높일 수 있음 • 보다 우수한 인재를 등용해 행정의 전문화에 기여 → 전문행정가 양성 • 경쟁심을 유발하므로 재직자의 자기개발을 촉진할 수 있음 • 리더의 신임을 받는 공무원을 관리자급으로 임용할 수 있는 바 정치적 리더가 조직을 장악하는 데 기여
	단점	• 재직자의 사기 저하 → 낙하산 인사 • 신분보장이 어려워 행정의 안전성 저해 → 개방형 채용은 대개 특정 임기가 정해져 있음 • 최소 임기를 채우면 공직에서 나갈 수 있는 바 이직률이 늘어나 직업공무원제 확립이 어려움 • 채용된 자의 실력이 부족하면 공직사회의 일체감이 저하되고 관료의 능률성이 떨어짐 • 개방형은 승진 기회의 제약으로, 직무의 폐지는 대개 퇴직으로 이어짐 • 개방형 직위의 임명에 있어서 낙하산 인사가 있을 수 있음(정실에 의한 자의적 인사의 가능성)

(3) 우리나라의 개방형 제도

	구분	고위공무원단 직위	과장급 직위
틀잡기	**개방형 직위** 〈공무원 vs 민간인〉	20%	20%
	경력개방형 직위 〈민간인 vs 민간인〉	소속 장관은 개방형 직위 중 특히 공직 외부의 경험과 전문성을 적극 활용할 필요가 있는 직위를 공직 외부에서만 적격자를 선발하는 경력개방형 직위로 지정할 수 있음	
	공모 직위 〈공무원 vs 공무원〉	30%	20%
관련 법령	개방형 직위 및 공모 직위의 운영 등에 관한 규정 제9조【개방형 직위의 임용기간】① 개방형 직위에 임용되는 공무원의 임용기간은 다른 법령에 특별한 규정이 있는 경우를 제외하고는 5년의 범위에서 소속 장관이 정하되, 최소한 2년 이상으로 해야 한다. 동규정 제20조【공모 직위 임용자의 다른 직위에의 임용 제한 등】① 공모 직위에 임용된 공무원은 임용된 날부터 2년 이내에 다른 직위에 임용될 수 없다. 참고▶ 공무원이 개방형 직위나 공모 직위를 통해 임용된 경우 임용기간 만료 후 원래 소속으로 복귀 가능		

02 우리나라 공무원의 종류

1. 틀잡기

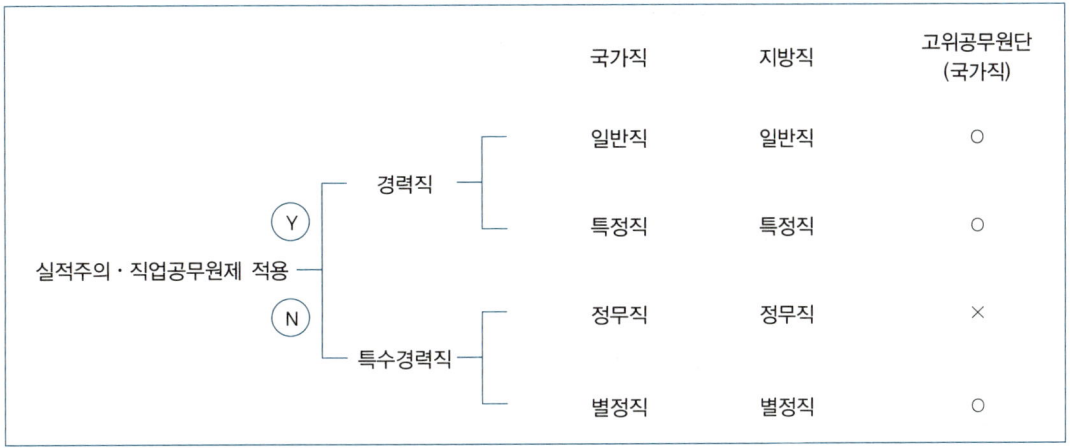

2. 국가직 · 지방직 공무원

구분		내용
국가직 공무원 (국가공무원법에 근거)	임명권자	• 대통령 혹은 중앙행정기관의 장 • 행정기관 소속 5급 이상 공무원 및 고위공무원단에 속하는 공무원은 소속 장관의 제청으로 인사혁신처와 협의를 거쳐 국무총리를 경유해 대통령이 임용함 • 소속 장관은 6급 이하 소속 공무원에 대해 일체의 임용권을 가짐 • 단, 대통령은 5급 이상의 임용권의 일부(4·5급의 파면 등)를 소속 장관에게 위임할 수 있으며, 소속 장관도 6급 이하의 일부와 대통령으로부터 위임받은 임용권의 일부를 그 보조기관 혹은 소속기관의 장에게 위임 또는 재위임할 수 있음
	공무원 월급	국비(국세)로 지급
지방직 공무원 (지방공무원법에 근거)	임명권자	지방자치단체장
	공무원 월급	지방비(지방세)로 충당함

참고 ◆
① 지방공무원 · 국가공무원의 보수는 대통령령(공무원 보수규정 및 지방공무원 보수규정)으로 정함
② 인사관리에 관해 국가공무원은 국가공무원법, 지방공무원은 지방공무원법을 적용함. 연금에 대해서는 모두 공무원 연금법의 적용을 받음

3. 경력직 · 특수경력직 공무원

(1) 경력직 공무원

- 실적주의와 직업공무원제도의 적용을 받는 공무원
- 즉, 실적과 자격에 의해 임용되고 직업공무원제도의 적용을 받아 정년이 보장됨
- 일반직과 특정직 공무원으로 구분됨

① 일반직 공무원

개념	• 기술 · 연구 또는 행정 일반에 대한 업무를 담당하는 대다수의 공무원 • 직업공무원의 주류	
특징	• 계급은 1~9급으로 구분 • 단, 고위공무원단은 계급이 없음 참고 임기제 공무원은 일반직 공무원에 해당함	
예시	국가직	감사원 사무차장, 국회전문위원
	지방직	지방의회 전문위원(별정직으로 임용 가능)

② 특정직 공무원

개념	개별법의 적용을 받아 특수 분야의 업무를 담당하는 공무원(예 군무원인사법)	
특징	• 우리나라 공무원 중 가장 많은 수를 차지함 • 일반직 공무원과 다른 별도의 계급체계를 가짐	
예시	국가직	법관, 검사, 외무공무원, 경찰공무원, 소방공무원, 교육공무원, 군인, 군무원, 헌법재판소 헌법연구관, 국가정보원의 직원, 경호공무원과 특수 분야의 업무를 담당하는 공무원으로서 다른 법률에서 특정직 공무원으로 지정하는 공무원
	지방직	공립대학 및 전문대학에 근무하는 교육공무원, 교육감 소속의 교육전문직원 및 자치경찰공무원과 그 밖에 특수 분야의 업무를 담당하는 공무원으로서 다른 법률에서 특정직 공무원으로 지정하는 공무원

(2) 특수경력직 공무원

- 경력직 공무원을 제외한 나머지의 공무원을 지칭하며, 정무직과 별정직 공무원으로 분류
- 실적주의와 직업공무원제의 적용을 획일적으로 받지 않으며, 계급의 구분이 없음
- 「국가공무원법」 · 「지방공무원법」에 규정된 보수와 복무규율을 동일하게 적용함

① 별정직 공무원

개념	비서관 · 비서 등 보좌업무 등을 수행하거나 특정한 업무 수행을 위해 법령에서 별정직으로 지정하는 공무원	
특징	별정직 공무원의 근무상한연령은 60세이며, 일반임기제 공무원으로 채용할 수 없음	
예시	국가직	국회 수석전문위원, 국회의원 보좌관 등
	지방직	광역지자체의 정무 부단체장, 도지사의 비서 등

② 정무직 공무원

개념		• 선거로 취임하는 공무원 • 임명할 때 국회·지방의회의 동의가 필요한 공무원 • 고도의 정책결정 업무를 담당하거나 이러한 업무를 보조하는 공무원으로서 법령 혹은 조례에서 정무직으로 지정하는 공무원

예시	국가직	• 선거로 취임하는 공무원: 대통령, 국회의원
		• 임명에 국회의 동의가 필요한 공무원: 국무총리, 감사원장, 헌법재판소장 등
		• 법령에서 정무직으로 지정하는 공무원
		  − 감사원: 감사위원, 감사원 사무총장
		  − 행정부: 대통령 비서실장, 민정수석비서관, 대통령 비서실 보좌관, 장·차관, 국가정보원장·차장, 국민권익위원회 위원장, 방송통신위원회 위원장, 국무조정실장·차장, 국무총리 비서실장 등

	학습 요령	• 특정 조직의 총장·차장: 일반적으로 정무직 • 중앙행정기관 위원회의 위원장: 정무직 • 독립기관 위원회의 위원장 및 상임위원: 정무직 • 대통령 비서실 요직 및 국무총리 소속 주요 조직의 요직: 정무직
	지방직	자치단체의 장, 지방의회의원 등

4. 고위공무원단

(1) 고위공무원단에 대한 이해

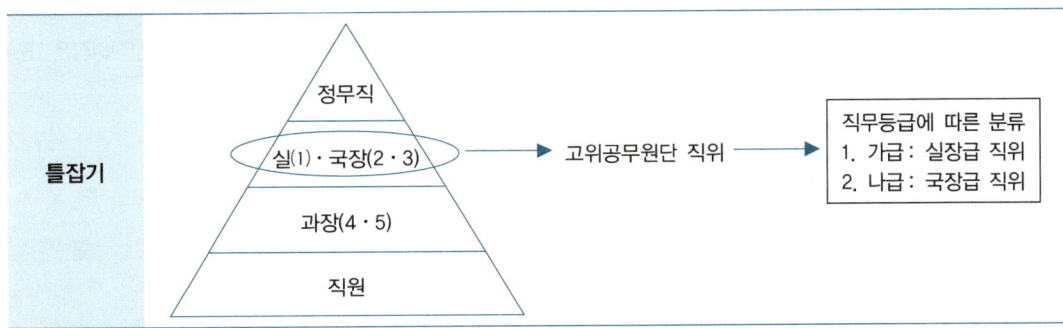

구분		고위공무원단(국가직)	고위공무원단 기타내용
경력직	일반직	○	• 고공단에는 광역지자체 행정부단체장 및 부교육감이 포함됨 • 감사원과 서울특별시는 고공단 제도 적용× − 감사원은 2007년 7월부터 고위감사공무원단을 운영하고 있으며, 서울특별시 행정부시장은 국가직이지만 차관급이므로 정무직에 해당함
	특정직	○ (외무공무원)	
특수경력직	정무직	×	
	별정직	○	

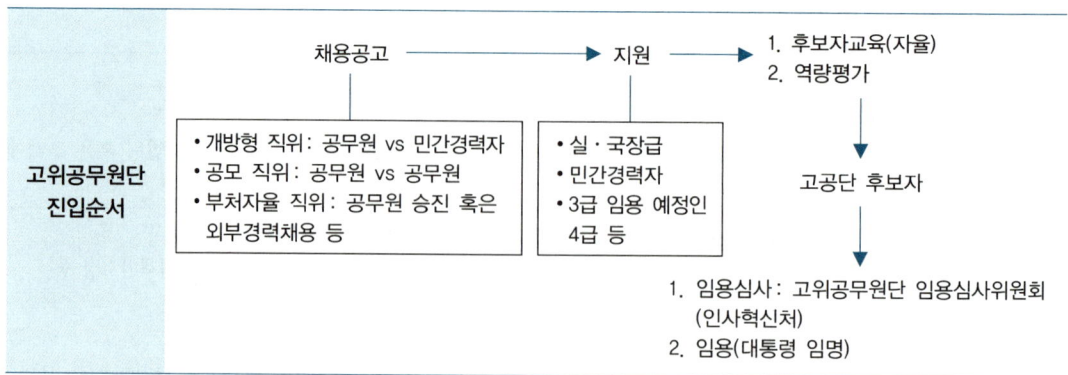

(2) 고위공무원단 관련 법령

① 고위공무원단 인사규정

제7조【고위공무원단후보자】 ① 제9조에 따른 **역량평가를 통과한 사람**으로서 다음 각 호의 어느 하나에 해당하는 사람은 고위공무원단후보자가 된다.

> **참고** ◆∽∽∽×
> • 고위공무원단후보자 교육은 액션러닝에 기초함
> • 액션러닝 : 이론과 지식 위주의 전통적인 주입식 · 집합식 강의의 한계를 극복하고 훈련자들의 참여를 통해 실제 문제해결능력 향상을 추구하는 교육훈련

제11조【역량평가방법】 역량평가는 4명 이상의 역량평가위원이 참여하여 제시된 직무 상황에서 나타나는 평가 대상자의 행동을 관찰하여 그 역량을 평가하는 방법으로 한다.

제20조【고위공무원의 근무성적평정】 ① 고위공무원단 직위에 근무 중인 고위공무원에 대한 근무성적평정은 「공무원 성과평가 등에 관한 규정」 제4조에 따른 **성과계약등 평가**에 따른다.

> **요점정리** ✎
> 행정부처에 배치된 고위공무원의 인사와 복무는 소속 장관이 관리함

② 공무원 보수규정 : 연봉제 적용

제63조【고위공무원의 보수】 ① 고위공무원에 대해서는 별표 31에 따라 **직무성과급적 연봉제**를 적용한다. 다만, 대통령경호처 직원 중 고위공무원단에 속하는 별정직공무원에 대해서는 호봉제를 적용한다.
② 직무성과급적 연봉제를 적용하는 고위공무원의 기본연봉은 개인의 경력 및 누적성과를 반영하여 책정되는 기준급과 직무의 곤란성 및 책임의 정도를 반영하여 직무등급에 따라 책정되는 직무급으로 구성한다.

5. 기타 : 우리나라와 미국의 고위공무원단 제도

(1) 미국

등장배경	• 1978년 카터 행정부에서 공무원제도개혁법 개정으로 도입 • 고위공무원단을 가장 처음으로 활용
주요 내용	• 계급제적 요소 도입 : 직위분류제의 문제점을 극복하기 위해 계급제적 요소를 가미하고자 고위공무원단 제도를 도입 • 대통령이 고위공무원을 임용하기 때문에 엽관주의 요소 혼재 → 정치적인 임용 우려 • 영국과 우리나라는 직위분류제적 요소를 적용하는 과정에서 고공단 제도를 도입함

(2) 우리나라

등장배경		• 우리나라는 참여정부(노무현 정권) 시기인 2006년 7월 1일에 고위공무원단 제도 시행 • 미국을 필두로 영국, 호주, 네덜란드로 확산되어 우리나라도 채택
주요 내용	**직무 중심 관리 (계급폐지)**	• 직무등급을 '가'등급, '나'등급으로 구분 • 고위공무원단 직무등급을 2009년에 5등급에서 2등급으로 변경함으로써 직무 중심의 인사관리를 유도
	적격심사	• 원칙적으로 고위공무원단은 가급 고위공무원을 제외하고 정년보장 • 다만, 적격심사에서 부적격 결정을 받은 고위공무원은 직권면직 처분을 받을 수 있음 → 따라서 적격심사는 고위공무원단의 신분보장을 약화시키는 제도임
	고위공무원단 진입경로 — **개방형 직위**	• 전체 고위공무원단 직위 총수의 20% 범위 내에서는 개방형으로 충원 • 민간 vs 공직 내부
	공모 직위	• 전체 고위공무원단 직위 총수의 30% 범위 내에서는 공모 직위로 채용 • 기관 내 공무원 vs 다른 부처 공무원
		공모 직위, 개방형 직위 임용 시 선발의 공정성 및 객관성 제고를 위해 선발심사 및 선발시험위원회를 둠
	부처자율 직위	• 나머지 50%는 부처자율 직위로 채용 • 부처자율인사 직위는 부처 장관이 자율적으로 임용 방법을 결정하는 방식인데, 일반적으로 내부공무원 승진과 외부경력자 채용 방식이 있음
	기타	• 행정의 전문성 제고 : 계급제적 요소에 직위분류제적 요소를 가미함 • 급격한 환경변화에 대한 적응능력 향상 : 실·국장국 직위를 고위공무원단 직위로 통합해 부처 간 협업 활성화 • 지나친 경쟁으로 인한 직업공무원들의 사기저하 문제

PART

04

Chapter 03 공무원 임용 및 능력 발전

01 임용의 종류

- **임용**: 공무원을 발생·변경·소멸시키는 모든 인사행위
- **외부임용**: 행정조직 바깥에서 사람을 선발해 쓰는 것 → 공개경쟁채용과 경력경쟁채용이 있음
- **내부임용**: 채용한 공무원의 재배치 → 수평이동(동일한 계층 내 이동)과 수직이동(계층 간 이동)이 있음

1. 틀잡기

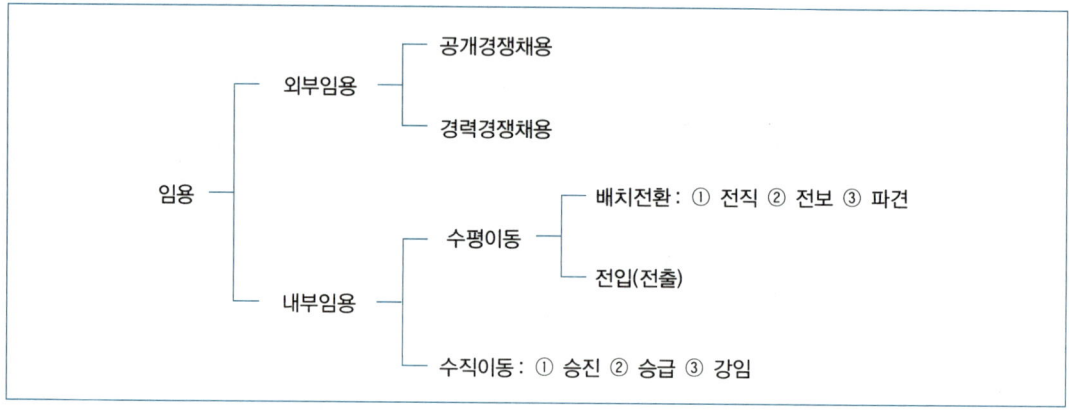

2. 외부임용: 신규채용

(1) 외부임용의 종류

공개경쟁채용	• 불특정 다수를 대상으로 경쟁시험을 실시해서 공무원을 채용하는 제도로서, 공무원 임용을 원하는 지원자에게 균등한 기회를 보장함 • 우리나라에는 5급·7급·9급 공개경쟁채용시험이 있음
경력경쟁채용	• 공개경쟁채용시험을 통해 인력을 충원하기에 부적절한 분야에 적용 • 채용 직위 혹은 직무에 적합한 우수전문인력 혹은 유경험자를 특별 채용하는 제도 → 행정수요의 복잡성 및 다양성 증대가 등장배경 • 일반적으로 시험 외 자격 제한을 두지 않는 공개경쟁채용과 다르게 자격증, 경력, 학위 등의 조건이 필요함

(2) 시보임용

개념	• 정식으로 공무원을 임용하기 전에 임용 예정 부처에서 공직 적격성을 검증받는 것 • 일반적으로 시보 공무원 기간이 종료되면 임명과 초임 보직이 이루어짐 • 정규 공무원과 동일한 신분보장×
법령	**국가공무원법 제29조【시보임용】** ① **5급 공무원**을 신규 채용하는 경우에는 **1년, 6급 이하의 공무원**을 신규 채용하는 경우에는 **6개월**간 각각 시보(試補)로 임용하고 그 기간의 근무성적·교육훈련성적과 공무원으로서의 자질을 고려하여 정규 공무원으로 임용한다. **참고** ◆∽∽ • 시보 기간은 공무원의 경력에 포함됨 → 다만, 시보 기간에는 신분이 보장되지 않으며, 승진 임용될 수 없음 • 소청심사청구 인정 • 시보 공무원은 공무원법상 공무원에 해당하기 때문에 시보 기간에도 직위를 맡을 수 있음 → 따라서 직위해제 및 전보가 가능함 ② 휴직한 기간, 직위해제 기간 및 징계에 따른 정직이나 감봉 처분을 받은 기간은 제1항의 시보 임용 기간에 넣어 계산하지 아니한다. ③ 시보임용 기간 중에 있는 공무원이 근무성적·교육훈련성적이 나쁘거나 이 법 또는 이 법에 따른 명령을 위반하여 **공무원으로서의 자질이 부족하다고 판단되는 경우**에는 제68조와 제70조에도 불구하고 면직시키거나 면직을 제청할 수 있다.

3. 내부임용: 재배치

(1) 수평이동: 동일한 계층 내 이동

		개념	직렬이동: 직렬의 경계를 넘어 다른 직렬의 동일 계급으로 이동
배치전환	전직		
		관련 법령	**국가공무원법 제28조의3【전직】** 공무원을 전직 임용하려는 때에는 **전직시험**을 거쳐야 한다. 다만, 대통령령등으로 정하는 전직의 경우에는 시험의 일부나 전부를 면제할 수 있다.
	전보		• 보직이동: 동일 직렬·직급 내에서의 수평적 이동 • 전보의 오용과 남용을 방지하기 위해 전보가 제한되는 기간이나 범위를 두고 있음 → 일반적으로 3년
	파견		소속을 바꾸지 않고 일시적으로 다른 기관에서 근무하는 것
전입 (전출)			• 국회, 법원, 헌법재판소, 선거관리위원회 및 행정부 상호 간 소속을 달리하는 인사이동 • 시험 ○

(2) **수직이동** : 계층 간 이동 ⇨ 승진 · 승급 · 강임

승진		계급상의 직위 상승 → 종전보다 상위의 계층에서 직책을 담당하는 것
승급		같은 계급 내에서 호봉이 상승하는 것
강임	개념	승진과 반대로 현 직급보다 낮은 하위 직급에 임용되는 것으로서 결원을 보충하는 수직적 임용방식 중 하나임
	특징	강임은 별도의 심사 절차가 없으며, 강임된 공무원은 상위의 직급에 결원이 있을 때 우선 승진의 대상임
	관련 법령	국가공무원법 제73조의4【강임】① 임용권자는 직제 또는 정원의 변경이나 예산의 감소 등으로 직위가 폐직되거나 하위의 직위로 변경되어 과원이 된 경우 또는 본인이 동의한 경우에는 소속 공무원을 강임할 수 있다. **공무원 보수규정 제6조【강임 시 등의 봉급 보전】** ① 강임된 사람에게는 강임된 봉급이 강임되기 전보다 많아지게 될 때까지는 강임되기 전의 봉급에 해당하는 금액을 지급한다.

4. 임용 관련 기타 내용

관련 법령	공무원임용령 제34조【5급 공무원으로의 승진임용】① 6급 공무원을 5급 공무원으로 승진임용 하려는 경우에는 **승진시험 또는 보통승진심사위원회의 심사**를 거쳐 임용하여야 한다. 국가공무원법 제40조의4【우수 공무원 등의 특별승진】① 공무원이 다음 각 호의 어느 하나에 해당하면 특별승진임용하거나 일반 승진시험에 우선 응시하게 할 수 있다. 1. 청렴하고 투철한 봉사 정신으로 직무에 모든 힘을 다하여 공무 집행의 공정성을 유지하고 깨끗한 공직 사회를 구현하는 데에 다른 공무원의 귀감(龜鑑)이 되는 자 2. 직무수행 능력이 탁월하여 행정 발전에 큰 공헌을 한 자 3. 제53조에 따른 제안의 채택 · 시행으로 국가 예산을 절감하는 등 행정 운영 발전에 뚜렷한 실적이 있는 자 **4. 재직 중 공적이 특히 뚜렷한 자가 제74조의2에 따라 명예퇴직 할 때** **동법 제74조의2【명예퇴직 등】** ① 공무원으로 20년 이상 근속(勤續)한 자가 정년 전에 스스로 퇴직하면 예산의 범위에서 명예퇴직 수당을 지급할 수 있다. 5. 재직 중 공적이 특히 뚜렷한 자가 공무로 사망한 때

02 선발시험의 실효성 확보 조건

- 공무원을 발생(선발)시키는 과정은 응시자의 지식, 기술, 능력 등을 측정하는 선발시험과 연관됨
- 선발시험은 응시자의 자격을 살펴보는 측정 도구인 까닭에 신뢰도(일관성)와 타당도(정확성) 및 그 외 부수적 조건을 충족해야 함

1. 틀잡기

| 신뢰성과 타당성이 모두 높은 경우 | 신뢰성은 높으나 타당성이 낮은 경우 | 신뢰성과 타당성이 모두 낮은 경우 |

2. 신뢰도

(1) 개념과 유형

개념	• 신뢰성(Reliability)은 일반적으로 측정 도구로 인한 결과가 보여주는 일관성을 뜻함 • 따라서 시험의 신뢰성은 시험의 결과, 즉 성적의 일관성을 의미함	
유형	종적 일관성	서로 다른 시점에서의 측정 결과가 일정한 값을 보이는 것
	횡적 일관성	• 동일한 시험에서 동질적인 둘 이상의 집단을 대상으로 같은 측정도구를 사용해서 얻은 결과가 일정한 값을 보이는 것 • 혹은 동일한 시점에서 두 개의 시험유형을 동일한 집단이 치렀을 때 얻은 결과가 일정한 값을 보이는 것

(2) 검증방법

재시험법	• 시험을 본 응시자에게 일정한 시간이 지난 뒤에 다시 같은 문제로 시험을 보게 해 두 점수 간의 일관성을 살펴보는 것 • 재시험법은 시험의 종적 일관성을 조사함
동질이형법	• 내용과 난이도가 비슷하면서도 형태는 다른 두 개의 시험유형을 동일한 집단을 대상으로 시험을 보게 한 후, 시험성적 간의 일관성을 조사하는 방법 예 동형모의고사 • 시험은 동시에 실시할 수도 있고, 두 시점에 나누어 실시할 수도 있음 • 따라서 재시험법에 비해 상대적으로 많은 비용과 노력을 요구하지만 종적 일관성과 횡적 일관성을 모두 검증할 수 있음
이분법 (반분법)	하나의 시험지 내에서 문항을 두 집단으로 나누어(예 짝수 · 홀수 문항 구분) 이들 문항 집단 간의 성적을 상호 비교하는 방법

3. 타당도

> **타당도**: 측정의 정확성 → 시험이 측정하려고 하는 것을 얼마나 정확하게 측정했는가를 의미함

(1) 유형

① 기준타당성: 시험성적과 근무성적을 비교해서 시험의 정확성을 분석하는 것

개념		• 시험의 성적과 시험을 통해 예측하고자 했던 기준(직무수행실적) 사이의 관계가 얼마나 밀접한지를 분석하는 것 • 기준타당성의 검증방법은 자료수집의 시차에 따라 동시적 타당성 검증과 예측적 타당성 검증으로 구분함
검증방법	동시적 타당성 검증	• 앞으로 활용할 시험을 현재 근무하고 있는 재직자에게 실시한 다음 그들의 업무실적과 시험성적 간의 상관관계를 보는 방법 • 만약 근무실적이 좋은 근무자가 시험성적도 좋다면 기준타당성을 지녔다고 볼 수 있음
	예측적 타당성 검증	• 시험합격자가 일정한 기간 직장생활을 한 후에 채용시험성적과 업무실적을 비교해 양자의 상관관계를 확인하는 방법 → 시험합격자를 대상으로 하는 바 시험성적은 바로 구할 수 있으나, 근무실적은 일정 기간을 기다려야 함 • 혹은 이미 타당성이 검증된 시험의 경우 해당 시험의 성적을 기초로 미래의 근무실적을 예측할 수 있는데, 이를 예측적 타당성 검증이라고 표현하는 경우도 있음

② 구성타당성(개념타당성): 추상적인 개념에 대한 정확한 측정 여부

개념	채용시험이 이론적으로 추정하는 능력요소(추상적인 개념)를 얼마나 정확하게 측정할 수 있는가를 살펴보는 타당성 **예** 공직적격성테스트(PSAT : Public Service Aptitude Test)

	수렴타당도	차별타당도
종류	영어 실력 토익　　　　토플	한국사 실력　　영어 실력 　　　　　　Ⓧ 한능검
	서로 다른 측정방법을 사용하더라도 동일한 개념을 측정한다면 그 측정값은 하나의 차원으로 수렴해야 함	서로 상이한 개념을 측정할 때, 각자 다른 측정방법을 사용한다면 측정값에 차별성이 나타나야 함

③ 내용타당성 : 시험내용 = 직무내용

개념	• 시험의 내용이 실제 직무에 관한 내용을 평가하고 있는가를 다루는 타당성 • 직위의 의무와 책임을 시험이 어느 정도 측정할 수 있는가를 나타냄
특징	• 직무수행에 필요한 능력요소와 시험의 내용분석(전문가에 의한 문항검증)이 필요함 • 즉, 직무에 정통한 전문가 집단이 시험의 구체적 내용과 직무수행의 적합성 여부를 주관적으로 판단해 검증함

03 공무원의 능력발전 : 교육원 훈련(직장 외 훈련)을 중심으로

감수성 훈련	• 사전에 과제나 사회자를 정해주지 않고 10명 내외의 교육훈련 참가자들의 자유로운 토론을 통해 어떤 문제의 해결방안이나 상대방에 대한 이해를 얻도록 하는 방법 • 자기 자신과 대인관계에 대한 이해를 통한 태도와 행동 변화 및 인간관계 개선 등에 목적을 두고 있음 • 인위적인 개입 없이 구성원 간 자연스럽게 감정을 주고받을 수 있도록 분위기를 형성해야 하는바, 훈련을 진행하기 위한 전문가의 역할이 중요함
역할연기	• 실제 업무상황을 부여하고 **특정 역할을 직접 연기**하도록 하는 방식 • 보통 자신과 반대되는 입장의 역할 부여 → 상관에게 부하의 역할 부여 • 인식의 차이를 발견함으로써 **상대방에 대한 이해력을 제고**할 수 있음
액션러닝	**교육참가자들이 소규모의 팀을 구성해 실제 현안문제를 해결하면서 동시에 문제해결과정에 대한 성찰을 통해 학습하도록 지원하는 행동학습**으로서, **주로 관리자 훈련에 사용**되는 교육방식
분임연구	**피훈련자들을 10명 내외의 분반으로 나눠** 분반별로 **동일한 문제를 토의**해 문제해결방안을 작성한 후, 다시 **전원이 한 장소에 모여 분반별로 작성한 안을 발표**하고 **토론**을 벌여 최종안을 작성하는 훈련방법
혼합학습	• 두 가지 이상의 학습방법을 결합해 이루어지는 학습 • 온라인 학습(동영상 강의, 학습자료 제공 등)과 면대면 학습이 혼합된 학습을 나타냄 → 맞춤형 학습환경 제공

공무원 평가 : 성과 관리

01 근무성적평정

1. 근무성적평정 방법의 유형

<table>
<tr><td rowspan="3">도표식
평정척도법</td><td rowspan="3">틀잡기</td><td colspan="2">평정요소 : 전문지식·사회성</td><td colspan="2">등급</td></tr>
<tr><td colspan="2">전문성 : 담당 직무수행에 직접적으로 필요한 이론 혹은 실무지식 보유</td><td>5 매우 미흡 | 4 미흡 | 3 보통 | 2 우수 | 1 매우 우수</td></tr>
<tr><td colspan="2">사회성 : 직무수행에 있어서 의사소통 여부</td><td>5 매우 미흡 | 4 미흡 | 3 보통 | 2 우수 | 1 매우 우수</td></tr>
<tr><td>특징</td><td colspan="3">• 근무성적평정에 있어 가장 대표적인 평정방법(강제배분법과 함께 5급 이하 공무원의 근무성적평정에 사용)으로서, 과학적인 직무분석이 아니라 평정자의 직관과 선험을 바탕으로 평가요소를 결정함
• 평정요소와 등급의 추상성이 높기 때문에 평정자의 자의적 해석에 의한 평가를 할 수 있음
• 평정요소의 평가가 다른 평정요소까지 파급되어 나타나는 연쇄효과의 오류를 범하기 쉬움
• 혹은 엄격화·집중화·관대화의 오차가 발생할 수 있음</td></tr>
<tr><td>목표관리제
평정법</td><td colspan="4">• 조직관리의 한 모형으로 개발된 목표관리를 평정에 적용한 것
• 부하의 참여를 통한 목표설정 및 의사소통의 개선으로 민주성을 띠며, 목표가 뚜렷하기 때문에 평정이 용이하다는 장점이 있음
• 공공부문의 경우 뚜렷한 목표의 설정이 어렵고, 목표를 설정할 때 개인의 특수성을 고려하는 바 비교를 위한 평정을 할 수 없음</td></tr>
<tr><td>강제배분법</td><td colspan="4">• 평정대상자의 종합평정점수 분포가 특정 등급에 쏠리지 않도록 미리 평정등급별로 일정한 비율을 설정해 그에 맞게 강제로 배분하는 근무성적평정 방식
• 고른 성적의 분포를 강제하는 바 분포상의 오류를 방지함
• 평정자가 미리 정해진 비율에 따라 평정대상자를 각 등급에 분포시키고, 그 다음에 등급에 해당하는 점수를 역으로 부여하는 역산식 평정을 할 가능성이 큼</td></tr>
</table>

서열법	개념	피평정자 간의 근무성적을 서로 비교해서 서열을 정하는 방법	
	특징	• 두 명씩 짝을 지어 비교하기 때문에 시간과 비용의 문제가 있음 → 일반적으로 소규모 조직에 대해서만 사용 • 주로 집단 내에서만 비교하는 까닭에 다른 집단과 비교할 수 있는 객관적인 자료를 제시할 수 없음	
	종류	**쌍쌍비교법**	피평정자를 두 사람씩 짝을 지어 비교를 되풀이해 평정하는 방법
		대인비교법	평정기준으로 구체적인 인물을 설정한 후 비교하는 방법

체크리스트법	틀잡기	

행태	체크란	가중치
근무시간을 잘 준수한다.		5
책상이 항상 깨끗이 정돈되어 있다.		1

• 평정자가 체크란에 표시할 때는 가중치를 모르는 상태에서 실시 → 연쇄효과 방지
• 높은 점수가 바람직한 행동을 나타냄

주요 내용
• 공무원을 평가하는 데 적합한 표준행동목록을 살펴보고, 평정자가 이 목록에서 피평정자가 해당하는 부분을 체크하는 방식
• 혹은 평정자가 평정표(평정서)에 나열된 평정요소에 대한 설명 또는 질문을 보고 피평정자에게 해당하는 것을 골라서 표시를 하는 평정방법
• 표준행동목록은 미리 작성되어 있어야 하며, 목록에서 중요한 부분에는 가중치를 부여할 수 있음
• 평정요소에 관한 평정항목을 만들기가 힘들 뿐만 아니라, 질문항목이 많을 경우 평정자가 곤란을 겪게 됨

강제선택법 — 틀잡기

구분	적합	부적합
동료들과 의사소통을 적극적으로 시도한다.		
직무에 대한 전문적 지식을 충분히 보유하고 있다.		
업무를 수행할 때 다소 산만하다.		
본인의 직무 외적인 지식은 부족한 편이다.		

주요 내용
• 체크리스트법의 변형
• 4~5개의 체크리스트적인 단문 중에서 피평정자에게 가장 적합한 또는 부적합한 표현을 강제로 선택하게 만드는 방법

행태기준 평정척도법	틀잡기	• 평정대상자의 행태를 가장 잘 대표할 수 있는 난에 체크 표시 • 평정요소 : 협동정신

등급	행태유형
7	부하직원과 상세하게 대화를 나누고 그에 대한 해결방안을 내놓는다.
6	스스로 해결할 수 없는 문제는 상관에게 자문을 구해 해결책을 찾는다.
5	스스로 해결하려고 노력하지만, 가끔 잘못된 결과를 초래한다.
4	일시적인 해결책으로 대응해 문제가 계속 발생한다.
3	부하직원의 의사를 참고하지 않고 독단적으로 결정한다.
2	문제해결에 있어 개인적인 감정을 내세운다.
1	어떤 결정을 내려야 할 상황인데 결정을 회피하거나 미룬다.

주요 내용

- 도표식 평정척도법 + 중요사건 기록법
- **도표식 평정척도법의 단점** : 평정요소 및 등급의 모호성과 해석상의 주관적 판단 개입
- **중요사건 평정법의 단점** : 상호비교의 곤란성
- 두 평정법의 단점을 보완하기 위해 두 방법의 장점을 통합한 것이 행태기준 평정척도법
- 직무분석에 기초해 직무(Job)와 관련된 중요 과업(Task)을 선정 → 과학적 직무분석에 기초해 평정의 결과를 점수로 환산
- 가장 이상적 과업행태로부터 가장 바람직하지 못한 행태까지 몇 개의 등급으로 나누고 점수를 배당
- 직무가 다르면 별개의 평정양식이 있어야 하는 등 개발에 많은 시간과 비용이 요구됨

행태관찰 평정척도법 — 틀잡기

평정요소 : 부하직원과의 의사소통

평정항목 (행동명시)	등급(중요 사건의 빈도)				
새로운 내규가 시행될 때 게시판 내용을 숙지한다.	5 거의 관찰하지 못함	4	3	2	1 매우 자주 관찰
집중해서 대화에 임한다.	5 거의 관찰하지 못함	4	3	2	1 매우 자주 관찰

	주요 내용	• 행태기준척도법의 단점인 바람직한 행동과 바람직하지 않은 행동의 상호 배타성을 극복하기 위해 개발함 • 행태기준척도법과의 차이점은 중요 사건의 빈도를 표시한다는 것 • 평정항목으로 선정한 것은 모두 직무와 관련성을 지녀야 함 → 즉, 평정항목을 작성 시 직무에 능통한 전문가의 판단에 의존하거나 직무분석에 기초
사실기록법	개념	공무원의 근무성적을 객관적인 사실에 기초를 두고 평가하는 방법
	종류	**산출기록법** 공무원의 시간당 수행 업무량을 전체 평정기간 동안 계속적으로 조사해 평균치를 측정하거나, 일정한 업무량을 달성하는 데 소요된 시간을 계산해 그 성적을 평정하는 방법

		중요사건 기록법
		• 평가요소 : 비문관리
		
		    | 일자 | 장소 | 중요 사건 : 중요한 행동 |
		    | 10/10 | 회의실 | 비문을 회의실에서 보고 있었음 |
		
		• **중요사건 기록법의 장점** : 구체적으로 관찰한 개인의 행태를 중심으로 평정하는 바 비교적 객관적임. 따라서 평정결과에 대해 피평정자와 상담 시 중요한 정보를 제공할 수 있고, 상담 과정에서 피평정자의 태도와 직무수행을 개선하기 용이함
		• **중요사건 기록법의 단점** : 이례적인 사건을 지나치게 강조할 위험이 있으며, 서술법에 따라 중요한 사건을 직접 기록하는 경우, 한 평정자가 여러 사람을 평정했을 때 개인 간 비교가 어려움

중요사건 기록법 내부 표:

일자	장소	중요 사건: 중요한 행동
10/10	회의실	비문을 회의실에서 보고 있었음

2. 기타 : 도표식평정척도법 · 행태기준평정척도법 · 행태관찰평정척도법의 관계

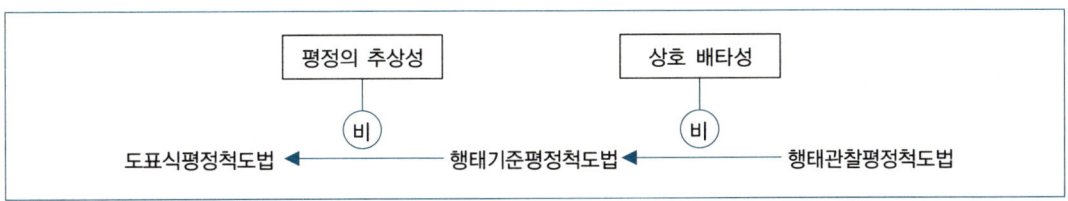

02 근무성적평정 오류의 유형

연쇄효과 (현혹효과 · 후광효과 · 연속화의 오차)		• 한 평정요소에 대한 평정자의 판단이 연쇄적으로 다른 요소의 평정에도 영향을 미치는 것 • 일반적으로 평정요소의 의미가 모호할 때 발생
분포상의 오류	집중화 경향	• 평정자가 모든 피평정자들에게 대부분 중간 수준의 점수를 주는 심리적인 경향 • 평정자가 피평정자를 잘 모를 때 많이 발생함
	관대화 경향	• 평정결과의 분포가 우수한 쪽에 집중되는 현상 • 즉, 피평정자를 실제 수준보다 관대하게 평가하는 경향으로서 피평정자와의 불편한 인간관계를 피하려는 동기로부터 유발되는 면이 있음
	엄격화 경향	평가기준을 엄격하게 적용함으로써 실제 수준보다 낮은 평가결과를 도출하는 현상
	대안	강제배분법
시간적 오류	근접효과 (근접오류 · 막바지효과)	피평정자의 평가에 있어서 최근의 실적이나 능력을 중심으로 평가하는 것
	최초효과 (첫머리 효과)	전체 기간의 업적을 평가하는 게 아니라 피평가자의 초기 성과에 영향을 크게 받는 현상
유사성 효과		평정자가 자신과 성향이 유사한 부하에게 후한 점수를 주는 오류
선입견 · 편견 · 고정관념에 의한 오류 (상동오차)		• 피평정자의 개인적 특성인 성, 연령, 종교, 교육 수준, 출신학교 등에 대해 평정자가 평소 가지고 있는 편견을 평정에 반영하는 것 • 유형화 · 정형화 · 집단화의 오류와 같은 표현
규칙적(체계적) 오류 : 일관적 착오		• 어떤 평정자가 다른 평정자보다 언제나 좋은 점수 또는 나쁜 점수를 부여함으로써 생기는 오류 • 이러한 오류를 일으키는 평정자의 결과는 가감해 조정할 필요가 있음
총계적(총체적) 오류		• 평정자의 평정기준이 일정하지 않아서 관대화 및 엄격화 경향이 불규칙적으로 나타나는 것 • 평정에 있어서 일정한 규칙이 없는바 규칙적 오류와 다르게 사후 조정이 불가능함

03 우리나라의 근무성적평정제도

1. 틀잡기

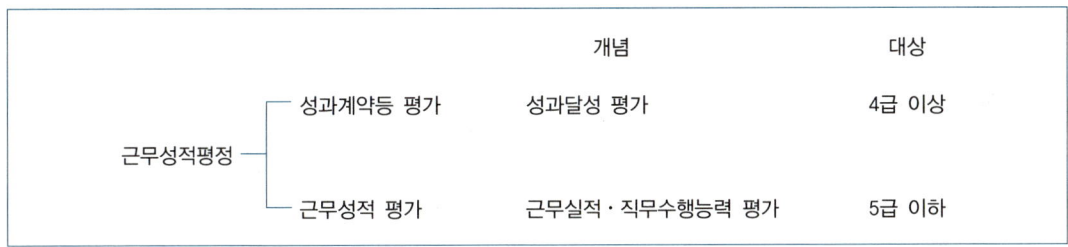

	개념	대상
근무성적평정 ─ 성과계약등 평가	성과달성 평가	4급 이상
└ 근무성적 평가	근무실적 · 직무수행능력 평가	5급 이하

2. 우리나라의 근무성적평정제도 분류

종류	대상	내용
성과계약등 평가	4급 이상	• 성과계약을 맺고 목표달성도를 평가하는 것으로, 직무성과의 평가에 초점(태도 평가 가능) • 소속 장관은 5급 이하 공무원 및 우정직 공무원 중 성과계약등 평가가 적합하다고 인정하는 공무원에 대해서도 성과계약등 평가를 실시할 수 있음 • 성과계약등 평가, 성과계약중심평가, 성과계약제, 직무성과관리제도, 직무성과약제, 성과관리제 → 시험에서 모두 같은 뜻으로 사용됨
근무성적 평가	5급 이하	• 근무실적과 직무수행능력 등에 초점(태도 평가 가능) • 근무성적 평가는 직급별로 구성한 평가 단위별로 실시하되, 소속 장관은 직무의 유사성 및 직급별 인원수 등을 고려해 평가단위를 달리 정할 수 있음

3. 성과계약등 평가와 근무성적 평가 비교

구분	4급 이상 공무원	5급 이하 공무원
평가제도	성과계약등 평가	근무성적 평가
평정기준	성과계약 달성 여부 중심	• 근무실적 및 직무수행능력 • 상황에 따라 부서 단위 운영평가 추가
평정횟수	연 1회	연 2회
평정시기	12월 31일	6월 30일 / 12월 31일

04 다면평가제도

틀잡기	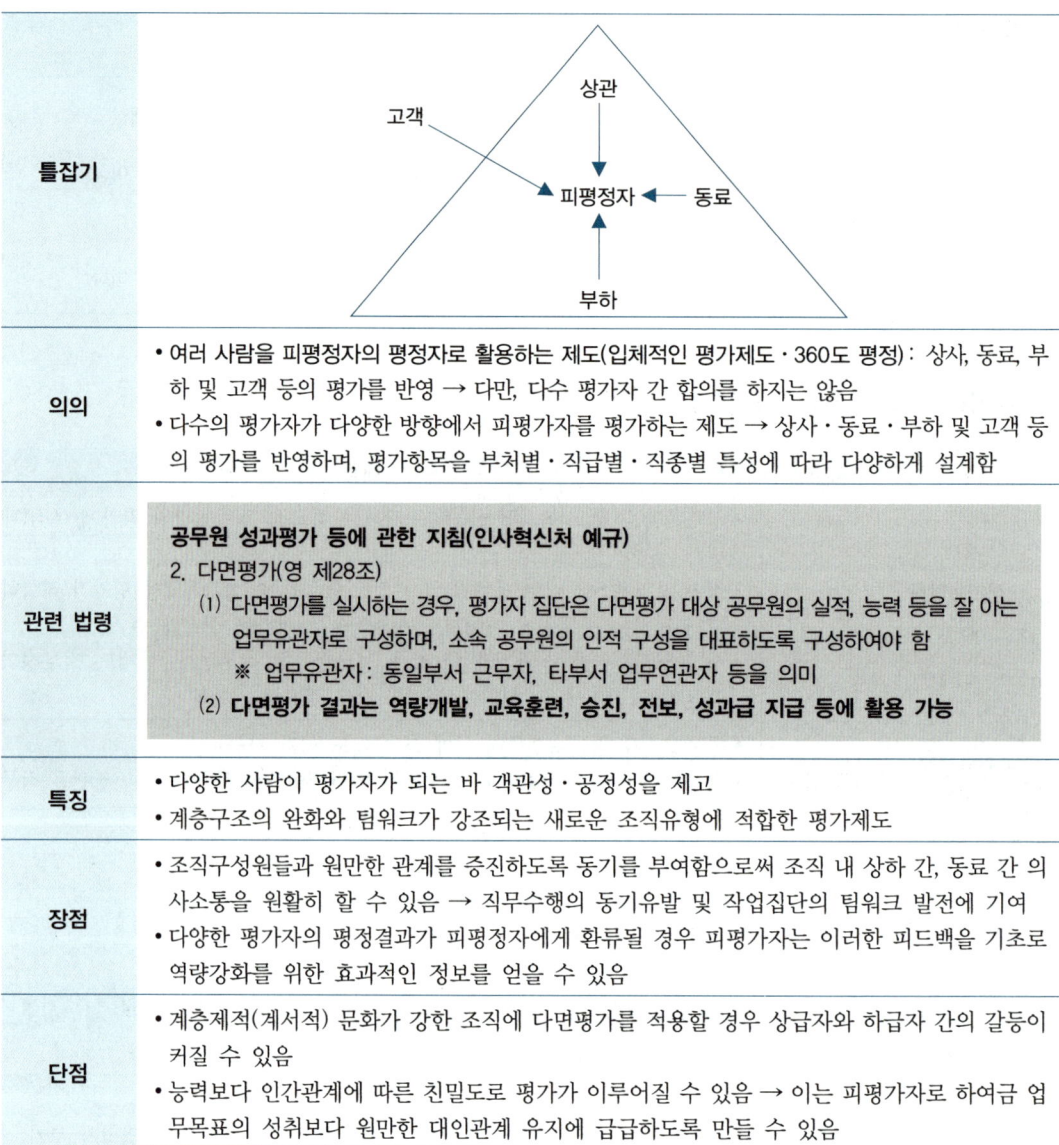
의의	• 여러 사람을 피평정자의 평정자로 활용하는 제도(입체적인 평가제도 · 360도 평정) : 상사, 동료, 부하 및 고객 등의 평가를 반영 → 다만, 다수 평가자 간 합의를 하지는 않음 • 다수의 평가자가 다양한 방향에서 피평가자를 평가하는 제도 → 상사 · 동료 · 부하 및 고객 등의 평가를 반영하며, 평가항목을 부처별 · 직급별 · 직종별 특성에 따라 다양하게 설계함
관련 법령	**공무원 성과평가 등에 관한 지침(인사혁신처 예규)** 2. 다면평가(영 제28조) 　(1) 다면평가를 실시하는 경우, 평가자 집단은 다면평가 대상 공무원의 실적, 능력 등을 잘 아는 업무유관자로 구성하며, 소속 공무원의 인적 구성을 대표하도록 구성하여야 함 　　※ 업무유관자 : 동일부서 근무자, 타부서 업무연관자 등을 의미 　(2) **다면평가 결과는 역량개발, 교육훈련, 승진, 전보, 성과급 지급 등에 활용 가능**
특징	• 다양한 사람이 평가자가 되는 바 객관성 · 공정성을 제고 • 계층구조의 완화와 팀워크가 강조되는 새로운 조직유형에 적합한 평가제도
장점	• 조직구성원들과 원만한 관계를 증진하도록 동기를 부여함으로써 조직 내 상하 간, 동료 간 의사소통을 원활히 할 수 있음 → 직무수행의 동기유발 및 작업집단의 팀워크 발전에 기여 • 다양한 평가자의 평정결과가 피평정자에게 환류될 경우 피평가자는 이러한 피드백을 기초로 역량강화를 위한 효과적인 정보를 얻을 수 있음
단점	• 계층제적(계서적) 문화가 강한 조직에 다면평가를 적용할 경우 상급자와 하급자 간의 갈등이 커질 수 있음 • 능력보다 인간관계에 따른 친밀도로 평가가 이루어질 수 있음 → 이는 피평가자로 하여금 업무목표의 성취보다 원만한 대인관계 유지에 급급하도록 만들 수 있음

공무원 동기부여

01 공무원에 대한 보상 : 보수와 연금

1. 보상에 대하여

비금전적 보상		명예, 권력, 승진, 능력발전 기회 등
금전적 보상	의의	돈에 기초한 보상 → 월급, 보너스, 보수, 연금 등
	유형 직접 보상	공무원에게 직접 금전을 지급하는 것. 봉급, 수당, 상여금과 같은 보수가 여기에 해당함
	간접 보상	공무원 본인에게 직접적으로 금전적 이전이 이루어지지는 않지만, 공무원에게 부가적인 편익을 제공하는 것 → 의료보험, 주택지원, 연금 등

2. 직접 보상 : 공무원의 보수

기본급	생활급	생계비
	근속급	연공서열에 기초한 급여 → 연공급 · 속인급
	직무급	직무의 난이도에 기초한 급여
	직능급	직무수행능력 (근속급 + 직무급)
	성과급 (실적급)	산출물 · 성과에 기초한 급여

보수
- 기본급 = 봉급
  - 생활보상
    1. 생활급
    2. 근속급
  - 근로대가
    1. 직능급
    2. 직무급
    3. 성과급
- 부가급 = 수당
    1. 지역수당
    2. 초과근무수당 등

02 공직봉사동기(PSM : Public Service Motivation)

<table>
<tr><th rowspan="2">틀잡기</th><th>구분</th><th>NPM</th><th>NPS</th></tr>
<tr><td>공무원 동기부여 방식</td><td>돈</td><td>돈 + @(공직봉사동기)
※ @: 동정심, 공익에 대한 봉사 등</td></tr>
<tr><td>전제</td><td>공무원 = 회사원</td><td>공무원 ≠ 회사원</td></tr>
</table>

<table>
<tr><th rowspan="2">의의</th><td>등장배경</td><td>
• 1980년대 이후 등장한 NPM은 민간부문과 공공부문이 유사하다는 전제하에 성과급, 외재적 보상과 같은 외재적 동기유발에 초점을 두고 조직을 관리함
• 공직봉사동기론은 공공조직과 민간조직은 다르다는 가정하에 공공조직 및 민간조직 내 구성원의 '동기, 태도'가 다름을 주장
• 즉, 공공부문에서는 구성원에 대한 외적 보상과 성과 간의 연관성이 약하다는 것
</td></tr>
<tr><td>개념</td><td>
• 페리와 와이즈(Perry & Wise, 1990)는 공직봉사동기를 '공공부문에서 주요하게, 고유하게 나타나는 동기에 반응하는 개인적 경향'이라고 정의하면서 신공공관리론의 동기부여 방식에 대한 비판적인 접근을 제시함
• 공직봉사동기는 주로 내재적 동기에 초점을 맞춰 논의되는 개념임
참고 내재적 동기(Intrinsic Motivation): 특정 행동 자체가 즐겁고 흥미로울 때 발현되는 동기 → 자발적인 동기, 활동과정에 대한 만족감, 개인의 흥미, 만족감, 성취감 등
</td></tr>
</table>

<table>
<tr><th rowspan="3">유형</th><td>합리적 차원</td><td>공익 추구를 함으로써 자신의 이익도 극대화하려는 것</td></tr>
<tr><td>규범적 차원</td><td>공익에 대한 봉사욕구, 정부에 대한 충성심, 사회적 형평의 추구 등을 포함</td></tr>
<tr><td>정서적 차원
(감성적 차원)</td><td>
• 동정심과 희생정신 → 동정과 희생은 정책의 중요성을 인지하는 진실한 신념에서 기인하며, 이는 선의의 애국심으로 이어짐
• 사회적으로 중요한 정책에 대한 몰입을 특징으로 함
</td></tr>
</table>

공무원의 의무와 권리, 그리고 통제

Chapter 06

01 공무원의 의무

개념	• 국민에 대한 도덕적·법률적 책임 • 국가공무원법 및 지방공무원법에는 공무원의 의무가 명시되어 있음
국가공무원법	제58조【직장 이탈 금지】① 공무원은 소속 상관의 허가 또는 정당한 사유가 없으면 직장을 이탈하지 못한다. ② 수사기관이 공무원을 구속하려면 그 소속 기관의 장에게 미리 통보하여야 한다. 다만, 현행범은 그러하지 아니하다. 제60조【비밀 엄수의 의무】공무원은 재직 중은 물론 퇴직 후에도 직무상 알게 된 비밀을 엄수(嚴守)하여야 한다. 제61조【청렴의 의무】① 공무원은 **직무와 관련하여** 직접적이든 간접적이든 **사례·증여 또는 향응을 주거나 받을 수 없다.** ② 공무원은 **직무상의 관계가 있든 없든** 그 소속 **상관에게 증여하거나 소속 공무원으로부터 증여를 받아서는 아니 된다.** 제62조【외국 정부의 영예 등을 받을 경우】공무원이 외국 정부로부터 영예나 증여를 받을 경우에는 **대통령의 허가를 받아야 한다.** 제64조【영리 업무 및 겸직 금지】① 공무원은 공무 외에 영리를 목적으로 하는 업무에 종사하지 못하며 **소속 기관장의 허가 없이 다른 직무를 겸할 수 없다.** ② 제1항에 따른 영리를 목적으로 하는 업무의 한계는 대통령령등으로 정한다. 제66조【집단 행위의 금지】① **공무원은 노동운동이나 그 밖에 공무 외의 일을 위한 집단 행위를 하여서는 아니 된다. 다만, 사실상 노무에 종사하는 공무원은 예외로 한다.** ② 제1항 단서의 사실상 노무에 종사하는 공무원의 범위는 대통령령등으로 정한다. ③ 제1항 단서에 규정된 공무원으로서 노동조합에 가입된 자가 조합 업무에 전임하려면 소속 장관의 허가를 받아야 한다.

02 공무원에 대한 통제 : 공직(공무원)부패와 징계

1. 공직부패의 유형

공직부패 : 윤리 관련 법규나 구속력이 없는 규범 등을 위반해 사익을 추구하고 공익을 침해하는 행위

부패의 단위	개인부패	• 개인의 수준에서 발생하는 부패 • 대부분의 부패는 개인부패임 → 공무원이 직무를 수행하면서 금품을 수수하거나 공금을 횡령하는 것 등
	조직부패	• 여러 사람이 조직적 혹은 집단적으로 관련된 부패 • 조직적으로 부패를 범하면 외부에 잘 드러나지 않음
제도화 여부	제도적 부패	• '구조화된 부패' 또는 '체제적 부패'라고 부르기도 함 • 부패가 일상(생활)이 되면서 부패가 곧 제도가 된 상태 → 부패가 조직을 규율하는 실질적인 규범이 된 것 • 공식적 행동규칙을 준수하면 이상한 사람으로 취급받게 됨 예 인·허가와 관련해서 급행료를 받는 것을 당연시하는 관행
	우발적 부패 (일탈형 부패)	• 구조화되지 않은 일시적 부패 • 공금횡령 등 개인의 일탈로 인해 발생하는 부패로서 개인부패에서 많이 발생함 예 무허가 업소를 단속하던 공무원이 정상적인 단속활동을 수행하다가 금품을 제공하는 특정 업소에 대해서는 단속하지 않는 것
국민의 용인 가능성	백색부패	• 사회에 심각한 해가 없거나 사익추구가 없는 선의의 부패 → 선의의 목적성을 띠는 바 구성원들이 어느 정도 용인하는 관례화된 부패 예 금융위기가 심각해도 국민의 불안이나 기업활동의 위축을 막기 위해 위기가 없는 것처럼 거짓말을 했다면 엄밀한 의미에서는 부패행위가 됨 • 이를 공익(경제안정)을 위한 선의의 부패로 보고 일반적인 부패와 구분해 '백색부패'라고 함
	회색부패	• 백색부패와 흑색부패의 중간에 해당하는 부패 • 부패로 간주하기에 논란이 있거나 가치판단을 요구하는 유형 예 과도한 선물의 수수와 같이 공무원 윤리강령에 규정될 수는 있지만, 법률로 규정하는 것에 대해 논란이 있는 경우는 회색부패에 해당함
	흑색부패	• 사회에 명백하고 심각하게 해를 끼치는 부패 • 구성원들의 용인이 없음 • 국민들이 강력한 처벌을 원하는 부패
거래의 여부	거래형 부패	타인에게 뇌물을 받고 그것의 대가로 특혜를 제공하는 행위
	사기형 부패 (비거래형 부패)	부패와 관련한 이해관계자 없이 공무원 개인이 저지르는 행동 예 공금횡령, 회계부정, 개인적 이익의 편취
부패의 목적	생계형 부패	하위직 행정관료들이 부족한 급여로 인해 생계를 유지하려는 차원에서 저지르는 부패로서 '작은 부패'라고 부르기도 함
	권력형 부패	상층부의 정치인들이 정치권력을 이용해 초과적인 막대한 이익을 부당하게 얻기 위한 부패

2. 공직부패가 발생하는 원인

도덕적 접근	부패는 개인의 윤리의식과 자질 때문에 발생
사회문화적 접근	특정한 지배적 관습이나 경험적 습성과 같은 요인이 공무원 부패를 조장한다고 보는 접근 → 부패는 환경의 종속변수
제도적 접근	• 행정제도 혹은 법의 결함이나 운영의 미숙 등이 공무원의 부패를 조장한다는 관점 • 현실과 괴리된 법령의 이중적인 규제기준과 모호한 법규정, 적절한 통제장치 미비 등에 의해 발생
체제론적 접근	• 부패는 다양한 요인에 의해 발생 • 즉, 제도상의 결함, 공무원의 부정적인 행태, 문화적인 특성 등 하나의 원인이 아니라 다양한 원인이 복합적으로 작용해서 부패가 발생한다는 관점
정경유착적 접근	성장이념의 합리화에 근거한 정치·경제 엘리트 간의 야합으로 인해 부패가 발생한다는 주장

3. 징계 : 우리나라 제도를 중심으로

징계 : 법령위반에 대하여 공식적인 제재를 가하는 것

(1) 징계절차

틀잡기	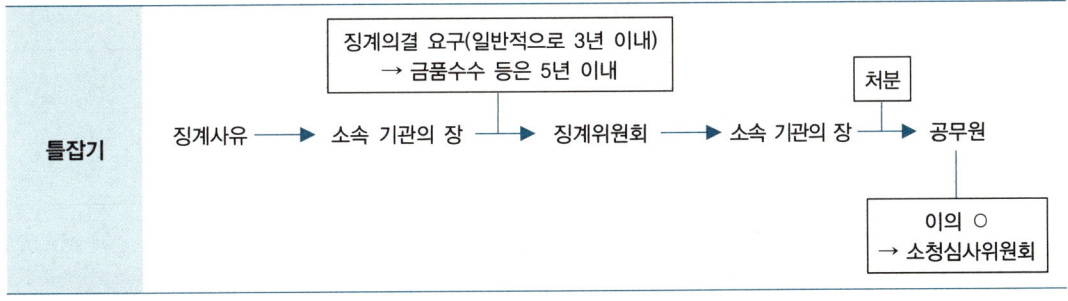

(2) 징계의 종류

		구분	의미	승급제한	직무정지	신분 보유	보수
틀잡기	경징계	견책	훈계 및 회개 유도	6개월	×	○	–
		감봉	보수의 불이익	12개월	×	○	• 1~3개월 • 보수 1/3 삭감

		구분	의미	승급제한	직무정지	신분 보유	보수
틀잡기	중징계	정직	직무정지 포함	18개월	1~3개월 정지	○	• 1~3개월 • 보수 전액 삭감
		강등	1계급 직급을 내림	18개월	3개월	○	• 3개월 • 보수 전액 삭감

		구분	의미	공직취임제한	퇴직급여 및 퇴직수당
틀잡기	중징계	해임	공무원 신분박탈	3년	• 원칙적으로 제한× • 단, 금품수수 등의 경우 　－ 5년 미만 근무: 1/8 삭감 　－ 5년 이상 근무: 1/4 삭감 　－ 퇴직수당 1/4 삭감
		파면		5년	제한 ○ － 5년 미만 근무: 1/4 삭감 － 5년 이상 근무: 1/2 삭감 － 퇴직수당 1/2 삭감

관련 법령	국가 공무원법	제79조【징계의 종류】징계는 파면·해임·강등·정직(停職)·감봉·견책(譴責)으로 구분한다. 제80조【징계의 효력】⑦ 공무원으로서 징계처분을 받은 자에 대하여는 그 처분을 받은 날 또는 그 집행이 끝난 날부터 대통령령등으로 정하는 기간 동안 승진임용 또는 승급할 수 없다.
	공무원 임용령	제32조【승진임용의 제한】① 공무원이 다음 각 호의 어느 하나에 해당하는 경우에는 승진임용될 수 없다. 　2. 징계처분의 집행이 끝난 날부터 다음 각 목의 기간이 지나지 않은 경우 　　가. 강등·정직: 18개월 　　나. 감봉: 12개월 　　다. 견책: 6개월

03 공무원의 권리

1. 공무원 권리의 종류

(1) 신분보장

신분보장 이유	• 행정의 안정성 • 부당한 정치적 영향력 차단 • 우수 인재 유입 → 조직 효과성 제고
국가공무원법	제68조【의사에 반한 신분 조치】공무원은 형의 선고, 징계처분 또는 이 법에서 정하는 사유에 따르지 아니하고는 본인의 의사에 반하여 휴직·강임 또는 면직을 당하지 아니한다. 다만, 1급 공무원과 제23조에 따라 배정된 직무등급이 가장 높은 등급의 직위에 임용된 고위공무원단에 속하는 공무원은 그러하지 아니하다. 제74조【정년】① 공무원의 정년은 다른 법률에 특별한 규정이 있는 경우를 제외하고는 60세로 한다.
정년제의 종류	<table><tr><td>연령정년제</td><td>법으로 정한 나이에 도달하면 자동으로 퇴직하는 제도</td></tr><tr><td>근속정년제</td><td>일정한 법정 근속연한에 도달하면 자동으로 퇴직하는 제도</td></tr><tr><td>계급정년제</td><td>특정 계급에서 일정 기간 승진하지 못하면 자동으로 퇴직하는 제도</td></tr></table> 참고✦ 정년제 : 일정한 해에 이르면 퇴직하도록 정한 제도

2. 공무원의 면직

• 공무원의 신분을 소멸시키는 임용행위의 일종
• 즉, 면직이란 자의 또는 타의에 의해서 공무원을 공직(公職)에서 물러나게 하는 것을 뜻함

(1) 면직의 유형

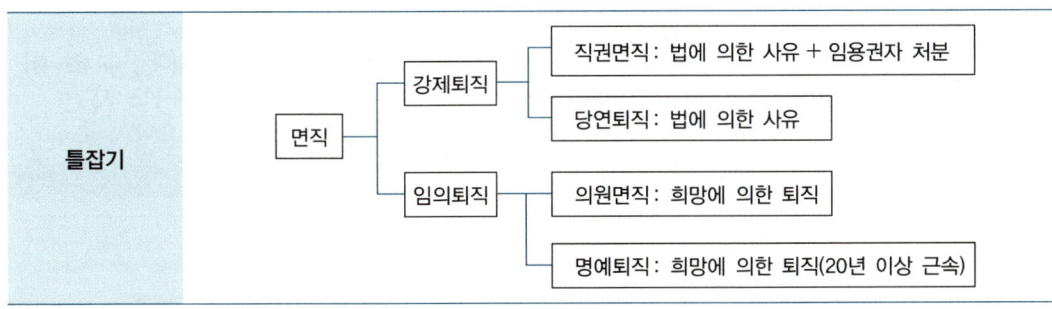

(2) 직권면직

개념		법률에 규정한 사유가 발생하면 임용권자가 직권으로 공무원의 신분을 박탈하는 제도
국가공무원법		제70조【직권면직】① 임용권자는 공무원이 다음 각 호의 어느 하나에 해당하면 직권으로 면직시킬 수 있다. 　3. 직제와 정원의 개폐 또는 예산의 감소 등에 따라 폐직(廢職) 또는 과원(過員)이 되었을 때 　4. 휴직 기간이 끝나거나 휴직 사유가 소멸된 후에도 직무에 복귀하지 아니하거나 직무를 감당할 수 없을 때 　6. 전직시험에서 세 번 이상 불합격한 자로서 직무수행 능력이 부족하다고 인정된 때
기타 : 직위해제	개념	공무원 신분은 보유하나 직위를 부여하지 않음 → 직무에서 격리
	국가공무원법	제73조의3【직위해제】① 임용권자는 다음 각 호의 어느 하나에 해당하는 자에게는 직위를 부여하지 아니할 수 있다. 　2. 직무수행 능력이 부족하거나 근무성적이 극히 나쁜 자 　3. 파면·해임·강등 또는 정직에 해당하는 징계 의결이 요구 중인 자

(3) 당연퇴직

개념	법이 정한 사유가 발생한 경우 별도의 처분 없이 공무원 신분을 박탈하는 제도
당연퇴직 사유	재직 중에 임용결격사유가 발생한 경우
국가공무원법	제69조【당연퇴직】공무원이 다음 각 호의 어느 하나에 해당할 때에는 당연히 퇴직한다. 　1. 제33조 각 호의 어느 하나에 해당하는 경우 → 단, 기본권 보장 차원에서 결격사유 중 피성년후견인은 예외 　2. 임기제공무원의 근무기간이 만료된 경우 **제33조【결격사유】** 다음 각 호의 어느 하나에 해당하는 자는 공무원으로 임용될 수 없다. 　1. 피성년후견인 　2. 파산선고를 받고 복권되지 아니한 자 　3. 금고 이상의 실형을 선고받고 그 집행이 끝나거나(집행이 끝난 것으로 보는 경우를 포함한다) 집행이 면제된 날(예 보석금으로 인한 사면)부터 5년이 지나지 아니한 자 　4. **금고 이상의 형**을 선고받고 그 유예 기간이 끝난 날부터 **2년이 지나지 아니한 자** 　5. 금고 이상의 형의 선고유예를 받은 경우에 그 선고유예 기간 중에 있는 자 　7. 징계로 파면처분을 받은 때부터 5년이 지나지 아니한 자 　8. 징계로 해임처분을 받은 때부터 3년이 지나지 아니한 자
용어정리	① 금고 이상의 형 : 금고(노역 ×)·징역·사형 ② 실형 : 법원의 선고를 받아 실제로 집행된 경우의 형벌 ③ 선고유예 : 범죄 정황이 비교적 가벼울 때 일정 기간 형 선고를 미루고, 유예된 날부터 일정 기간 사고 없이 지내면 형의 선고를 면해주는 제도

3. 소청심사

(1) 개념 및 특징

개념	징계처분 및 기타 그의 의사에 반하는 불이익 처분을 받은 공무원이 그에 불복해 이의를 제기하는 경우 이를 심사해 구제해주는 제도
특징	• 소청은 처분이 위법한 경우에 한해 제기할 수 있으며, 근무평정결과나 승진탈락 등은 소청의 대상이 아님 • 일반적인 절차 : 징계위원회 의결 · 징계처분 → 불복 시 소청심사 청구 → 소청심사위원회 결정 불복 시 행정소송 제기

(2) 관련 법령 : 국가공무원법을 중심으로

제9조 【소청심사위원회의 설치】 ① **행정기관 소속 공무원**의 징계처분, 그 밖에 그 의사에 반하는 불리한 처분이나 부작위에 대한 소청을 심사 · 결정하게 하기 위하여 **인사혁신처에 소청심사위원회를 둔다.**
② 국회, 법원, 헌법재판소 및 선거관리위원회 소속 공무원의 소청에 관한 사항을 심사 · 결정하게 하기 위하여 국회사무처, 법원행정처, 헌법재판소사무처 및 중앙선거관리위원회사무처에 각각 해당 소청심사위원회를 둔다.

> 요점정리 ✎
>
> **소청심사위원회 설치**
> • 행정부 : 인사혁신처 소속 소청심사위원회에서 담당
> • 헌법상 독립기관 : 국회, 법원, 헌법재판소, 선관위 소속 공무원에 대한 소청은 각 조직에 설치된 소청심사위원회에서 담당

제15조 【결정의 효력】 제14조에 따른 소청심사위원회의 결정은 처분 행정청을 기속(羈束)한다.

행정사
최욱진 행정학개론

PART

★

05

재무행정

Chapter 01 예산제도의 발달과정

예산을 편성하는 제도, 즉 예산제도는 정부규모의 변화와 함께 발전했으며, 이에 대한 내용은 아래의 표와 같음

구분	입법국가	시장실패	행정국가		정부실패	탈행정국가	
예산제도	LIBS (1920s)	① 원인 ② 정부대응	PBS (1950s)	PPBS (1960s)	① 원인 ② 정부대응	ZBB (1970s)	NPBS (1990s)
추구하는 가치	통제		관리	계획		감축	–
예산결정모형	점증		점증	합리		합리	–
예산원칙	전통적(통제)		현대적(통제 + 신축성)				

01 전통적 예산제도

예산편성제도는 전통적 예산제도, 즉 LIBS · PBS · PPBS · ZBB와, NPM과 함께 등장한 신성과주의 예산제도(NPBS)로 구분할 수 있음

1. 품목별 예산제도 : LIBS(Line–Item Budgeting System) → 품목 = 투입 = 항목

틀잡기	◆ 품목별 예산의 사례(윤성식 외 2012 재구성)

◆ 품목별 예산의 사례(윤성식 외 2012 재구성)

부서 A의 예산	
항목	액수(원)
인건비	8000만
건물유지비	1000만
소모품비	5000만
연료비	3500만
예산 = 품목(투입·항목) × 액수	

LIBS

투입 → 산출 → 결과

능률성   효과성

• 인건비
• 재료비 등   고속도로 건설   교통량 감소

개념
- 부서별로 지출의 대상을 품목으로 표시해 예산을 편성하는 제도
- 정부가 지출을 세부적으로 표현하도록 강제하기 때문에 의회가 행정부를 통제하는 데 용이한 제도 → 통제지향적인 예산제도

장점	명확한 회계책임	예산을 편성할 때 세세한 것까지 기재하는 바 회계책임이 분명함 → 통제지향적인 예산편성제도
	정치인의 지지↑	전문적인 지식이 부족해도 이해가 용이함
	점증주의 접근	전년도 지출항목별로 물가상승률과 같은 부분적인 변화만 반영하면 됨
	재정민주주의 구현	의회의 통제가 유리한 까닭에 재정민주주의 구현에 유리한 통제지향 예산제도
단점		• 정부의 활동에 대한 정보를 제공하지 못함 → 정부가 수행하는 사업과 그 효과에 대한 명확한 정보를 제공하지 못하기 때문에 사업의 성과와 생산성 및 능률성 등을 정확하게 평가할 수 없음 • 경직성↑ : 투입을 중심으로 예산을 편성하고 해당 품목에 그대로 지출했는가에 초점을 두는 바 행정부의 재량권 축소

2. 성과주의 예산제도 : PBS(Performance Budgeting System)

틀잡기	◆ 성과주의 예산제도 사례(윤성식 외 2012 재구성)

업무활동 : 소규모 사업	업무측정단위	수량	단위원가
여론조사 활동	가구	1000	가구당 2만 원

↓

업무활동 : 소규모 사업	업무량(사업량) × 단위원가	예산액수
여론조사 활동	1000가구 × 2만 원	2000만 원

예산 = 업무량(사업량) × 단위원가

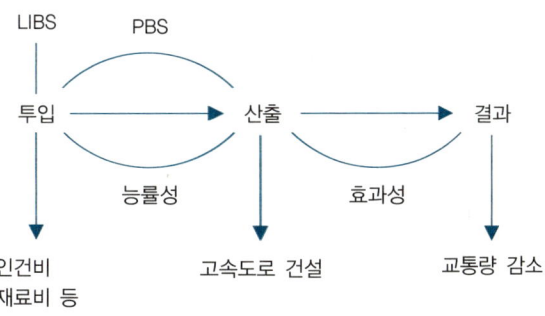

등장배경	• 정부의 역할을 보다 광범위하게 보기 시작한 New Deal 정책 이후부터 관심 → 1930년대 대공황 이후로 정부활동은 사회 전체에 이익이 된다고 여겨짐 • 즉, 정부활동이 증대함에 따라 정부가 하는 일의 능률적 관리 및 측정의 문제가 중요해짐 • 제2차 세계대전 이후 미국의 제1차 후버위원회에서 권고한 제도(1949년) 중의 하나임
개념	• 정부의 예산투입을 산출(소규모 사업)에 연결시키는 제도로서 정부가 하려는 사업이 무엇이며, 그에 소요되는 비용을 밝힐 수 있는 예산편성제도 • 시민이나 의원이 집행결과를 쉽게 이해할 수 있음

3. 계획예산제도 : PPBS(Planning Programming Budgeting System)

틀잡기	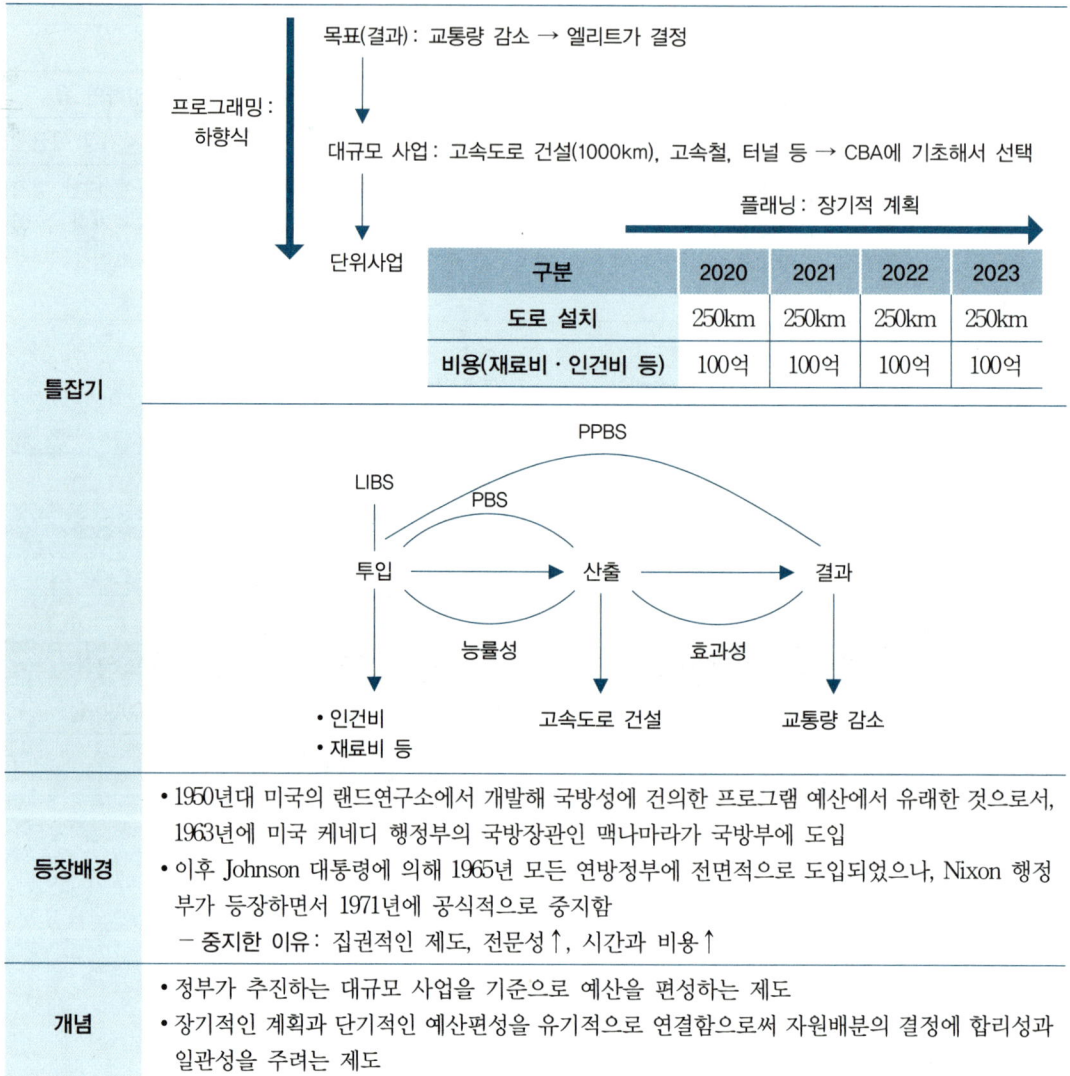

목표(결과) : 교통량 감소 → 엘리트가 결정

프로그래밍 : 하향식

대규모 사업 : 고속도로 건설(1000km), 고속철, 터널 등 → CBA에 기초해서 선택

플래닝 : 장기적 계획

단위사업

구분	2020	2021	2022	2023
도로 설치	250km	250km	250km	250km
비용(재료비·인건비 등)	100억	100억	100억	100억

등장배경	• 1950년대 미국의 랜드연구소에서 개발해 국방성에 건의한 프로그램 예산에서 유래한 것으로서, 1963년에 미국 케네디 행정부의 국방장관인 맥나마라가 국방부에 도입 • 이후 Johnson 대통령에 의해 1965년 모든 연방정부에 전면적으로 도입되었으나, Nixon 행정부가 등장하면서 1971년에 공식적으로 중지함 − 중지한 이유 : 집권적인 제도, 전문성↑, 시간과 비용↑
개념	• 정부가 추진하는 대규모 사업을 기준으로 예산을 편성하는 제도 • 장기적인 계획과 단기적인 예산편성을 유기적으로 연결함으로써 자원배분의 결정에 합리성과 일관성을 주려는 제도

4. 영기준 예산제도 : ZBB(Zero-Based Budgeting system)

틀잡기	

틀잡기 그림 설명:
- 우선순위에 따라 사업결정
- X 부서 ← 상향식 ← A 부서 / B 부서
- 의사결정단위
- 정책결정패키지(의사결정패키지) → 기존사업 : 매년 재검토(신축성↑·단기적 관점)

기존사업 : 매년 재검토 (신축성↑·단기적 관점)	대체사업	신규사업
A 사업 : 10억	B 사업 : 8억	고려하기 어려움
	C 사업 : 10억	
	D 사업 : 12억	

개념	과거의 관행을 전혀 참조하지 않고 목적, 방법, 자원에 대한 근본적인 재평가(평가지향적)를 바탕으로 감축지향적(불요불급한 지출 억제)으로 예산을 편성하는 제도
등장배경	• 1977년 카터 대통령 당시 긴축재정정책의 수단으로 미연방정부에 도입 • 1981년 레이건 행정부가 집권하면서 ZBB는 폐기 　- 폐기한 이유 : 시간과 비용↑, 정부의 경우 경직성 경비가 많아서 영기준 예산편성제도의 효용성이 떨어짐

5. 기타

계획예산제도와 영기준 예산제도	PPBS	하향식	장기적	계획지향
	ZBB	상향식	단기적	감축지향

영기준 예산제도와 일몰법	구분	ZBB	일몰법
	사용처	행정부의 예산편성	입법부의 예산심의
	운영단계	중하위 관리자 혹은 조직 내 모든 계층을 위한 관리도구	상위 정책결정자를 위한 정책도구
	관심의 초점	예산의 관리기능(영기준 적용)	법과 사업의 종결(자동적 종결)
	기간	단기적 (1년 단위의 예산활동)	장기적
	상·하향식	상향식	하향식

표 설명

① 영기준 예산제도와 일몰법은 '감축관리'를 실현하기 위한 제도임
② 일몰법
　㉠ 미국의 Colorado주에서 1976년에 채택된 방법으로서 일종의 시한입법
　㉡ 정책의 종결을 가져오게 하는 일몰기준(Sun-Set Criteria)과 새로운 정책의 형성으로 이끄는 일출기준(Sun-Rise Criteria)을 체계화한 것 → 당초 규정한 시점에 사업이나 행정기관의 존속 여부를 검토 후, 필요성이 없는 경우에는 자동으로 사업을 중지하고 기관을 폐지하는 제도

PART 05

02 신성과주의 예산제도(NPBS) : 결과지향적 · 결과기준 예산제도

개념	집행 시에 '자율성'을 부여하고, 성과를 통해 '책임성 확보'를 추구하는 1990년대 NPM 선진국 정부개혁의 흐름을 예산과 연계시킨 제도	
특징	중·장기계획	• 장기적인 계획을 반영함으로써 사업추진의 일관성을 유지하고, 재정건전성 등 중·장기적 거시 재정목표를 효과적으로 추구하기 위해 도입 • 우리나라의 국가재정운용계획
	집·분권의 조화	우리나라의 총액배분자율편성예산제도(거시적·하향적)는 기획재정부가 부처별로 예산 상한을 할당하는 집권화된 예산편성 방식임
	결과 혹은 산출 중심	투입이 아닌 산출 혹은 결과를 강조

Chapter
02

우리나라의 재정개혁

01 신성과주의와 관련된 예산개혁

1. 예비타당성조사

- 대규모 신규사업에 대한 예산편성 및 기금운용계획을 수립하기 위해 기획재정부장관 주관으로 실시하는 사전적 타당성 검증·평가제도
- 기존에 유지된 타당성조사의 문제점을 보완하기 위해 1999년 도입되어 2000년 예산편성 때부터 적용하고 있음

틀잡기

예비타당성조사 ──경제성 분석 통과──▶ 타당성조사

```
1. 주관 : 기획재정부장관
2. 대상사업 : 총사업비 500억↑·정부지원 300억↑
3. 예타조사 면제사업 : 공공성↑
4. 목적 : 예산낭비 방지 및 재정운영의 효율성 제고
5. 기간 : 약 6개월
6. 방법 : 경제성 분석·정책성 분석·지역균형발전 분석 등
```

```
1. 주관 : 사업 주무부처
2. 방법 : 경제성 분석(세밀하게)·
   기술성 분석(단, 정책성 분석 ×)
3. 기간 : 약 1년
```

참고

① 경제성 분석 : 경제적 타당성의 분석, 즉 비용편익분석을 위해 수요·편익·비용을 추정한 후 비용과 편익의 비교(재무성 평가) 및 민감도 분석을 시행함
② 정책성 분석 : 대규모 사업으로 인해 발생할 수 있는 다양한 현상을 분석하는 것
③ 지역균형발전 분석 : 대규모 사업으로 인해 지역불균형에 영향을 끼칠 수 있는지 여부를 살펴보는 것
④ 기술성 분석 : 사업에 활용되는 기술이나 도구 등을 구체적으로 알아보는 것
⑤ 예타조사는 기획재정부장관의 요청에 의해 한국개발연구원(KDI) 등이 수행함

법령

국가재정법 제38조【예비타당성조사】① **기획재정부장관은 총사업비가 500억 원 이상이고 국가의 재정지원 규모가 300억 원 이상인 신규 사업**으로서 다음 각 호의 어느 하나에 해당하는 대규모사업에 대한 예산을 편성하기 위하여 미리 예비타당성조사를 실시하고, 그 결과를 요약하여 국회 소관 상임위원회와 예산결산특별위원회에 제출하여야 한다.
② 제1항에도 불구하고 다음 각 호의 어느 하나에 해당하는 사업은 대통령령으로 정하는 절차에 따라 예비타당성조사 대상에서 제외한다.
  1. 공공청사, 교정시설, 초·중등 교육시설의 신·증축 사업
  2. 국가유산 복원사업
  3. 국가안보와 관계되거나 보안이 필요한 국방 관련 사업

02 국민의 예산 참여: 재정민주주의

1. 재정민주주의 관련 제도

> **재정민주주의(납세자 주권)**: 정부가 주민 혹은 국민의 돈을 사용함에 있어서 주민이나 국민의 견해를 반영하는 것 혹은 공금의 부적절한 사용에 대해 주민이나 국민이 이의를 제기하는 것

(1) 주민참여예산제도

의의	• 지방자치단체의 예산편성과정 등에 지역주민의 직접적인 참여를 제도적으로 보장하기 위한 장치 • 브라질의 포르투 알레그리시는 참여예산제도를 세계 최초로 도입함(1989)
특징	• 광주광역시 북구청이 전국 최초로 도입(2008)한 이래 지방재정법에 근거한 법률조항이 마련되면서 전국으로 확산 • 이후 개정된 지방재정법(2011)에서는 지방자치단체의 장이 주민참여예산제도를 의무적으로 시행하도록 규정하고 있음
법령	지방재정법 제39조 【지방예산 편성 등 예산과정의 주민참여】 ① **지방자치단체의 장**은 대통령령으로 정하는 바에 따라 지방예산 편성 등 예산과정(「지방자치법」 제47조에 따른 지방의회의 의결사항은 제외한다)에 주민이 참여할 수 있는 제도(이하 이 조에서 **"주민참여예산제도"**라 한다)를 마련하여 **시행하여야 한다.** ③ **지방자치단체의 장**은 주민참여예산제도를 통하여 수렴한 **주민의 의견서를 지방의회에 제출하는 예산안에 첨부하여야 한다.** ④ **행정안전부장관**은 지방자치단체의 재정적·지역적 여건 등을 고려하여 대통령령으로 정하는 바에 따라 지방자치단체별 주민참여예산제도의 운영에 대하여 **평가를 실시할 수 있다.**

(2) 정보공개청구제도

의의	정부 또는 행정기관이 보유하고 있는 정보를 국민의 청구에 따라 공개하는 제도
특징	• 모든 국민이 청구할 수 있음 • 예산사용에 대한 정보도 정보공개청구제도를 통해 청구할 수 있음
법령	공공기관의 정보공개에 관한 법률 제5조 【정보공개 청구권자】 ① 모든 국민은 정보의 공개를 청구할 권리를 가진다. ② **외국인**의 정보공개 청구에 관하여는 **대통령령**으로 정한다. 동법 제10조 【정보공개의 청구방법】 ① 정보의 공개를 청구하는 자는 해당 정보를 보유하거나 관리하고 있는 공공기관에 다음 각 호의 사항을 적은 **정보공개청구서를 제출하거나 말로써 정보의 공개를 청구**할 수 있다.

Chapter 03 예산의 기초

01 예산의 의의 · 구분, 기능 및 형식

1. 예산의 의의 및 구분

의의			일정 기간(1회계연도)에 있어서 국가의 수입(세입) 및 지출(세출)의 예정액 또는 계획안(예정적인 수치)
예산의 구분	세입 예산	정의	1회계연도에 있어서 국가 혹은 지방자치단체로 유입되는 모든 수입
		수입원 조세	국가가 재정권에 기초해 추출하는 공공재원
		수입원 수익자 부담금	공공서비스 이용의 대가로 징수하는 재원
		수입원 국공채	• 국가나 지방자치단체가 공공지출 경비의 재원을 조달하고자 발행한 채권 • 국공채는 내구성이 큰 투자사업의 경비를 조달하기에 적합하며, 사업이나 시설로 인해 편익을 얻게 될 후세대도 비용을 분담하기 때문에 세대 간 공평성을 높일 수 있음
	세출 예산		1회계연도에 있어서 국가 또는 지방자치단체가 그 목적을 수행하기 위한 모든 지출

2. 예산의 형식

(1) 예산법률주의와 예산의결주의

구분	예산법률주의	예산의결주의(예산주의)
정의	의회가 의결한 예산을 법률의 형식으로 만들어서 대통령에게 제출하는 것 → 세입법, 세출법으로 명명	의회가 예산을 의결로 확정함 → 세입예산, 세출예산으로 명명
채택국가	영국, 미국, 프랑스, 독일 등	한국, 일본 등
특징	• 세입과 세출예산 모두 매년 국회가 법률로 확정 • 세입과 세출이 모두 법적 구속력 지님	• 행정부가 편성한 예산을 매년 국회가 의결 • 세출은 대정부 구속력 ○, 세입은 참고자료
대통령의 거부권 및 공포권	원칙적으로 거부권 및 공포권 행사 가능	거부권 및 공포권 행사 불가능
조세에 대한 시각	1년세주의	영구세주의 ※ 예산이 확정되어도 세법에 영향×

(2) 우리나라에서 예산과 법률의 차이

구분	예산	법률
제출권자	정부	국회, 정부
제출기한	회계연도 개시 120일 전	제한 없음
심의기한	회계연도 개시 30일 전	제한 없음
대통령 거부권	거부권 행사 불가능	거부권 행사 가능
국회심의의 범위	예산의 증액 및 새로운 비목 설치 불가능 → 정부의 동의가 있으면 가능	자유롭게 수정 가능
대인적 효력	국가기관을 구속	국가기관 및 국민 모두를 구속
시간적 효력	회계연도에 국한	폐지할 때까지 계속적인 효력

참고 ◆

① 우리나라에서는 예산으로 법률을 변경할 수 없고, 법률로 예산을 변경할 수 없음 → 양자는 다른 형식
② 우리나라의 예산은 법률로 성립하지 않기 때문에 예산의 내용과 각종 첨부서류들은 법률적 효력을 갖지 못함
　 → 단지 행정규칙으로서의 효력을 가짐
③ 즉, 예산은 국민의 권리 및 의무와 직접 관계가 없는 각 행정기관의 행위기준 등을 정한 규범으로서, 원칙적으로
　 대외적 효과를 갖지 않음(국가기관 구속)

3. 기타 : 조세(국세·지방세)

조세의 특징	• 조세의 경우 국민이 부담하므로 국민은 정부지출을 통제하고 성과에 대한 직접적인 책임을 요구할 수 있음 • 일반적으로 조세는 국세와 지방세를 의미하므로 과태료, 벌금 등은 조세가 아님 • 조세는 일반 국민을 대상으로 부과한다는 점에서 특정 시민에게 징수하는 수수료나 수익자부담금과 다름

02 예산의 원칙

예산과정에서 행정부가 지켜야 할 원칙 → 예산의 원칙은 크게 전통적 원칙과 현대적 원칙으로 구분됨

1. 틀잡기

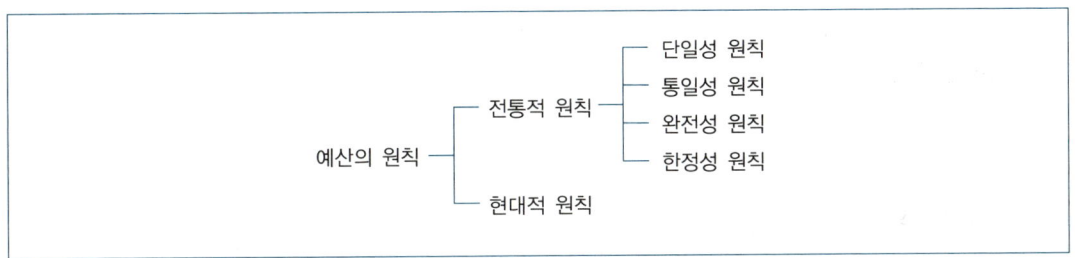

2. 전통적 원칙 : 노이마르크가 제시한 입법부 우위의 통제지향적인 원칙

(1) 전통적 원칙의 유형과 예외

구분	개념	예외
엄밀성(정확성) 원칙	• 예산과 결산의 일치 • 즉, 계획대로 정확히 지출해야 함	적자, 불용액(세계잉여금 : 결산 후 남은 돈)
단일성 원칙	• 단일한 회계장부에 기록 • 예산은 가능한 한 모든 재정활동을 포괄하는 단일한 예산 내에서 정리되어야 함 • 가급적 일반회계예산으로 국가의 모든 활동을 집행하자는 것	• **두문자** 단추특기 • 예외 : 특별회계예산, 추가경정예산, 기금 → 행정의 복잡성 증대로 인해 나열된 돈은 별도로 편성하는 게 국가관리에 용이하다는 뜻
공개성 원칙	• 예산편성·심의·집행·결산과정의 공개 • 투명성을 강조하는 원칙	국방비, 외교활동비, 국가정보원 예산 등
사전승인 원칙	행정부가 집행하는 돈은 국회의 사전심의·의결을 거쳐야 함	사고이월, 전용, 준예산, 긴급재정명령, 선결처분, 예비비 지출 등
통일성 원칙	• 세입은 국고를 거쳐 세출되어야 함 • 국고 통일의 원칙, 수입금 직접 사용금지의 원칙과 같은 개념	• **두문자** 통목수특기 • 예외 : 목적세, 수입대체경비, 특별회계, 기금 → 목적성이 뚜렷한 돈에 대해서는 예외로 하자는 것

완전성(포괄성) 원칙 (예산총계주의)	• 수입 · 지출 모두 예산에 기록 • 예산에 모든 세입과 세출이 명시적으로 나열되어 빠짐없이 계상되어야 한다는 것(총계예산) 🔵 세금 징수비용 등을 제외한 순수입만을 세입예산에 반영시켜서는 안 된다는 원칙	• **두문자** 완전차갑고 순수해서 현기증나 • 예외 : 전대차관, 차관물자대, 순계예산, 수입대체경비, 현물출자, 기금 • 전대차관, 차관물자대, 수입대체경비, 현물출자 등은 불확실성 차원에서 예외에 해당하며, 기금은 예산이 아님. 아울러 순계예산은 총계예산과 반대되는 개념임		
명료성 원칙	예산의 내역과 용도는 국민이 이해할 수 있도록 구체적이고 단순해야 함 → 수입 및 지출 용도 구분	총괄예산 등		
한정성 원칙	의회가 지정한 목적·금액·시기 내에서 예산 집행	목적(질적) 한정성 예외	이용, 전용	
		규모(양적) 한정성 예외	예비비, 추가경정예산	
		시간(시기) 한정성 예외 (회계연도 독립원칙 예외)	이월, 계속비, 국고채 무부담행위 등	

(2) 일부 원칙의 예외에 명시된 용어정리

단일성 원칙	특별회계	특정 목적을 위해 일반회계와 구분해서 별도로 편성한 예산
	추가경정예산	예산을 정한 뒤 발생한 사유로 인해 이미 성립한 예산에 변경을 가할 필요가 있을 때 편성하는 예산
	기금	특정 목적을 위한 적립금 🔵 공무원연금
공개성 원칙	국방비·외교활동비·국가정보원 예산 등은 기밀상 이유로 공개하지 않음	
사전승인 원칙	사고이월	불가피한 사유(예측하지 못한 사유)로 지출하지 못한 경비 등을 이월하는 것 → 예측하지 못한 이월
	전용	행정과목 간의 융통으로, 국회의 사전의결을 요하지 않음
	준예산	회계연도 개시 전까지 예산이 성립하지 않을 경우 특정 경비에 한해서 전년도 예산에 준해 지출할 수 있는 예산 → 특정 경비에만 준예산 제도를 적용하는 바 국회의 사전의결이 필요 없음
	긴급재정명령	국가비상사태 시 대통령이 긴급한 조치를 취하기 위해 행하는 명령 → 긴급한 상황을 해결하기 위해 대통령은 필요한 재정·경제상의 처분을 하거나 이에 관한 법률의 효력을 가지는 명령을 할 수 있음
	선결처분	긴급재정명령과 유사한 제도임 → 단, 지방자치단체장의 권한 중 하나임
	예비비 지출	• 예비비의 지출에 대해 사후에 승인을 받음 → 단, 사용할 예비비 총액 등은 국회의 사전의결을 받음 • 예비비 : 예측할 수 없는 예산 외의 지출 또는 예산초과지출을 충당하기 위한 경비 → 비상금
통일성 원칙	목적세	특정한 용도에 지출하기 위한 조세
	수입대체경비	수입을 발생시키는 지출 🔵 외교부의 여권발급경비

	특별회계	특정 목적을 위해 일반회계와 구분해서 별도로 편성한 예산 ⑩ 교통시설특별회계: 도로건설 등을 위해 목적세 일부는 국토교통부장관이 직접 사용할 수 있음
	기금	특정 목적을 위한 적립금 ⑩ 공무원연금: 정부와 공무원이 공동으로 기여한 돈을 공무원연금을 지급하는 데 활용함
완전성(포괄성) 원칙 (예산총계주의)	전대차관	• 국내 거주자에게 전대할 것을 조건으로 외국의 금융기관으로부터 외화자금을 차입하는 것 ⑩ 정부(기획재정부)가 IMF에서 차관해 전대(돈을 정부가 사용하지 않고 민간이나 공공기관에 빌려줌)하는 것 • 환율 등의 변화로 인해 상환액이 커지는 경우 초과지출 가능
	차관물자대	• 외국의 실물자본을 일정 기간 사용하거나 대금결제를 유예하면서 도입하는 차관 ⑩ 외국에서 외상으로 가져온 물자 등 • 환율 등의 변화로 인해 상환액이 커지는 경우 초과지출 가능
	순계예산	• 징세비를 공제하고 순세입만 계상한 예산 • 총계예산: 예산총계주의를 반영해 모든 수입을 세입으로 계상한 예산(징세비 공제×)
	수입대체경비	수입을 발생시키는 지출 ⑩ 외교부의 여권발급경비: 여권발급 수요가 급증했을 때 이를 충당하기 위해 계획보다 초과 지출하는 것이므로 완전성 원칙의 예외임
	현물출자	부동산 등 금전 이외의 재산에 의한 출자(투자) → 현물로 출자하는 경우에는 이를 세입세출예산 외로 처리할 수 있음
	기금	특정 목적을 위한 적립금 → 기금은 예산과 별도로 설치하므로 완전성 원칙의 예외에 해당함
명료성 원칙	총괄예산	항목별로 구분하지 않고 총액으로 계상하는 자금 ⑩ 국가유산·도로보수비용 등

한정성 원칙	목적(질적) 한정성 예외	이용·전용	자금 간 융통(⑩ 재료비 → 인건비)이므로 목적의 예외
	규모(양적) 한정성 예외	예비비· 추가경정예산	비상금이나 특정 사유로 인해 추가로 편성한 예산은 계획한 예산의 규모를 초과하는 면이 있으므로 규모 한정성 원칙의 예외임
	시간(시기) 한정성 예외 (회계연도 독립원칙 예외)	이월(명시이월· 사고이월)	회계연도에 집행하지 못하기 때문에 다음 연도로 '이월'하는 것
		계속비	다년간 지출되는 돈 ⑩ 연구개발사업
		국고채무부담행위	채무를 부담하는 행위 → 국회 승인의 효력이 1년을 초과하는 경우도 있는 바 시기 한정성 원칙의 예외임

3. 현대적 예산원칙 : 스미스가 제시한 행정부 우위의 원칙 → 통제 + 신축성(강조)

구분	내용
사업계획의 원칙 : 관리지향적 예산원칙	사업계획과 예산의 편성을 연계해야 한다는 것
책임의 원칙 : 행정부에 의한 책임부담의 원칙	예산을 집행할 때, 합법성·효과성·경제성 등을 추구해 행정의 책임성을 확보하자는 것
보고의 원칙	• 예산과정을 관리할 수 있는 관리 및 보고체계를 갖춰야 함 • 예산의 운영과정이 점차 복잡·다양해지고 있기 때문
적절한 수단 구비의 원칙 : 예산관리수단 확보의 원칙	재정의 통제와 신축성 유지를 위한 적절한 수단이 조화를 이뤄야 함
예산기구 상호협력의 원칙	중앙의 예산기관과 각 부처 예산기관 간의 협력체계를 구축해야 함
다원적 절차의 원칙	재정운영의 탄력성을 위해 사업의 성격별로 예산절차의 다양성을 추구해야 함
시기 신축성의 원칙	계획한 사업의 시점을 행정부가 신축적으로 조정할 수 있어야 함 예 계속비, 이월 등
재량의 원칙	효율적인 예산집행을 위해 재량권을 주어야 함 예 총괄예산 등

03 우리나라의 예산원칙 : 국가재정법을 중심으로

우리나라 중앙정부의 국가재정법에 명시된 예산원칙은 다음과 같음

예산의 원칙	제16조【예산의 원칙】정부는 예산을 편성하거나 집행할 때 다음 각 호의 원칙을 준수하여야 한다. 3. 정부는 재정을 운용할 때 재정지출 및 「조세특례제한법」 제142조의2 제1항에 따른 조세지출의 성과를 제고하여야 한다. **조세지출** 합법적인 세금감면 → 비과세 등 4. 정부는 예산과정의 투명성과 예산과정에의 국민참여를 제고하기 위하여 노력하여야 한다. 우리나라는 국민참여예산제도를 운영하고 있음 5. 정부는 예산이 여성과 남성에게 미치는 효과를 평가하고, 그 결과를 정부의 예산편성에 반영하기 위하여 노력하여야 한다. 우리나라는 성인지적 관점의 예산운영을 명시하고 있음 6. 정부는 예산이 「기후위기 대응을 위한 탄소중립·녹색성장 기본법」 제2조 제5호에 따른 온실가스 감축에 미치는 효과를 평가하고, 그 결과를 정부의 예산편성에 반영하기 위하여 노력하여야 한다. 우리나라는 온실가스 감축을 위한 예산과 기금을 운영하고 있음

Chapter 04 예산의 종류 및 분류

01 예산의 종류

1. 틀잡기

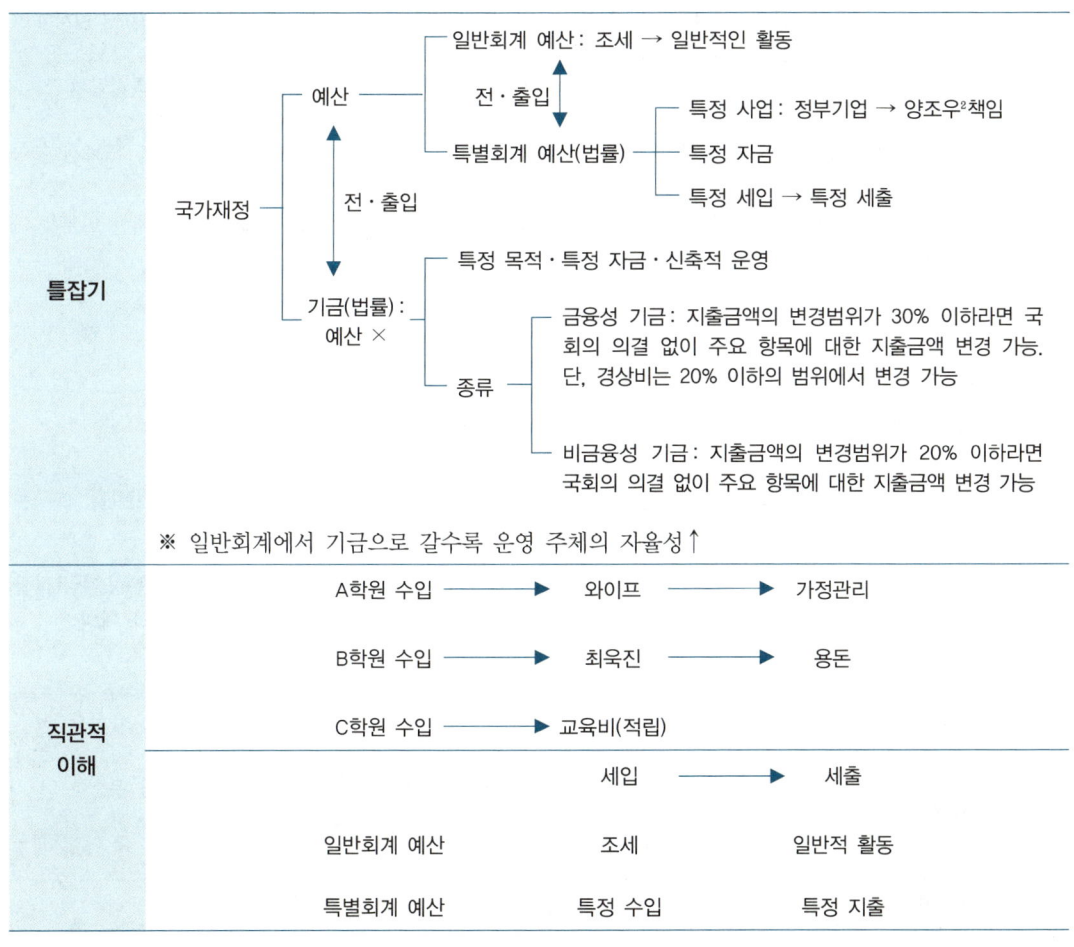

틀잡기

국가재정
- 예산
  - 일반회계 예산 : 조세 → 일반적인 활동
  - (전·출입)
  - 특별회계 예산(법률)
    - 특정 사업 : 정부기업 → 양조우[2]책임
    - 특정 자금
    - 특정 세입 → 특정 세출
- (전·출입)
- 기금(법률) : 예산 ×
  - 특정 목적·특정 자금·신축적 운영
  - 종류
    - 금융성 기금 : 지출금액의 변경범위가 30% 이하라면 국회의 의결 없이 주요 항목에 대한 지출금액 변경 가능. 단, 경상비는 20% 이하의 범위에서 변경 가능
    - 비금융성 기금 : 지출금액의 변경범위가 20% 이하라면 국회의 의결 없이 주요 항목에 대한 지출금액 변경 가능

※ 일반회계에서 기금으로 갈수록 운영 주체의 자율성↑

직관적 이해

A학원 수입 ——→ 와이프 ——→ 가정관리

B학원 수입 ——→ 최욱진 ——→ 용돈

C학원 수입 ——→ 교육비(적립)

	세입 ——→ 세출	
일반회계 예산	조세	일반적 활동
특별회계 예산	특정 수입	특정 지출

| 기타 | |

- 일반회계와 특별회계는 예산의 사용목적 혹은 세입·세출에 의한 분류임
- 일반회계, 특별회계, 기금은 모두 국회의 심의·의결로 확정됨
- 특별회계 : 정부가 특별한 용도로 자금을 운영할 때 설치하는 예산으로서 운영 주체의 자율성을 어느 정도 확보해 재정 운영의 효율성을 높일 수 있음
- 기금은 합목적성 차원에서 특별회계보다 자율성과 탄력성을 지님 → 기금은 예산의 원칙을 적용받지 않는 바 집행부의 재량이 상대적으로 큰 편임
- 정부기업 : 정부가 기업의 형태(정부부처 형태)로 운영하는 기관 → 정부가 소유권을 갖고 운영하는 공기업으로서 정부조직에 해당함(정부기업예산법에 근거)

> **정부기업예산법 제2조【정부기업】** 이 법에서 "정부기업"이란 기업형태로 운영하는 우편사업, 우체국예금사업, 양곡관리사업 및 조달사업을 말한다.
>
> **동법 제3조【특별회계의 설치】** 정부기업을 운영하기 위하여 다음 각 호의 특별회계를 설치하고 그 세입으로써 그 세출에 충당한다.
> 1. 우편사업특별회계 2. 우체국예금특별회계 3. 양곡관리특별회계 4. 조달특별회계

- 국토교통부의 교통시설특별회계(교통시설특별회계법에 근거) : 목적세의 일부를 도로건설 등에 사용함
- 지역균형발전특별회계(지방자치분권 및 지역균형발전에 관한 특별법에 근거) : 예산 일부를 제주도 및 세종시 등에 지원

2. 일반회계·특별회계·기금

(1) 일반회계·특별회계·기금 비교

구분	일반회계예산	특별회계예산	기금(적립금)
목적	일반적인 재정활동	• 특정 사업 운영 • 특정 자금 운영 • 특정 세입으로 특정 세출에 활용 → 단일성 원칙의 예외	특정 목적을 위한 특정 자금(적립금) → 단일성 원칙의 예외
설치	예산의 형식으로 편성	법률로 설치	
재원조달	조세수입	• 일반회계 • 다른 특별회계 전입금 • 운용 : 일반회계와 기금운용 형태 혼재	• 출연금·부담금 등 • 다양한 재원
수입과 지출의 연계	불가능	가능(통일성 원칙의 예외)	
예산안 제출 및 심의	• 행정부 : 회계연도 120일 전까지 예산안 제출 • 국회 : 회계연도 30일 전까지 심의·의결		• 행정부 : 회계연도 120일 전까지 기금운용계획안 제출 • 국회 : 회계연도 30일 전까지 기금운용계획안 심의·의결
예산집행	목적 외 사용금지 : 엄격한 통제		합목적성을 위해 자율성·탄력성↑

계획변경	• 이용과 전용 • 추경예산 활용	• 비금융성 기금 : 20% 내 자율 • 금융성 기금 : 30% 내 자율 　→ 단, 기금의 관리에 소요되는 　경상비는 20% 내 자율 • 각 한도 초과 변경 시 : 국회의 　의결 및 심의
결산	• 행정부 : 내년 5월 31일 전까지 결산서 제출 • 국회 : 정기국회 개회 전(8월 31일)까지 승인	• 행정부 : 내년 5월 31일 전까지 　기금결산보고서 제출 • 국회 : 정기국회 개회 전까지 　승인

(2) 기타 : 일반회계·특별회계·기금 관련 법령

국가재정법 제4조【회계구분】 ① 국가의 회계는 일반회계와 특별회계로 구분한다.
② 일반회계는 조세수입 등을 주요 세입으로 하여 국가의 일반적인 세출에 충당하기 위하여 설치한다.
③ 특별회계는 국가에서 특정한 사업을 운영하고자 할 때, 특정한 자금을 보유하여 운용하고자 할 때, 특정한 세입으로 특정한 세출에 충당함으로써 일반회계와 구분하여 회계처리할 필요가 있을 때에 법률로써 설치하되, 별표 1에 규정된 법률에 의하지 아니하고는 이를 설치할 수 없다.

　특별회계설치 근거법률(국가재정법 제4조 제3항 관련)
　2. 지방자치분권 및 지역균형발전에 관한 특별법
　5. 정부기업예산법
　15. 책임운영기관의 설치·운영에 관한 법률
　20. 교통시설특별회계법

동법 제5조【기금의 설치】 ① 기금은 국가가 특정한 목적을 위하여 특정한 자금을 신축적으로 운용할 필요가 있을 때에 한하여 법률로써 설치하되, 정부의 출연금 또는 법률에 따른 민간부담금을 재원으로 하는 기금은 별표 2에 규정된 법률에 의하지 아니하고는 이를 설치할 수 없다.
② 제1항의 규정에 따른 기금은 세입세출예산에 의하지 아니하고 운용할 수 있다.

　기금설치 근거법률(국가재정법 제5조 제1항 관련)
　3. 공무원연금법
　8. 국민연금법
　11. 군인연금법
　17. 남북협력기금법 등

동법 제69조【증액 동의】 국회는 정부가 제출한 기금운용계획안의 주요항목 지출금액을 증액하거나 새로운 과목을 설치하고자 하는 때에는 미리 정부의 동의를 얻어야 한다.

동법 제73조【기금결산】 각 중앙관서의 장은 「국가회계법」에서 정하는 바에 따라 회계연도마다 소관 기금의 결산보고서를 중앙관서결산보고서에 통합하여 작성한 후 제58조 제1항에 따라 기획재정부장관에게 제출하여야 한다.

　결산과정에서 기재부장관은 의회에 중앙관서결산보고서를 종합한 국가결산보고서를 제출하므로 기금의 결산은 국회의 심의·의결을 거치게 됨

3. 예산불성립 시 집행장치

	종류	국회의 의결	지출항목	채택국가	기간
틀잡기	준예산	불필요	한정적	한국, 독일	제한 없음
	잠정예산	필요	전반적	영국, 미국, 일본, 캐나다	제한 없음
	가예산	필요	전반적	프랑스, 한국의 제1공화국	최초 1개월

용어설명

① 준예산 : 국회에서 예산안이 의결될 때까지 특정 경비에 대해 전 회계연도의 예산에 준해 집행하는 제도
② 잠정예산 : 일정 금액의 예산의 국고지출을 잠정적으로 허가하는 제도
③ 가예산 : 회계연도 개시 전까지 예산이 의결되지 못했을 때 의회가 미리 1개월분 예산만 의결해 정부가 집행할 수 있도록 하는 예산

준예산

• 국가 재정활동의 단절 방지를 위해 우리나라는 1960년도 이후부터 준예산제도를 채택하고 있음
• 준예산은 헌법에 명시되어 있는 제도임
• 우리나라의 중앙정부는 지금까지 준예산을 편성하지 않았으나 지방정부의 경우 성남시가 2013년, 부안군이 2004년에 편성한 경험이 있음

> **대한민국헌법 제54조** ③ 새로운 회계연도가 개시될 때까지 예산안이 의결되지 못한 때에는 정부는 국회에서 예산안이 의결될 때까지 다음의 목적을 위한 경비는 전년도 예산에 준하여 집행할 수 있다.
> 1. 헌법이나 법률에 의하여 설치된 기관 또는 시설의 유지·운영
> 2. 법률상 지출의무의 이행
> 3. 이미 예산으로 승인된 사업의 계속

4. 성립 시기에 따른 구분

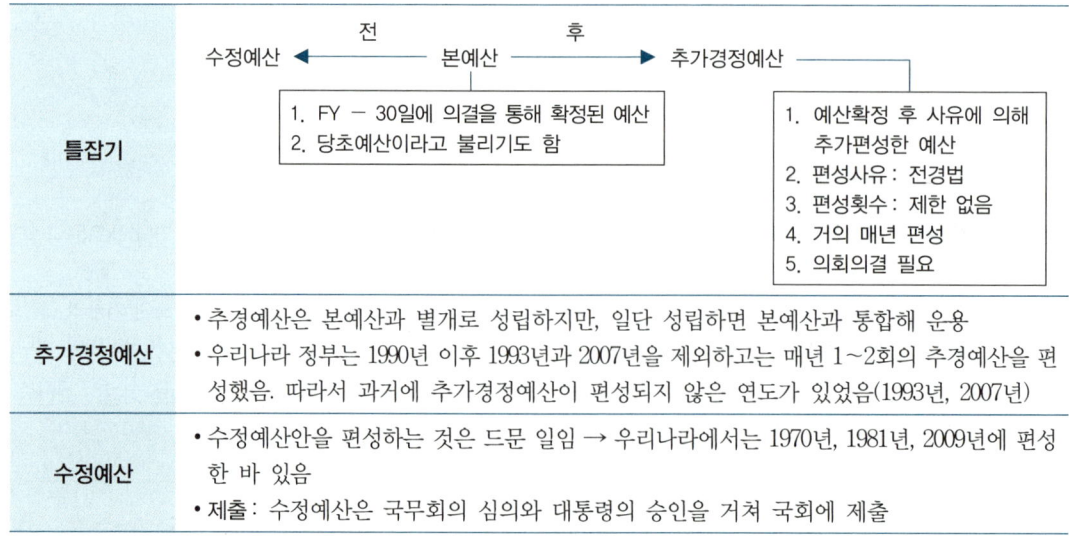

틀잡기	수정예산 ◄── 전 — 본예산 — 후 ──► 추가경정예산 1. FY − 30일에 의결을 통해 확정된 예산 2. 당초예산이라고 불리기도 함 1. 예산확정 후 사유에 의해 추가편성한 예산 2. 편성사유 : 전경법 3. 편성횟수 : 제한 없음 4. 거의 매년 편성 5. 의회의결 필요
추가경정예산	• 추경예산은 본예산과 별개로 성립하지만, 일단 성립하면 본예산과 통합해 운용 • 우리나라 정부는 1990년 이후 1993년과 2007년을 제외하고는 매년 1~2회의 추경예산을 편성했음. 따라서 과거에 추가경정예산이 편성되지 않은 연도가 있었음(1993년, 2007년)
수정예산	• 수정예산안을 편성하는 것은 드문 일임 → 우리나라에서는 1970년, 1981년, 2009년에 편성한 바 있음 • 제출 : 수정예산은 국무회의 심의와 대통령의 승인을 거쳐 국회에 제출

5. 기타

(1) 성인지예산제도

틀잡기	◆ 남녀차이를 고려한 예산편성 예산	
의의	개념	• 예산편성과 집행과정에서 남녀별로 미치는 효과를 고려해 성차별 없이 평등하게 혜택을 누릴 수 있도록 예산을 편성하는 제도 • **성인지적 = 성주류화 ↔ 성중립적 = 몰성인지적** • 성중립적 관점은 남녀 간의 획일적인 평등을 강조하는 소극적 기회의 공평을 전제하는 반면, 성인지적 관점은 남녀 간의 적극적인 공평을 구현하려는 적극적 결과의 공평을 전제로 함 예 성중립적 관점에 따르면 남녀 공중화장실을 1:1로 설치해야 하나, 성인지적 관점에 따르면 1:1.5로 설치해야 함
	등장배경	• 1984년 호주에서 세계 최초로 도입되었음 • 1995년 베이징에서 개최한 유엔 세계여성대회에서 성주류화 전략을 주요 의제로 채택하면서 세계 각국에서 시행함 • 이에 따라 우리나라도 국가재정법과 지방재정법에서 정부와 지방자치단체에 대해서 성인지 예산서와 결산서 작성을 의무화함 • 우리나라의 경우 중앙정부는 2010회계연도부터, 지방정부는 2013회계연도부터 도입되었음
기타	• 중앙정부는 성인지 예산서, 성인지 결산서, 성인지 기금운용계획서, 성인지 기금결산서를 작성해야 함 → 2010년에 일반회계와 특별회계 예산사업에 먼저 적용되었고, 2011년부터는 기금사업에도 적용되고 있음 • 지방자치단체는 성인지 예산서, 성인지 결산서를 작성해야 함(성인지 기금운용계획서·성인지 기금결산서 작성 ×) **국가재정법 제26조【성인지 예산서의 작성】** ① 정부는 예산이 여성과 남성에게 미칠 영향을 미리 분석한 보고서[이하 "성인지(性認知)예산서"라 한다]를 작성하여야 한다. ② 성인지 예산서에는 성평등 기대효과, 성과목표, 성별 수혜분석 등을 포함하여야 한다. **동법 시행령 제9조【성인지 예산서의 내용 및 작성기준 등】** ① 법 제26조에 따른 성인지 예산서에는 다음 각 호의 내용이 포함되어야 한다. 1. 성인지 예산의 개요 2. 성인지 예산의 규모 2의2. 성인지 예산의 성평등 기대효과, 성과목표 및 성별 수혜분석 ② 성인지 예산서는 **기획재정부장관이 여성가족부장관과 협의하여 제시한 작성기준** 및 방식 등에 따라 **각 중앙관서의 장이 작성**한다.	

(2) 조세지출예산제도

조세지출	• 조세지출 : 합법적인 세금감면(정부의 간접적 지출) → 비가시적·경직적 지출 • 즉, 정부가 받아야 할 세금을 비과세, 감면, 공제 등의 세제혜택을 통해 받지 않는 것
조세지출 예산제도	• 합법적인 세금감면 통제 by 의회 • 과세에 대한 형평성 제고 • 불공정한 조세지출 방지를 목적으로 함

(3) 예산총계와 예산순계

예산총계	회계 간 중복거래금액을 포함하는 예산
예산순계	회계 간 중복거래금액을 포함하지 않는 예산

02 예산의 분류 : 예산의 규모를 중심으로

1. 틀잡기

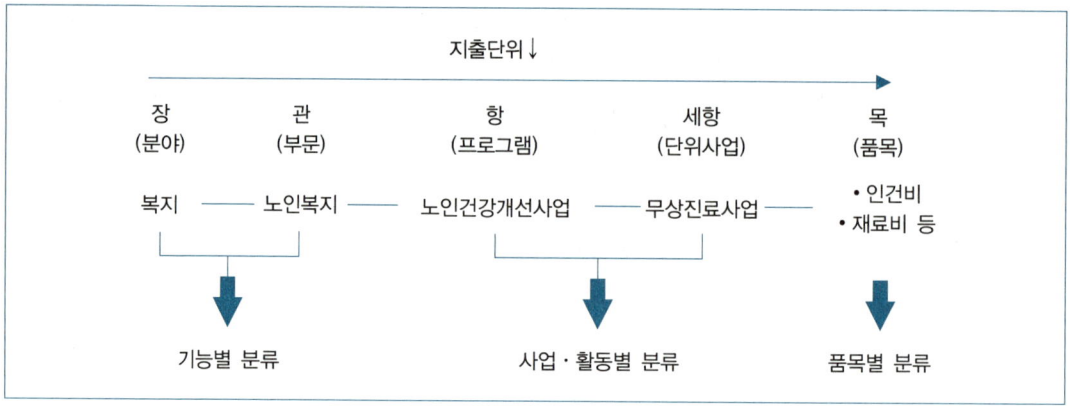

2. 각 분류에 대한 설명

조직별 분류	• 조직단위를 기준으로 예산을 분류하는 것으로, 특정 기관이 얼마를 쓰는지를 알 수 있음 • 사업별 분류방식에 비해 독립된 행정부서의 예산 상황을 쉽게 이해할 수 있음 • 지출주체의 명료함 → 회계책임 확보가 쉬움
기능별 분류	• 국민을 위한 분류 : 국민의 관점에서 정부가 무슨 일을 하는지 알 수 있음 • 세입예산의 분류보다 세출예산의 분류에 적합 • 정부의 활동에는 여러 부처가 관여하는 경우가 있으므로 어느 부처에서 무엇을 하는지가 명확하지 않음 → 따라서 회계책임이 명백하지 못할 수 있음
경제성질별 분류	• 국민경제에 미치는 영향을 파악하기 위한 분류 • 즉, 다양한 재정지표를 나열해 우리나라의 재정상태를 표현하는 것

Chapter

05 예산과정

01 예산의 편성

- 예산과정은 '예산편성 – 심의 및 의결 – 집행 – 결산' 절차를 총칭하는 개념임
- 예산과정 중 예산편성은 돈의 사용에 대한 계획을 수립하는 절차임
- 우리나라 예산과정에 대한 전체적인 틀은 아래와 같음

1. 우리나라 예산과정

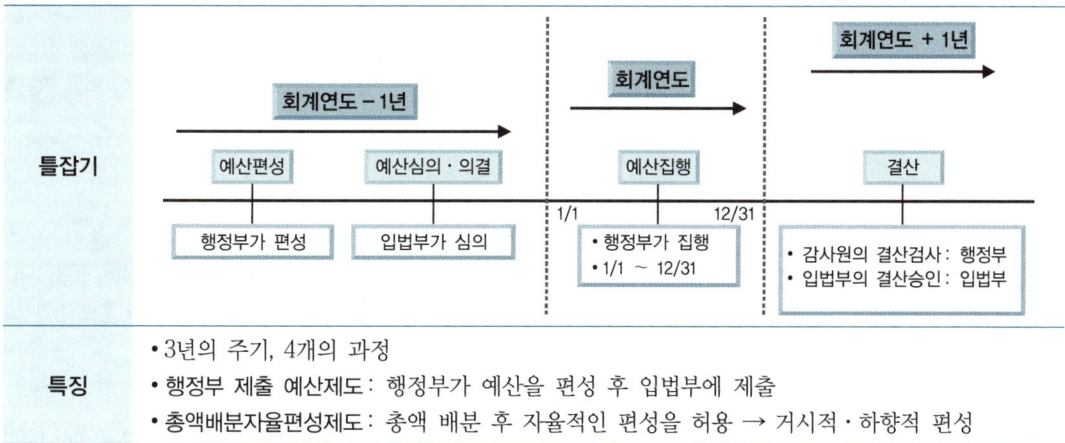

2. 예산편성 절차

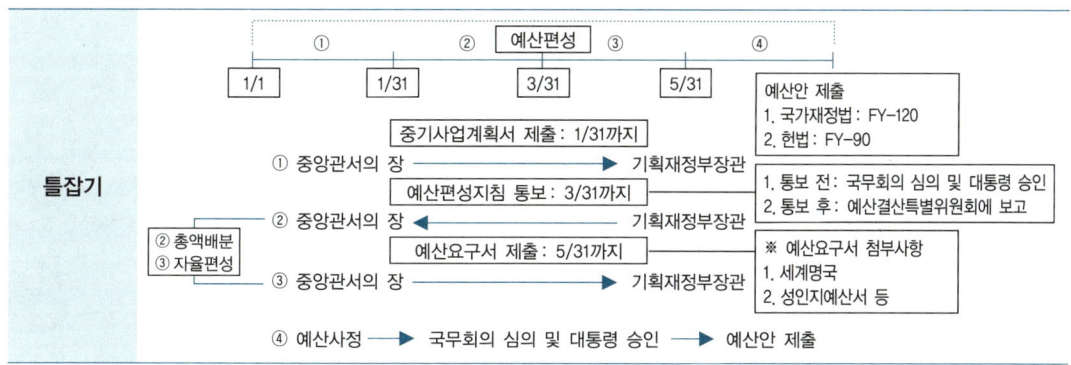

기타	• 기획재정부장관은 각 중앙관서의 장이 제출한 중기사업계획서를 기초로 국가재정운용계획을 수립함 • 기획재정부는 입법부와 사법부의 예산을 사정하고 배정할 수 있음 → 예를 들어, 국회에서는 국회사무총장이 예산요구서를 편성해 기획재정부에 제출함 • 예산사정과정에서 **정부는 독립기관(국회·대법원·헌법재판소·중앙선거관리위원회)과 감사원의 예산을 감액하고자 할 때에는** 국무회의에서 해당 **기관장의 의견을 들어야 함** • 기금운용계획안의 수립 절차는 예산편성 절차와 동일함 　⑩ 기획재정부장관의 기금운용계획안 작성지침 통보(3월 31일까지) • 예산안 첨부서류 : 성인지예산서, 온실가스감축인지예산서, 「조세특례제한법」에 따른 조세지출예산서 등

3. 예산편성에 대한 법령 : 국가재정법을 중심으로

제1장 총칙

제6조 【독립기관 및 중앙관서】 ① 이 법에서 "독립기관"이라 함은 국회·대법원·헌법재판소 및 중앙선거관리위원회를 말한다.

② 이 법에서 "중앙관서"라 함은 「헌법」 또는 「정부조직법」 그 밖의 법률에 따라 설치된 중앙행정기관을 말한다.

③ 국회의 사무총장, 법원행정처장, 헌법재판소의 사무처장 및 중앙선거관리위원회의 사무총장은 이 법을 적용할 때 중앙관서의 장으로 본다.

제2장 예산

제1절 총칙

제19조 【예산의 구성】 예산은 **예산총칙·세입세출예산·계속비·명시이월비 및 국고채무부담행위**를 총칭한다.

제20조 【예산총칙】 ① 예산총칙에는 세입세출예산·계속비·명시이월비 및 국고채무부담행위에 관한 총괄적 규정을 두는 외에 다음 각 호의 사항을 규정하여야 한다.

제2절 예산안의 편성

제33조 【예산안의 국회제출】 정부는 제32조의 규정에 따라 대통령의 승인을 얻은 예산안을 **회계연도 개시 120일 전까지 국회에 제출**하여야 한다.

02 예산심의 및 의결 : 입법부의 역할

• 예산심의 및 의결은 국민의 대표로 구성된 국회가 행정부가 제출한 예산안을 검토하고 승인하는 과정임
• 예산심의는 국민의 대표인 입법부가 행정부가 제출한 예산안을 통제하는 과정이기 때문에 재정민주주의(국민의 견해를 재정관리에 반영하는 것)의 실현과정이라 볼 수 있음
• 국회는 예산심의를 통해 정부의 사업 및 사업의 수준과 예산총액을 다룰 수 있음

1. 예산심의 및 의결의 절차

| 틀잡기 | 예산심의 이전에 국정감사 및 본회의 보고 실시
• 국정감사 : 정부가 예산안을 제출하기 전에 국회는 국정감사를 통해 정부운영을 파악하고 예산심의를 위한 자료를 수집함
• 본회의 보고 : 정부가 예산안을 제출하면 국회의장은 본회의에 보고한 후 안건을 의원에게 배부함
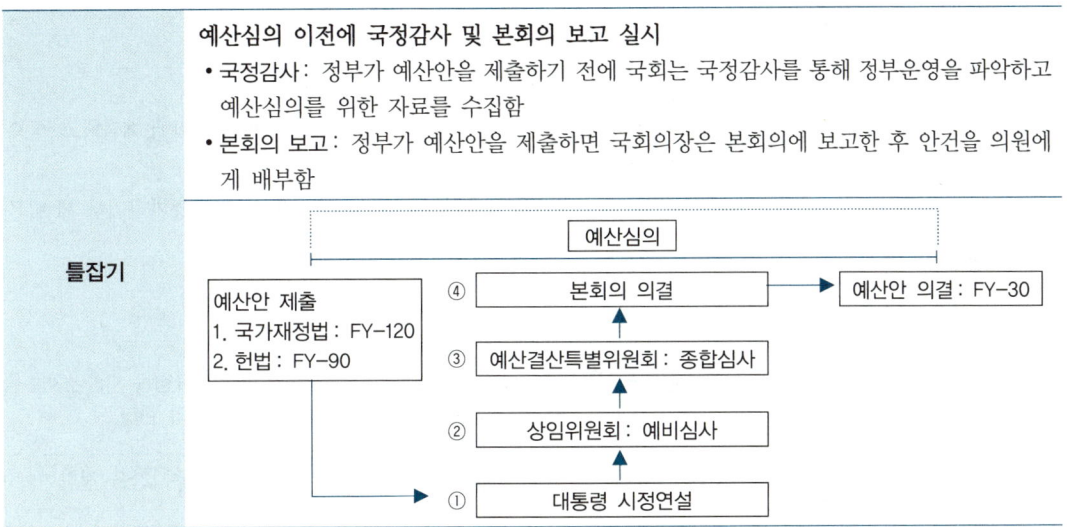 |

2. 우리나라 예산심의 및 의결과정의 특징

정치적 과정	국회의원, 정당, 행정부 및 각종 이익단체가 영향력을 행사하는 과정
엄격한 심의	대통령 중심제는 견제와 균형을 특징으로 하는 바 엄격한 심의를 할 수 있음
단원제 국회	양원제 국회에 비해 신속한 의사결정 → 단, 양원제에 비해 신중하지 못하다는 단점이 있음 - 단원제 : 한 개의 합의체로 의회를 구성하는 제도 → 우리나라 - 양원제 : 두 개의 합의체로 의회를 구성하는 제도 → 미국(상원과 하원)

예산주의	• 의회가 예산을 의결로 확정함 → 세입예산, 세출예산으로 명명
	• 대통령의 공포권 및 거부권 불가능 → 본회의 의결과 동시에 예산 확정
	  - 공포권 : 대통령이 국민에게 공식적으로 알리는 것
	  - 거부권 : 국회의 법안을 거부할 수 있는 권한

위원회 중심 심의과정	다소 형식적인 본회의 의결 : 상임위나 예산결산특별위원회의 영향력↑

국회는 예산안 심의 · 확정권을 가짐	• 예산증액 혹은 새 비목을 설치할 때 국회는 정부의 동의를 얻어야 함 → 단, 동의 없이 삭감은 가능 • 따라서 정부의 동의가 있을 때 국회심의 후 예산은 당초 행정부 제출 예산보다 증액될 수 있음 → 증액된 부분은 부처별 한도액에 관계없이 해당 부처의 예산으로 추가됨
구체적인 정책결정과정	예산심의를 통해 정부가 제출한 예산안을 수정하게 되면 정책변화를 시도할 수 있음
기타	예특위의 종합심사는 11월 30일까지, 국회 예산심의는 12월 2일까지 마쳐야 함

3. 예산심의 · 의결에 관한 법령

헌법	제54조 ① 국회는 국가의 예산안을 심의 · 확정한다. ② 정부는 회계연도마다 예산안을 편성하여 회계연도 개시 90일 전까지 국회에 제출하고, 국회는 회계연도 개시 30일 전(12월 2일)까지 이를 의결하여야 한다. 제57조 국회는 정부의 동의 없이 정부가 제출한 지출예산 각 항의 금액을 증가하거나 새 비목을 설치할 수 없다. **요점정리**✎ 헌법 57조의 내용은 기금에도 동일하게 적용됨 **국가재정법 제69조 【증액 동의】** 국회는 정부가 제출한 기금운용계획안의 주요항목 지출금액을 증액하거나 새로운 과목을 설치하고자 하는 때에는 미리 정부의 동의를 얻어야 한다.
국회법	제44조 【특별위원회】 ② 제1항에 따른 특별위원회를 구성할 때에는 그 활동기간을 정하여야 한다. 다만, 본회의 의결로 그 기간을 연장할 수 있다. 제45조 【예산결산특별위원회】 ① 예산안, 기금운용계획안 및 결산을 심사하기 위하여 예산결산특별위원회를 둔다. **요점정리**✎ 예특위는 예산안과 결산뿐 아니라 관계 법령에 따라 제출 · 회부된 기금운용계획안도 심사함 ⑤ 예산결산특별위원회에 대해서는 제44조 제2항 및 제3항을 적용하지 아니한다. 제84조 【예산안 · 결산의 회부 및 심사】 ⑤ **예산결산특별위원회는 소관 상임위원회의 예비심사 내용을 존중하여야 하며, 소관 상임위원회에서 삭감한 세출예산 각 항의 금액을 증가하게 하거나 새 비목을 설치할 경우에는 소관 상임위원회의 동의**를 받아야 한다. ⑥ **의장**은 예산안과 결산을 소관 상임위원회에 회부할 때에는 심사기간을 정할 수 있으며, 상임위원회가 이유 없이 그 기간 내에 심사를 마치지 아니한 때에는 이를 바로 예산결산특별위원회에 회부할 수 있다.

03 예산의 집행

국회가 의결한 예산계획을 실천하는 과정 → **예산집행의 두 가지 목적(혹은 성격)**: 재정통제 및 재정신축성 확보

1. 예산집행 절차

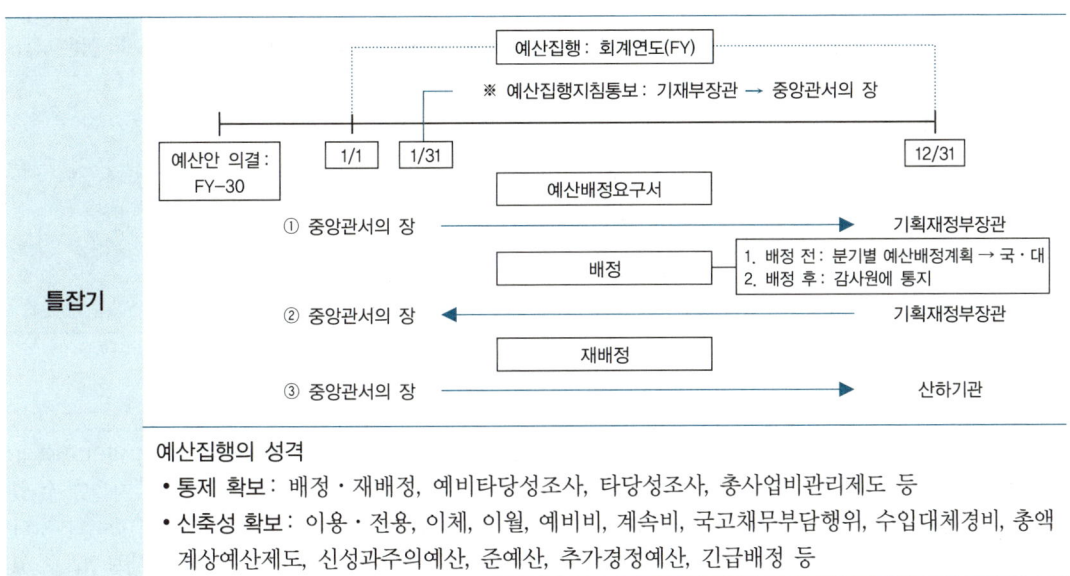

예산집행의 성격
- 통제 확보: 배정·재배정, 예비타당성조사, 타당성조사, 총사업비관리제도 등
- 신축성 확보: 이용·전용, 이체, 이월, 예비비, 계속비, 국고채무부담행위, 수입대체경비, 총액계상예산제도, 신성과주의예산, 준예산, 추가경정예산, 긴급배정 등

2. 통제확보 수단

(1) 배정과 재배정

개념	배정 (정기 배정)	기획재정부가 중앙관서에 대해 예산을 지급하는 것
	재배정 (정기 재배정)	각 중앙관서가 산하기관에 예산을 지급하는 것
	배정과 재배정이 통제확보 수단인 이유: 배정된 예산은 기획재정부장관이 작성해 통지한 계획의 범위 안에서 정해진 목적과 용도로 집행됨	

(2) 총사업비관리

등장배경	정부는 예비타당성조사를 도입(2000년 적용)하기 이전인 1994년부터 무분별한 사업비 증가를 방지하려는 총사업비관리제도를 운영하고 있음
국가재정법	제50조 【총사업비의 관리】 ① 각 중앙관서의 장은 완성에 2년 이상이 소요되는 사업으로서 대통령령으로 정하는 대규모사업에 대하여는 그 사업규모·총사업비 및 사업기간을 정하여 미리 기획재정부장관과 협의하여야 한다.

3. 신축성 확보 수단

(1) 총괄예산제도(총액계상예산)

개념	일부 사업에 대해서 구체적 용도를 제한하지 않고 포괄적인 지출을 허용
국가재정법	제37조【총액계상】① 기획재정부장관은 대통령령이 정하는 사업으로서 세부내용을 미리 확정하기 곤란한 사업의 경우에는 이를 총액으로 예산에 계상할 수 있다. 시행령 제12조【총액계상사업】① 법 제37조 제1항에서 "대통령령이 정하는 사업"이라 함은 다음 각 호의 어느 하나에 해당하는 사업으로서 기획재정부장관이 정하는 사업을 말한다. 　1. 도로보수 사업 　2. 도로안전 및 환경개선 사업 　3. 항만시설 유지보수 사업 　4. 수리시설 개보수 사업 　5. 수리부속지원 사업 　6. 국가유산 보수정비 사업

(2) 계속비

국가재정법	제23조【계속비】① 완성에 수년이 필요한 공사나 제조 및 연구개발사업은 그 경비의 총액과 연부액(年賦額)을 정하여 미리 국회의 의결을 얻은 범위 안에서 수년도에 걸쳐서 지출할 수 있다. ② 제1항의 규정에 따라 국가가 지출할 수 있는 연한은 그 회계연도부터 5년 이내로 한다. 다만, 사업규모 및 국가재원 여건을 고려하여 필요한 경우에는 예외적으로 10년 이내로 할 수 있다. ③ 기획재정부장관은 필요하다고 인정하는 때에는 국회의 의결을 거쳐 제2항의 지출연한을 연장할 수 있다.

(3) 추가경정예산

국가재정법	제89조【추가경정예산안의 편성】① 정부는 다음 각 호의 어느 하나에 해당하게 되어 이미 확정된 예산에 변경을 가할 필요가 있는 경우에는 추가경정예산안을 편성할 수 있다. 　1. 전쟁이나 대규모 재해가 발생한 경우 　2. 경기침체, 대량실업, 남북관계의 변화, 경제협력과 같은 대내·외 여건에 중대한 변화가 발생하였거나 발생할 우려가 있는 경우 　3. 법령에 따라 국가가 지급하여야 하는 지출이 발생하거나 증가하는 경우 ② 정부는 국회에서 추가경정예산안이 확정되기 전에 이를 미리 배정하거나 집행할 수 없다.

(4) 준예산

개념	• 국회에서 예산안이 의결될 때까지 전 회계연도의 예산에 준해 집행하는 예산으로서, 우리나라는 국가 재정활동의 단절 방지를 위해 1960년도 이후부터 준예산제도를 채택하고 있음 • 우리나라의 중앙정부는 지금까지 준예산을 편성하지 않았으나 지방정부의 경우 성남시가 2013년, 부안군이 2004년에 편성한 경험이 있음

헌법	제54조 ③ 새로운 회계연도가 개시될 때까지 예산안이 의결되지 못한 때에는 정부는 국회에서 예산안이 의결될 때까지 다음의 목적을 위한 경비는 전년도 예산에 준하여 집행할 수 있다. 1. 헌법이나 법률에 의하여 설치된 기관 또는 시설의 유지·운영 2. 법률상 지출의무의 이행 3. 이미 예산으로 승인된 사업의 계속

(5) 수입대체경비

개념	• 수입을 발생시키는 지출 • 국가가 특별한 용역 또는 시설을 제공해 발생하는 수입과 관련된 경비
국가재정법	제53조【예산총계주의 원칙의 예외】① 각 중앙관서의 장은 용역 또는 시설을 제공하여 발생하는 수입과 관련되는 경비로서 대통령령으로 정하는 경비에 있어 수입이 예산을 초과하거나 초과할 것이 예상되는 때에는 그 초과수입을 대통령령이 정하는 바에 따라 그 초과수입에 직접 관련되는 경비 및 이에 수반되는 경비에 초과지출할 수 있다.

(6) 전용과 이용

① 전용

개념	• 행정과목 간의 융통 → 세항·목 간의 융통 • 행정과목에 대한 변경이므로 기획재정부의 승인만 있으면 가능함. 국회의 의결이 필요 없음
국가재정법	제45조【예산의 목적 외 사용금지】각 중앙관서의 장은 세출예산이 정한 목적 외에 경비를 사용할 수 없다. 제46조【예산의 전용】① 각 중앙관서의 장은 예산의 목적범위 안에서 재원의 효율적 활용을 위하여 대통령령이 정하는 바에 따라 기획재정부장관의 승인을 얻어 각 세항 또는 목의 금액을 전용할 수 있다. 이 경우 사업 간의 유사성이 있는지, 재해대책 재원 등으로 사용할 시급한 필요가 있는지, 기관운영을 위한 필수적 경비의 충당을 위한 것인지 여부 등을 종합적으로 고려하여야 한다.

② 이용

개념	• 입법과목 간의 융통 → 일반적으로 장·관·항 간의 융통 • 국회의 의결이 필요하며 기획재정부의 승인을 얻어야 함
국가재정법	제47조【예산의 이용·이체】① 각 중앙관서의 장은 예산이 정한 각 기관 간 또는 각 장·관·항 간에 상호 이용(移用)할 수 없다. 다만, 다음 각 호의 어느 하나에 해당하는 경우에 한정하여 미리 예산으로써 국회의 의결을 얻은 때에는 기획재정부장관의 승인을 얻어 이용하거나 기획재정부장관이 위임하는 범위 안에서 자체적으로 이용할 수 있다. 1. 법령상 지출의무의 이행을 위한 경비 및 기관운영을 위한 필수적 경비의 부족액이 발생하는 경우 2. 환율변동·유가변동 등 사전에 예측하기 어려운 불가피한 사정이 발생하는 경우 3. 재해대책 재원 등으로 사용할 시급한 필요가 있는 경우

(7) 이체

개념	• 정부조직 등에 관한 법령의 제정·개정 또는 폐지로 인해 중앙관서의 직무와 권한에 변동이 있을 때 예산의 책임소관을 변경하는 것 • 국회의 승인이 필요 없음
국가재정법	제47조【예산의 이용·이체】② 기획재정부장관은 정부조직 등에 관한 법령의 제정·개정 또는 폐지로 인하여 중앙관서의 직무와 권한에 변동이 있는 때에는 그 중앙관서의 장의 요구에 따라 그 예산을 상호 이용하거나 이체(移替)할 수 있다. **참고** ① 47조에 따르면 정부조직을 개편할 때도 이용을 할 수는 있으나, 이용을 하려면 기재부장관의 승인과 의회의 의결을 받아야 함 → 시험에서는 일반적으로 정부조직 개편과 관련된 신축성 관련 제도를 '이체'라고 표현함 ② 예산의 이체는 사업내용이나 규모 등에 변경을 가하지 않고 해당 예산의 귀속만 변경하는 것으로서(ⓔ 현재는 없어진 A부처의 사업을 새로 생긴 B부처가 그대로 수행), 어떤 과목의 예산부족을 다른 과목의 금액으로 보전하기 위해 당초 예산의 내용을 변경(목적변경)시키는 예산의 이용 및 전용과는 구분됨(ⓔ 현재는 없어진 A부처의 사업에 사용될 돈을 새로 생긴 B부처가 받아서 다른 사업에 활용)

(8) 이월

• 회계연도 내에 사용하지 못한 예산을 다음 회계연도로 넘겨서 다음 연도의 예산으로 활용하는 것 • 예산한정성 원칙(회계연도 독립의 원칙)의 예외

틀잡기	구분	예측	국회 사전승인	재이월
	명시이월	○	○	○
	사고이월	×	×	×

명시이월·사고이월	개념	당해 연도 내에 지출하지 못할 것으로 예상되는 경비의 경우, 미리 국회의 승인을 얻은 후 다음 연도의 예산으로 사용하는 것

	국가재정법	제24조【명시이월비】① 세출예산 중 경비의 성질상 연도 내에 지출을 끝내지 못할 것이 예측되는 때에는 그 취지를 세입세출예산에 명시하여 미리 국회의 승인을 얻은 후 다음 연도에 이월하여 사용할 수 있다.
		제48조【세출예산의 이월】① 매 회계연도의 세출예산은 다음 연도에 이월하여 사용할 수 없다.
		② 제1항에도 불구하고 다음 각 호의 어느 하나에 해당하는 경비의 금액은 다음 회계연도에 이월하여 사용할 수 있다. 이 경우 이월액은 다른 용도로 사용할 수 없으며, 제2호에 해당하는 경비의 금액은 재이월할 수 없다.
		  1. 명시이월비 → 명시이월된 금액은 다음 연도에 재이월을 할 수 있음
		  2. 연도 내에 지출원인행위를 하고 불가피한 사유로 인하여 연도 내에 지출하지 못한 경비와 지출원인행위를 하지 아니한 그 부대경비 → 사고이월비

(9) 예비비

개념	예측할 수 없는 예산 외의 지출 또는 예산 초과 지출을 충당하기 위해 세입세출예산에 계상한 금액 → 비상금
국가재정법	제22조【예비비】① 정부는 예측할 수 없는 예산 외의 지출 또는 예산초과지출에 충당하기 위하여 일반회계 예산총액의 100분의 1 이내의 금액을 예비비로 세입세출예산에 계상할 수 있다. 다만, 예산총칙 등에 따라 미리 사용목적을 지정해 놓은 예비비(목적예비비)는 본문의 규정에 불구하고 별도로 세입세출예산에 계상할 수 있다. ② 제1항 단서의 규정에 불구하고 공무원의 보수 인상을 위한 인건비 충당을 위하여는 예비비의 사용목적을 지정할 수 없다. 제51조【예비비의 관리와 사용】① 예비비는 기획재정부장관이 관리한다. 제52조【예비비사용명세서의 작성 및 국회제출】④ 정부는 예비비로 사용한 금액의 총괄명세서를 다음 연도 5월 31일까지 국회에 제출하여 그 승인을 얻어야 한다.

04 예산의 결산

1. 정의 및 특징

정의	한 회계연도에서 국가의 수입과 지출의 실적을 '확정적 계수'로써 표시하는 행위
특징	• 결산은 사후적인 특성을 지니는 까닭에 결산심의에서 위법하거나 부당한 지출이 발견되어도 이미 집행한 정부활동은 무효 혹은 취소될 수 없음 → 다만 부당한 지출이 발견되는 경우 그 책임을 요구할 수 있음 • 결산은 정부의 예산집행의 결과가 정당한 경우에 집행의 책임을 해제하는 법적 효과를 가짐 • 결산은 예산과 불일치할 수 있음 • 결산은 예산의 집행결과에 대한 평가로서 정책평가의 역할을 수행함 • 결산은 예산집행과정에서 위법 또는 부당한 지출이 있었는가를 확인하는 통제기능과, 예산운용에 대한 평가결과를 다음 연도 예산심의에 반영하는 환류기능(재정의 학습과정)을 수행함

2. 결산절차

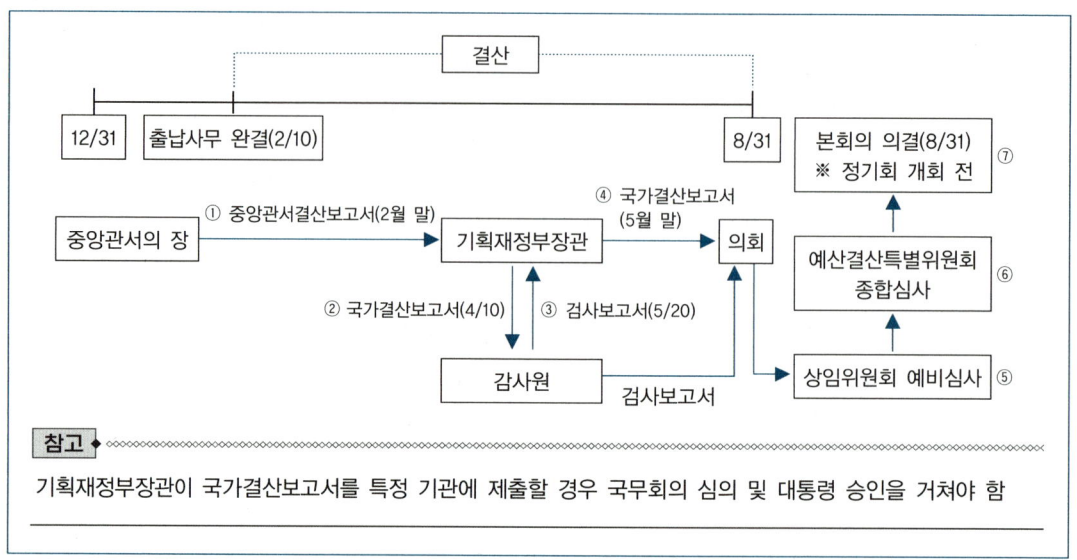

Chapter 06 정부회계

01 회계검사

1. 정의

정의	• 예산집행 후 회계의 정확도, 예산집행의 합법성 및 효율성과 효과성, 부정 및 낭비유무, 사업의 효과성 등을 검증하는 것 • 이와 같은 요건을 수행함으로써 입법부의 의도실현 여부를 검증할 수 있음	
기타	전통적 회계검사	합법성에 초점
	현대적 회계검사	합법성 + @(효율성 및 효과성 등)

2. 우리나라의 회계검사기관 : 감사원

• **행정부 소속형(대통령 소속)+헌법기관** : 감사원은 대통령 소속이며, 헌법에 설치근거가 명시되어 있음
• 감사원이 행정부 소속형이라는 면에서 행정부에 대해 온전한 독립성을 갖기 어렵지만, 직무수행 측면에서 독립성을 지닐 수 있도록 법(감사원법)에서 규정하고 있음

(1) 감사원에 대한 직관적인 이해

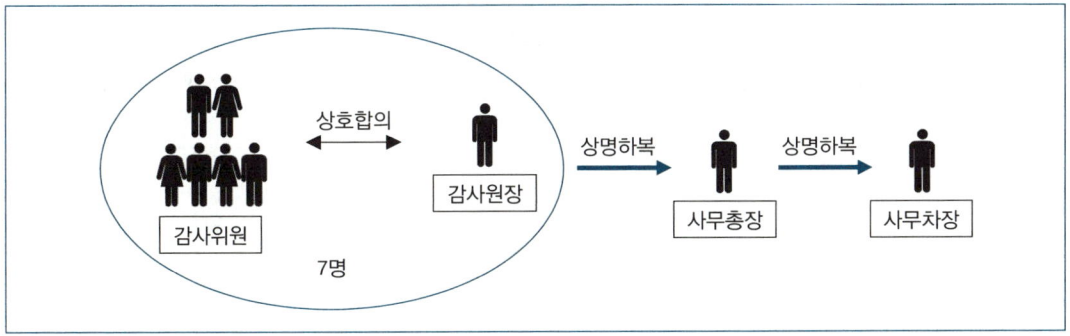

(2) 헌법에 명시된 감사원 관련 조항

제4관 감사원

제97조 국가의 세입·세출의 결산, 국가 및 법률이 정한 단체의 회계검사와 행정기관 및 공무원의 직무에 관한 감찰을 하기 위하여 대통령 소속하에 감사원을 둔다.

제98조 ① 감사원은 원장을 포함한 5인 이상 11인 이하의 감사위원으로 구성한다.

② 원장은 국회의 동의를 얻어 대통령이 임명하고, 그 임기는 4년으로 하며, 1차에 한하여 중임할 수 있다.

③ 감사위원은 원장의 제청으로 대통령이 임명하고, 그 임기는 4년으로 하며, 1차에 한하여 중임할 수 있다.

제100조 감사의 조직·직무범위·감사위원의 자격·감사대상공무원의 범위 기타 필요한 사항은 법률로 정한다.

---

(3) 감사원법에 명시된 감사원 관련 조항

제1장 조직

제1절 총칙

제2조 【지위】 ① 감사원은 대통령에 소속하되, 직무에 관하여는 독립의 지위를 가진다.

② 감사원 소속 공무원의 임용, 조직 및 예산의 편성에 있어서는 감사원의 독립성이 최대한 존중되어야 한다.

제3조 【구성】 감사원은 감사원장(이하 "원장"이라 한다)을 포함한 7명의 감사위원으로 구성한다.

제4조 【원장】 ① 원장은 국회의 동의를 받아 대통령이 임명한다. → 정무직 공무원

제2절 감사위원

제5조 【임명 및 보수】 ① 감사위원은 원장의 제청으로 대통령이 임명한다.

② 감사위원은 정무직으로 하고 그 보수는 차관의 보수와 같은 액수로 한다.

제4절 사무처

제19조 【사무총장 및 사무차장】 ① 사무총장은 정무직으로, 사무차장은 일반직으로 한다.

② 사무총장은 원장의 명을 받아 사무처의 사무를 관장하며 소속 직원을 지휘하고 감독한다.

제4장 보칙

제52조 【감사원규칙】 감사원은 감사에 관한 절차, 감사원의 내부 규율과 감사사무 처리에 관한 규칙을 제정할 수 있다.

---

02 정부의 회계제도

- **회계**: 과거에 대한 기록
- **회계제도**: 기록하는 방식 → 단식부기·복식부기, 현금주의·발생주의 방식이 있음

1. 단식부기와 복식부기: 한쪽 면에 기록 혹은 양쪽 면에 기록

(1) 단식부기

	◈ 단식부기를 활용한 가계부 사례	
틀잡기	**구분**	**수입·지출 내역**
	월급	+200만 원
	교통비	−30만 원
	식비	−30만 원
	누나에게 빌린 돈	+100만 원
	잔액	240만 원
	※ 수입과 지출 측면에서 수입이 많으므로 결산상 재정 운영을 잘한 것으로 착각할 수 있음	
개념	장부에 한 번 기록하는 방법 → 거래의 한쪽 면에 수입이나 지출을 기재하는 방식	
특징	• 현금주의에서 채택: 기본적으로 현금의 출납에 근거한 회계방식 • 회계처리의 객관성이 높음 → 감가상각비(주관적인 계산)를 비용으로 인식하지 않음 • 자산 및 부채의 변동을 비망기록으로 함	
장점	사용이 간편하고 작은 규모의 회계운영에 용이함	
단점	• 회계의 건전성 파악 결여 • 자산·부채를 정확하게 인식할 수 없는 경우가 있음 → 예컨대 상당한 부채가 있어도 현금지출이 없다면 재정을 건전한 상태로 파악한다는 것	

(2) 복식부기

	◈ 복식부기를 활용한 가계부 사례	
틀잡기	**차변(돈의 용도): 결과**	**대변(돈의 출처): 원인**
	차량 5000만 원 → 자산	월급 3000만 원 → 순자산
		차입금(빌린 돈) 2000만 원 → 부채
	5000만 원	5000만 원
개념	• 장부에 두 번 기록하는 방법: 이중기재 → 거래가 발생할 때, 거래금액을 장부에 두 번 기록 • 거래가 발생할 때 두 번 기록한다는 의미: 거래의 내용을 금액으로 환산해 하나는 차변에, 또 하나는 대변에 기록한다는 것	

특징	모든 거래를 원인과 결과로서 차변과 대변에 동시에 기록하므로 차변의 합계와 대변의 합계는 일치함 → 대차평균의 원리(자기검증 기능)
장점	• 예산집행의 오류 및 비리와 부정 등 감소 : 복식부기는 거래의 이중성에 따라 거래의 인과관계를 회계장부의 차변과 대변에 기록하므로 회계의 자기검증기능을 지님 → 재정의 투명성·효율성 및 책임성을 확보 • 자산·부채·자본 등을 인식하는 바 종합적인 재정상태를 알 수 있음 • 이를 통해 미래지향적 재정관리의 기반을 조성할 수 있음
단점	주로 발생주의와 같이 활용되는 바 회수 불가능한 부실채권에 대한 정보 왜곡의 우려가 있음

2. 현금주의와 발생주의 : 현금의 유입 혹은 거래의 발생 여부

현금주의의 특징은 단식부기, 발생주의의 특징은 복식부기와 연결해서 공부할 것

(1) 현금주의

개념	현금의 이동이 있을 때 기록하는 방식
특징	• 감가상각, 미지급금, 자산, 부채, 자본 등을 인식하지 못함. 즉, 현금주의 회계에서는 측정 및 징수가 가능해 실제 현금 이동을 통한 수입이 발생할 때 수입으로 기록 • 단식부기와 복식부기에서 모두 활용할 수 있으며, 감가상각 등 자의적 회계처리가 불가능해 통제 용이

(2) 발생주의

개념	• 거래가 성립하는 시점에 기록 • 즉, 정부회계의 발생주의는 정부의 수입을 납세고지 시점으로, 정부의 지출을 지출원인행위(계약행위) 시점으로 계산하는 방식을 의미
특징	• 자산과 부채의 관리를 통해 기관별 성과 비교 가능 • 수입 : 받을 권리(채권)가 발생한 시점 • 지출 : 지급할 의무(채무)가 발생한 시점 • 복식부기로만 작성할 수 있음

3. 우리나라의 정부회계

<table>
<tr>
<th rowspan="3">틀잡기</th>
<th colspan="2" rowspan="2">구분</th>
<th colspan="2">기록 시점(현금 혹은 거래)</th>
</tr>
<tr>
<th>현금주의</th>
<th>발생주의</th>
</tr>
<tr>
<td rowspan="2">기록방법
(한 번 혹은 두 번)</td>
<td>단식부기</td>
<td>○</td>
<td>×</td>
</tr>
<tr>
<td>복식부기</td>
<td>○</td>
<td>○ : 우리나라</td>
</tr>
<tr>
<td>의의</td>
<td colspan="4">• 원래 공공부문에는 현금주의·단식부기가 적용되어 왔으나, 최근 성과 중심의 행정관리체제를 강조하면서 공공부문에 발생주의·복식부기를 도입
• 2007년에 제정한 국가회계법에 따라 2009년부터 발생주의·복식부기 방식을 도입</td>
</tr>
<tr>
<td rowspan="6">재정상태표·
재정운영표</td>
<td colspan="4">
<table>
<tr>
<th>차변(돈의 용도)</th>
<th>대변(돈의 출처)</th>
<th>작성 서류</th>
</tr>
<tr>
<td>자산의 증가</td>
<td>자산의 감소</td>
<td rowspan="3">재정상태표 : 특정 시점의 재정상태 점검</td>
</tr>
<tr>
<td>부채의 감소</td>
<td>부채(남의 돈)의 증가</td>
</tr>
<tr>
<td>자본의 감소</td>
<td>자본(나의 돈)의 증가</td>
</tr>
<tr>
<td>비용(투자) 증가</td>
<td>수익 증가</td>
<td>재정운영표(손익계산서) : 특정 기간의 성과 파악</td>
</tr>
</table>
</td>
</tr>
</table>

> **참고**
>
> 정부는 발생주의 및 복식부기에 기초해 재정상태표와 재정운영표를 작성함 → 성과관리 용이

국가회계기준에 관한 규칙 (기획재정부령)	제5조【재무제표】① 재무제표는 「국가회계법」 제14조 제3호에 따라 재정상태표·재정운영표·순자산변동표 및 현금흐름표로 구성하되, 재무제표에 대한 주석을 포함한다. 제7조【재정상태표】① 재정상태표는 재정상태표일 현재의 자산과 부채의 명세 및 상호관계 등 재정상태를 나타내는 재무제표로서 자산, 부채 및 순자산으로 구성된다. 제27조【재정운영표의 작성기준】 재정운영표의 모든 수익과 비용은 발생주의 원칙에 따라 거래나 사실이 발생한 기간에 표시한다. 제52조【순자산변동표】① 순자산변동표는 회계연도 동안 순자산의 변동명세를 표시하는 재무제표를 말한다.

행정사
최욱진 행정학개론

PART

06

행정환류

Chapter 01 행정책임과 통제

01 행정책임

1. 행정책임의 정의 · 특징 및 필요성

정의	관료가 도덕적 · 법률적 규범에 따라 행동해야 하는 국민에 대한 의무
특징	• 행정책임에는 결과적인 책임(국민만족)과 절차에 관한 책임(규칙준수)도 포함 • 행정통제는 행정책임을 보장하기 위한 수단이기 때문에 행정책임은 행정통제의 목적에 해당함
필요성	• 행정의 전문화와 재량권의 확대로 인한 위임입법의 증가 → 행정국가화 경향 • 국민의 정치의식 결여 → 외부통제의 상대적 취약성

2. 행정책임의 유형

(1) 틀잡기

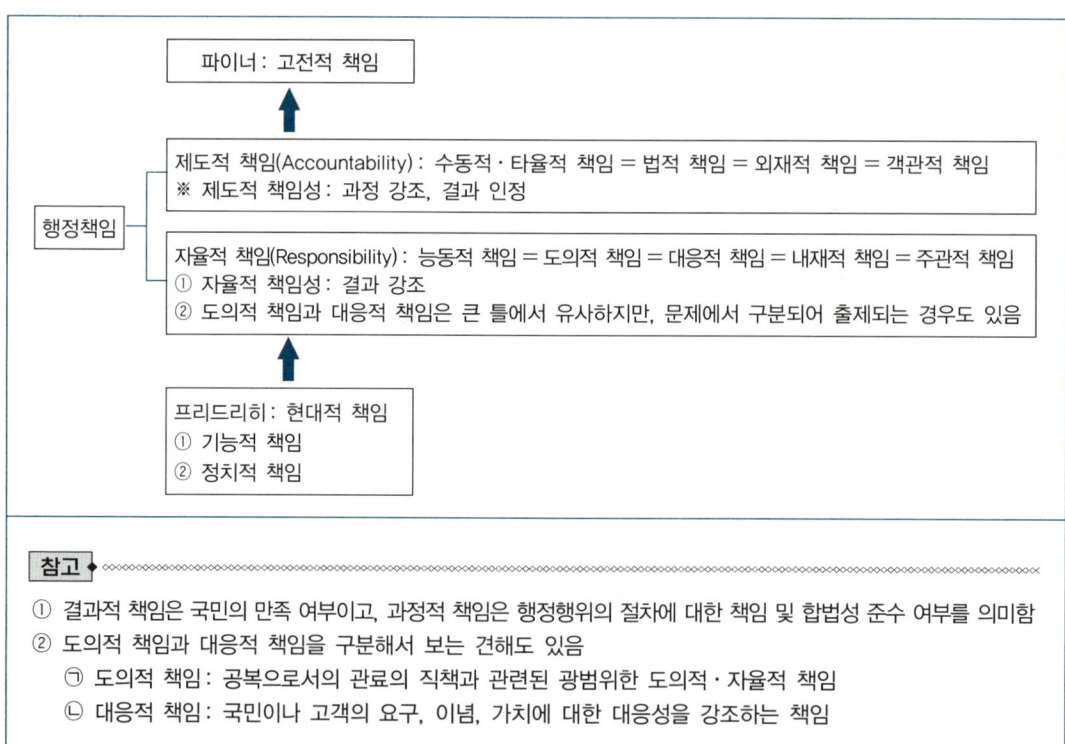

파이너 : 고전적 책임

제도적 책임(Accountability) : 수동적 · 타율적 책임 = 법적 책임 = 외재적 책임 = 객관적 책임
※ 제도적 책임성 : 과정 강조, 결과 인정

행정책임

자율적 책임(Responsibility) : 능동적 책임 = 도의적 책임 = 대응적 책임 = 내재적 책임 = 주관적 책임
① 자율적 책임성 : 결과 강조
② 도의적 책임과 대응적 책임은 큰 틀에서 유사하지만, 문제에서 구분되어 출제되는 경우도 있음

프리드리히 : 현대적 책임
① 기능적 책임
② 정치적 책임

참고

① 결과적 책임은 국민의 만족 여부이고, 과정적 책임은 행정행위의 절차에 대한 책임 및 합법성 준수 여부를 의미함
② 도의적 책임과 대응적 책임을 구분해서 보는 견해도 있음
　㉠ 도의적 책임 : 공복으로서의 관료의 직책과 관련된 광범위한 도의적 · 자율적 책임
　㉡ 대응적 책임 : 국민이나 고객의 요구, 이념, 가치에 대한 대응성을 강조하는 책임

(2) 롬젝과 더브닉(Romzek & Dubnick)의 행정책임 유형

롬젝과 더브닉은 '통제의 원천'과 '통제의 강·약'을 기준(조직의 내·외부 특성)으로 행정책임을 다음의 네 가지로 구분함

구분		관료조직 통제의 원천	
		내부	외부
통제의 강도	강	관료적 책임성	법률적 책임성
	약	전문적 책임성	정치적 책임성

※ 현대 행정환경은 복잡·다양하므로 통제 위주의 책임성보다 자율 위주의 책임성 제고가, 외부 통제기제보다 내부 통제기제가 중요함 → 이에 따라 전문적 책임성이 강조되고 있음

① 각 책임성에 대한 설명

관료적 책임성	개별 관료에 대한 통제와 감독에서 비롯되는 책임성 → 상명하복에 의한 책임 등
법률적 책임성	• 법에 대한 준수 여부와 연관된 책임성 → 즉, 합법성을 중시하는 책임성 • 법적인 의무사항에 대한 준수 여부를 감독하고 평가하는 외부 감시자의 역할이 중요함
전문적 책임성	• 정부 조직 내 관료의 전문성과 자율성에서 기인하는 책임성 • 투입(절차)보다는 성과관리(고객만족)를 통해 책임성을 담보할 수 있음
정치적 책임성	이익단체, 시민단체 등 주요 이해관계자들의 필요와 요구에 대한 책임성

02 행정통제

1. 행정통제의 의의 및 필요성

의의	• 행정통제 : 행정책임을 확보하기 위한 장치로서, 행정이 국민의 요구나 입법부·사법부·행정수반이 원하는 방향으로 이뤄질 수 있도록 평가하고 필요한 시정조치를 취하는 지속적인 과정 • 행정체제의 일탈에 대한 감시를 통해 행정성과를 달성하려는 활동 → 따라서 통제시기의 적시성과 통제내용의 효율성이 요구됨 • 입법국가 시기에는 강력한 의회의 권한을 바탕으로 행정부를 통제하는 외부통제에 중점을 두었으나, 행정국가 시기에 이르러 행정부의 영향력 증대로 인해 외부통제의 한계가 발생함 → 이에 따라 내부통제의 중요성이 부각됨
필요성	• 행정재량권의 확대에 따르는 행정책임을 보다 명확히 하고, 재량권의 남용을 억제하기 위함 • 행정의 전문성이 높아짐에 따라 외부통제의 영향력이 줄어들면서 상대적으로 내부통제의 중요성이 증가함

2. 행정통제의 유형

길버트(C. E. Gilbert)는 통제자가 조직 내부 혹은 외부에 있는지에 따라 내부통제와 외부통제로, 통제방법의 제도화 여부에 따라 공식통제와 비공식통제로 구분함 → 즉, 행정통제 유형을 크게 네 가지로 분류함

(1) 길버트의 행정통제 유형

구분	외부	내부
공식적	• 입법부 • 사법부 • 옴부즈만 • 헌법재판소 • 국가인권위원회	• 계층제(명령체계) 및 인사행정제도 • 감사원 • 국민권익위원회 • 국무총리실, 국무조정실, 대통령 • 중앙행정부처 • 교차기능조직 및 독립통제기관 • 기타 제도 　－ 예산통제 　－ 인력의 정원통제 　－ 정부업무평가 등
비공식적	민중통제 • 시민(국민) • 시민단체 및 이익집단 • 여론, 매스컴(언론), 정당 등	• 동료집단 • 직업윤리 • 대표관료제 • 공무원 노동조합

(2) 각 통제수단에 대한 보충 설명

① 외부 · 공식통제

입법부	• 행정통제 방안 중에서 가장 역사가 오래 되었으며(전통적인 통제), 실질적으로 효과가 가장 큼 • 입법부는 입법심의, 공공정책 결정, 예산심의, 각종 상임위원회의 활동, 국정조사, 국정감사, 임명 동의 및 해임 건의 또는 탄핵권, 기구 개혁, 청원제도 등 행정통제를 위한 여러 제도적 장치를 가지고 있음 → 단, 최근에는 행정의 복잡성과 전문성 증대로 입법통제의 실효성이 약화되고 있음
사법부	• 행정처분에 대한 행정재판권을 통해 부당하게 권리를 침해받은 국민을 구제하는 역할을 함(예 행정명령 위법 여부 심사 등) → 통제에 있어서 합법성을 강조하므로 위법행정보다 부당행정이 많은 현대행정에서는 효율적인 통제가 어려운 경향이 있음 • 소송에 의한 통제를 하는바 사후적 · 합법적 · 소극적 통제라 불림. 따라서 사전적 · 정치적 · 정책적 통제(합목적적 통제) 불가능
옴부즈만	입법부를 통해 임명된 조사관이 국민의 요청에 따라 필요한 부분을 조사해 시정을 촉구 · 건의함으로써 국민의 권리를 구제하는 행정통제제도
헌법재판소	• 위헌심사(법률이 「헌법」에 위반되는지 여부를 심사해 위헌이라고 판단하는 경우 해당 법률의 효력을 부정하거나 적용을 거부하는 제도)를 통해 정책과정 전반에 영향을 미칠 수 있음

	• 권한쟁의 심판 : 어떤 일을 어떤 기관이 해야 할지 국가기관 간에 의견이 다를 때(중앙정부와 지방정부 혹은 지방정부와 지방정부 등) 일반적으로 그 둘의 상급기관이 결정함. 그것도 쉽지 않으면 헌법재판소의 판단을 구하게 되는데, 이를 권한쟁의심판이라고 함
국가인권위원회	국가인권위원회법 제1조【목적】이 법은 국가인권위원회를 설립하여 모든 개인이 가지는 불가침의 기본적 인권을 보호하고 그 수준을 향상시킴으로써 인간으로서의 존엄과 가치를 실현하고 민주적 기본질서의 확립에 이바지함을 목적으로 한다. 동법 제3조【국가인권위원회의 설립과 독립성】② 위원회는 그 권한에 속하는 업무를 독립하여 수행한다. → 국가인권위원회는 입법부, 사법부, 행정부의 어디에도 속하지 않는 무소속 독립기관임(헌법기관 ×)

② 외부 · 비공식통제 : 민중통제

시민(국민)	시민의 선거권 · 국민투표권 등
시민단체 · 이익집단	시민단체 혹은 이익집단의 다양한 요구를 통해 행정부를 통제할 수 있음
여론 · 매스컴(언론) · 정당 등	행정부는 민주주의 정치체제에서 여론 및 언론을 무시할 수 없음. 아울러 정당은 시민의 선호를 파악해 정부에게 다양한 요구를 투입함

③ 내부 · 공식통제

계층제 · 인사행정제도		행정부는 관료제이므로 상명하복 기제를 활용할 수 있음
감사원		감사원은 직무감찰, 결산검사, 회계검사 등의 기능을 수행함
국민권익위원회		우리나라의 옴부즈만 제도 : 국민권익위원회는 위법 · 부당 행정행위에 대해 시정을 요구할 수 있음
국무총리실 · 국무조정실 · 대통령		국무총리실, 국무조정실(국무총리 소속), 대통령 등은 각 중앙행정기관에 대한 컨트롤 타워 역할을 수행함
중앙행정부처		중앙행정부처는 해당 조직과 연관된 다양한 조직을 통제할 수 있음 예 행정안전부의 주민참여예산제도 평가 등
교차기능조직 · 독립통제기관	교차기능조직	행정체제 전반에 걸쳐 관리작용을 분담해 수행하는 참모적 조직단위로서 내부통제를 수행함 예 인사혁신처, 행정안전부, 기획재정부 등
	독립통제기관	나름의 독립성을 지니고 행정부를 통제하는 기관 예 감사원 · 국민권익위원회
기타	예산통제	행정부는 총액배분자율편성제도를 통해 각 중앙관서의 예산을 통제할 수 있음
	인력의 정원통제	행정부는 총액인건비제도 등을 활용해서 인력의 정원을 통제할 수 있음
	정부업무평가	정부업무평가 기본법 제1조【목적】이 법은 정부업무평가에 관한 기본적인 사항을 정함으로써 중앙행정기관 · 지방자치단체 · 공공기관 등의 통합적인 성과관리체제의 구축과 자율적인 평가역량의 강화를 통하여 국정운영의 능률성 · 효과성 및 책임성을 향상시키는 것을 목적으로 한다.

④ 내부 · 비공식통제

동료집단	동료집단의 관찰 · 견제 등
직업윤리	공무원이 지닌 소명심, 공익가치, 윤리적 책임의식 등
대표관료제	공무원 간 견제와 균형 → 특정 계층 공직 독점 방지
공무원 노동조합	노동조합 내 소통을 통해 공무원 견제

3. 옴부즈만

(1) 등장배경 및 내용

등장배경	• 행정기능 확대로 인한 외부통제의 한계 • 1809년 스웨덴에서 도입 • 옴부즈만은 스웨덴어로 대리자 · 대표자를 의미하며, 영국과 미국에서는 민정관 또는 호민관이라는 뜻으로 사용됨 → 행정감찰관
내용	• 입법부를 통해 임명된 조사관이 국민의 요청에 따라 필요한 부분을 조사해 시정을 촉구 · 건의함으로써 국민의 권리를 구제하는 행정통제제도 • 사법부에 비해 신속한 업무처리 가능 • 옴부즈만은 의회 소속인 경우가 일반적이지만, 우리나라의 국민권익위원회처럼 행정부 소속인 경우도 있음

(2) 옴부즈만의 유형

① 의회 소속형 : 일반적인 옴부즈만

일반적인 옴부즈만 (의회 소속형)	자율적인 독립성	일반적인 옴부즈만 제도는 입법부에 의한 행정부 통제수단으로서, 법으로 확립되고 기능적으로 자율적임
	광범위한 업무관할	행정행위의 합법성뿐만 아니라 합목적성, 공직에서 이탈된 모든 행위를 다룰 수 있음
	직권조사 가능	일반적으로 국민의 불평제기에 의해 옴부즈만이 필요한 사항을 조사해 결과를 알려주며, 이를 언론을 통해 공표하기도 함 → 국민의 불평제기에 의해 움직인다는 면에서 제도의 기본 성격은 청원이나 진정과 유사하지만, 직권으로 조사하는 경우도 있음
	의회 소속형	외부 · 공식통제 수단 : 옴부즈만은 의회 소속이면서 통제를 위한 공식적 권한을 부여받음
	개인적 신망에 의존	• 일반적인 옴부즈만은 의회가 선발한 옴부즈만의 개인적 신망과 영향력에 의존하는 바가 큼 • 따라서 부족한 인력 · 예산으로 인해 국민의 권익을 구제하는 데 한계가 있음

② 행정부 소속형 : 우리나라의 국민권익위원회

- 우리나라의 국민권익위원회는 국무총리 소속의 중앙행정기관이며, 옴부즈만의 역할을 수행함
- 우리나라의 최초 옴부즈만은 1994년(김영삼 정부) 설치된 국민고충처리위원회임 → 국민고충처리위원회는 2008년 2월 국가청렴위원회 및 국무총리 행정심판위원회와 합쳐져 국민권익위원회가 되었음

우리나라 옴부즈만 (국민권익위원회)	부족한 조직 안정성	국민권익위원회는 헌법이 아니라 법률에 설치 근거를 두고 있음
	직권조사 불가능	• 국민권익위원회는 신청에 의한 조사만 가능함 • 따라서 사전심사권이 없고, 사후심사에 그치는 경향이 있음
	시정권고 기능	국민권익위원회는 위법·부당한 행정행위에 대해 직접 취소하거나 무효로 하지는 못하고 시정을 요구할 수 있음 → 즉, 권고·의견표명·감사 의뢰 등을 할 수 있음
	부족한 독립성	행정부 소속(국무총리 소속)인 까닭에 독립성이 다소 부족하다는 비판이 있음
	고충민원 각하 (제외)	국민권익위원회는 헌법상 독립기관(국회, 법원, 헌법재판소, 선거관리위원회, 감사원, 지방의회에 관한 것 등)에 대한 고충민원을 각하(제외)하거나 관계 기관에 이송할 수 있음

4. 부패방지 및 국민권익위원회 설치와 운영에 관한 법률

- 국민권익위원회는 「부패방지 및 국민권익위원회 설치와 운영에 관한 법률」(부패방지권익위법)에 따라 설치된 조직임
- 아래의 내용은 국민권익위원회에 대해 부패방지권익위법에 명시된 내용임

제2장 국민권익위원회

제11조【국민권익위원회의 설치】① 고충민원의 처리와 이에 관련된 불합리한 행정제도를 개선하고, 부패의 발생을 예방하며 부패행위를 효율적으로 규제하도록 하기 위하여 국무총리 소속으로 국민권익위원회(이하 "위원회"라 한다)를 둔다.
② 위원회는 「정부조직법」 제2조에 따른 중앙행정기관으로서 그 권한에 속하는 사무를 독립적으로 수행한다.
→ 독립통제기관

요점정리✏

국민권익위원회는 위법한 행정처분과 더불어 접수 거부, 처리 지연 등 소극적 행정행위 및 불합리한 제도 등도 모두 취급함 → 광범위한 업무관할

제13조【위원회의 구성】① 위원회는 위원장 1명을 포함한 15명의 위원(부위원장 3명과 상임위원 3명을 포함한다)으로 구성한다. 이 경우 부위원장은 각각 고충민원, 부패방지 업무 및 중앙행정심판위원회의 운영업무로 분장하여 위원장을 보좌한다.

참고
국민권익위원회의 부위원장 중 1명이 중앙행정심판위원회의 위원장이 됨

PART
06

③ 위원장 및 부위원장은 국무총리의 제청으로 대통령이 임명하고, 상임위원은 위원장의 제청으로 대통령이 임명하며, 상임이 아닌 위원은 대통령이 임명 또는 위촉한다.

④ 위원장과 부위원장은 각각 정무직으로 보하고, 상임위원은 고위공무원단에 속하는 일반직공무원으로서 「국가공무원법」 제26조의5에 따른 임기제공무원으로 보한다.

제15조【위원의 결격사유】 ① 다음 각 호의 어느 하나에 해당하는 자는 위원이 될 수 없다.

  3. 정당의 당원

제16조【직무상 독립과 신분보장】 ① 위원회는 그 권한에 속하는 업무를 독립적으로 수행한다.

② 위원장과 위원의 임기는 각각 3년으로 하되 1차에 한하여 연임할 수 있다.

> **요점정리✏**
>
> 옴부즈만은 비교적 임기가 짧지만 임기보장을 받음(일반적인 옴부즈만도 포함)

제17조【위원의 겸직금지 등】 위원은 재직 중 다음 각 호의 직을 겸할 수 없다.

  1. 국회의원 또는 지방의회의원

제3장 시민고충처리위원회

제32조【시민고충처리위원회의 설치】 ① 지방자치단체 및 그 소속 기관에 관한 고충민원의 처리와 행정제도의 개선 등을 위하여 각 지방자치단체에 시민고충처리위원회를 둘 수 있다.

② 시민고충처리위원회는 다음 각 호의 업무를 수행한다.

  1. 지방자치단체 및 그 소속 기관에 관한 고충민원의 조사와 처리

  2. 고충민원과 관련된 시정권고 또는 의견표명 등

> **요점정리✏**
>
> **시민고충처리위원회**
> • 시민고충처리위원회는 부패방지권익위법에 명시된 시민고충처리를 위한 제도임 → 지자체 내의 주민 옴부즈만
> • 다만, 시민고충처리위원회는 의무기구가 아닌 임의기구로서 자율성이 높지 못하다는 한계가 있음

Chapter
02

행정개혁

1. 행정개혁의 정의 및 특징

정의		행정을 현재보다 나은 방향으로 개선하기 위한 의도적이고 계획적인 노력·활동
특징	정치·사회심리적 성격	권력투쟁, 타협, 설득이 병행되는 경향이 있음
	목표지향적·계획적 변화	개혁은 목표를 지니고 있으며, 의도적·계획적 활동임
	개혁의 불확실성	개혁을 추진하는 과정에서 예측하지 못한 일이 발생할 수 있음
	지속적 과정	개혁의 목표를 달성하기 위해 꾸준하게 추진되어야 함
	저항의 수반	개혁을 단행하는 과정에서 공무원 등의 저항이 나타날 수 있음
	공공성	개혁은 사적인 상황이 아니라 공적인 상황에서 발생함
	동태성	환경변화에 따라 다양한 측면에서 행정개혁이 발생함
	포괄적 연관성	개혁은 조직구조, 조직문화 등 다양한 분야를 고려해야 함
	생태적 속성	행정환경은 다양한 주체와 제도가 얽혀 있는 생태계와 유사함

2. 행정개혁의 접근법

구조적 접근	• 행정체계의 구조적 설계를 개선함으로써 행정개혁의 목표를 달성하려는 접근방법 • 기능중복의 제거, 책임의 재규정, 조정 및 통제절차 개선, 표준절차 간소화, 의사전달체계 및 의사결정권 수정, 분권화 전략(권한의 재조정) 등 • 통솔범위의 조정, 명령계통의 수정, 작업집단 재설계 등
행태적 접근법: 인간관계적 접근	• 개혁의 초점을 인간의 행동에 두면서 구성원의 신념 및 가치관, 행태를 의도적으로 변화시켜 행정체제의 변화를 유도하는 접근법 → 집단토론, 감수성훈련 등 조직발전(OD: Organizational Development)과 같은 행태과학의 지식과 기법을 활용 • 아울러 조직의 목표와 개인의 목표를 일치시켜(인간관계론) 능동적으로 일하도록 행동의 변화를 유도
과정적 접근법: 관리·기술적 접근	• 행정체제 내의 과정 또는 일의 흐름을 개선하려는 접근으로서 조직 내 운영과정을 수정하는 것 → 이를 위해 BPR(리엔지니어링), TQM(총체적 품질관리) 등을 활용 • 관리과학, 즉 과학적 관리에 기초해 행정이 수행하는 절차나 과정, 행정전산망 등 기술이나 장비 및 수단의 개선으로 행정의 성과향상 유도
문화론적 접근	• 행정체제의 보다 근본적인 개혁을 성취하기 위해 행정문화를 개혁하는 접근법 • 비공식적인 제도(상징체계, 신화, 의례 등)를 개혁하는 것

사업(산출)중심적 접근	정책목표와 내용 및 소요 자원에 초점 → 행정활동의 목표를 개선하고 행정(서비스)의 양과 질을 개선하려는 접근법
통합적(종합적) 접근	개혁대상의 구성요소를 포괄적으로 관찰하고 여러 가지 분화된 접근방법을 통합해 해결 방안을 탐색하는 것

3. 행정개혁의 저항 및 극복방안

저항 원인		• 개혁내용의 불명확성 : 추상성↑ • 참여의 부족 혹은 비공개적 추진
극복방안 (애치오니)	강제적 방법	• 위협, 제재 및 명령을 활용 • 강제적 방법은 저항을 근본적으로 해결하기보다는 단기적으로 또는 피상적 으로 해결하는 방법으로서 장래에 더 큰 저항을 초래할 위험이 있음 • 명령, 신분상의 불이익 부여, 긴장 고조(긴장 조성), 저항집단의 세력 약화(권 력구조 개편) 등
	공리 · 기술적 방법	• 개혁이 초래할 결과를 분석해 손실에 대한 일정한 대가를 제공하거나 개혁 의 시기를 조절하는 방법 • 호혜적 방법을 사용해 행정개혁에 순응하는 경우에는 저항세력의 피해를 완화하고 이익을 증가시킴 • 개혁의 시기 조절(점진적인 추진), 경제적 손실에 대한 보상, 개혁이 가져오 는 가치와 개인적 이득의 명확화(개혁의 공공성에 대한 홍보), 신분과 보수 의 유지 및 약속(임용상 불이익 방지) 등
	사회 · 규범적 방법	• 정당성 확보 → 자발적 협력과 수용을 유도하는 것 • 의사전달과 참여의 활성화, 불만 해소 기회 제공(가치갈등 해소), 사명감 고 취(역할인식 강화), 자존감 충족, 교육훈련, 개혁지도자의 신망 혹은 카리스마 개선, 자기계발 기회 제공 등 • 저항을 가장 근본적으로 해결하는 방법 → 단, 시간과 노력↑
	참고 ✦ 강제적 방법에서 사회 · 규범적 방법으로 갈수록 개혁에 소요되는 시간이 길어짐	

4. 선진국과 대한민국의 행정개혁 : NPM 개혁을 중심으로

미국	클린턴	• 점진적 개혁 : 경제 호황기 • NPR(국정성과평가위원회) 주도(1993) 　- Gore 부통령 주도 : 직업관료 250인을 중심으로 국정성과평가위원회 결성 　- Gore 보고서 : 관료적 형식주의(Red-Tape) 제거, 고객우선주의, 성과 산출을 　　위한 공무원의 권한 강화(분권화) • 정부성과평가기본법(GPRA) 제정 → 성과 중심 관리 추진
영국	대처 (보수당)	• Next Steps 프로그램(1988) : 정책기능과 집행기능을 분리해 특정 행정분야에 　대해 책임지고 경영하는 책임운영기관제도(Executive Agency) 도입 • 의무경쟁입찰제도(CCT) : 가장 효율적으로 서비스를 공급할 수 있는 주체에게 공 　공서비스 생산을 맡김 • 능률성 정밀진단
	메이저 (보수당)	• 시민헌장제도 : 국민과의 약속을 지키지 않았을 때, 국민이 정부에게 보상을 요 　구할 수 있도록 해 행정의 투명성과 대응성을 제고 • 시장성 테스트 : 일련의 기준에 따라 정부업무를 평가한 뒤 정부생산, 민간위탁 　등의 대안 중에서 하나를 선택하는 방식
우리나라	김대중	• 목표관리제도 • 성과급제도 • 개방형 직위제도 • 책임운영기관제도
	노무현	• 고위공무원단제도 • 총액자율제도편성 예산 • 개방형 직위 및 성과급제도 확대 • 프로그램 예산제도

행정사
최욱진 행정학개론

★
PART

07

지방자치론

지방자치론의 기초

01 지방자치에 대한 이해

1. 지방자치의 개념과 특징

지방자치의 개념	구분	지방자치단체 사무	지방자치 계보
	광의	고유사무 + 위임사무 + 국가사무	–
	협의	고유사무 + 위임사무 → 우리나라	단체자치
	최협의	고유사무	주민자치

> 참고 ◆
> ① 고유사무(자치사무) : 국가의 간섭 없이 지자체가 자율적으로 자주재원에 의해 처리하는 사무
> ② 위임사무 : 중앙정부가 지방자치단체 등에 위임한 사무
> ③ 국가사무 : 중앙정부가 처리해야 하는 사무

지방자치의 특징

- 민주주의의 훈련 : 주민이 다양한 견해를 제시할 수 있음
- 다양한 정책실험의 실시 : 지방자치단체라는 공법인을 통해 주민에게 필요한 주요 정책의 실험장 역할을 함
- 지방행정의 효율성 향상 : 지방자치단체 간 경쟁을 형성함으로써 효율적인 공공서비스를 제공할 수 있음
- 지방정부에 의한 지방행정의 안정성 및 특수성 확보

중앙집권·지방분권 장단점		중앙집권	지방분권
	장점	행정의 통일성(격차 완화·균질화) 확보	지역주민의 견해 반영 : 행정에 대한 민중통제
		국가적 위기 시 신속한 대응	지방정부 간 경쟁유도를 통한 효율성 확보
		소득재분배 정책의 수행 : 국민 전체의 복지 향상	지방공무원과 주민의 사기 및 창의성 증진
		노사 간의 대립, 사회의 복잡화, 실업 등의 사회문제 해결	정치훈련을 가능하게 하고 주민의 정치의식 수준이 향상

단점	지역적 특수성 결여	통일적인 행정을 수행하기 어려움
	민중통제 약화	주민 견해의 지나친 반영 시 행정의 능률화 저해
	표준화로 인한 창의성 저해 → 행정의 형식주의화	업무의 중복 초래 가능성

2. 주민자치와 단체자치 : 지방자치의 계보

(1) 주민자치와 단체자치에 대한 이해

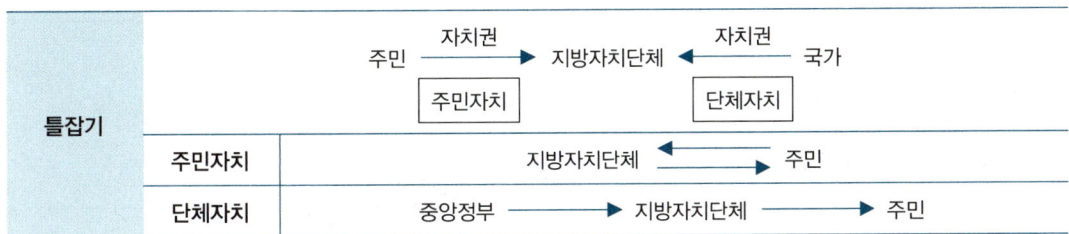

틀잡기	주민 →(자치권)→ 지방자치단체 ←(자치권)← 국가 　　　　　주민자치　　　　　　단체자치
주민자치	지방자치단체 ← 주민
단체자치	중앙정부 → 지방자치단체 → 주민

(2) 주민자치와 단체자치 비교

구분	주민자치 : 주민에 의한 자치	단체자치 : 지방자치단체에 의한 자치
발전국가	미국과 영국 등	독일과 프랑스 등 대륙계 국가
자치권의 본질	고유권설 : 자치권은 주민의 천부적인 권리	• 전래권설 : 자치권은 국가에 의해 인정받은 실정법상의 권리 • 주로 헤겔(Hegel)의 영향을 받은 독일의 공법학자들이 주장
재량의 정도	광범위한 자치권	협소한 자치권
통제방식	입법통제와 사법통제	행정통제
지방자치의 성격	내용적・본질적・실질적・정치적	형식적・법제적
지방자치의 중점	주민참여 : 민주주의 강조 -주민통제(아래로부터의 통제) -대내적 자치 : 주민과의 관계에 중점	중앙정부로부터의 독립 : 지방분권 강조 -중앙통제(위로부터의 통제) -대외적 자치 : 국가와의 관계에 중점
권한부여 방식	개별적 수권주의 위주 : 대부분을 차지하는 고유 사무를 제외한 일부 사무를 개별적으로 지정	포괄적 위탁주의 위주 : 통일적인 일을 위해 모든 자치단체에 일반적인 권한을 법률로 위임하는 방식
기관구성	기관통합형	기관분리형
지방정부의 사무	• 고유사무 • 고유사무와 위임사무의 구분이 없음	• 위임사무 + 고유사무 • 고유사무와 위임사무의 구분이 명확함

자치단체의 지위	순수한 자치단체	이중적 지위(자치단체 + 일선기관)
중앙과 지방의 관계	기능적 협력관계	권력적 감독관계

참고 ◆

자치권의 본질에 대한 학설

① 고유권설(지방권설) : 자치권은 주민의 자연적이고 천부적인 권리 → 고유권설은 프랑스의 지방권 사상(뚜레가 제창)을 기초로 확립되었음

② 전래권설(국권설·승인설) : 자치권은 국가에 의해서 인정받는 실정법상의 권리

③ 제도적 보장설 : 자치권이 국가의 통치권에서 나오는 것이라고 하면서도 헌법에 지방자치의 규정을 둠으로써 지방자치제도가 보장된다고 보는 관점 → 참고로 제도적 보장설에서의 보장은 지방자치제도의 일반적인 보장이지 개별적인 지방자치단체의 존립을 계속 보장하는 것은 아님

3. 우리나라의 자치권

(1) 자치권에 대한 이해

틀잡기	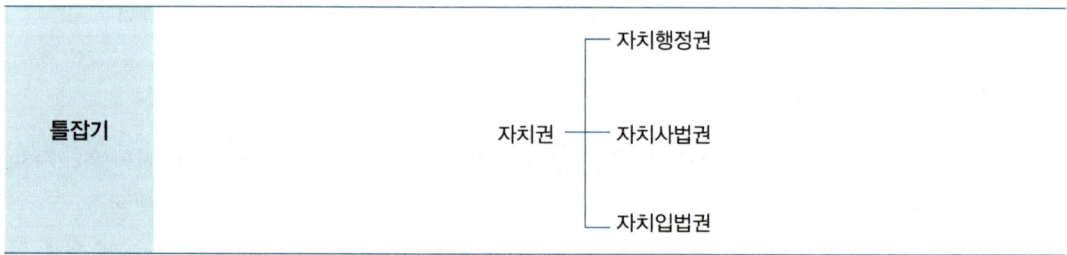

(2) 자치행정권과 자치사법권

자치행정권	자치재정권	헌법 제59조 조세의 종목과 세율은 법률로 정한다.
		지방자치법 제139조【지방채무 및 지방채권의 관리】① 지방자치단체의 장이나 지방자치단체조합은 따로 법률로 정하는 바에 따라 지방채를 발행할 수 있다.
	자치조직권	지방자치법 제125조【행정기구와 공무원】① 지방자치단체는 그 사무를 분장하기 위하여 필요한 행정기구와 지방공무원을 둔다. ② 제1항에 따른 행정기구의 설치와 지방공무원의 정원은 인건비 등 대통령령으로 정하는 기준에 따라 그 지방자치단체의 조례로 정한다.
자치사법권		우리나라의 지방자치단체는 자치사법권이 없음

(3) 자치입법권: 지방자치법을 중심으로

제3장 조례와 규칙

제28조【조례】 ① 지방자치단체는 법령의 범위에서 그 사무에 관하여 조례를 제정할 수 있다. 다만, 주민의 권리 제한 또는 의무 부과에 관한 사항이나 벌칙을 정할 때에는 법률의 위임이 있어야 한다.

> **참고** ◆

헌법 제117조 ① 지방자치단체는 주민의 복리에 관한 사무를 처리하고 재산을 관리하며, 법령의 범위 안에서 자치에 관한 규정을 제정할 수 있다.
② 지방자치단체의 종류는 법률로 정한다.

제29조【규칙】 지방자치단체의 장은 법령 또는 조례의 범위에서 그 권한에 속하는 사무에 관하여 규칙을 제정할 수 있다.

> **참고** ◆

지방교육자치에 관한 법률 제25조【교육규칙의 제정】 ① 교육감은 법령 또는 조례의 범위 안에서 그 권한에 속하는 사무에 관하여 교육규칙을 제정할 수 있다.

---

02 지방자치단체의 종류

- 지방자치단체는 지방의회와 집행부로 구성되어 있음
- 지방의회와 집행기관을 각각 주민직선으로 구성하느냐 아니면 지방의회만 주민직선으로 구성하느냐에 따라 기관대립형과 기관통합형으로 구분할 수 있음
- 우리나라의 지방자치단체 기관구성 형태는 기본적으로 기관대립형이며, 이러한 틀에서 지방자치단체의 유형을 보통지방자치단체와 특별지방자치단체로 분류하고 있음

1. 지방자치단체의 기관구성: 기관대립형과 기관통합형

(1) 틀잡기

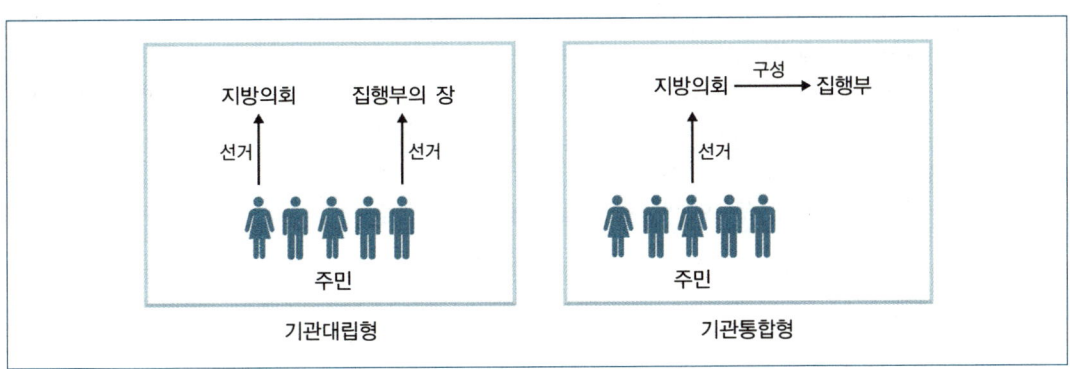

(2) 기관대립형(기관분리형 · 기관분립형) : 우리나라의 기관구성 형태

장점	• 견제와 균형 → 권력의 남용 방지 • 집행부의 장을 지자체의 주민이 선출하기 때문에 집행부의 장은 행정에 대한 책임을 명확하게 질 수 있음 • 정치와 행정의 분업화로 인해 행정의 전문성 확보에 유리함
단점	의결기관과 집행기관이 대립 · 갈등 시 지방행정 운영이 불안해짐 → 이는 집행부와 의회가 병존하는 이원적 구성으로 인해 비효율성을 초래할 수 있음을 뜻함

(3) 기관통합형

장점	• 정책결정과 집행의 유기적 관련성(기관 간 마찰이 별로 없는 안정성 확보) 제고 • 집행을 위한 주요 인력을 따로 충원하지 않는 까닭에 일반적으로 소규모 자치단체에 적합함
단점	• 기관분리형처럼 '견제와 균형'의 작용이 부족한 까닭에 자칫 권력의 남용이 나타날 수 있음 • 엄격한 분업체계가 아니므로 행정의 전문성이 결여될 수 있음

2. 지방자치단체의 계층구조 : 중층제와 단층제

(1) 틀잡기

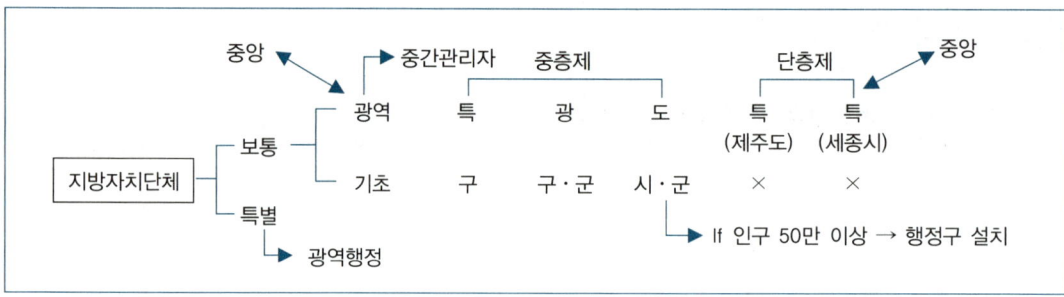

(2) 중층제

개념	일정한 지역 내에 법인격을 가진 지방자치단체가 계층의 형태(두 개 이상의 지방자치단체)를 이루면서 지방사무를 종합적으로 처리하도록 하는 제도
장점	• 국가의 감독비용 감소 : 광역지방자치단체가 중간관리자 역할을 수행함 • 기초자치단체와 광역자치단체 간 행정기능 분업화 : 능률성 제고 및 양자의 부족한 점 상호 보완 • 국토가 넓거나 인구가 많은 국가에서 채택하기에 용이함
단점	• 기초자치단체와 중앙정부의 의사소통이 원활하지 못할 수 있음 • 지자체 간 협력행정이 안 되면 갈등이 발생할 수 있음

(3) 단층제

개념	• 일정한 지역 내에 법인격을 가진 지방자치단체가 하나만 존재해 이로 하여금 지방적 사무를 종합적으로 처리하도록 하는 제도 • 대체로 소규모의 국가, 그리고 도시 지역에서 채택
장점	• 이중행정의 폐해를 없애고, 행정의 신속성을 담보한다는 점에서 능률적임 • 한 개의 지자체가 지방행정을 수행하는 바 주민생활행정에 대한 책임소재가 명확함
단점	• 중앙집권화의 우려가 있음 → 지자체에 대한 중앙정부의 감독이 증가할 수 있음 • 국토가 넓거나 인구가 많은 국가에서 채택하기 곤란함

3. 우리나라 지방자치단체의 종류와 특징 : 법령을 중심으로

(1) 지방자치법

> **제2조 【지방자치단체의 종류】** ① 지방자치단체는 다음의 두 가지 종류로 구분한다.
>   1. 특별시, 광역시, 특별자치시, 도, 특별자치도 → 광역지방자치단체
>   2. 시, 군, 구 → 기초지방자치단체
>
> 참고 ◆ ∽∽∽×
> 광역지방자치단체와 기초지방자치단체를 합쳐서 보통지방자치단체라고 부름
>
> ③ 제1항의 지방자치단체 외에 특정한 목적을 수행하기 위하여 필요하면 따로 특별지방자치단체를 설치할 수 있다. 이 경우 특별지방자치단체의 설치 등에 관하여는 제12장에서 정하는 바에 따른다.
>
> > **제199조 【설치】** ① 2개 이상의 지방자치단체가 공동으로 특정한 목적을 위하여 광역적으로 사무를 처리할 필요가 있을 때에는 특별지방자치단체를 설치할 수 있다. 이 경우 특별지방자치단체를 구성하는 지방자치단체(이하 "구성 지방자치단체"라 한다)는 상호 협의에 따른 규약을 정하여 구성 지방자치단체의 지방의회 의결을 거쳐 행정안전부장관의 승인을 받아야 한다.

(2) 제주특별법(제주특별자치도 설치 및 국제자유도시 조성을 위한 특별법)

> **제88조 【자치경찰기구의 설치】** ① 제90조에 따른 자치경찰사무를 처리하기 위하여 「국가경찰과 자치경찰의 조직 및 운영에 관한 법률」 제18조에 따라 설치되는 제주특별자치도자치경찰위원회(이하 "자치경찰위원회"라 한다) 소속으로 자치경찰단을 둔다.
> **제89조 【자치경찰단장의 임명】** ① 자치경찰단장은 도지사가 임명하며, 자치경찰위원회의 지휘·감독을 받는다.

> **참고** ◆
> ① 현재 자치경찰제는 전국적으로 시행되고 있음 → 2006년 제주특별자치도 자치경찰제 시범도입에 이어 2021년부터 본격적으로 자치경찰제가 시행되었음
> ② 경찰법 일부 내용
>
> > **국가경찰과 자치경찰의 조직 및 운영에 관한 법률 제18조【시·도자치경찰위원회의 설치】** ① 자치경찰사무를 관장하게 하기 위하여 특별시장·광역시장·특별자치시장·도지사·특별자치도지사(이하 "시·도지사"라 한다) 소속으로 시·도자치경찰위원회를 둔다.
> > ② 시·도자치경찰위원회는 합의제 행정기관으로서 그 권한에 속하는 업무를 독립적으로 수행한다.

(3) 지방자치단체의 법인격과 관할

지방자치법	제3조【지방자치단체의 법인격과 관할】① 지방자치단체는 법인으로 한다. ③ 특별시·광역시 또는 특별자치시가 아닌 인구 50만 이상의 시에는 자치구가 아닌 구(예 경기도 수원시 팔달구)를 둘 수 있다.
기타	우리나라는 광역·기초자치단체장 및 광역·기초의회 의원선거 모두에 정당 공천제를 적용하고 있음(대통령 및 국회의원 선거도 포함) → 단, 교육감 선거는 예외임

(4) 지방자치단체의 명칭과 구역

구분		지방자치단체 및 행정구역	폐치 및 분합	명칭 및 구역 변경	한자명칭 변경	경계 변경
보통 지방자치단체		광역지방자치단체	지방의회 의견 혹은 주민투표 + 법률	지방의회 의견 혹은 주민투표 + 법률	지방의회 의견 혹은 주민투표 + 대통령령	대통령령
		기초지방자치단체	지방의회 의견 혹은 주민투표 + 법률	지방의회 의견 혹은 주민투표 + 법률	지방의회 의견 혹은 주민투표 + 대통령령	대통령령
행정구역		읍·면·동 (자치구가 아닌 구 포함)	• 행정안전부장관 승인 후 • 조례로 정함	• 조례로 정한 후 • 광역단체장에게 보고	–	–
		리	조례로 정함	조례로 정함	–	–
기타		가장 최근에 통합된 지자체: 청주시(청주시 + 청원군) → 충청북도 청주시 설치 및 지원특례에 관한 법률(2013. 1. 23. 시행)				

⑸ 행정구역(지방자치단체 ×)

행정시	특별자치도에 속한 시는 지자체가 아닌 행정시
행정구	• 인구 50만 이상의 시에는 자치구가 아닌 구(행정구)를 둘 수 있으며, 행정구는 도의 일부 사무를 처리할 수 있음 • 행정구 : 일반행정구는 지방자치단체의 하부기관임

03 지방자치단체의 사무

1. 틀잡기

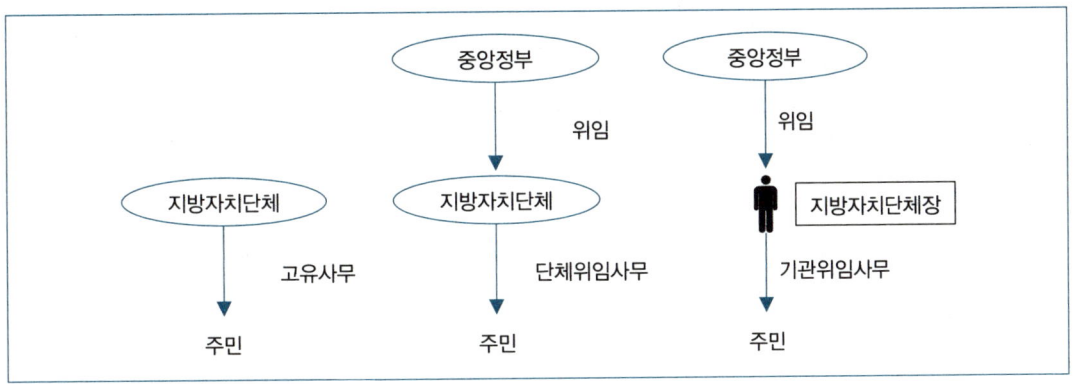

2. 자치사무와 위임사무

구분		지방의회 관여	재원	국고보조금	예시
자치사무 (고유사무)		○	지자체 부담	장려적 보조금	주민등록 관리, 공유재산 관리, 상하수도사업, 도시계획사업, 소비자 보호 및 장려 등
위임 사무	단체위임 사무	○	공동부담	부담금	예방접종, 보건소의 운영 등
	기관위임 사무	×	국가	교부금 (의무적 위탁금)	국민투표사무, 선거사무, 병역자원의 관리, 부랑인 선도시설 감독, 교원능력평가 등

04 지방자치단체장과 지방의회의 권한

우리나라는 기관대립형을 채택하고 있는 바 지방자치단체장과 지방의회는 각자의 권한을 바탕으로 견제와 균형을 이루고 있음

1. 지방자치단체장의 권한 : 지방자치법을 중심으로

제120조【지방의회의 의결에 대한 재의 요구와 제소】 ① 지방자치단체의 장은 지방의회의 의결이 월권이거나 법령에 위반되거나 공익을 현저히 해친다고 인정되면 그 의결사항을 이송받은 날부터 20일 이내에 이유를 붙여 재의를 요구할 수 있다.

② 제1항의 요구에 대하여 재의한 결과 재적의원 과반수의 출석과 출석의원 3분의 2 이상의 찬성으로 전과 같은 의결을 하면 그 의결사항은 확정된다.

③ 지방자치단체의 장은 제2항에 따라 재의결된 사항이 법령에 위반된다고 인정되면 대법원에 소(訴)를 제기할 수 있다. 이 경우에는 제192조 제4항을 준용한다.

제122조【지방자치단체의 장의 선결처분】 ① 지방자치단체의 장은 지방의회가 지방의회의원이 구속되는 등의 사유로 제73조에 따른 의결정족수에 미달될 때와 지방의회의 의결사항 중 주민의 생명과 재산 보호를 위하여 긴급하게 필요한 사항으로서 지방의회를 소집할 시간적 여유가 없거나 지방의회에서 의결이 지체되어 의결되지 아니할 때에는 선결처분(先決處分)을 할 수 있다.

제139조【지방채무 및 지방채권의 관리】 ① 지방자치단체의 장이나 지방자치단체조합은 따로 법률로 정하는 바에 따라 지방채를 발행할 수 있다.

2. 지방의회의 권한 : 지방자치법을 중심으로

제47조【지방의회의 의결사항】 ① 지방의회는 다음 각 호의 사항을 의결한다.
  1. 조례의 제정·개정 및 폐지
  2. 예산의 심의·확정
  3. 결산의 승인
  4. 법령에 규정된 것을 제외한 사용료·수수료·분담금·지방세 또는 가입금의 부과와 징수
  5. 기금의 설치·운용
  6. 대통령령으로 정하는 중요 재산의 취득·처분
  7. 대통령령으로 정하는 공공시설의 설치·처분
  9. 청원의 수리와 처리
  10. 외국 지방자치단체와의 교류·협력

제49조【행정사무 감사권 및 조사권】 ① 지방의회는 매년 1회 그 지방자치단체의 사무에 대하여 시·도에서는 14일의 범위에서, **시·군 및 자치구에서는 9일의 범위에서 감사를 실시**하고, 지방자치단체의 사무 중 특정 사안에 관하여 본회의 의결로 본회의나 위원회에서 조사하게 할 수 있다.

제62조 【의장·부의장 불신임의 의결】 ① 지방의회의 의장이나 부의장이 법령을 위반하거나 정당한 사유 없이 직무를 수행하지 아니하면 지방의회는 불신임을 의결할 수 있다.

② 제1항의 불신임 의결은 **재적의원 4분의 1 이상의 발의와 재적의원 과반수의 찬성**으로 한다.

③ 제2항의 불신임 의결이 있으면 지방의회의 의장이나 부의장은 그 직에서 해임된다.

제100조 【징계의 종류와 의결】 ① 징계의 종류는 다음과 같다.

 1. 공개회의에서의 경고
 2. 공개회의에서의 사과
 3. **30일** 이내의 출석정지
 4. **제명**

② 제1항 제4호에 따른 **제명 의결**에는 **재적의원 3분의 2 이상의 찬성**이 있어야 한다.

Chapter 02 정부 간 관계

01 정부 간 관계모형의 유형

라이트	의의	라이트는 지방정부의 사무내용, 즉 중앙·지방 간 재정관계와 인사관계의 차이에 따라 정부 간 관계를 포괄형·중첩형·분리형으로 구분하고 있음
	유형	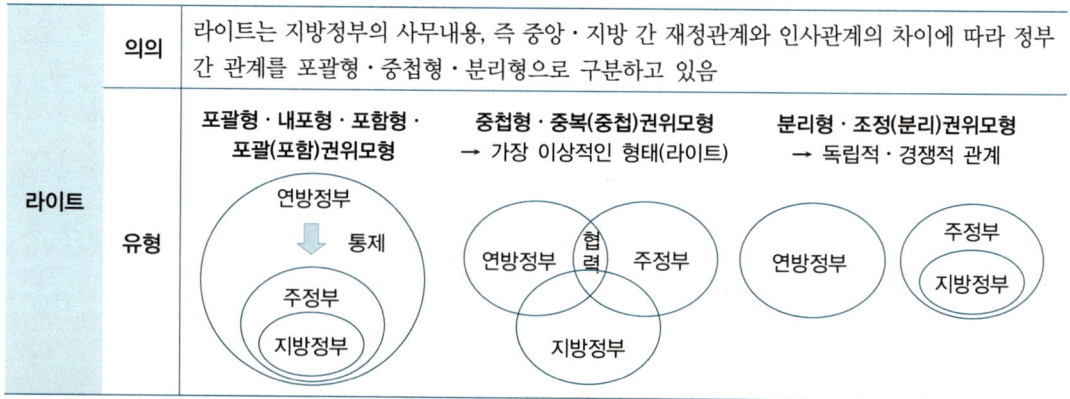

> **참고**
> ① 딜런의 규칙(Dillon's Rule) : 지방정부는 주정부의 피조물
> ② 쿨리 독트린(Cooley Doctrine) : 지방정부의 자치권은 절대적인 것이며 주정부는 이를 침해할 수 없음
> → 딜런의 규칙을 비판하는 입장

02 기능배분 원칙과 방식

1. 기능배분 원칙

책임명확화(비경합)의 원칙	사무를 엄격하게 구분해 책임이 명확하도록 해야 함 → 사무처리에 있어 소속과 책임을 구체적으로 정해야 함
현지성(기초자치단체 우선)의 원칙	지역의 실정을 반영한 사무처리를 위해 주민생활 밀착사무는 최저단계의 행정기관 (기초자치단체)에 배분해야 한다는 원칙
능률성(경제성)의 원칙	사무를 가장 능률적으로 수행할 수 있는 행정단위에 배분해야 한다는 원칙
종합성의 원칙	• 특별한 사무만을 처리하는 일선기관보다는 지방의 행정을 종합적으로 담당하는 자치단체에 사무를 배분하는 것이 좋다는 원칙 • 즉, 특별지방행정기관(일선기관)보다 보통지방행정기관(지방자치단체)에 우선적으로 사무를 배분한다는 것

포괄적 이양의 원칙 (포괄성의 원칙)	단편적인 지방이양의 문제점을 보완하기 위해 포괄적으로 사무를 이양해야 한다는 원칙
가외성의 원칙	불확실성에 대비한 잉여장치를 마련해두어야 한다는 원칙

2. 기능배분 방식

유형	개념	추상성	각 지방자치단체의 특수성 반영	융통성
개별적 수권방식 (제한적 열거주의)	각 지방자치단체에 대한 개별법을 통해 사무를 지정해 배분하는 방식	낮음	○	×
포괄적 수권방식 (포괄적 예시주의)	일반법을 통해 모든 지방자치단체에 포괄적으로 사무를 지정하고 배분하는 방식	높음	×	○

> **요점정리**
>
> **우리나라의 기능배분 방식**
> 우리나라의 「지방자치법」은 원칙적으로 사무배분방식에 있어서 포괄적 예시주의를 취하고 있음

3. 지방자치법에 명시된 기능배분 원칙

비경합의 원칙	**제11조【사무배분의 기본원칙】** ① 국가는 지방자치단체가 사무를 종합적·자율적으로 수행할 수 있도록 국가와 지방자치단체 간 또는 지방자치단체 상호 간의 사무를 주민의 편익증진, 집행의 효과 등을 고려하여 서로 중복되지 아니하도록 배분하여야 한다.
보충성의 원칙	**제11조【사무배분의 기본원칙】** ② 국가는 제1항에 따라 사무를 배분하는 경우 지역주민생활과 밀접한 관련이 있는 사무는 원칙적으로 시·군 및 자치구의 사무로, 시·군 및 자치구가 처리하기 어려운 사무는 시·도의 사무로, 시·도가 처리하기 어려운 사무는 국가의 사무로 각각 배분하여야 한다.
포괄적 이양의 원칙	**제11조【사무배분의 기본원칙】** ③ 국가가 지방자치단체에 사무를 배분하거나 지방자치단체가 사무를 다른 지방자치단체에 재배분할 때에는 사무를 배분받거나 재배분받는 지방자치단체가 그 사무를 자기의 책임하에 종합적으로 처리할 수 있도록 관련 사무를 포괄적으로 배분하여야 한다.

PART

07

03 우리나라의 정부 간 관계

1. 지방자치단체에 대한 중앙정부의 통제: 지방자치법을 중심으로

제185조【국가사무나 시·도 사무 처리의 지도·감독】 ① 지방자치단체나 그 장이 위임받아 처리하는 국가사무에 관하여 시·도에서는 주무부장관, 시·군 및 자치구에서는 1차로 시·도지사, 2차로 주무부장관의 **지도·감독**을 받는다.

제188조【위법·부당한 명령이나 처분의 시정】

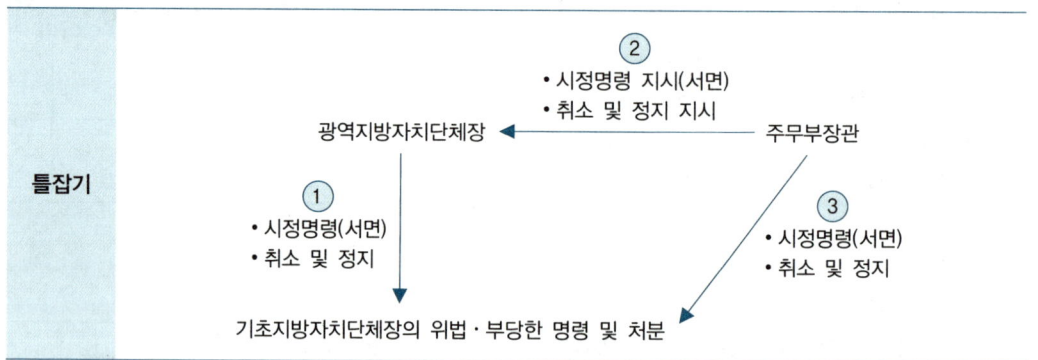

① 지방자치단체의 사무에 관한 지방자치단체의 장의 명령이나 처분이 법령에 위반되거나 현저히 부당하여 공익을 해친다고 인정되면 시·도에 대해서는 주무부장관이, 시·군 및 자치구에 대해서는 시·도지사가 기간을 정하여 서면으로 시정할 것을 명하고, 그 기간에 이행하지 아니하면 이를 취소하거나 정지할 수 있다.

제189조【지방자치단체의 장에 대한 직무이행명령】

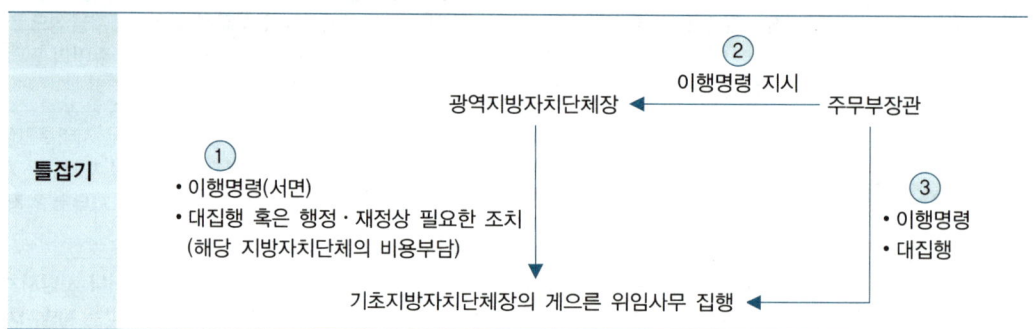

① 지방자치단체의 장이 법령에 따라 그 의무에 속하는 국가위임사무나 시·도위임사무의 관리와 집행을 명백히 게을리하고 있다고 인정되면 시·도에 대해서는 주무부장관이, 시·군 및 자치구에 대해서는 시·도지사가 기간을 정하여 서면으로 이행할 사항을 명령할 수 있다.

제190조【지방자치단체의 자치사무에 대한 감사】 ① **행정안전부장관**이나 시·도지사는 지방자치단체의 **자치사무**에 관하여 보고를 받거나 서류·장부 또는 회계를 감사할 수 있다. 이 경우 감사는 법령 위반사항에 대해서만 한다.

제192조 【지방의회 의결의 재의와 제소】

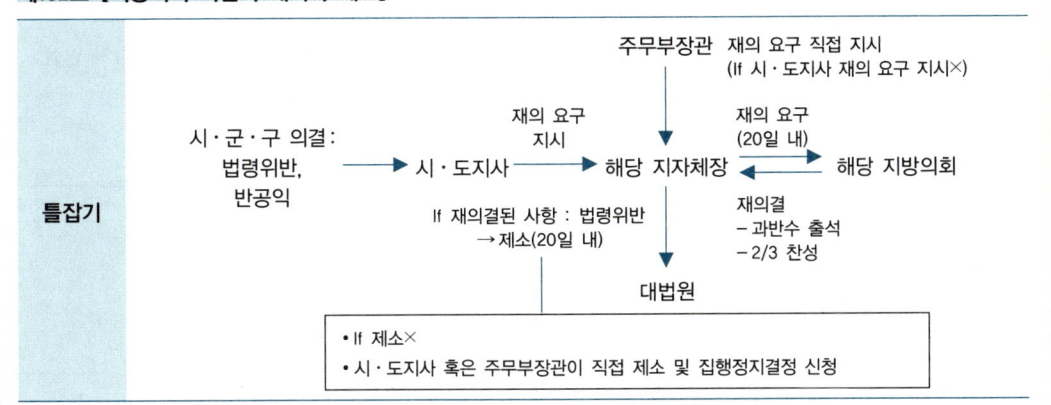

① 지방의회의 의결이 법령에 위반되거나 공익을 현저히 해친다고 판단되면 시·도에 대해서는 주무부장관이, 시·군 및 자치구에 대해서는 시·도지사가 해당 지방자치단체의 장에게 재의를 요구하게 할 수 있고, 재의 요구 지시를 받은 지방자치단체의 장은 의결사항을 이송받은 날부터 20일 이내에 지방의회에 이유를 붙여 재의를 요구하여야 한다.

2. 특별지방행정기관 : 중앙행정기관의 소속기관

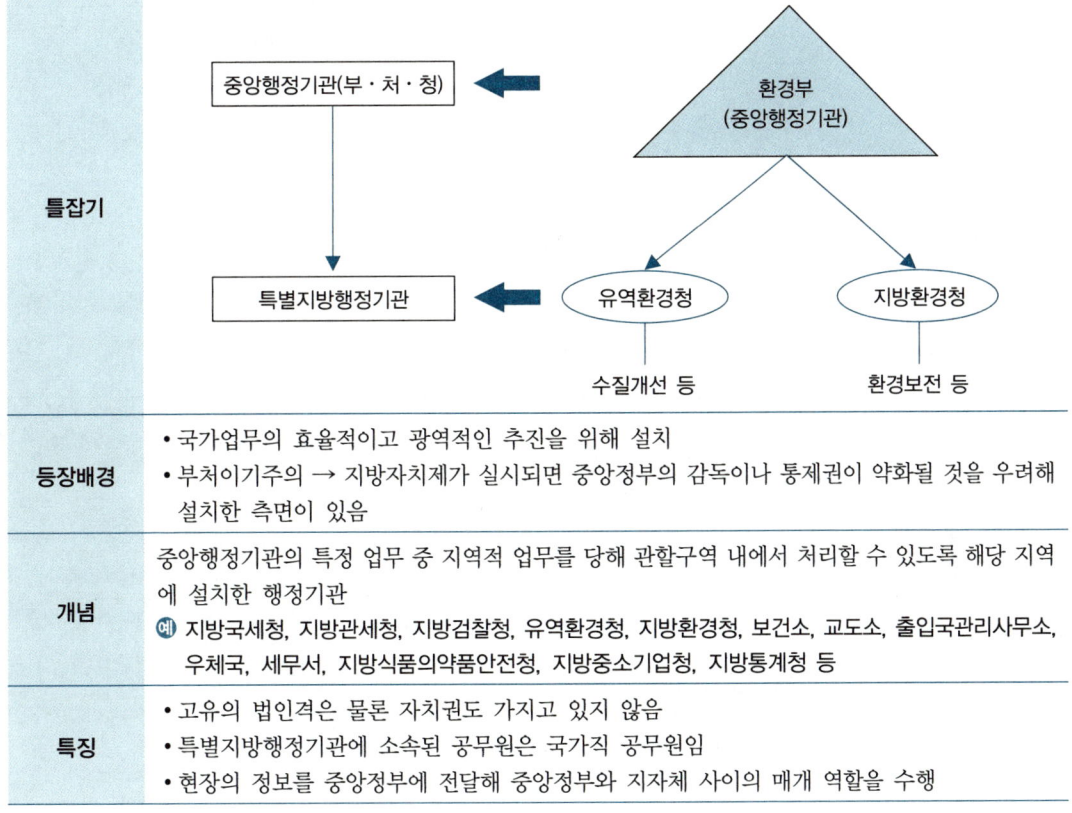

틀잡기	(도표)
등장배경	• 국가업무의 효율적이고 광역적인 추진을 위해 설치 • 부처이기주의 → 지방자치제가 실시되면 중앙정부의 감독이나 통제권이 약화될 것을 우려해 설치한 측면이 있음
개념	중앙행정기관의 특정 업무 중 지역적 업무를 당해 관할구역 내에서 처리할 수 있도록 해당 지역에 설치한 행정기관 ⑩ 지방국세청, 지방관세청, 지방검찰청, 유역환경청, 지방환경청, 보건소, 교도소, 출입국관리사무소, 우체국, 세무서, 지방식품의약품안전청, 지방중소기업청, 지방통계청 등
특징	• 고유의 법인격은 물론 자치권도 가지고 있지 않음 • 특별지방행정기관에 소속된 공무원은 국가직 공무원임 • 현장의 정보를 중앙정부에 전달해 중앙정부와 지자체 사이의 매개 역할을 수행

한계	• 특별지방행정기관은 관할의 범위가 자치단체보다 넓어서 광역행정에 용이하지만, 주민접근성 (고객의 편리성)이 떨어질 수 있음 • 특별지방행정기관은 자치단체가 아니므로 주민들의 직접통제와 참여가 용이하지 않음 • 중앙정부의 영향력 강화 → 지방자치 저해 • 지방자치단체와의 업무 중복 • 공무원 수의 팽창

3. 정부 간 협력: 광역행정

(1) 의의

개념	둘 이상의 지방자치단체 관할구역에 걸쳐서 통일적으로 수행되는 행정
등장배경	• 사회경제권역의 확대: 교통 및 통신수단의 발달로 국민이 관여하는 사회경제적인 영역이 커진 것 • 공해문제 혹은 도로의 확충 등 한 개의 지방자치단체가 단독으로 해결하기 어려운 업무가 증가함 → 대규모 개발사업에 따른 종합적 계획관리의 중요성 증대 • 효율적인 지역개발과 지역 간의 균형발전

(2) 지방자치단체 간 협력방식의 유형

① 공동처리방식: 지방자치법을 중심으로

틀잡기	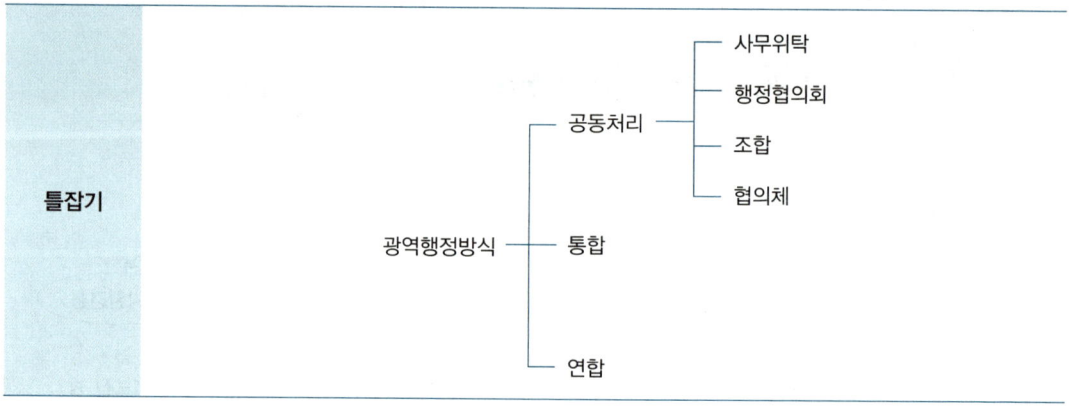

② 공동처리방식에 대한 설명 : 지방자치법을 중심으로

사무위탁 (계약방식)	168조【사무의 위탁】① 지방자치단체나 그 장은 소관 사무의 일부를 다른 지방자치단체나 그 장에게 위탁하여 처리하게 할 수 있다.
행정협의회	제169조【행정협의회의 구성】① 지방자치단체는 2개 이상의 지방자치단체에 관련된 사무의 일부를 공동으로 처리하기 위하여 관계 지방자치단체 간의 행정협의회를 구성할 수 있다. 이 경우 **지방자치단체의 장은 시·도가 구성원이면 행정안전부장관과 관계 중앙행정기관의 장에게, 시·군 또는 자치구가 구성원이면 시·도지사에게 이를 보고하여야 한다.** ② 지방자치단체는 협의회를 구성하려면 관계 지방자치단체 간의 협의에 따라 규약을 정하여 **관계 지방의회에 각각 보고**한 다음 고시하여야 한다. 제174조【협의회의 협의 및 사무처리의 효력】① 협의회를 구성한 관계 지방자치단체는 협의회가 결정한 사항이 있으면 그 결정에 따라 사무를 처리하여야 한다.
조합	제176조【지방자치단체조합의 설립】① 2개 이상의 지방자치단체가 하나 또는 둘 이상의 사무를 공동으로 처리할 필요가 있을 때에는 규약을 정하여 **지방의회의 의결을 거쳐 시·도는 행정안전부장관의 승인, 시·군 및 자치구는 시·도지사의 승인을 받아 지방자치단체조합을 설립할 수 있다.** 다만, 지방자치단체조합의 구성원인 시·군 및 자치구가 2개 이상의 시·도에 걸쳐 있는 지방자치단체조합은 행정안전부장관의 승인을 받아야 한다. ② **지방자치단체조합은 법인으로 한다.** ⟩ 참고 ◆ **조합의 예시** : 강원 남부권 관광개발 조합 ㉠ 강원 남부권 정선·태백·영월·평창·횡성 등 5개 시·군이 참여하고 있는 강원 남부권 관광개발 조합은 창립과 함께 강원 남부권 관광 활성화를 위한 새로운 도약을 목표로 레인보우시티 사업을 추진함 ㉡ 강원 남부권 관광개발 조합은 강원도의 승인을 받아 조합사무실 설치 및 5개 시·군의 공무원 파견으로 출범함 제177조【지방자치단체조합의 조직】③ 관계 지방의회의원과 관계 지방자치단체의 장은 제43조 제1항과 제109조 제1항에도 불구하고 지방자치단체조합회의의 위원이나 지방자치단체조합장을 겸할 수 있다.
협의체	제182조【지방자치단체의 장 등의 협의체】① **지방자치단체의 장이나 지방의회의 의장은** 상호 간의 교류와 협력을 증진하고, 공동의 문제를 협의하기 위하여 다음 각 호의 구분에 따라 각각 **전국적 협의체를 설립할 수 있다.** ② 제1항 각 호의 전국적 **협의체는 그들 모두가 참가하는 지방자치단체 연합체를 설립할 수 있다.** ③ 제1항에 따른 협의체나 제2항에 따른 연합체를 설립하였을 때에는 그 협의체·연합체의 대표자는 지체 없이 행정안전부장관에게 신고하여야 한다. ⟩ 참고 ◆ 연합체는 협의체를 합친 것

PART

07

③ 기타

통합방식	여러 자치단체를 포괄하는 단일 정부를 설립해 그 정부의 주도로 사무를 광역적으로 처리하는 방식
연합방식	기존의 자치단체가 각각 독립적인 법인격을 유지하면서 그 위에 광역행정을 전담하는 새로운 자치단체를 신설하는 방식

4. 정부 간 갈등해결을 위한 제도

(1) 중앙정부와 지방자치단체 간 분쟁조정 방식

행정협의조정위원회	지방자치법 제187조 【중앙행정기관과 지방자치단체 간 협의·조정】 ① 중앙행정기관의 장과 지방자치단체의 장이 사무를 처리할 때 의견을 달리하는 경우 이를 협의·조정하기 위하여 국무총리 소속으로 행정협의조정위원회를 둔다. ② 행정협의조정위원회는 위원장 1명을 포함하여 13명 이내의 위원으로 구성한다. ③ 행정협의조정위원회의 위원은 다음 각 호의 사람이 되고, 위원장은 제3호의 위촉위원 중에서 국무총리가 위촉한다. 　1. 기획재정부장관, 행정안전부장관, 국무조정실장 및 법제처장

(2) 지방자치단체와 지방자치단체 간 분쟁조정 방식

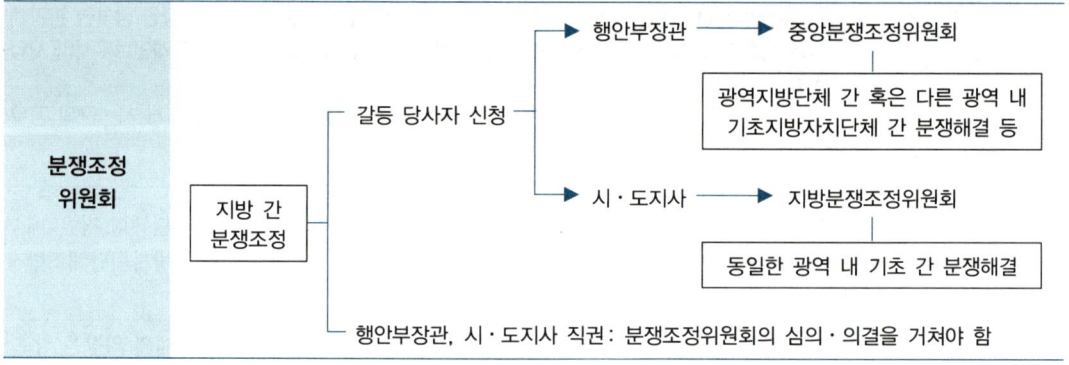

5. 기타 : 우리나라 지방자치단체 관련 집행기관의 종류

지방자치단체의 장	특별시장, 광역시장, 도지사, 시장, 군수, 자치구청장
보조기관	**부지사, 부시장, 부군수, 부구청장**, 행정기구, 지방공무원
소속 행정기관	직속기관(예 제주도 자치경찰단), 사업소(예 서울시립미술관), 출장소, 합의제행정기관(예 인천광역시 자치경찰위원회 등), 자문기관(예 투자자문위원회 등) 등
하부행정기관(장)	시장, 구청장, 읍장, 면장, 동장
교육·과학·체육기관	교육원 등

주민참여

01 주민참여의 의의와 유형

1. 주민의 정의와 기능

주민의 정의	지방자치단체의 구역 안에 주소를 가진 자	
주민참여 기능	순기능	• 지역의 특수성을 반영하고, 시민의 역량 및 자질을 제고해 대의민주제를 보완할 수 있음 • 정책에 대한 공감을 확보하는 과정을 거침으로써 정책의 정당성과 정책지지(정책순응)를 획득할 수 있고, 이를 통해 정책집행을 용이하게 만들 수 있음 • 행정의 민주화 고양 → 행정과 시민 간 거리감 감소 • 주민의 권리와 책임의식 고양
	역기능	• 의사결정에 다수가 참여하는 바 의사결정비용(내부비용 = 행정적 비용)이 증가할 수 있음 • 정책에 대한 전문성 혹은 책임성이 결여될 수 있음 • 응집력이 강한 이익집단이 있을 때 일부의 이익만을 반영하는 결과를 초래할 수 있음 → 대표성 및 공정성의 문제

02 우리나라의 주민참여제도

1. 조례제정·개폐청구제도(주민발의·주민발안)

틀잡기	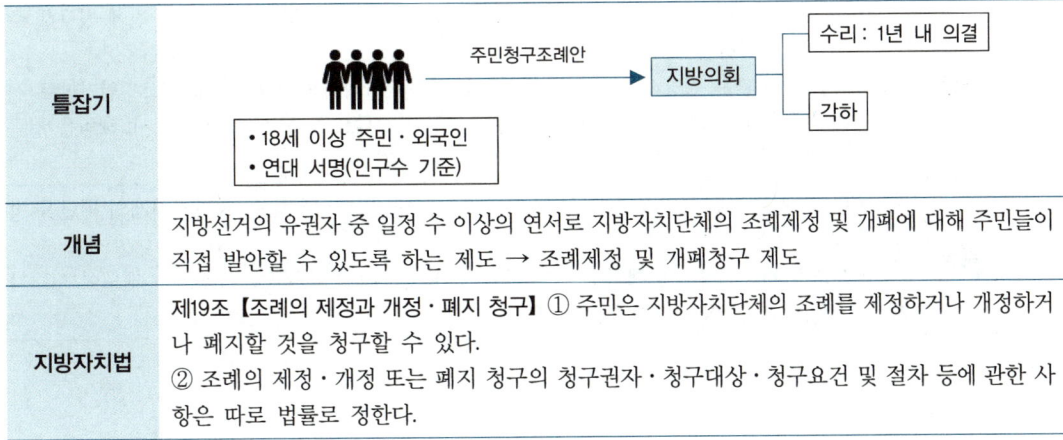
개념	지방선거의 유권자 중 일정 수 이상의 연서로 지방자치단체의 조례제정 및 개폐에 대해 주민들이 직접 발안할 수 있도록 하는 제도 → 조례제정 및 개폐청구 제도
지방자치법	제19조 【조례의 제정과 개정·폐지 청구】 ① 주민은 지방자치단체의 조례를 제정하거나 개정하거나 폐지할 것을 청구할 수 있다. ② 조례의 제정·개정 또는 폐지 청구의 청구권자·청구대상·청구요건 및 절차 등에 관한 사항은 따로 법률로 정한다.

주민조례
발안법
	제1조【목적】이 법은 「지방자치법」 제19조에 따른 주민의 조례 제정과 개정·폐지 청구에 필요한 사항을 규정함으로써 **주민의 직접참여**를 보장하고 지방자치행정의 민주성과 책임성을 제고함을 목적으로 한다.
	
	제2조【주민조례청구권자】 **18세 이상의 주민**으로서 다음 각 호의 어느 하나에 해당하는 사람(「공직선거법」 제18조에 따른 선거권이 없는 사람은 제외한다)은 **해당 지방자치단체의 의회**에 조례를 제정하거나 개정 또는 폐지할 것을 청구할 수 있다.
	  1. 해당 지방자치단체의 관할 구역에 주민등록이 되어 있는 사람 → **주민**
	  2. 「출입국관리법」 제10조에 따른 영주(永住)할 수 있는 체류자격 취득일 후 3년이 지난 외국인으로서 같은 법 제34조에 따라 해당 지방자치단체의 외국인등록대장에 올라 있는 사람 → **외국인 가능**
	
	제4조【주민조례청구 제외 대상】 다음 각 호의 사항은 주민조례청구 대상에서 제외한다.
	  1. 법령을 위반하는 사항
	  2. 지방세·사용료·수수료·부담금을 부과·징수 또는 감면하는 사항
	  3. 행정기구를 설치하거나 변경하는 사항
	  4. 공공시설의 설치를 반대하는 사항
	
	제12조【청구의 수리 및 각하】① **지방의회의 의장**은 다음 각 호의 어느 하나에 해당하는 경우로서 요건에 적합한 경우에는 **주민조례청구를 수리**하고, **요건에 적합하지 아니한 경우**에는 **주민조례청구를 각하**하여야 한다. 이 경우 수리 또는 각하 사실을 대표자에게 알려야 한다.
	
	제13조【주민청구조례안의 심사 절차】① 지방의회는 주민청구조례안이 수리된 날부터 **1년 이내에 주민청구조례안을 의결**하여야 한다.

2. 주민소환제도

(1) 개념 및 특징

틀잡기	
개념	• 선출직 지방공직자(단체장, 지방의회의원, 교육감 등)의 해직을 임기 만료 전에 청구해 주민투표로 결정하는 제도 • 즉, 주민소환은 지방자치단체장과 지방의회 의원(비례대표 제외)을 대상으로 임기만료 전에 주민들이 해당 선거관리위원회에 해임을 청구하고 투표로 결정하는 제도로서, 해임을 청구하는 데 그치지 않고 주민들이 직접 해임 여부를 결정하는 제도임
특징	• 위법·부당행위, 정치적 무능력, 직무유기, 독단적인 행정운영 등 지방자치제의 폐단을 방지할 수 있음 • 선출직 지방공직자의 해직을 임기 만료 전에 청구해 주민투표로 결정하는 제도이므로 가장 유력(有力)한 직접민주주의 제도임

(2) 관련 법령

지방자치법	제25조【주민소환】① 주민은 그 지방자치단체의 장 및 지방의회의원(비례대표 지방의회의원은 제외한다)을 소환할 권리를 가진다. ② 주민소환의 투표 청구권자·청구요건·절차 및 효력 등에 관한 사항은 따로 법률로 정한다.
주민소환법	제1조【목적】이 법은 「지방자치법」 제25조에 따른 주민소환의 투표 청구권자·청구요건·절차 및 효력 등에 관하여 규정함으로써 지방자치에 관한 **주민의 직접참여**를 확대하고 지방행정의 민주성과 책임성을 제고함을 목적으로 한다. 제3조【주민소환투표권】① 제4조 제1항의 규정에 의한 주민소환투표인명부 작성기준일 현재 다음 각 호의 어느 하나에 해당하는 자는 주민소환투표권이 있다. 　1. **19세 이상의 주민**으로서 당해 지방자치단체 관할구역에 주민등록이 되어 있는 자(「공직선거법」 제18조의 규정에 의하여 선거권이 없는 자를 제외한다) 　2. **19세 이상의 외국인**으로서 「출입국관리법」 제10조의 규정에 따른 영주의 체류자격 취득일 후 3년이 경과한 자 중 같은 법 제34조의 규정에 따라 당해 지방자치단체 관할구역의 외국인등록대장에 등재된 자 ② 주민소환투표권자의 연령은 주민소환투표일 현재를 기준으로 계산한다. 제7조【주민소환투표의 청구】① **주민소환투표청구권자는 선출직 지방공직자**(비례대표 의원 제외)에 대하여 **다음 각 호에 해당하는 주민의 서명으로 그 소환사유를 서면에 구체적으로 명시**하여 **관할선거관리위원회**에 주민소환투표의 실시를 청구할 수 있다. 　1. 시·도지사: 당해 지방자치단체의 주민소환투표청구권자 총수의 100분의 10 이상 　2. 시장·군수·자치구의 구청장: 당해 지방자치단체의 주민소환투표청구권자 총수의 **100분의 15 이상** 　3. 지역구시·도의원 및 지역구자치구·시·군의원: 당해 지방의회의원의 선거구 안의 주민소환투표청구권자 총수의 **100분의 20 이상** 제8조【주민소환투표의 청구제한기간】제7조 제1항 내지 제3항의 규정에 불구하고, 다음 각 호의 어느 하나에 해당하는 때에는 주민소환투표의 실시를 청구할 수 없다. 　1. 선출직 지방공직자의 임기개시일부터 **1년**이 경과하지 아니한 때 　2. 선출직 지방공직자의 임기만료일부터 **1년** 미만일 때 　3. 해당선출직 지방공직자에 대한 주민소환투표를 실시한 날부터 **1년** 이내인 때 제22조【주민소환투표결과의 확정】① 주민소환은 **주민소환투표권자 총수의 3분의 1 이상의 투표와 유효투표 총수 과반수의 찬성**으로 확정된다.

3. 주민투표제도

(1) 의의

틀잡기	① 18세 이상 주민·외국인: 연대 서명 ② 지방의회: 과반수 출석 2/3 찬성 ③ 지방자치단체장: 과반수 출석·과반수 동의 → 주민투표실시 청구 → 지방자치단체장 → 발의 → 관할 선관위
개념	지역의 특정 문제에 대한 의사결정 과정에 주민들이 직접 참여해 자신의 의사에 따라 직접 결정권을 행사하는 제도
기타	• 항의적 주민투표는 지방의회 의결사항에 대해 주민이 저항할 수 있는 투표임 • 아르헨티나, 브라질 등 일부 국가의 경우 주민투표 불참 시 벌금 등 불이익을 부과함 • 주민투표의 본질은 대의제를 보완하는 것이지 대체하는 것이 아님

(2) 관련 법령

지방자치법	제18조【주민투표】① 지방자치단체의 장은 주민에게 과도한 부담을 주거나 중대한 영향을 미치는 지방자치단체의 주요 결정사항 등에 대하여 주민투표에 부칠 수 있다. ② 주민투표의 대상·발의자·발의요건, 그 밖에 투표절차 등에 관한 사항은 따로 법률로 정한다.
주민투표법	제1조【목적】이 법은 **지방자치단체의 주요결정사항에 관한 주민의 직접참여를 보장**하기 위하여 「지방자치법」제18조에 따른 주민투표의 대상·발의자·발의요건·투표절차 등에 관한 사항을 규정함으로써 지방자치행정의 민주성과 책임성을 제고하고 주민복리를 증진함을 목적으로 한다. 제3조【주민투표사무의 관리】① 주민투표사무는 이 법에 특별한 규정이 있는 경우를 제외하고는 시·도는 시·도선거관리위원회가, 시·군·구는 시·군·구선거관리위원회가 관리한다. 제5조【주민투표권】① **18세 이상의 주민** 중 제6조 제1항에 따른 투표인명부 작성기준일 현재 다음 각 호의 어느 하나에 해당하는 사람에게는 주민투표권이 있다. 다만, 「공직선거법」제18조에 따라 선거권이 없는 사람에게는 주민투표권이 없다. 1. 그 지방자치단체의 관할 구역에 주민등록이 되어 있는 사람 → **주민** 2. 출입국관리 관계 법령에 따라 대한민국에 계속 거주할 수 있는 자격(체류자격변경허가 또는 체류기간연장허가를 통하여 계속 거주할 수 있는 경우를 포함한다)을 갖춘 외국인으로서 지방자치단체의 조례로 정한 사람 → **외국인 가능** ② 주민투표권자의 연령은 투표일 현재를 기준으로 산정한다. 제7조【주민투표의 대상】① 주민에게 과도한 부담을 주거나 중대한 영향을 미치는 지방자치단체의 주요결정사항은 주민투표에 부칠 수 있다. ② 제1항에도 불구하고 다음 각 호의 어느 하나에 해당하는 사항은 주민투표에 부칠 수 없다. 1. 법령에 위반되거나 재판중인 사항 2. 국가 또는 다른 지방자치단체의 권한 또는 사무에 속하는 사항 3. 지방자치단체가 수행하는 다음 각 목의 어느 하나에 해당하는 사무의 처리에 관한 사항 　가. 예산 편성·의결 및 집행 　나. 회계·계약 및 재산관리 3의2. 지방세·사용료·수수료·분담금 등 각종 공과금의 부과 또는 감면에 관한 사항 4. 행정기구의 설치·변경에 관한 사항과 공무원의 인사·정원 등 신분과 보수에 관한 사항

5. 다른 법률에 의하여 주민대표가 직접 의사결정주체로서 참여할 수 있는 공공시설의 설치에 관한 사항

6. 동일한 사항(그 사항과 취지가 동일한 경우를 포함한다)에 대하여 주민투표가 실시된 후 2년이 경과되지 아니한 사항

제9조【주민투표의 실시요건】① 지방자치단체의 장은 다음 각 호의 어느 하나에 해당하는 경우에는 주민투표를 실시할 수 있다. 이 경우 제1호 또는 제2호에 해당하는 경우에는 주민투표를 실시하여야 한다.

1. **주민**이 제2항에 따라 주민투표의 실시를 청구하는 경우

2. **지방의회**가 제5항에 따라 주민투표의 실시를 청구하는 경우

3. **지방자치단체의 장**이 주민의 의견을 듣기 위하여 필요하다고 판단하는 경우

제13조【주민투표의 발의】① **지방자치단체의 장**은 다음 각 호의 어느 하나에 해당하는 경우에는 지체없이 그 요지를 공표하고 관할선거관리위원회에 통지하여야 한다.

제24조【주민투표결과의 확정】① 주민투표에 부쳐진 사항은 **주민투표권자 총수의 4분의 1 이상의 투표와 유효투표수 과반수의 득표**로 확정된다.

4. 주민감사청구제도

개념	주민이 단체장 또는 자치단체의 권한에 속하는 사무의 처리가 법령에 위반되거나 공익을 현저히 해친다고 인정될 경우 상급자치단체장이나 주무부장관에게 감사를 청구할 수 있도록 하는 제도
틀잡기	시·도: 300명 인구 50만 이상 대도시: 200명 시·군·구: 150명 • 이내에서 조례로 규정 (연대 서명) • 18세 이상 주민·외국인 주민감사청구 → 주무부장관 혹은 시·도지사
지방자치법	제21조【주민의 감사 청구】① 지방자치단체의 18세 이상의 주민으로서 다음 각 호의 어느 하나에 해당하는 사람은 시·도는 300명, 제198조에 따른 인구 50만 이상 대도시는 200명, 그 밖의 시·군 및 자치구는 150명 이내에서 그 지방자치단체의 조례로 정하는 수 이상의 18세 이상의 주민이 연대 서명하여 그 지방자치단체와 그 장의 권한에 속하는 **사무의 처리가 법령에 위반되거나 공익을 현저히 해친다고 인정**되면 시·도의 경우에는 **주무부장관**에게, 시·군 및 자치구의 경우에는 **시·도지사**에게 감사를 청구할 수 있다. 1. 해당 지방자치단체의 관할 구역에 주민등록이 되어 있는 사람 → **주민** 2. 「출입국관리법」 제10조에 따른 영주(永住)할 수 있는 체류자격 취득일 후 3년이 경과한 외국인으로서 같은 법 제34조에 따라 해당 지방자치단체의 외국인등록대장에 올라 있는 사람 → **외국인 가능** ② 다음 각 호의 사항은 감사 청구의 대상에서 제외한다. 1. 수사나 재판에 관여하게 되는 사항 2. 개인의 사생활을 침해할 우려가 있는 사항 3. 다른 기관에서 감사하였거나 감사 중인 사항. 다만, 다른 기관에서 감사한 사항이라도 새로운 사항이 발견되거나 중요 사항이 감사에서 누락된 경우와 제22조 제1항에 따라 주민소송의 대상이 되는 경우에는 그러하지 아니하다.

	③ 제1항에 따른 청구는 사무처리가 있었던 날이나 끝난 날부터 **3년이 지나면 제기할 수 없다.** ⑨ 주무부장관이나 시 · 도지사는 감사 청구를 수리한 날부터 **60일 이내에 감사 청구된 사항에 대하여 감사를 끝내야 하며**, 감사 결과를 청구인의 대표자와 해당 지방자치단체의 장에게 서면으로 알리고, 공표하여야 한다.
기타 (국민감사 청구제도)	부패방지권익위법 제72조【감사청구권】① 18세 이상의 국민은 공공기관의 사무처리가 법령위반 또는 부패행위로 인하여 공익을 현저히 해하는 경우 대통령령으로 정하는 일정한 수 이상의 국민의 연서로 감사원에 감사를 청구할 수 있다. **동법 시행령 제84조【감사청구인】** 법 제72조 제1항 본문에서 "대통령령으로 정하는 일정한 수"란 300명을 말한다.

5. 주민소송제도

개념	자치단체의 재무행위와 관련해 감사를 청구한 주민이 감사의 결과에 불복이 있는 경우, 감사청구한 사항과 관련이 있는 위법한 행위나 업무를 게을리한 사실에 대해 해당 단체장을 상대방으로 법원에 재판을 청구하는 제도 → 납세자 소송제도
특징	• 주민소송은 주민의 감사청구를 전심절차로 하며(주민소송은 주민감사청구의 결과에 불복하는 경우에 하는 것), 다수 주민의 연서가 필요 없음 • 예산, 회계, 계약, 재산관리, 지방세, 사용료, 공금의 부과 등 위법한 재무행위에 대해서는 주민감사청구를 거쳐 주민소송을 통해 시정할 수 있음

6. 기타

일정한 자격을 갖춘 외국인에게 허용되는 주민참여제도	• 조례의 제정과 개폐 청구 • 주민투표 • 주민소환 •「공공기관의 정보공개에 관한 법률」에 따른 정보공개 청구 • 주민감사청구와 주민소송
주민참여제도의 연혁	조례제정개폐청구제도(1999) → 주민감사청구제도(1999) → 주민투표제도(2004) → 주민소송제도(2006) → 주민소환제도(2007) 참고 ◆ 주민참여예산은 2005년에 입법화되고 2011년에 의무화되었으며, 「지방재정법」에 근거를 두고 있음

Chapter 04 지방자치단체의 재정

01 지방재정의 기초

1. 지방재정의 개념과 특징

개념	지자체가 행정활동을 처리하는 데 필요한 재원을 획득하고 지출하는 활동
특징	• 조세법률주의: 조세의 종목과 세율은 법률로 정해야 하는바 지방정부의 세원에 관한 사항도 법률을 준수해야 함 • 재산의 보유 및 기금의 설치·운용: 지방자치단체의 재산의 보유 및 기금의 설치나 운용에 관해 필요한 사항은 조례로 정할 수 있음

2. 국가재정과 지방재정의 차이점

구분	국가재정	지방재정
추구하는 가치	형평성	효율성
공공서비스	순수공공재	준공공재: 공공재적 성격이 덜함
주민의 선호	둔감	민감
조세부담	응능주의: 소득이나 능력의 크기에 따라 세 부담	응익주의: 수익자부담주의
기능	포괄적: 자원배분, 소득분배, 경제안정 등	특정 영역에 대한 자원배분기능

3. 지방재정의 효율적 관리를 위한 제도: 지방재정법을 중심으로

제46조【예산 불성립 시의 예산 집행】 ① 지방의회에서 부득이한 사유로 회계연도가 시작될 때까지 예산안이 의결되지 못하였을 때에는 지방자치단체의 장은 「지방자치법」 제146조에 따라 예산을 집행하여야 한다.

※ 우리나라 지방자치단체는 준예산제도를 운영하고 있음

제48조【예산 절약에 따른 성과금의 지급 등】 ① 지방자치단체의 장은 예산의 집행 방법이나 제도의 개선 등으로 예산이 절약되거나 수입이 늘어난 경우에는 절약한 예산 또는 늘어난 수입의 일부를 이에 기여한 자에게 성과금으로 지급하거나 다른 사업에 사용할 수 있다.

※ 예산성과금제도는 현재 우리나라에서 채택하고 있는 제도임

02 지방수입의 유형 : 자주재원

1. 지방재정 틀잡기

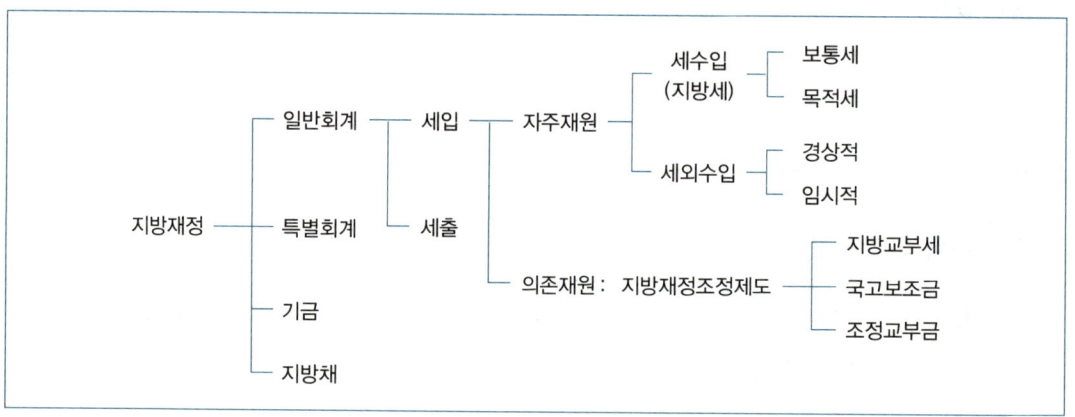

2. 자주재원의 구조

지방세는 보통세 9개＋목적세 2개(광역지방자치단체만 부과)로, 총 11개의 세목으로 구성되어 있음

	구분	지방세 유형	특별시·광역시세	자치구세	도세	시·군세
자주 재원	세수입 — 지방세	보통세	1. 주민세 2. 레저세 3. 자동차세 4. 취득세 5. 담배소비세 6. 지방소비세 7. 지방소득세	1. 등록면허세 2. 재산세	1. 취득세 2. 레저세 3. 등록면허세 4. 지방소비세	1. 담배소비세 2. 지방소득세 3. 자동차세 4. 주민세 5. 재산세
		목적세	1. 지방교육세 2. 지역자원시설세		1. 지방교육세 2. 지역자원시설세	
	세외수입	경상적 세외수입	사용료, 수수료, 재산임대, 사업, 징수교부금, 이자수입			
		임시적 세외수입	분담금, 재산매각, 이월금, 전입금, 과징금, 기부금			

(1) 지방세 관련 시험 포인트

보통세	• 두문자 – 자치구세: 자치구에 등산하러 가자 – 도세: 도소비는 네(레)등치(취)만큼 – 시·군세: 시군담지주재자 • 특별시·광역시세와 자치구세를 합쳐서 9개 세목이며, 도세와 시·군세를 합쳐서 9개 세목임
목적세	• 목적세는 2개의 세목으로 구성됨 – 지방교육세 및 지역자원시설세 • 목적세는 광역지방자치단체만 부과할 수 있음

(2) 지방세 각 세목에 대한 설명

보통세 (9개)	레저세	• 종전 경주·마권세가 전환된 세목 • 경륜(자전거 경기)·경정(모터보트 경기)·경마 등에 대한 소비세 성격의 세금 • 마권이나 경주권을 판매하는 한국마사회 또는 경주(경륜·경정) 사업자가 마권 등의 발매금액에서 원천징수해 다음달 10일까지 납부하는 조세
	지방소비세	• 국세인 부가가치세의 일부를 지방세로 전환한 세금 • 국세인 부가가치세의 일부를 일정 기준에 따라 광역지방자치단체에 이전하는 세원 공유방식의 지방세
	자동차세	지자체 내에 자동차를 보유한 사람에게 부과하는 세금
	취득세	토지나 건물 등을 살 때 내는 세금
	등록면허세	특정한 시설 혹은 면허 및 허가 등으로 권리 설정 등의 행정처분을 등록하는 자에게 부과하는 세금
	재산세	일정한 재산을 보유하고 있을 때 내는 세금
	지방소득세	소득에 따라 납부하는 지방세 → 개인지방소득세와 법인지방소득세로 구분됨
	담배소비세	담배를 소비할 때 부과하는 세금
	주민세	• 지방자치단체의 주민에 대해 부과하는 조세 • 개인분(주민이라면 내는 세금), 사업소분(사업자가 내는 세금), 종업원분(종업원에게 급여를 지급하는 사업자가 납부하는 세금)으로 구성됨
목적세 (2개)	지방교육세	• 지방교육의 질적 향상에 필요한 지방교육재정의 확충에 소요되는 재원을 확보하기 위해 부과하는 세금 • 시·도는 징수한 지방교육세를 매 회계연도 일반회계 예산에 계상해 교육비특별회계로 전출해야 함 • 레저세, 담배소비세, 주민세 균등분 등의 납세의무자에게 부과함
	지역자원시설세	• 지하·해저자원, 관광자원, 수자원, 특수지형 등 지역자원의 보호 및 개발 • 지역의 특수한 재난예방 등 안전관리사업 및 환경보호·개선사업 • 그 밖에 지역균형개발사업에 필요한 재원을 확보하거나 소방시설, 오물처리시설, 수리시설 및 그 밖의 공공시설에 필요한 비용을 충당하기 위해 부과하는 세금

3. 세외수입

(1) 관련 법령

지방자치법		제153조【사용료】지방자치단체는 공공시설의 이용 또는 재산의 사용에 대하여 사용료를 징수할 수 있다.
		제154조【수수료】① 지방자치단체는 그 지방자치단체의 사무가 특정인을 위한 것이면 그 사무에 대하여 수수료를 징수할 수 있다.
		제155조【분담금】지방자치단체는 그 재산 또는 공공시설의 설치로 주민의 일부가 특히 이익을 받으면 이익을 받는 자로부터 그 이익의 범위에서 분담금을 징수할 수 있다. → 수익자부담금과 같은 용어로 사용되는 경우도 있음
기타	과징금	정부가 시행하는 규제정책의 실효성을 확보하기 위한 수단으로서 시장지배적 사업자가 남용행위를 한 경우, 또는 불공정거래행위가 있는 경우에 당해 사업자에 대해서 경제적 이익을 박탈하는 제도

4. 국세

국세: 중앙정부가 징수하는 조세

(1) 국세의 종류

내국세	보통세	직접세	소득세, 법인세, 상속·증여세, 종합부동산세
		간접세	부가가치세, 개별소비세, 주세, 인지세, 증권거래세
	목적세		교육세, 농어촌특별세
관세			—

📑**용어설명**

① 내국세: 나라 안에서 이루어지는 거래에 대한 세금
② 관세: 다른 나라에서 수입되는 물품에 대한 세금

(2) 국세 각 세목에 대한 설명

직접세	틀잡기			
	유형	**소득세**	개인소득에 부과하는 세금	
		법인세	법인소득에 부과하는 세금	
		상속 · 증여세	상속세	돌아가신 부모님 등으로부터 재산을 물려받을 때 내는 세금
			증여세	재산을 양도할 때 내는 세금 → 재산 보유자가 살아 있을 때 부과할 수 있음
		종합부동산세	일정 금액 이상의 부동산을 소유한 사람들에게 부과되는 조세	
간접세	틀잡기			
	유형	**부가가치세**	물건을 구입하거나, 각종 서비스를 제공받을 때 그 가격에 일정 비율 붙게 되는 세금	
		개별소비세	종전의 특별소비세의 명칭이 변경된 것이며, 특정 물품을 판매한 자가 납부하는 세금 예 담배개별소비세 등	
		주세	주류를 제조해 제조장으로부터 반출하는 자, 혹은 주류를 수입해 「관세법」에 따라 관세를 납부할 의무가 있는 자에게 부과하는 세금	
		인지세	국가에서 개인의 재산을 인정(인지)해주는 대가로 부과하는 세금	
		증권거래세	주식거래 시 부과되는 세금	
목적세	유형	**교통 · 에너지 · 환경세**	도로 · 도시철도 등 교통시설의 확충 및 대중교통 육성을 위한 사업, 에너지 및 자원 관련 사업, 환경의 보전 · 개선사업을 위한 세금	
		교육세	교육발전을 위한 세금	
		농어촌특별세	농어촌 발전을 위한 세금	
관세	수입품에 부과하는 세금			

03 지방수입의 유형 : 의존재원

• **의존재원** : 상급자치단체나 중앙정부로부터 지원을 받는 재원 → 지방자치단체에 대한 어느 정도의 통제를 전제하는 바 지방분권화 등을 저해할 수 있음
• 우리나라 지자체는 의존재원의 비중이 큼

1. 의존재원 틀잡기

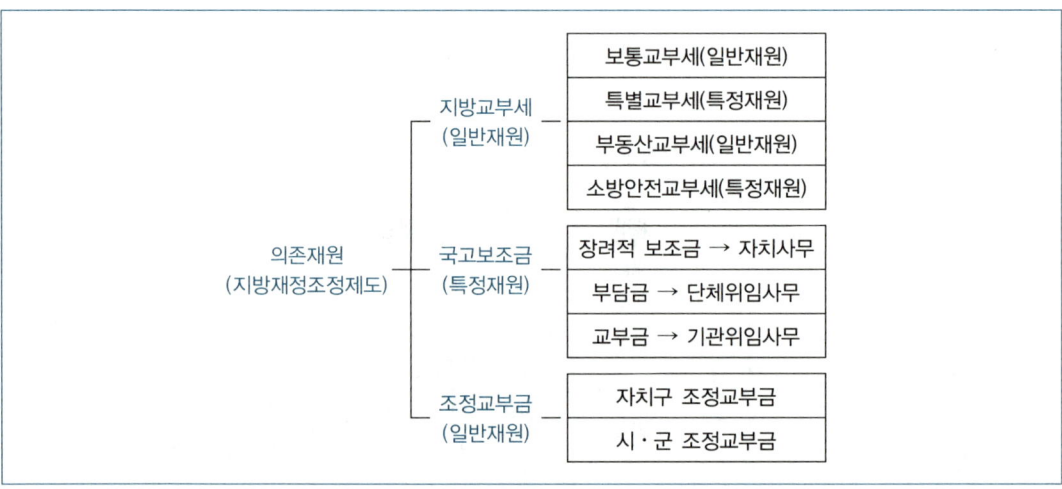

2. 지방교부세(중앙 → 지방) : 수직적·수평적 조정

• **지방교부세법 제2조【정의】** 이 법에서 사용하는 용어의 뜻은 다음과 같다.
  1. "지방교부세"란 국가가 재정적 결함이 있는 지방자치단체에 교부하는 금액을 말한다.
• 지방교부세는 지역 간 재정력 격차를 완화시키는 재정 균등화 기능을 수행함 → 수평적 조정

종류	개념		재원(국세 일부)
보통교부세 **(일반재원)**	• 재정력지수(기준재정수입액/기준재정수요액)가 1 미만인 자치단체에 교부 • 분기별 교부 • 지방교부세 중 가장 큰 비중을 차지함		내국세 총액 19.24% 중 97%
특별교부세 **(특정재원)**	기준재정수요액으로는 산정할 수 없는 특별한 재정수요 발생	40% (3% 중)	내국세 총액 19.24% 중 3%
	보통교부세 산정 후 발생한 재난복구 및 안전관리를 위한 특별한 재정수요 발생 혹은 재정수입 감소	50% (3% 중)	
	국가적 장려, 국가와 지방 간 시급한 협력, 역점시책, 재정운용실적 우수 등 특별한 재정수요 발생	10% (3% 중)	

부동산교부세 (일반재원)	• 재정여건 및 지방세 운영상황 등을 고려해 교부 • 교부대상: 제주도·세종시, 시·군·구	종합부동산세 전액
소방안전 교부세 (특정재원)	• 소방인력 운용, 소방 및 안전시설 확충·안전관리 강화 등을 위해 교부 • 교부대상: 광역지자체	담배에 부과되는 개별소비세 총액의 45%

참고

① 지방교부세는 행정안전부장관이 관장하므로, 행정안전부 예산에 계상됨 → 따라서 지방교부세는 행정안전부장관이 교부함
② 지방자치단체의 재원은 용도의 제한성에 따라 일반재원(돈의 용도 제한 없음)과 특정재원으로 분류됨

3. 국고보조금(중앙 → 지방) : 수직적 조정

틀잡기	행정안전부 국고보조금 ── 전라북도 정읍시: 소상공인 지원 ── 전라남도 장성군: 민방위시설 설치 ↔ 행정안전부 ↔ 기획재정부 ── 경남 테크노파크: 청년일자리 지원사업		
개념	국가가 시책상 또는 자치단체의 재정사정상 필요하다고 인정될 때 그 자치단체의 행정수행에 소요되는 경비의 일부 또는 전부를 충당하기 위해 용도를 지정해 교부하는 자금		
특징	• 의존재원이면서 특정재원이며, 경상재원의 성격이 강함 → 특정재원인 까닭에 '끈(용도)이 달린 돈'이라고 불림 • 특정재원인 까닭에 지방정부의 자율성을 약화시킬 수 있음 • 단체위임사무에 지급하는 국고보조금의 경우 자비부담능력이 있는 지자체에 치중하게 되어 지자체 간 재정격차를 심화시킬 수 있음 • 지방정부의 행정구역을 초월해 외부효과가 크게 나타나는 국가적 이해관계가 있는 사업의 추진을 가능케 할 수 있음		
유형	장려적 보조금	지방자치단체 자치사무에 지원	
	부담금 (국고부담금)	지방자치단체 단체위임사무에 지원	
	교부금 (의무적 위탁금)	지방자치단체 기관위임사무에 지원	

4. 조정교부금(광역지방자치단체 → 기초지방자치단체) : 수평적 조정

유형	용도	관련 법령
자치구 조정교부금	특별시·광역시 내 자치구 사이의 재정격차 해소	**지방재정법 제29조의2【자치구 조정교부금】** ① 특별시장 및 광역시장은 대통령령으로 정하는 **보통세 수입의 일정액**을 조정교부금으로 확보하여 조례로 정하는 바에 따라 해당 지방자치단체 관할구역의 자치구 간 재정력 격차를 조정하여야 한다.
시·군 조정교부금	도의 산하 시·군 사이의 재정격차 해소	–

04 지방재정력의 평가 : 여러 재정지표를 중심으로

1. 재정지표의 종류

재정자립도	직관적 이해	$재정자립도(\%) = \dfrac{지방세+세외수입}{일반회계예산} \times 100$
	개념	지방자치단체의 일반회계 세입총액 중 자주재원(지방세 + 세외수입)이 차지하는 비중
	문제점	• 지방교부세를 받은 지방자치단체는 실제 재정력이 커짐에도 불구하고 재정자립도는 반대로 낮아짐 • 세출의 질·특별회계 및 기금 등을 고려하지 못함 • 의존재원 등을 간과함 : 지방자치단체 간의 상대적 재정 규모를 평가하지 못함
재정자주도	틀잡기	지방교부세 등 고려× 재정자주도 ──(비)──▶ 재정자립도
	직관적 이해	$재정자주도(\%) = \dfrac{지방세+세외수입+\textbf{지방교부세}+\textbf{조정교부금}}{일반회계예산} \times 100$
	개념	• 지방정부 일반회계 세입 중 일반재원의 비중 → 일반회계 세입에서 자주재원과 지방교부세를 합한 일반재원의 비중 • 재정자립도가 지방교부세의 효과를 고려하지 못하기 때문에 고안한 지표로서 지방교부세를 지자체의 고유한 재원으로 보는 관점
재정력지수		• 지방교부세제도에서 규정한 '기준재정수요액' 대비 '기준재정수입액'의 비율 • 보통교부세 지급 기준 : 재정력지수가 1 미만인 지방자치단체는 지출수요에 비해 자체수입이 부족하다는 것을 의미함 → 부족한 부분은 지방교부세 중 보통교부세라는 일반재원을 통해 중앙정부가 상당 비율을 충당함

행정사
최욱진 행정학개론

기타 제도 및 법령 등

행정학총론

01 총론 관련 제도 및 법령 등

1. 책임운영기관 : NPM의 영향으로 등장한 제도

(1) 책임운영기관에 대한 이해

구분			생산의 주체	
			공공부문	민간부문
틀잡기	생산수단	권력	일반행정	민간위탁
		시장(가격○)	책임경영	민영화

※ 책임운영기관은 영국의 1988년 정부개혁 프로그램인 Next-Steps에서 집행기관(Executive Agency)이라는 이름으로 처음 도입한 제도이며, 우리나라는 「책임운영기관의 설치·운영에 관한 법률」(책임운영기관법)을 1999년 1월(김대중 정권)에 제정해 운영하고 있음

(2) 책임운영기관법

제1장 총칙

제2조 【정의】 ① 이 법에서 "책임운영기관"이란 정부가 수행하는 사무 중 **공공성(公共性)**을 유지하면서도 경쟁 원리에 따라 운영하는 것이 바람직하거나 전문성이 있어 **성과관리를 강화할 필요가 있는 사무**에 대하여 책임운영기관의 장에게 행정 및 재정상의 자율성을 부여하고 그 운영 성과에 대하여 책임을 지도록 하는 행정기관을 말한다.

요점정리 ✏

제2조 해설
시장성이 강하면 공기업 등의 형태로, 약하면 책임운영기관 형태로 운영함

② 책임운영기관은 기관의 지위에 따라 다음 각 호와 같이 구분한다.
  1. **소속책임운영기관** : 중앙행정기관의 소속 기관으로서 제4조에 따라 대통령령으로 설치된 기관
  2. **중앙책임운영기관** : 「정부조직법」 제2조 제2항에 따른 청(廳)으로서 제4조에 따라 대통령령으로 설치된 기관
     → **특허청**
③ 책임운영기관은 기관의 사무성격에 따라 다음 각 호와 같이 구분한다.
  1. 조사연구형 책임운영기관
  2. 교육훈련형 책임운영기관
  3. 문화형 책임운영기관
  4. 의료형 책임운영기관
  5. 시설관리형 책임운영기관

제2장 소속책임운영기관

제7조【기관장의 임용】 ① **소속중앙행정기관의 장은** 공개모집 절차에 따라 행정이나 경영에 관한 지식·능력 또는 관련 분야의 경험이 풍부한 사람 중에서 **기관장을 선발하여 임기제공무원으로 임용**한다.

③ 기관장의 근무기간은 **5년의 범위**에서 소속중앙행정기관의 장이 정하되, **최소한 2년 이상으로** 하여야 한다.

제11조【사업목표 및 사업운영계획 등】 ① 중앙행정기관의 장은 그 기관의 소속책임운영기관별로 다음 각 호의 사항에 관한 사업목표를 정하여 기관장에게 부여하여야 한다.

제12조【소속책임운영기관운영심의회】 ① 소속책임운영기관의 **사업성과를 평가**하고 소속책임운영기관의 운영에 관한 중요 사항을 심의하기 위하여 **중앙행정기관의 장의 소속으로 소속책임운영기관운영심의회를 둔다.**

제14조【평가 결과의 활용】 ① 기관장은 제12조 제1항에 따른 평가 결과를 그 기관 운영의 개선에 반영하여야 한다.

제16조【공무원의 정원】 ① **소속책임운영기관에 두는 공무원의 총 정원 한도는 대통령령으로 정한다.** 이 경우 **다음 각 호의 정원은 총리령 또는 부령으로** 정하되, 대통령령으로 정하는 바에 따라 통합하여 정할 수 있다.

  1. **공무원의 종류별·계급별 정원**
  2. **고위공무원단에 속하는 공무원의 정원**

제18조【임용권자】 중앙행정기관의 장은 소속책임운영기관 소속 공무원에 대한 일체의 **임용권을 가진다.** 이 경우 중앙행정기관의 장은 대통령령으로 정하는 바에 따라 그 임용권의 일부를 기관장에게 위임할 수 있다.

제19조【임용시험】 ① **소속책임운영기관 소속 공무원의 임용시험은 기관장이 실시한다.**

> 참고 ◆ 〰〰〰
>
> **제20조【기관 간 인사 교류】와 제25조【상여금의 지급】**
> 소속중앙행정기관과 소속책임운영기관 소속 공무원 간의 전보 및 소속책임운영기관 내 개인별 상여금 차등 지급 등이 가능함

제27조【특별회계의 설치 등】 ① 제4조 제1항 제2호의 사무를 주로 하는 소속책임운영기관의 사업을 효율적으로 운영하기 위하여 책임운영기관특별회계를 둔다.

③ 제2항에 따라 정하여진 소속책임운영기관(이하 "책임운영기관특별회계기관"이라 한다)을 제외한 소속책임운영기관은 일반회계로 운영하되, 대통령령으로 정하는 회계변경이 곤란한 특별한 사유가 있는 경우에는 다른 법률에 따라 설치된 특별회계로 운영할 수 있다.

> 참고 ◆ 〰〰〰

제27조 해설 : 책임운영기관의 유형

구분	일반회계	특별회계
소속책임운영기관	○(예 국립과학수사연구원)	○(정부기업)
중앙책임운영기관	−	○(정부기업)

제29조 【특별회계의 운용·관리】 특별회계는 계정별로 중앙행정기관의 장이 운용하고, 기획재정부장관이 통합하여 관리한다.

제30조 【「정부기업예산법」의 적용 등】 ① 책임운영기관특별회계기관의 사업은 「정부기업예산법」 제2조에도 불구하고 정부기업으로 본다.

② 특별회계의 예산 및 회계에 관하여 이 법에 규정된 것 외에는 「정부기업예산법」을 적용한다.

> **정부기업예산법 제2조 【정부기업】** 이 법에서 "정부기업"이란 기업형태로 운영하는 우편사업, 우체국예금사업, 양곡관리사업 및 조달사업을 말한다.

제33조 【일반회계 등으로부터의 전입】 ① 중앙행정기관의 장은 자체 수입만으로는 운영이 곤란한 책임운영기관특별회계기관에 대하여는 심의회의 평가를 거쳐 대통령령으로 정하는 경상적(經常的) 성격의 경비를 일반회계 등에 계상하여 특별회계에 전입할 수 있다.

참고

제36조 【예산의 적용】 와 제37조 【예산의 이월】
기관장에게 운영상의 자율성을 부여하기 위해 예산의 전용 및 이월 등을 허용하고 있음

제3장 중앙책임운영기관

제40조 【중앙책임운영기관의 장의 임기】 중앙책임운영기관의 장의 **임기는 2년**으로 하되, 한 차례만 연임할 수 있다.

제41조 【중앙책임운영기관의 장의 책무】 중앙책임운영기관의 장은 **국무총리가 부여한 목표를 성실히 이행**하여야 하며, 기관 운영의 공익성 및 효율성 향상, 재정의 경제성 제고와 서비스의 질적 개선을 위하여 노력하여야 한다.

제43조 【중앙책임운영기관운영심의회】 ① 중앙책임운영기관의 **사업성과를 평가**하고 기관의 운영에 관한 중요 사항을 심의하기 위하여 **중앙책임운영기관의 장 소속으로 중앙책임운영기관운영심의회를 둔다.**

제45조 【평가 결과의 활용】 ① 중앙책임운영기관의 장은 제43조 제1항에 따른 평가 결과를 그 기관 운영의 개선에 반영하여야 한다.

제47조 【인사 관리】 ① 중앙책임운영기관의 장은 고위공무원단에 속하는 공무원을 제외한 소속 공무원에 대한 일체의 임용권을 가진다.

② **중앙책임운영기관 소속 공무원의 임용시험은 중앙책임운영기관의 장이 실시한다.**

제4장 책임운영기관운영위원회의 설치·운영 등

제49조 【책임운영기관운영위원회의 설치 및 기능 등】 ① 책임운영기관의 존속 여부 및 제도의 개선 등에 관한 중요 사항을 심의하기 위하여 **행정안전부장관 소속으로 책임운영기관운영위원회(이하 "위원회"라 한다)를 둔다.**

제51조 【책임운영기관의 종합평가】 ① 위원회는 책임운영기관제도의 운영과 개선, 기관의 존속 여부 판단 등을 위하여 책임운영기관에 대한 종합평가를 한다.

행정학각론

01 정책학 관련 제도 및 법령 등

1. 비용효과분석

의의	• 비용효과분석은 산출물을 금전적 가치로 환산하기 어려운 상황에서 활용함 • 즉, 비용효과분석은 산출물을 화폐단위로 측정하는 문제를 극복해 공공부문에 더 쉽게 적용함 　예 국방, 치안, 보건 등의 영역
틀잡기	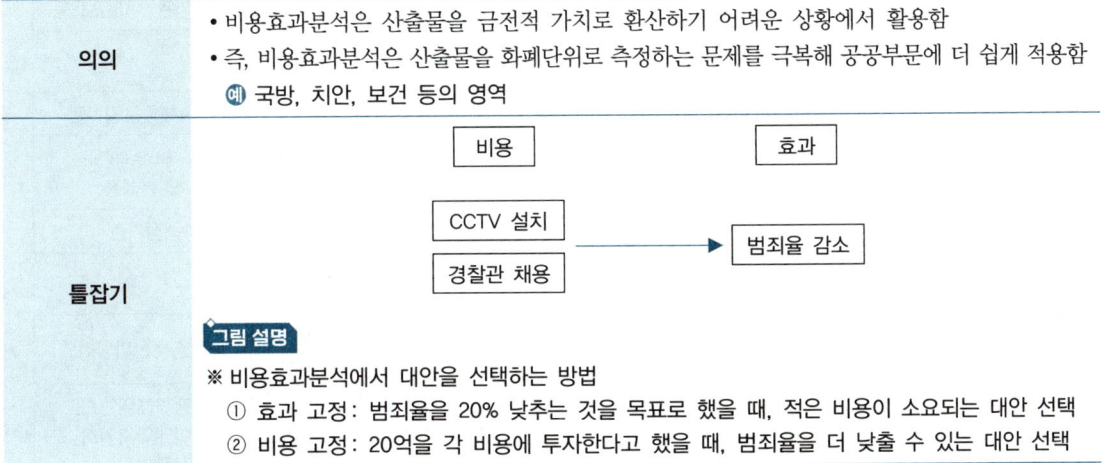 그림 설명 ※ 비용효과분석에서 대안을 선택하는 방법 　① 효과 고정 : 범죄율을 20% 낮추는 것을 목표로 했을 때, 적은 비용이 소요되는 대안 선택 　② 비용 고정 : 20억을 각 비용에 투자한다고 했을 때, 범죄율을 더 낮출 수 있는 대안 선택

02 조직론 관련 제도 및 법령 등

1. 정부조직법

(1) 행정부 조직에 대한 이해

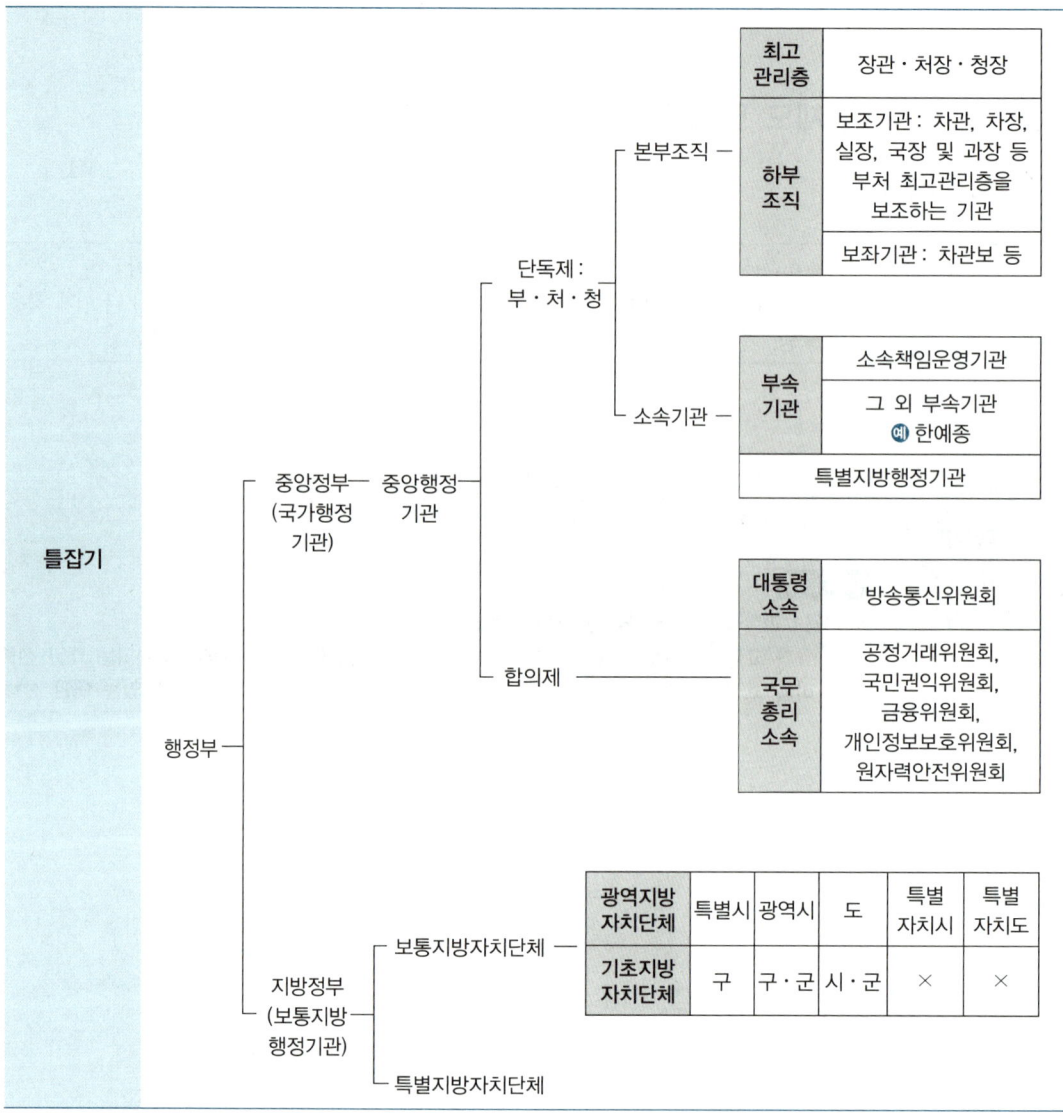

⑵ 중앙정부 조직도 및 주요 내용

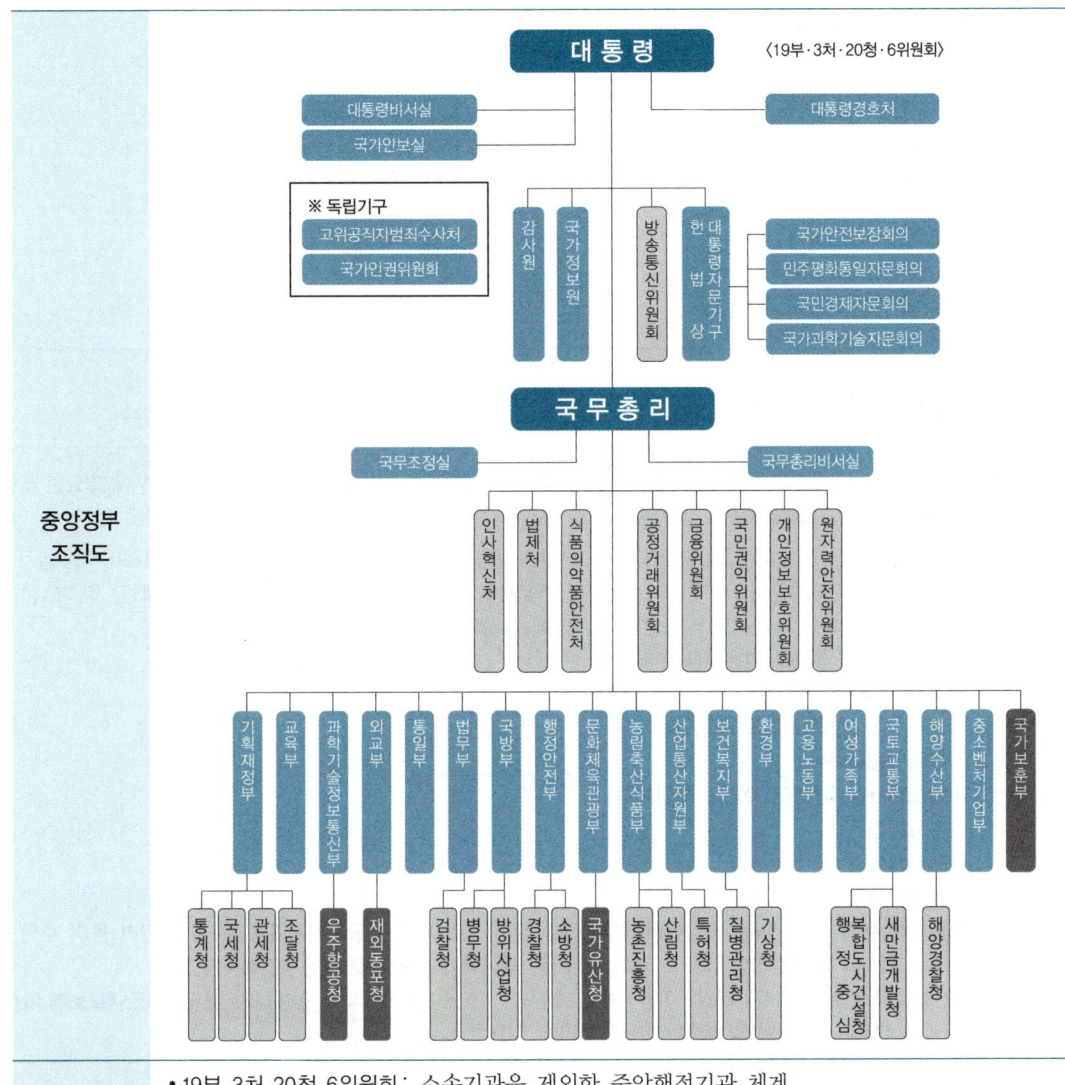

중앙정부 조직도

주요 내용

- 19부 3처 20청 6위원회 : 소속기관을 제외한 중앙행정기관 체계
- 부는 고유의 행정사무를 수행하기 위한 기능별 · 대상별 기관으로, 19개의 부가 있음
- 처는 일반적으로 국무총리 소속(📌 대통령경호처 제외)으로, 여러 부의 업무를 지원하는 막료업무를 수행
- 청은 행정 각 부의 소속으로, 업무의 독자성이 높고 집행위주의 사무를 수행함
- 복수차관을 두는 부처는 7개임

> **정부조직법 제26조 【행정각부】** ② 행정각부에 장관 1명과 차관 1명을 두되, 장관은 국무위원으로 보하고, 차관은 정무직으로 한다. **다만, 기획재정부 · 과학기술정보통신부 · 외교부 · 문화체육관광부 · 산업통상자원부 · 보건복지부 · 국토교통부에는 차관 2명을 둔다.**

- 윤석열 정부 조직개편 : ㉠ 국가보훈부 및 재외동포청 신설 ㉡ 문화재청을 국가유산청으로 명칭변경

2. 지방공기업법

(1) 지방공기업에 대한 이해

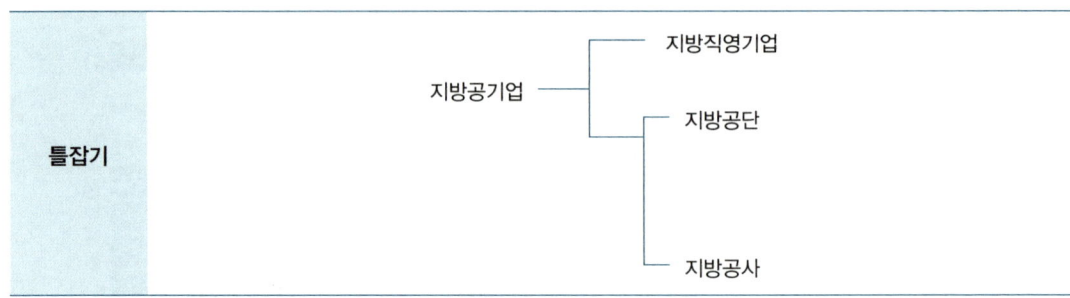

(2) 지방공기업법 주요 내용

제1조 【목적】 이 법은 지방자치단체가 **직접 설치·경영**하거나, **법인을 설립하여 경영하는 기업**의 운영에 필요한 사항을 정하여 그 경영을 합리화함으로써 지방자치의 발전과 주민복리의 증진에 이바지함을 목적으로 한다.

제2조 【적용 범위】 ① 이 법은 다음 각 호의 어느 하나에 해당하는 사업 중 제5조에 따라 지방자치단체가 직접 설치·경영하는 사업으로서 대통령령으로 정하는 기준 이상의 사업(이하 "지방직영기업"이라 한다)과 제3장 및 제4장에 따라 설립된 지방공사와 지방공단이 경영하는 사업에 대하여 각각 적용한다.

1. 수도사업(마을상수도사업은 제외한다)
2. 공업용수도사업
3. 궤도사업(도시철도사업을 포함한다)
4. 자동차운송사업
5. 지방도로사업(유료도로사업만 해당한다)
6. 하수도사업
7. 주택사업
8. 토지개발사업
9. 주택(대통령령으로 정하는 공공복리시설을 포함한다)·토지 또는 공용·공공용건축물의 관리 등의 수탁
10. 「도시 및 주거환경정비법」 제2조 제2호에 따른 공공재개발사업 및 공공재건축사업
11. 「신에너지 및 재생에너지 개발·이용·보급 촉진법」 제2조 제1호에 따른 신에너지 및 같은 조 제2호에 따른 재생에너지의 기술개발 및 발전·이용·보급에 필요한 사업
12. 「해운법」 제3조 제1호에 따른 내항 정기 여객운송사업

> **참고**
>
> ① 전형적인 지방공공서비스에는 상하수도, 교통관리 등이 있음. 건강보험과 같은 국가적 통일성이 있는 업무를 포함하지 않음
> ② 일반적으로 지방공사는 독립된 사업을 경영하는 회사형태이나, 지방공단은 특정 사무를 자치단체로부터 위·수탁받은 일종의 공공기관임
> ③ 지방공사 및 공단의 자본금은 자치단체가 전액 출자할 수 있으며, 일반적으로 요금수입으로 운영함

제5조 【지방직영기업의 설치】 지방자치단체는 지방직영기업을 설치·경영하려는 경우에는 그 설치·운영의 기본사항을 조례로 정하여야 한다.

제6조 【「지방자치법」 등의 적용】 지방직영기업에 대하여는 이 법에서 규정한 사항을 제외하고는 「지방자치법」, 「지방재정법」, 그 밖의 관계 법령을 적용한다.

제7조 【관리자】 ① 지방자치단체는 지방직영기업의 업무를 관리·집행하게 하기 위하여 사업마다 관리자를 둔다. ② 관리자는 대통령령으로 정하는 바에 따라 해당 지방자치단체의 공무원으로서 지방직영기업의 경영에 관하여 지식과 경험이 풍부한 사람 중에서 지방자치단체의 장이 임명하며, 임기제로 할 수 있다.

제10조의2 【기업 직원】 지방직영기업 운영을 전문화하기 위하여 필요한 경우에는 「지방공무원법」에서 정하는 바에 따라 지방직영기업 소속 공무원에 대한 전문직렬을 둘 수 있다.

> **참고**
>
> 지방직영기업에서 근무하는 직원은 일반적으로 공무원이며, 공사 및 공단은 공무원이 아님

제13조 【특별회계】 지방자치단체는 제2조에 해당하는 사업마다 특별회계를 설치하여야 한다.

제53조 【출자】 ① 공사의 자본금은 그 전액을 지방자치단체가 현금 또는 현물로 출자한다. ② 제1항에도 불구하고 **공사의 운영을 위하여 필요한 경우에는 자본금의 2분의 1을 넘지 아니하는 범위에서 지방자치단체 외의 자(외국인 및 외국법인을 포함한다)로 하여금 공사에 출자하게 할 수 있다.**

제78조 【경영평가 및 지도】 ① **행정안전부장관**은 제3조에 따른 지방공기업의 경영 기본원칙을 고려하여 대통령령으로 정하는 바에 따라 지방공기업에 대한 경영평가를 하고, 그 결과에 따라 필요한 조치를 하여야 한다. **다만, 행정안전부장관이 필요하다고 인정하는 경우에는 지방자치단체의 장으로 하여금 경영평가를 하게 할 수 있다.**

> **참고**
>
> ① 지방공기업은 지방자치단체의 통제를 받는 대상임
> ② **지방공기업법 시행령 제68조 【경영평가】** ① 법 제78조 제1항의 규정에 의한 지방공기업에 대한 경영평가는 매년 실시하여야 한다.

제78조의2 【경영진단 및 경영 개선 명령】 ② 행정안전부장관은 제78조 제1항 본문에 따라 경영평가를 하거나 제1항에 따른 서류 등을 분석한 결과 특별한 대책이 필요하다고 인정되는 지방공기업으로서 다음 각 호의 어느 하나에 해당하는 지방공기업에 대하여는 대통령령으로 정하는 바에 따라 따로 경영진단을 실시하고, 그 결과를 공개할 수 있다.

> **요점정리**
>
> 지방공기업에 대한 경영평가는 행정안전부장관 또는 자치단체장이 실시할 수 있음. 그러나 경영평가를 토대로 경영진단 대상 지방공기업을 선정하는 주체는 행정안전부장관임

3. 강원특별법(강원특별자치도 설치 및 미래산업글로벌도시 조성을 위한 특별법)

제7조 【강원특별자치도의 설치】 ① 정부의 직할로 강원특별자치도를 설치한다.

제19조 【지역균형발전특별회계 계정 설치에 관한 특례】 국가는 강원자치도의 발전을 위한 안정적인 재정확보를 위하여 각종 국가보조사업의 수행 등에 소요되는 비용에 대하여 「지방자치분권 및 지역균형발전에 관한 특별법」의 지역균형발전특별회계에 별도 계정을 설치하여 지원할 수 있다.

03 인사행정 관련 제도 및 법령 등

1. 전문경력관 제도

계급 구분과 직군·직렬의 분류를 적용하지 아니할 수 있는 일반직 공무원 → 주로 특수 업무에 종사하며 임기제 공무원에 해당함
📎 대통령 명의로 된 임명장을 작성하는 전문경력관(나군) → 근무경력, 학위(서예 관련), 인사혁신처장 임명

(1) 국가공무원법에 명시된 전문경력관 제도

제4조【일반직공무원의 계급 구분 등】① 일반직공무원은 1급부터 9급까지의 계급으로 구분하며, 직군(職群)과 직렬(職列)별로 분류한다. 다만, 고위공무원단에 속하는 공무원은 그러하지 아니하다.
② 다음 각 호의 공무원에 대하여는 대통령령등으로 정하는 바에 따라 제1항에 따른 계급 구분이나 직군 및 직렬의 분류를 적용하지 아니할 수 있다.
　1. 특수 업무 분야에 종사하는 공무원 → 전문경력관

2. 유연근무제도와 시간선택제 공무원

공직 생산성을 제고하기 위해 공무원의 근무방식과 형태를 개인, 업무, 기관 특성에 따라 선택할 수 있는 제도

(1) 유연근무제도의 유형

	개념	주 40시간 근무하되, 출퇴근 시각·근무시간·근무일을 자율적으로 조정하는 제도	
탄력근무제	유형	시차 출퇴근형	• 1일 8시간 근무체제 유지하되, 출근 시각 선택 가능 • 예를 들어, 한 시간 일찍 출근하면 한 시간 일찍 퇴근하는 유형
		근무시간 선택형	1일 4~12시간 근무, 주 5일 근무
		집약근무형 (압축근무형)	• 1일 10~12시간 근무, 주 3.5~4일 근무 • 주 40시간 근무를 주 3~4일로 압축해 근무
		재량근무형	• 출퇴근 의무 없이 전문 프로젝트 수행으로 주 40시간 인정 • 고도의 전문적 지식과 기술이 필요해 업무수행방법이나 시간배분을 담당자의 재량에 맡길 필요가 있는 분야에 적용
원격근무제	개념		• 직장 이외의 장소에서 정보통신망을 이용해 근무하는 제도 • 단, 심각한 보안위험이 예상되는 업무는 온라인 원격근무를 할 수 없음
	유형	재택근무형	• 사무실이 아닌 자택에서 근무 → 가정에서 인터넷을 활용해 업무를 처리하는 유형 • 시간 외 근무수당 : 정액분만 지급, 실적분은 지급 금지
		스마트워크 근무형	• 주거지 근처 원격근무사무실에서 인터넷을 사용해 업무를 처리하는 형태 • 즉, 영상회의 등 정보통신기술을 이용해 시간과 장소의 제약 없이 업무를 수행하는 유연한 근무형태

(2) 시간선택제 공무원의 유형

시간선택제 전환공무원	**공무원임용령 제57조의3【시간선택제 근무의 전환 등】** ① 임용권자 또는 임용제청권자는 통상적인 근무시간을 근무하는 공무원이 시간선택제 근무로 전환을 신청하는 경우 통상적인 근무시간보다 짧은 시간을 근무하는 공무원으로 지정할 수 있다. ② 시간선택제전환공무원의 근무시간은 주당 15시간 이상 35시간 이하의 범위에서 소속 장관이 정한다. **[참고]** **국가공무원법 제26조의2【근무시간의 단축 임용 등】** 국가기관의 장은 업무의 특성이나 기관의 사정 등을 고려하여 소속 공무원을 대통령령등으로 정하는 바에 따라 통상적인 근무시간보다 짧게 근무하는 공무원으로 임용 또는 지정할 수 있다.

3. 내부고발자 제도

개념	• 내부고발(Whistle Blowing): 조직구성원인 개인 또는 집단이 불법·부당·부도덕한 것이라고 보는 조직 내의 일을 대외적으로 폭로하는 행위 • 내부고발자 보호제도: 내부고발자의 폭로행위를 보호함으로써 만연한 내부비리를 척결하려는 제도 • 우리나라의 내부고발자 제도: 부패방지권익위법(2002), 공익신고자 보호법(2011)에 명시
특징	• 내부고발은 조직 외부 관점에서 봤을 때 비리를 폭로하는 이타주의적 성격을 가짐 • 외부에 드러나지 않는 조직 내부의 부패행위를 외부로 폭로할 수 있어 부패에 대한 경각심 확대, 부패 억제 등 행정통제의 확보에 기여 • 내부고발은 내부고발의 대상이 되는 문제를 조직 내에서 해결할 장치가 없거나 제대로 작동되지 않을 때 주로 발생함

4. 이해충돌방지법

제정 및 시행		• 이해충돌방지법은 2021년 5월 18일 **제정·공포**되고, 2022년 5월 19일부터 **시행**되고 있음 • 정부는 공무원의 이해충돌을 사전에 방지하기 위해 이해충돌방지법을 운영하고 있음
기본원칙		'어느 누구도 자신이 연루된 사건의 재판관이 되어서는 안된다'는 원칙 적용 → 업무수행 시 **공정성 강조**
이해충돌 방지법	이해 충돌	• 공직자가 직무를 수행할 때 자신의 **사적 이해관계가 관련**되어 **공정하고 청렴한 직무수행이 저해되거나 저해될 우려**가 있는 상황 • 이해충돌 규제를 강조하는 이유는 주인-대리인 관계의 신뢰성 유지가 필요하기 때문임
	법령	**제5조【사적이해관계자의 신고 및 회피·기피 신청】** ① 다음 각 호의 어느 하나에 해당하는 직무를 수행하는 공직자는 **직무관련자가 사적이해관계자임을 안 경우** 안 날부터 **14일 이내**에 소속기관장에게 그 사실을 서면(전자문서를 포함한다. 이하 같다)으로 신고하고 회피를 신청하여야 한다.

5. 공직자윤리법

> **공직자윤리법 제1조 【목적】** 이 법은 공직자 및 공직후보자의 **재산등록, 등록재산 공개 및 재산형성과정 소명과 공직을 이용한 재산취득의 규제, 공직자의 선물신고 및 주식백지신탁, 퇴직공직자의 취업제한 및 행위제한 등을 규정**함으로써 공직자의 부정한 재산 증식을 방지하고, 공무집행의 공정성을 확보하는 등 **공익과 사익의 이해충돌을 방지**하여 국민에 대한 봉사자로서 가져야 할 공직자의 윤리를 확립함을 목적으로 한다.

04 재무행정 관련 제도 및 법령 등

1. 재정사업 자율평가제도

개념	각 중앙관서의 장과 기금관리주체가 기획재정부장관이 정하는 바에 따라 주요 재정사업을 스스로 평가하는 제도
내용	• 재정사업의 성과판단을 위한 기준을 명시한 체크리스트를 작성 후 이를 바탕으로 재정사업의 성과를 평가 • 평가 지표는 사업부처에서 자율적으로 수립함(평가 지표의 개수도 자율적으로 정함) • 평가 결과는 지출 구조조정 등의 방법으로 재정운용에 반영될 수 있음

05 지방행정 관련 제도 및 법령 등

1. 지방자치분권 및 지역균형발전에 관한 특별법(2023. 7. 10. 시행)

> 지역균형발전을 추진하기 위해 「지방자치분권 및 지방행정체제개편에 관한 특별법」과 「국가균형발전 특별법」을 통합함

> **제3장 지역균형발전시책과 지방자치분권 과제의 추진 등**
> **제2절 지방자치분권 과제의 추진**
>
> **제40조 【주민자치회의 설치 등】** ① 풀뿌리자치의 활성화와 민주적 참여의식 고양을 위하여 읍·면·동에 해당 행정구역의 주민으로 구성되는 주민자치회(이하 "자치회"라 한다)를 둘 수 있다.
> ④ 자치회의 위원은 조례로 정하는 바에 따라 지방자치단체의 장이 위촉한다.
>
> **[참고]**
> **주민총회**
> 주민자치회 운영계획 등을 정하기 위해 주민자치회에서 실시하는 일종의 회의 → 지방자치법에 명시되어 있지 않음

제4장 지방시대위원회 등

제62조【지방시대위원회의 설치 및 존속기한】 ① 지방자치분권 및 지역균형발전을 추진하기 위하여 대통령 소속으로 지방시대위원회를 둔다.

② 지방시대위원회는 이 법 시행일부터 5년간 존속한다.

제5장 지역균형발전특별회계

제74조【지역균형발전특별회계의 설치】 지방시대 종합계획 및 지역균형발전시책 지원 관련 사업을 효율적으로 추진하기 위하여 지역균형발전특별회계를 설치한다.

2. 지방자치법 전부개정 기타 조항 정리

(1) 역량 강화와 자치권 확대

특례시 및 자치단체 특례 부여	• 인구 100만 이상은 특례시로 하고, 행정수요·균형발전 등을 고려해 대통령령에 따라 행안부장관이 정하는 시·군·구에 특례 부여 가능 • 관련 조항 **제198조【대도시 등에 대한 특례 인정】** ① 서울특별시·광역시 및 특별자치시를 제외한 인구 50만 이상 대도시의 행정, 재정 운영 및 국가의 지도·감독에 대해서는 그 특성을 고려하여 관계 법률로 정하는 바에 따라 특례를 둘 수 있다. ② 제1항에도 불구하고 서울특별시·광역시 및 특별자치시를 제외한 다음 각 호의 어느 하나에 해당하는 대도시 및 시·군·구의 행정, 재정 운영 및 국가의 지도·감독에 대해서는 그 특성을 고려하여 관계 법률로 정하는 바에 따라 추가로 특례를 둘 수 있다. 1. 인구 100만 이상 대도시(이하 "특례시"라 한다) 2. 실질적인 행정수요, 국가균형발전 및 지방소멸위기 등을 고려하여 대통령령으로 정하는 기준과 절차에 따라 행정안전부장관이 지정하는 시·군·구 ③ 제1항에 따른 인구 50만 이상 대도시와 제2항 제1호에 따른 특례시의 인구 인정기준은 대통령령으로 정한다. **참고** **특례시**: 기초자치단체의 법적지위를 유지하면서 광역시에 준하는 행정·재정적 권한을 부여받을 수 있는 시 **예** 경기도 수원·고양·용인시와 경남 창원시 → **저소득층 복지혜택 증가, 도의 일부사무 처리(건축물 허가 등)**

(2) 중앙·지방 간 협력관계 정립 및 행정 능률성 제고

특별지방 자치단체	2개 이상의 자치단체가 공동으로 광역사무를 처리하기 위해 필요 시 특별지방자치단체를 설치·운영할 수 있는 근거 규정 마련
지방자치법	제199조【설치】① 2개 이상의 지방자치단체가 공동으로 특정한 목적을 위하여 광역적으로 사무를 처리할 필요가 있을 때에는 특별지방자치단체를 설치할 수 있다. 이 경우 특별지방자치단체를 구성하는 지방자치단체는 상호 협의에 따른 규약을 정하여 **구성 지방자치단체의 지방의회 의결을 거쳐 행정안전부장관의 승인을 받아야 한다.** ③ 특별지방자치단체는 법인으로 한다. 제204조【의회의 조직 등】① **특별지방자치단체의 의회는 규약으로 정하는 바에 따라 구성 지방자치단체의 의회 의원으로 구성한다.** ② 제1항의 지방의회의원은 제43조 제1항에도 불구하고 특별지방자치단체의 의회 의원을 겸할 수 있다. 제205조【집행기관의 조직 등】① 특별지방자치단체의 장은 규약으로 정하는 바에 따라 특별지방자치단체의 의회에서 선출한다. ② **구성 지방자치단체의 장은 제109조에도 불구하고 특별지방자치단체의 장을 겸할 수 있다.**

(3) 기타 : 지방자치단체의 사무

제12조【사무처리의 기본원칙】① 지방자치단체는 사무를 처리할 때 주민의 편의와 복리증진을 위하여 노력하여야 한다.
② 지방자치단체는 조직과 운영을 합리적으로 하고 규모를 적절하게 유지하여야 한다.
③ **지방자치단체는 법령을 위반하여 사무를 처리할 수 없으며, 시·군 및 자치구는 해당 구역을 관할하는 시·도의 조례를 위반하여 사무를 처리할 수 없다.**

제13조【지방자치단체의 사무 범위】① 지방자치단체는 관할 구역의 자치사무와 법령에 따라 지방자치단체에 속하는 사무를 처리한다.
② 제1항에 따른 지방자치단체의 사무를 예시하면 다음 각 호와 같다. 다만, 법률에 이와 다른 규정이 있으면 그러하지 아니하다.

> **요점정리**
>
> 제13조와 같이 지방자치단체의 사무를 예시하되, 그것이 모든 자치단체에 해당하는 것을 '포괄적 예시주의'라고 함

제14조【지방자치단체의 종류별 사무배분기준】③ **시·도와 시·군 및 자치구는 사무를 처리할 때 서로 겹치지 아니하도록 하여야 하며, 사무가 서로 겹치면 시·군 및 자치구에서 먼저 처리한다.**

제15조【국가사무의 처리 제한】 지방자치단체는 다음 각 호의 국가사무를 처리할 수 없다. 다만, 법률에 이와 다른 규정이 있는 경우에는 국가사무를 처리할 수 있다.
 1. 외교, 국방, 사법(司法), 국세 등 국가의 존립에 필요한 사무
 2. 물가정책, 금융정책, 수출입정책 등 전국적으로 통일적 처리를 할 필요가 있는 사무
 3. **농산물·임산물·축산물·수산물 및 양곡의 수급조절과 수출입 등 전국적 규모의 사무**

2026 박문각 행정사 1차
최욱진 행정학개론 기본서

초판인쇄 | 2025. 9. 25. **초판발행** | 2025. 10. 2. **편저자** | 최욱진

발행인 | 박 용 **발행처** | (주)박문각출판 **등록** | 2015년 4월 29일 제2019-000137호

주소 | 06654 서울시 서초구 효령로 283 서경 B/D 4층 **팩스** | (02)584-2927

전화 | 교재 문의 (02)6466-7202

저자와의
협의하에
인지생략

정가 23,000원

ISBN 979-11-7519-226-3